Jasmuheen

Licht Botschafter

KOHA-Verlag

Die Absicht dieses Buches ist es zu informieren, zu lehren und zu unterhalten. Die Autorin und der Verlag können für keinerlei Verluste oder Schäden, die irgend jemandem direkt oder indirekt durch die in diesem Buch enthaltenen Informationen entstehen könnten, verantwortlich oder schadensersatzpflichtig gemacht werden.

Titel der Originalausgabe:
»Ambassadors of Light«
Aus dem Englischen von Silvia Autenrieth
Die Deutsche Bibliothek – CIP Einheitsaufnahme
 – 1. Auflage November 1999
Lektorat: Franz Simon
Umschlag: ChiaraDina Cerweny
Layout: Josef Neumayer
Druck: Wiener Verlag
ISBN 3-929512-59-9

LICHT BOTSCHAFTER

An den Engel in uns

M.A.P.S. und das Weltgesundheits- und Hungerbekämpfungsprojekt

Die Informationen in diesem Buch sind auf alle Menschen anwendbar, denen daran gelegen ist, Meister ihrer selbst zu werden und Harmonie auf dem Globus zu erzielen.

Widmung
Wir widmen dieses Buch,
„ Licht Botschafter“
den Engelswesen und Arkturiern.
Sie waren es, die uns in die höhere Lichtwissenschaft eingeführt haben.
Und wir danken den Botschafterinnen und Botschaftern des Lichts für das Engagement,
mit dem sie sich daran machen, zu entdecken, was in ihnen steckt,
sowie für ihren Mut, den Status quo in Frage zu stellen.
Außerdem möchte ich den Aufgestiegenen Meistern,
die wir die Meisteralchemisten nennen, für ihre visionäre Sicht danken,
ihre Inspiration und ihre pragmatischen Lösungen
für die Herausforderungen, vor denen die Welt unserer Tage steht.

Danksagung

Mein Dank gilt Helen und Jeff von der S.E.A.
für all ihre Hilfe bei der redaktionellen Bearbeitung und bei Recherchen.
Danke allen Lichtbotschafterinnen und -botschaftern,
die ihren Beitrag zu unseren Untersuchungen geleistet haben.

Quellen
Dienststellen der Vereinten Nationen
Encyclopedia Britannica
World Wide Web

„Das kann ich nicht glauben", sagte Alice.

„Nein?", fragte die Königin in mitleidigem Ton.

„Dann versuche es noch einmal. Hole tief Luft und schließe die Augen."

Alice mußte lachen. „Das macht doch keinen Sinn", sagte sie. „Unmögliche Sachen kann man einfach nicht glauben."

„Ich könnte mir denken, daß du nicht viel Übung darin hast", versetzte die Königin. „Als ich so alt war wie du, tat ich das jeden Tag eine halbe Stunde lang. Ach, was sage ich, manchmal glaubte ich schon vor dem Frühstück sage und schreibe sechs unmögliche Dinge."

Zitat aus Lewis Carolls
Alice im Wunderland

Inhalt

Einleitung

„Das Bekannte ist ein Gefängnis. Das Unbekannte, nämlich das Gebiet des rein Potentiellen – das ist das Feld, auf das wir den Fuß setzen müssen."

Dr. Deepak Chopra

Es ist schon interessant, daß ich nun hier sitze und die Einleitung zu diesem Buch verfasse, dem Nachfolgeband zu *Lichtnahrung – Die Nahrungsquelle für das kommende Jahrtausend.* Als ich die Eingebung hatte, von meiner persönlichen Entdeckungsreise zu berichten, die mich durch die Kraft des Göttlichen dazu brachte, frei vom Essenmüssen zu werden, ahnte ich zunächst nämlich nicht, daß es so populär werden und in so viele Sprachen übersetzt werden würde. Genausowenig war mir klar, wie folgenreich diese Lebensweise, die es uns erlaubt, Nahrung anders als durch Essen zu beziehen, in dieser Welt potentiell in Sachen Gesundheit und Hunger sein könnte. Und ich ahnte auch nicht die Kontroversen, die diese „Entdeckungsreise ohne Lebensmittel" hervorrufen würde.

Im Laufe der Zeit haben mehr und mehr Menschen begonnen, sich über Erfahrungen mit höheren Möglichkeiten zu äußern, die damit einhergehen, mit der göttlichen Kraft im eigenen Innern in Berührung zu kommen. Unter ihnen auch solche, die sich ausschließlich von der Energie dieser Kraft ernähren. Außerdem hat sich mein Arbeitsfeld aufgrund meiner eigenen Verbindung zu diesem Göttlichen immer mehr erweitert und verändert, und in den letzten Jahren ist mein Fokus auf die M.A.P.S.-Botschaft ausgerichtet worden sowie darauf, zusammen mit St. Germain die Camelot-Trilogie zu verfassen.

Das jedoch, was in diesem Tagen offenbar Aufsehen erregt, ist, daß es „ganz normale" Leute gibt, denen es völlig freigestellt ist, zu entscheiden, ob sie essen möchten oder nicht – ohne Angst vor dem Verhungern. Abgesehen davon, daß das zu einer effektiven Umverteilung von Ressourcen beitragen kann, als Antwort auf das Problem des Hungers auf der Welt, können Menschen so auch lernen, sich von ihrer Sucht nach Essen zu befreien, sofern sie das wünschen.

Solange jemand sich für eine Lebensweise entscheidet, die physische, emotionale, mentale UND spirituelle Fitneß fördert und schließlich erreicht, ist es für ihn oder sie durchaus machbar, frei zu werden davon, essen zu müssen – wenn sich die betreffende Person das wünscht. Ein Vorteil der Meisterschaft über sich ist die Freiheit von mutmaßlichen oder selbstauferlegten Beschränkungen. Wie wir immer wieder betont haben, dreht sich bei der Entdeckungsreise „Lichtnahrung" alles um die Freiheit, selbst wählen zu können.

In diesem Buch möchten wir nicht allein neueste Informationen und Geschichten zu meinen eigenen weiteren Erfahrungen auf diesem Gebiet weitergeben, sondern uns auch ansehen, wie wir dieses Wissen global

betrachtet praktisch anwenden können. Nicht alle meine Geschichten sind beweisbar, da mir manche von anderen über Menschen erzählt wurden, die in der Zwischenzeit verstorben sind. Manche wiederum fußen auf einer breiten wissenschaftlichen Basis, wie etwa die Arbeit von Dr. Karl Graninger, der sich mit jenem Qigong-Phänomen befaßte, das *Bigu* genannt wird, und hier geben wir Anlaufstellen an, über die ihr der Sache weiter auf den Grund gehen könnt, wenn ihr zu dem Menschenschlag gehört, der diese Art von Beweis braucht.
Statt hier durch Ergebnisse detaillierter Teststudien minutiös zu belegen, daß es möglich ist, frei vom Essenszwang zu leben, möchten wir gerne auf andere Themen zu sprechen kommen, wie etwa unser „Weltgesundheits- und Hungerbekämpfungsprojekt", und was damit im einzelnen gemeint ist. Unsere Recherchen haben ergeben, daß es ein Rezept, eine bestimmte Lebensweise gibt, für einzelne Menschen wie auch für Regierungen, um Gesundheit und Glück des einzelnen Menschen gerecht zu werden sowie kritische global gültige Punkte wie etwa den langfristigen Erhalt von Ressourcen sowie Armut und Hunger anzugehen. Der Zweck dieses Buches ist also der, brauchbare Lösungen für diese Herausforderungen zu bieten, und das auf eine Weise, die die wechselseitige Abhängigkeitserklärung von M.A.P.S. (siehe Kapitel 3.12.) unterstützt.
Unter der Anleitung der Aufgestiegenen Meister Kuthumi und St. Germain rief die in Australien angesiedelte Self Empowerment Academy (S.E.A.) M.A.P.S. (*Movement of an Awakened Positive Society*) ins Leben, die „Bewegung einer erweckten positiven Gesellschaft" (zu Visionen und Vorhaben von M.A.P.S. siehe Artikel am Ende des Buches). Das Hauptaugenmerk von M.A.P.S. liegt darauf, praktisch umsetzbare Lösungen für einige der Herausforderungen anzubieten, vor die sich viele Menschen und Länder in der modernen Welt gestellt sehen, und das, indem Menschen sich unter dem Banner gemeinsamer Visionen zusammentun.
Die M.A.P.S.-Botschafterinnen und -Botschafter engagieren sich bei ihrer Arbeit an jeweils spezifischen sozialen, bildungsbezogenen, wirtschaftlichen und politischen Programmpunkten für positive persönliche und planetare Fortschritte. Bis zum Jahr 2000 werden wir das Bündnismanifest von M.A.P.S. veröffentlicht haben, um darin Fakten, Zahlen und Feedback zu einigen der aktuellen Krisenherde in aller Welt aufzubieten – zusätzlich zur Arbeit an den Problemen in Zusammenhang mit Weltgesundheit und Welthunger.
Nicht alle M.A.P.S.-Botschafterinnen und Botschafter entscheiden sich für Lichtnahrung. Nicht für alle gehört das derzeit zu ihrem vorgesehenen Lebensentwurf. Dennoch ist das Wissen darum, wie man Zugang zu einer alternativen Form von Nahrung findet, ihr Spezialgebiet. Es ist unser Projekt, unser uns vom Göttlichen eingegebener Auftrag, weiterzuvermitteln, wie das möglich ist, damit mehr Menschen wirkliche Wahlfreiheit haben.
Die globalen Vorteile dieser Entscheidung haben enorm weitverzweigte Auswirkungen auf den langfristigen Erhalt unserer Ressourcen, unsere Program-

me zur Gesundheitsförderung und sogar unser persönliches Glück als Mitglieder einer in Entwicklung begriffenen Spezies. Was die Welt mit unseren Erkenntnissen anfängt, ist wirklich ihr überlassen.

Dieses Buch ist wahrscheinlich meine letzte Aussage zu diesem Thema, da ich das Gefühl habe, daß meine Recherchen und mein Schreiben hierüber so gut wie abgeschlossen sind, und ich innerhalb der M.A.P.S.-Botschaft noch andere Projekte durchzuführen habe. Auf dem Programm steht beispielsweise eine pädagogisch wertvolle Serie von Comics zu dem Buch *Camelot – Spiel der göttlichen Alchemie*, und daneben gibt es noch weitere Projekte mit den Meistern, die wirklich mein Herz zum Singen bringen.

Es ist mir eine solche Ehre, mit euch allen diese Reise geteilt zu haben, so kontrovers das auch gewesen ist. Sind wir nicht hier, um den Status quo in Frage zu stellen? Scheinbar ist das ein Spiel, das manche von uns zu spielen bestimmt sind, und uns verlangt es danach, das Spiel mit so viel Liebenswürdigkeit und Makellosigkeit zu spielen wie möglich.

Wenn andere viel Lärm um eine Sache machen, weckt das unsere Aufmerksamkeit. Manchmal ist es ein Angebot an uns, ob wir uns nicht in den Film anderer Menschen hineinziehen lassen wollen – sofern wir dabei verweilen, ihn uns ansehen, anhören und uns dafür entscheiden, zu hören, was sie herüberbringen. Doch wenn wir in unserem geschäftigen Leben innehalten, Zeit in Stille verbringen, meditieren und auf die innere Stimme lauschen, werden wir die glänzendste Nachricht von allen hören, nämlich die Stimme des göttlichen Einen in uns, die uns einlädt, über unsere Begrenzungen hinauszugelangen und ein zunächst persönliches und dann globales Paradies zu erleben.

Für die Botschafterinnen und Botschafter des Lichts ist es an der Zeit, pragmatischer zu sein, und durch die Umlenkung lebensnotwendiger Ressourcen auf unserem Planeten werden wir alle Herausforderungen auf der Welt in Sachen Gesundheit und Hunger eliminieren und schließlich weltweit ein Paradies erschaffen, das für alle bestimmt ist, und nicht nur für einige wenige.

Zweifellos werden wir noch viel mehr kontroverse Debatten auf uns lenken, wenn wir auf unsere Gründe für folgendes zu sprechen kommen:

holistische Bildung
den angemessenen Einsatz des Faktors „menschliche Ressourcen"
Spenden und Dienste an anderen
weltweite Abrüstung
Auflösung des Rauschgiftverbots
Schuldenbefreiung für die Dritte Welt und Mittelbeschaffung für soziale Zwecke.

Die „Mächtigen dieser Welt" herauszufordern, die die Fäden am Portemonnaie des Planeten in der Hand halten, ist noch nie eine populäre Angelegenheit gewesen! Auf der einen Seite das Geld der Mächtigen, auf der anderen eine Einheit, bei der alle genug zu essen, ein Dach über dem Kopf

und eine vernünftige Ausbildung haben? Es ist eine interessante Herausforderung und eine, die es für das Empfinden vieler Lichtbotschafterinnen und -botschafter wert ist, daß wir sie verfolgen.
Wie sagte Henry Ford einmal: „Wenn deine Hoffnung auf Unabhängigkeit auf Geld basiert, wirst du nie unabhängig sein. Die einzige wirkliche Sicherheit, die ein Mensch auf dieser Welt haben wird, ist ein Vorrat an Wissen, Erfahrung und Fähigkeiten."
Ziel dieses Buches ist es also, unsere Erfahrungen und unser Wissen aus fast drei Jahrzehnten Auseinandersetzung mit dem Gebiet der Metaphysik darzulegen und auf einige unserer aktuellen globalen Herausforderungen zu übertragen. Die Informationen sind allgemein zugänglich, sie jedoch ausfindig zu machen, die einzelnen Puzzleteile zusammenzusetzen und positiv zu nutzen, ist ein anderes Spiel – und das gleiche gilt dafür, zu sich selbst erfahren.
Brigham Young sagte: „Wahre Unabhängigkeit und Freiheit können nur darin existieren, zu tun, was richtig ist." Vereint und indem wir einander von intelligenten Alternativen wissen lassen, können wir das tun, was für alle richtig ist, und das Zünglein an der Waage so verschieben, daß die Macht wieder in die Hand des Volkes gelangt, so daß wahre Demokratie herrschen kann.
Wir vertrauen darauf, daß die reiche Fülle an Informationen, die auf diesen Seiten stehen, Antworten wie auch Erkenntnisse bereithalten. Wie bei unserer gesamten Arbeit, bitten wir euch, mit offenem Herzen und Geist zu lesen, und euch dabei dennoch die eigene Urteilsfähigkeit zu bewahren, wenn wir mehr von den Ergebnissen unserer eigenen Recherchen wie auch den Untersuchungen anderer zur Lebensweise der Lichtbtschafterinnen und -botschafter berichten und beschreiben, was das für die Welt bedeuten kann.

Namaste, Jasmuheen

Kapitel 1

Die persönliche Entdeckungsreise geht weiter

1.1. Herrlichkeit über Herrlichkeit – die göttliche Kraft in uns

„Je abhängiger du von Kräften außerhalb von dir selbst bist, desto mehr beherrschen sie dich."

Harold Sherman

Wir leben in einem herrlichen Zeitalter – einer Zeit des Wohlstands und der wirklichen Freude, und wir brauchen lediglich eine Rezeptur, nach der wir uns alle auf die gleiche Frequenz einschwingen können. Was sind das für Wunder, die uns so viel Liebe, Weisheit und Macht gegeben haben, die wir nach eigenem Belieben nutzen können? Viele Botschafterinnen und Botschafter des Lichts glauben, daß wir als Götter hierher kommen, um die Götter zu finden, die wir in physisch-irdischer Form sind. Manche sagen, Gott sei wie die Sonne. Gott wie auch die Sonne spendet uns Nahrung und sorgt dafür, daß bei uns allen unsere Filme weiterlaufen können, und beide können ihrem Wesen nach nirwanisch und zärtlich sein. Wenn wir in ihnen baden, mit ihnen verschmelzen, sie spüren, zulassen, daß sie uns ihre Liebe schenken, sobald wir auch nur an sie denken, geschehen wahre Wunder. Manche nennen es auch ein solches Wunder, ohne Nahrungsmittel leben zu können.

Und doch ist, vereinfacht ausgedrückt, das Vermögen, von Licht zu leben, das Ergebnis einer Initiation in die Gegenwart des Gottes in unserem Innern, der uns dann durch die Kraft dessen nährt, was von ihm ausstrahlt. Ich nenne diese Kraft vorzugsweise DOW (*Divine One Within*) – das göttliche Eine in unserem Innern.

Den Erfahrungen der Lichtbotschafter und -botschafterinnen nach zu urteilen, ist sie eine unbegrenzte und nie versiegende Quelle reiner Energie, die allem **innewohnt**, Beseeltem und Unbeseeltem. Sie ist die Kraft oder Gegenwart dessen, was manche im Englischen die höchste Herrlichkeit von OH-OM (*One Heart – One Mind:* Ein Herz – Ein Geist) nennen, und das sich in allem findet.

Manche nennen die Kraft auch die Kraft Allahs oder Brahmas oder die der höchsten Intelligenz, die Ausstrahlung von der Singularität und vieles andere mehr, je nach Kultur und Glaubensvorstellungen. Ich halte es so wie die Lichtwesen, mit denen ich zusammenarbeite und die oft sagen: „Uns ist es gleich, welchen Namen ihr eurem Gott gebt, solange ihr ihn nur ruft". Denn dieses Göttliche zu *erfahren*, bringt Liebe, Weisheit, Leidenschaft und einen Daseinszweck in unser Leben. Zu reden, ohne die entsprechende Erfahrung gemacht zu haben, trägt zur Fortsetzung des Separatismus bei, da unser Geist Wissen immer filtert, um uns im Endeffekt unsere eigenen Überzeugungen widerzuspiegeln.

Bei der Entdeckungsreise rund um Lichtnahrung ging es nie um Essen oder Nichtessen, sondern immer um die Kraft des göttlichen Einen. Jeder und jede einzelne hat diese Kraft zur Verfügung, im gleichen Umfang, wir suchen nur mit unterschiedlicher Regelmäßigkeit und in unterschiedlichem Maße Zugang dazu. Die Kraft des göttlichen Einen in unserem Innern ist nicht durch unsere Rasse, Religion, Kultur oder Glaubenssätze eingeschränkt. Sie ist wie eine verborgene Energiequelle, die dann, wenn wir sie als solche erkennen, uns an sie anschließen, sie erfahren und ungehindert durch unseren Körper strömen lassen, zahllose Wunder in unser Leben treten läßt. Frei von der Notwendigkeit zu sein, unsere Nahrung aus Essen zu gewinnen, ist *nur einer der kleineren von vielen Vorteilen.*

Es gibt eine enorme Vielzahl von Wegen, diese göttliche Kraft zu erfahren, und die 21tägige Initiation, von der in meinem ersten Buch zum Thema die Rede ist, stellt nur eine davon dar. Durch diese Initiation, die darauf angelegt ist, uns weiter mit der göttlichen Kraft in unserem Innern in Verbindung zu bringen, findet der einzelne Mensch auf vielen Ebenen Freiheit. Und ja, es stimmt, daß das für viele bedeutet, frei von der Notwendigkeit zu sein, sich von Essen zu ernähren. Das ist eine Tatsache.

Wie es hierzu kommt, wurde ausführlich in unserem ersten Buch, *Lichtnahrung – Die Nahrungsquelle für das neue Jahrtausend*, dargestellt. Der Erfolg dieser Initiation und die Fähigkeit der Botschafterinnen und Botschafter des Lichts, die Ernährung durch Prana aufrechtzuerhalten, hängt von der Wahl einer sehr disziplinierten Lebensführung ab. Im Mittelpunkt steht hierbei für den einzelnen Menschen die Aufrechterhaltung eines hohen Maßes an physischer, emotionaler, mentaler und spiritueller Fitneß.

Wir nennen die Menschen, die sich für diesen Weg entscheiden, Lichtbotschafterinnen beziehungsweise -botschafter, oder auch spirituelle Kriegerinnen und Krieger, denn sich dem Prozeß der Umstellung auf pranische Ernährung zu stellen, erfordert oft Disziplin und Mut. Sich über einen langen Zeitraum hinweg erfolgreich von Prana zu ernähren, erfordert die eindeutige Entschlossenheit, die Kraft des göttlichen Einen im eigenen Innern zu erfahren, die ihre Gegenwart durch uns alle hier auf der Erde ausstrahlen läßt. Viele, die diese Reise auf sich nehmen, haben erkannt, daß der Heilige Gral in uns selbst anzutreffen ist, und daß auch der physische Körper ein Tempel ist, der die Gegenwart dieser göttlichen Schöpfungskraft beherbergt. Jahrtausendelang haben spirituelle Krieger sich Initiationen unterzogen, die es ihnen ermöglichten, das Licht, die Liebe und die Weisheit der göttlichen Kraft in ihrem Innern nach außen auszustrahlen. Offenbar gibt es da auch diejenigen, die glauben, die göttliche Schöpfungskraft sei eine Macht irgendwo außerhalb – statt eine Kraft, von der alles durchdrungen ist – und deshalb gehen sie vielleicht nicht davon aus, daß sie diese höchste Kraft persönlich erfahren können.

Im *Oxford Dictionary* wird Gott beschrieben als „übermenschliches Wesen, das die Macht über die Natur und das Geschick der Menschen hat". In den alten Veden heißt es, wir seien im Verhältnis zu Gott, was der Sonnenschein

für die Sonne ist. Tatsache ist, daß die Veden mehr Informationen über Prana enthalten als jedes andere literarische Werk.
Darüber zu debattieren, wir sich Gott unserer Auffassung nach ausdrückt, ist nicht Gegenstand dieses Buches. Wir alle wissen, daß die persönliche Erfahrung Bände spricht und Theorie und postulierte Glaubenssätze übertrifft, und oft können Menschen Erlebnisse mit „höheren Mächten" haben, die allen medizinischen und wissenschaftlichen Erklärungen trotzen. So verhält es sich auch im Fall der Licht Botschafterinnen und Botschafter.
Auf einen knappen Nenner gebracht, ist die Fähigkeit, sich ausschließlich von Prana zu ernähren, ein natürliches Nebenprodukt davon, *zuzulassen*, daß das göttliche Eine in unserem Innern uns nährt, wenn wir es *einladen*, durch uns nach außen auszustrahlen. Die Christen würden hier sagen, sie nähre – wortwörtlich – das Licht Gottes. Religiöse Texte und Schriften sind voller Verweise darauf, wieviel diese vom Göttlichen ausstrahlende Kraft vermag.
Sind alle, die sich vom Licht ernähren, religiös? Nicht unbedingt – zumindest nicht auf eine gemeinhin akzeptierte Weise, und doch haben über 80% der Licht Botschafterinnen und Botschafter ein sehr in die Tiefe gehendes Verständnis von Metaphysik und meditieren schon seit Jahren. Ich bin davon überzeugt, daß man nicht von Licht leben kann, sofern man nicht das Verständnis und die Erfahrung in sich trägt, daß es eine höhere Intelligenz gibt – eine kosmische Ordnung hinter dem Chaos. Denn wenn wir aufhören, uns von Essen zu ernähren, dabei aber nicht an eine göttliche Kraft glauben oder sie nicht erfahren haben, was wird uns dann anstelle des Essens nähren?
Menschen brauchen Nahrung, um zu überleben, ansonsten zehrt sich der physische Körper selbst auf und stirbt schließlich, was ja bei Magersucht, bei Lebensmittelknappheit oder auch bei Hungerstreiks der Fall ist. Es gibt zwar eine Vielzahl von Untersuchungen darüber, was mit Menschen geschieht, die sich das Essen verweigern, oder denen es verweigert wird, aber es gibt im Westen so gut wie keine Präzedenzfälle für Menschen, die sich von Prana ernähren.
Prana ist Sanskrit und bedeutet Urenergie, mitunter auch als Lebensatem übersetzt, wenn er auch mehr als das ist. Prana ist im Denken des Yoga weitverbreitetes Gedankengut, und wir werden darauf im Kapitel „Die Kraft der Prana" noch weiter eingehen. Für mich ist Prana die Essenz des göttlichen Einen in unserem Innern, und *ein gesundes Leben ohne Nahrung setzt die Fähigkeit voraus, diese göttliche Kraft anzuzapfen, um sich auf diese alternative Weise ernähren zu können.* Und da die ausschließliche Ernährung von Licht eine Übung in der meisterlichen Beherrschung unserer selbst ist, ist das nicht möglich ohne Kenntnis und Erfahrung unseres göttlichen Selbst. Nicht des Selbst, das unter dem Einfluß von Ego, Persönlichkeit, Kultur steht, sondern des Selbst, das uns inspiriert, unser wahres menschliches Potential zu erkunden und zu verstehen.
Manche nennen dieses Verlangen, das göttliche Selbst zu erfahren, die Reise zur Erleuchtung. Laut dem *Dictionary of Symbols*, einem Lexikon der Symbole, ist die Erleuchtung ein „Symbol für einen Zustand, der von Adepten

bei Initiationsriten erfahren wird. Zu den uns bekannten Mustern an Riten gehören Tod, eine Reise zur Welt der Geister und eine Wiedergeburt."
Wer den 21-Tage-Prozeß erlebt hat, hat ihn oft als eine Initiation beschrieben, die Mut und Entschlossenheit und großes Vertrauen erfordere. Alle Licht Botschafterinnen und Botschafter, die aus freien Stücken dabei geblieben sind, sich von der Kraft des göttlichen Einen nähren zu lassen, interessieren sich schon seit langem für esoterische Fragen und Initiationen, die es ihnen ermöglichen, „lichtvoller" zu werden.
Albert Einstein sagte einmal[1]: „Das Schönste, was wir erfahren können, ist das Geheimnisvolle. Es ist der Ursprung wahrer Kunst und Wissenschaft. Wem dieses Empfinden fremd ist, wer nicht mehr staunend innehalten und von Ehrfurcht umfangen sein kann, ist so gut wie tot, seine Augen haben sich geschlossen. Die Erkenntnis des Mysteriums des Leben, gepaart mit Angst, hat auch die Religion hervorgebracht.
Zu wissen, daß das, was für uns undurchdringlich ist, wirklich existiert und sich selbst als die höchste Weisheit und strahlendste Schönheit manifestiert, die unsere dumpfen Sinne nur in primitivster Form erfassen können – dieses Gefühl steht im Mittelpunkt wahrer Religiosität."
Für die Licht Botschafterinnen und Botschafter ist die Kraft, die von der höchsten Herrlichkeit des göttlichen Einen im Innern ausstrahlt, von zentraler Bedeutung, denn uns ist klar, daß allein dieser Fokus unsere Welt verwandeln kann. Wie in der linearen Zeit bereits seit Anbeginn der Erde der Fall, hat jeder Mensch die Wahl zu entscheiden, wie er sein Leben leben möchte, in jedem einzelnen Augenblick. Mit der Entscheidung, sich auf die Übernahme eigener Verantwortung und Selbstverfeinerung auszurichten sowie darauf, das göttliche Eine in unserem Innern kennenzulernen, wird auch die Erfüllung der prophezeiten „Wiederkehr Christi" einhergehen.
Das ist etwas, das alle, die atmen, im Handumdrehen können, statt Wunder vorherzusehen oder die Wiederkehr des „Messias", der uns retten wird. Die Ausrichtung auf die göttliche Vollkommenheit, die uns innewohnt, wird eine Erfahrung des Christusbewußtseins oder Buddhabewußtseins in unserem Herzen und Geist freisetzen und die Welt und ihre Menschen in einen Zustand wahrer Harmonie und Gnade versetzen.
Es gibt viele Möglichkeiten, den herrlichen göttlichen Glanz auszustrahlen, auf die in unserem vorherigen Buch, *In Resonanz*, sowie in esoterischem und metaphysischem Material und den Schriften vieler Religionen immer wieder gründlich eingegangen wird. Das Wissen um diese Möglichkeiten wird sich aufrichtig Suchenden immer offenbaren, denn das göttliche Eine in uns sucht ständig nach Gelegenheiten, seine Gegenwart in unserem Leben zu offenbaren, wenn es dazu eingeladen wird.
Ja, den herrlichen göttlichen Glanz auszustrahlen, das ist Er-leucht-ung, und für viele Botschafter und Botschafterinnen des Lichts bedeutet das, von Licht erfüllt zu sein. Die vier Attribute von Er-leuchtung sind:

a) Unterscheidungsvermögen, b) Begierdelosigkeit,
c) gute Lebensführung und d) Liebe.

Das sind Dinge, die es, wie die Lichtbotschafterinnen und -botschafter empfinden, wert sind, erfahren zu werden.
Wie in alten Texten immer gestanden hat, tragen wir in uns alles Wissen, alle Schlüssel zur universellen Weisheit. Nichts ist neu, und alles auf der Erde wird sich schließlich entsprechend des göttlichen Plans entwickeln. Dieser Plan ist ein Feld der Möglichkeiten, auf dem sich alle tummeln können, die an Gnade und Magie glauben. Die Zauberer nennen das, was sich innerhalb dieses Feldes ereignet, das Spiel der göttlichen Alchemie, und darauf gehen wir in der Camelot-Trilogie näher ein.
Für die Lichtwesen, die ich die MA oder Meisteralchemisten nenne, bietet die Lebensweise der Lichtbotschafter, die sich dafür entscheiden, von der göttlichen Kraft in ihrem Innern genährt zu werden, eine zivilisiertere Alternative für das derzeitig stattfindende unausgesetzte Abschlachten von Tier und Mensch.
Für mich ist es etwas Wunderbares, zu einer kleinen Gruppe von Menschen gehören zu können, die der Welt diese Alternative anbieten können, wenn wir auch akzeptieren, daß das die Überzeugungen von vielen auf eine harte Probe stellt. Für diejenigen, die dieser Lebensstil intuitiv anspricht, scheint Lichtnahrung eine ganz natürliche Alternative.
Die Beantwortung der Frage, wie das im einzelnen möglich ist, erfordert zwar noch eine Menge wissenschaftlicher und medizinischer Untersuchungen, *Tatsache ist jedoch, daß Menschen sich von flüssigem Licht, Chi, Prana ernähren können, wenn sie physisch, emotional, mental und spirituell fit sind UND diesen Lebensstil möchten* – wie das bei Yogis seit Jahrtausenden der Fall war.
In jüngerer Zeit hat es Studien zum *Bigu*-Zustand gegeben, der über Qi-Emissionen erlangt wird, die von einem Qigong-Meister ausstrahlen. Nachdem Menschen diesen ausgesetzt gewesen sind, berichten viele über Appetitverlust und bewahren sich dieses Verlangen, nicht zu essen, tage-, monate- und jahrelang, und halten es dann auch dementsprechend.
Unsere Reise hin zur pranischen Ernährung ist in gewisser Weise anders, die Ergebnisse jedoch sind dieselben. Wie gut wir allerdings von Prana ernährt werden und wie gut wir diese Ernährungsweise langfristig aufrechterhalten können, hängt unmittelbar damit zusammen, wie intensiv wir zulassen, daß das göttliche Eine in unserem Innern durch unseren Körper ausstrahlen kann. Wir steuern das, was wir abgeben, täglich durch die Qualität unserer Gedanken, Worte und Handlungen.
Wie mein Freund und Kollege Louix Dor Dempriey in seinem Buch *Dawn of Enlightenment* sagt: Die Göttlichkeit offenbart sich aus dem Innern des Selbst heraus, wo sie solange schlummert, bis die Seele bereit und gewillt ist, sie nach außen zu tragen. Vier Eigenschaften sind notwendig, um die Seele zu befreien: das Verlangen danach, gläubiges Vertrauen, Bereitschaft und Gehorsam. Von diesen vieren ist Gehorsam das letzte, dem sich die Ego-Persönlichkeit beugen wird. Es reicht nicht aus, all die einschlägigen Bücher zu lesen und sämtliche großen Weisen zu zitieren. Es bedeutet, den göttlichen Gesetzen von Ursache und Wirkung zu gehorchen."

Die Existenz dieser Gesetze offenbart sich überall auf unserem Planeten, wenn wir nur hinsehen. Ebenso offensichtlich ist die Heiligkeit, die sich unterschiedlichen Menschen auf unterschiedliche Weise offenbart. Und doch ist es nicht die Unterschiedlichkeit unserer Überzeugungen, die uns davon abhält, Heiligkeit zu erfahren – es ist vielmehr unser fehlendes tiefes Verlangen danach. Ohne Verlangen, ohne zielgerichtete Absicht und ohne Vision bleibt die höchste Herrlichkeit uns allen verborgen. Diejenigen, denen sich die Heiligkeit offenbart hat, werden oft zu Botschaftern und Botschafterinnen des Lichts.

1.2. *Die Licht Botschafter*

„Man kann die Starken nicht schwächen, um die Schwachen zu stärken."

Abraham Lincoln, 16. Präsident der Vereinigten Staaten

„Sei ein solcher Mensch und führe ein solches Leben, daß dann, wenn jeder so wäre wie du, und jedes Leben ein Leben wie deines, diese Erde Gottes Paradies darstellen würde."

Philipp Brooks – US-Geistlicher

Ich bin dazu gelangt, diejenigen, die sich dafür entscheiden, vom Licht des göttlichen Einen genährt zu werden, Licht Botschafterinnen und Botschafter zu nennen, und sie haben den unterschiedlichsten Erfahrungshintergrund. Nicht alle, die diesen Weg wählen, würden sich selbst als religiös bezeichnen, und viele teilen meinen persönlichen Wirklichkeitsfilm nicht, bei dem Telepathie etwas ganz normales ist, und ebenso die Kommunikation mit Lichtwesen und ihre Gegenwart.

Vielleicht die wunderbarsten Beispiele für Licht Botschafter – und zudem besser bekannt – sind Jesus, Buddha, Mohammed, Krishna, Maria, Kuan Yin und all die inspirierenden Lehrerinnen und Lehrer, die unsere Erde in allen Zeitaltern beehrt haben und sie an ihrem Licht, ihrer Liebe und ihrer Weisheit teilhaben ließen. Für mich existieren diese Wesen noch immer, sie führen und helfen vielen bei ihrem Streben, das menschliche Potential auf eine Weise zu erfahren, die das Leben ehrt.

Im *Oxford Dictionary* steht, ein Botschafter sei ein „von einem souveränen Staat in einer bestimmten Mission entsandter Diplomat; ranghöchster Diplomat, der den Herrscher oder Staat an einem ausländischen Hof oder bei einer ausländischen Regierung repräsentiert." Ja, es stimmt, daß viele Botschafterinnen und Botschafter des Lichts das Gefühl haben, ihr Dasein diene der Erfüllung eines höheren, göttlicheren Zweckes. Viele erleben es ferner so, daß der „Staat", den sie repräsentieren, das Reich der göttlichen Gnade ist, und der „ausländische Hof" der Planet Erde.

Bei meinen Reisen um den Globus sind mir viele Licht Botschafterinnen und Botschafter begegnet, die sich als Buddhisten, Christen, Juden, Katholiken, Sai-Baba-Anhänger, Babaji-Anhänger, Anhängerinnen und Anhänger von zahllosen indischen Gurus sehen, und daneben solche mit wenig religiösen Ideologien, die einfach nur fitter und gesünder werden möchten. Im allgemeinen sind sie allesamt Menschen, die für sich selbst und andere ein qualitativ wertvolles Leben möchten. Manche befassen sich mit Umweltfragen oder unterstützen das Anliegen, Schluß zu machen mit dem Abschlachten von Tieren, und sie vertreten den moralischen Gesichtspunkt oder den gesundheitlichen Nutzen oder auch die langfristigen Vorteile einer vegetarischen Ernährung oder eines lebensmittelfreien Lebens für den Erhalt der Ressourcen. Ich habe mich mit beiden eingehender befaßt.

In den letzten Jahren haben wir mit Vertretern der Medien, mit Wissenschaftlern und Medizinern gesprochen und konnten beobachten, wie etwas, das anfänglich von vielen als abwegig verworfen wurde, zu einer persönlichen Entscheidung geworden ist, die mittlerweile toleriert wird und sogar auf Verständnis stößt. So viel vermag eine konzentrierte Anleitung zum Umdenken, die durch Ausschaltung von Unkenntnis die Ausschaltung von Angst bewirken kann.

Die Botschafterinnen und Botschafter mögen zwar keine spezifische Vorgehensweise parat haben, um mit *jeder* Herausforderung umzugehen, vor die sich der Planet beim Eintritt in das neue Jahrtausend gestellt sieht, was wir aber haben, sind genügend einfache und für die Praxis brauchbare Informationen und Werkzeuge, mit denen sich sehr wirkungsvolle persönliche und globale Veränderungen erreichen lassen – wenn wir einmal annehmen, daß das von uns Vorgeschlagene angenommen und praktiziert wird. Das geschieht vielleicht nicht über Nacht, aber geschehen wird es.

Durch Veränderung unserer grundlegendsten Entscheidungen im Hinblick auf unsere Lebensführung werden wir als Botschafterinnen und Botschafter des Lichts die Eliminierung von Krankheit in der Gesellschaft anvisieren, was die Umlenkung von Milliarden Dollar in Sozialprogramme ermöglichen wird.

Entsprechend der M.A.P.S.-Agenda haben wir für diejenigen, die Merlin als *Lichtritter* bezeichnet, die Botschaft des Lichts eröffnet, damit wir uns weitergehend austauschen können über unsere persönliche Reise mit der Kraft des göttlichen Einen in uns und darüber, wie es ist, von seinem Licht zu leben. Mein letztes Buch, *Camelot – das Spiel der göttlichen Alchemie*, geht in autobiografischen Einzelheiten auf meine Erlebnisse mit diesen kosmischen Lichtbotschaftern ein, die von mir Meisteralchemisten (MA) genannt werden.

In diesem Buch schildert Merlin die Licht Botschafterinnen und Botschafter auf der Erde als „*Kosmische Ritter, die von OH-OM den Auftrag erhalten haben, den Weg zu bahnen dafür, daß pranische Ernährung die menschliche Nahrung des neuen Jahrtausends wird. Inspiriert von dem Gedanken, zur Beendigung des Abschlachtens allen Lebens auf der Erde beizutragen, insbesondere im Tierreich. Abgesehen davon, daß sie die moralischen Vorteile eines veganischen Lebensstils sehen, sind sie oft Umweltschützer, denen an einer langfristigen Tragbarkeit für die planetaren Ressourcen gelegen ist.*"

An einer späteren Stelle in diesem Buch spricht Merlin rückblickend mehr über den Unterschied zwischen denen, die er Nirvana-Ritter nennt, und den Lichtrittern. Er sagt:

„Die Nirwana-Ritter inspirierten alle, danach zu streben, das Göttliche Eine in ihrem Innern in Erfahrung zu bringen, von 'Licht erfüllt' zu sein, und sie warben für die Ekstase der Erleuchtung. Ihr Slogan lautete: 'E wie Ecstasy – die Kraft und nicht die Droge!' Irgendwie schien das ganz angemessen in dieser Zeit rascher Patentlösungen in Form von Pillen und Wundertrunks, denen die weniger Disziplinierten auf der Erde erlagen.

Die Lichtritter waren Fitneßfanatiker, kosmische Aerobictrainer sozusagen. Sie waren es auch, die am Ende des Jahrtausends, vor dem großen Umschwung, die Lösung für die mit Krankheit und Hunger zusammenhängenden Probleme gefunden hatten. Viele waren Mitglieder von E's Lichtbotschaft geworden und vertraten das, was E von einem bestimmten Punkt an 'Prana Nirwana' genannt hatte. Durch das Göttliche Eine in ihrem Innern genährt zu werden, bedeutete Fitneß auf allen Ebenen."

Abgesehen davon, auf allen Ebenen fit zu sein, liegt eine der größten Herausforderungen für die Ritter des Lichts auf dem Gebiet der Umfeldkontrolle. In der Lage zu sein, auf dieser Welt zu existieren und dennoch losgelöst genug von ihr zu sein – es sei denn, wir entscheiden uns bewußt für das Gegenteil – ist eine weitere Kunstfertigkeit der Meister, eine, die viele der Licht Botschafterinnen und Botschafter gerade noch entwickeln.

Um die Erfahrung des Prana-Nirwana zu erreichen, muß eine Menge Vorbereitung erfolgen. Für viele der Botschafterinnen und Botschafter gehört hierzu ein Tagesablauf, der großen Wert auf Ernährung, ausreichend Bewegung, Zurückgezogenheit, Zeit für die Kontemplation und die Ausrichtung auf die Kraft des Göttlichen in unserem Innern legt. Diejenigen, die keine ausgeprägten „spirituellen Praktiken" pflegen, werden merken, daß es ihnen unmöglich ist, sich nur von Prana zu ernähren.

Seit Beginn meiner Recherchen für dieses Buch sind noch andere Methoden der Nahrungsaufnahme zutagegetreten. Da sie mir persönlich nicht vertraut sind, kann ich nur von Erfahrungen und Recherchen derer berichten, die ihren Körper, wie in meinem ersten Buch zu diesem Thema skizziert, auf Lichtnahrung umgestellt haben. Menschen, die sich im Qigong-Zustand Bigu befinden, scheinen offenbar andere Erfahrungen zu machen, und was ich hier darstelle, mag für ihre Methodik nicht von Bedeutung sein.

Was viele Botschafter in Erfahrung gebracht haben, ist, daß das Fitsein auf allen Ebenen ein starkes physisches Gefährt erzeugt, damit das Göttliche aus dem Innern ausstrahlen kann. Ein weniger fittes Gefährt kann die Energie des göttlichen Einen nur bis zu einer bestimmten Höhe anziehen, in sich fassen und ausstrahlen, und diese mag nicht ausreichen, damit es über längere Zeiträume nur von Prana gespeist wird.

Außerdem kann es, wenn jemand nicht auf allen Ebenen fit genug ist, vorkommen, daß sich während des 21-Tage-Prozesses Probleme mit dem elektromagnetischen Schaltkreis des Körpers entwickeln. Alle Licht Botschafterinnen und Botschafter müssen lernen, ihren Geist zu meistern. Das erfolgt, indem sie lernen, sich vom Einfluß einengender Überzeugungen frei zu machen, die auf früheren Erfahrungen und Ängsten vor Zukünftigem basieren.

Die positiven Auswirkungen davon, rundum fit zu sein, sind viel zu zahlreich, um sie hier aufzuführen; es mag genügen, zu sagen, daß es eine Erfahrung ist, die süchtig macht, wenn man sie erst einmal kennengelernt hat. Keine Krankheit, reine Freude, Gefühle des Lebenssinns und der Leidenschaft im Leben, phantastische Beziehungen, Fülle auf allen Ebenen – das sind einige der Attribute, in deren Genuß viele durch diese Art von Meisterschaft gelangen.

Ich erinnere mich an eine Unterhaltung, die ich mit Saint Germain neulich hatte und bei der er sagte:

„Meisterschaft heißt, sich der eigenen Wahlmöglichkeiten bewußt zu werden sowie des intelligenten Gebrauchs von diesen Wahlmöglichkeiten. Die Entscheidung für ein qualitativ wertvolles Denken, qualitativ wertvolles Empfinden und eine qualitativ wertvolle Ernährung wird eine qualitativ wertvolle Lebensweise mit sich bringen. Unabhängig von Kulturen, Ritualen oder Religion haben alle die Wahl – niemand sagt ihnen, was sie zu denken, was sie zu sagen und was sie zu essen haben. Selbst dort, wo es wenig Nahrung gibt, kann jemand erwarten, gesund zu bleiben und gebieten, daß sein Körper von Prana und dem Gott in seinem Innern genährt wird und daran glauben, und dann wird es so sein. Und dennoch gibt es eine Menge, was ein Lichtritter tun kann, um diesen Offenbarungsprozeß zu verstärken und zu unterstützen."

„Offenbarungsprozeß?" fragte ich.

„Die Offenbarung der Kraft des göttlichen Einen in eigenen Innern, meine Liebe", gab er zurück. *„Die Offenbarung bewirkt viel mehr, als daß sie den Körper mit Nahrung versorgt. Sie bringt Nahrung für die Seele, und Herz und Geist bekommen einen Daseinszweck und Visionen. Spirituelle Erfüllung und Magie. Die Offenbarung des göttlichen Einen im Innern ist etwas, dessen Zeugen ihr alle werden und das ihr alle erfahren könnt. Wenn du dir erlaubst, mit jedem Tag mehr die Gegenwart des Göttlichen auszustrahlen, wird wie mit einem Magneten und wie von Zauberhand mehr Magie, Gnade und Synchronizität in dein Energiefeld gezogen, und bald wirst du beständig in dieser Zone leben, einen Lebenssinn und Vergnügen haben."*

„Klingt ja ganz, als sei das die beste Sucht, die man haben kann?" wandte ich mich fragend an ihn, worauf er zurückgab:

„Und genauso ist es auch, meine Liebe, denn die Menschen entwickeln fortwährend Süchte – nach Nahrung, nach Liebe, nach einem Lebenssinn. Und dennoch wird die Sucht nach dem Göttlichen in ihrem eigenen Innern alle sonstigen Süchte auf einen Schlag heilen."

Bevor ich mich diesem transformierenden Prozeß unterzog, hätte ich nie gedacht, daß Menschen süchtig nach Essen sind. Wie viele Licht Botschafterinnen und Botschafter nahm ich an, wir müßten essen, um zu leben, obwohl mir viele Menschen begegnet waren, die lebten, um zu essen. Im Laufe der letzten sechs Jahre ist mir jedoch klar geworden, daß viele von uns süchtig nach unseren Geschmackserlebnissen sind, während andere noch süchtig nach dem geselligen Vergnügen des Essens sind.

Wie „trockene" Alkoholiker werden wir wahrscheinlich immer Alkoholiker bleiben. Die Frage, die wir uns stellen müssen, ist, ob unsere Süchte – welcher Art sie auch sein mögen – gesund sind und uns dabei unterstützen, die Person zu sein, die wir in diesem Leben sein wollen. Diese Frage würden viele von uns mit Nein beantworten müssen. Eine von *British Nutrition Foundation*[2] angestellte Studie über Fettleibigkeit besagt, über 40% der Bevölkerung Großbritanniens sei fettleibig oder übergewichtig. Diesem Bericht zufolge hat die Fettleibigkeit durch bestimmte Ernährungsweisen epidemische Ausmaße angenommen. Die Stiftung erwähnte, die mit Fettleibigkeit verbundenen gesundheitlichen Risiken seien Herzerkrankungen, Diabetes, Schlaganfall und manche Krebsarten, und infolgedessen regt man von dieser Seite her an, viel frisches Obst und Gemüse zu sich zu nehmen und sich mehr Bewegung zu verschaffen. Von ähnlichen Entwicklungen hört man auch aus vielen anderen Ländern.

Bei vielen Botschafterinnen und Botschaftern des Lichts hat sich ihre Beziehung zum Essen nach dem 21-Tage-Prozeß erheblich verändert. Mitunter sind Menschen lockerer geworden in ihrem Umgang damit – solche, die über längere Zeit „Nahrungsmittelpuristen" gewesen waren und nun erlebten, daß sie Nahrungsmittel nur wollten, um ein Verlangen nach Geschmack zu befriedigen, also aßen sie dann einmal Eis oder Schokolode, bis sie kein Eis oder keine Schokolade mehr wollten. Bei manchen dauerte das Tage oder Wochen. Andere aßen etwas Obst oder tranken Fruchtsaft. Andere nahmen einmal in der Woche eine kleine Mahlzeit zu sich, einfach um der Geselligkeit willen.

Vor, während und nach dem 21tägigen Umstellungsprozeß werden die Betreffenden mit ihrer Sucht nach Essen und ihrer Beziehung dazu konfrontiert. Jeder geht damit etwas anders um. Manche hören sich an wie Junkies auf Entzug und können in den Augen ihrer Umwelt reichlich „langweilig" werden. Wie eine Freundin von mir neulich sagte: „Für Leute, die sich dafür entscheiden, nicht zu essen, verbringt ihr sicher eine Menge Zeit damit, über Essen zu reden!" Und sie hatte recht – das ist das normale Stadium, das viele durchmachen und bei dem sie ihre Beziehung zum Essen analysieren und mit anderen durchsprechen.

Für manche gibt es auf dem Planeten nichts, was sie so sehr in Anspruch nimmt wie das Essen. Die Produktion, Kultivierung und Verteilung von Nahrungsmitteln beschafft Millionen Beschäftigten einen Arbeitsplatz und eine Lebensgrundlage. Es ist so, wie der Schriftsteller und Chefkoch James Beard einmal sagte: „Das Essen ist unsere gemeinsame Basis, eine universelle Erfahrung."

Es hat seinen Nutzen, wenn es korrekt eingesetzt wird, oder auch – bei Mißbrauch – seine Nachteile, es beschäftigt weltweit viele Ernährungswissenschaftler und Ärzte und Wissenschaftler. Biologischer Anbau oder nicht? Roh oder gekocht? Vitaminpräparate zur Nahrungsmittelergänzung oder nicht? Junkfood, Gesundes oder gar nichts essen? Gentechnologie oder nicht? Sich nicht um Diäten, Vitaminpräparate und alles andere Obengenannte kümmern zu müssen, kann außerordentlich befreiend sein – selbst dann, wenn man sich nicht einmal ansieht, welchen Nutzen die Licht Botschafterinnen und Botschafter zusätzlich daraus ziehen. Kein Lebensmitteleinkauf, kein Kochen und kein Geschirr sind ebenfalls Pluspunkte im Leben und bedeuten, wie schon oft gesagt, ausgezeichnetes Zeitmanagement.

Nicht alle, die sich zur Arbeit der Lichtbotschaft hingezogen fühlen, interessieren sich für eine meisterliche Beherrschung ihrer selbst oder dafür, wie sich das Problem des Hungers auf der Welt lösen ließe oder gar dafür, wie real telepathische Kommunikation mit „Lichtwesen" ist. Tatsache ist, daß wir durch unsere Interaktion mit denen, die Beiträge zum Lichtnahrungsforum (*Living on Light Forum*) auf der Website der *Cosmic Internet Academy (CIA)* beisteuern beziehungsweise unsere Fragebögen ausfüllen, feststellen können, daß die von ihnen gewählte Lebensweise, ihr persönlicher Hintergrund und ihr Persönlichkeitsprofil erstaunlich breitgestreut sind.

Hier ein paar kurze Angaben:

85% meditieren regelmäßig
83% wissen, daß sie selbst ihre eigene Wirklichkeit erschaffen
68% sind fit und stark
71% sind schon seit langem Vegetarier
25% haben sich zuvor von Rohkost ernährt
25% lebten bewußt sexuell enthaltsam
47% besuchen regelmäßig Kirche, Tempel oder Synagoge
61% sind vollzeitmäßig auf Dienen ausgerichtet – das heißt, sie haben sich innerlich verpflichtet, Förderliches zu diesem Planeten beizutragen und ihn nicht zu mißbrauchen.

Botschafter und Botschafterinnen des Lichts haben den unterschiedlichsten religiösen Hintergrund. Unter ihnen sind Ärztinnen und Ärzte, Angehörige alternativer Heilberufe, Musikerinnen und Musiker, Schriftstellerinnen und Schriftsteller, Dozentinnen und Dozenten, Beschäftigte des öffentlichen Dienstes, Geschäftsleute, Arbeiterinnen und Arbeiter, Hausfrauen, Rentnerinnen und Rentner und sogar Arbeitslose. Das Durchschnittsalter derer, die sich an unserer Erhebung beteiligt haben, liegt bei 47 Jahren, und 51 % sind Frauen. Die älteste Person ist 93 und die jüngste 18.

Schließlich möchte ich noch dem Begriff „Licht Botschafter" klarstellen. Gebraucht man den Begriff im Zusammenhang damit, daß Menschen durch tägliche spirituelle Erfahrung vermehrt von „Licht" erfüllt und mit der Kraft des göttlichen Einen in sich in Kontakt sind, so könnte man Millionen von Menschen als Botschafterinnen und Botschafter des Lichts bezeichnen. Alle, die sich dem Dienst an der Entfaltung des göttlichen Willens und der göttlichen Liebe und Weisheit auf Erden verschrieben haben, können als Botschafter des Lichts bezeichnet werden. Im Rahmen dieses Buches verwenden wir diesen Begriff speziell für diejenigen, die sich dafür entscheiden, daß die Kraft des göttlichen Einen in ihrem Innern sie ernähren soll. Und der visuelle Aspekt der Kraft des göttlichen Einen ist Licht.

Auf einen Nenner gebracht, laden die Licht Botschafterinnen und Botschafter alle ein:

Offen zu werden für höhere Möglichkeiten – wenn wir uns Dinge vorstellen können, sind sie auch möglich.

Fit und gesund zu werden durch Verfeinerung der selbstgewählten Lebensweise.

Das göttliche Eine in sich kennenzulernen und die wohltuenden Auswirkungen seiner Kraft zu spüren. Häufig tritt gleichzeitig ein verstärktes Hellsehen, Hellhören und Hellfühlen auf.

1.3. *Das Weltgesundheits- und Welthungerprojekt der M.A.P.S.-Botschafter*

„An einer einzigen Kerze können tausende von Kerzen entzündet werden, und doch verkürzt sich die Lebensdauer dieser Kerze dadurch nicht im geringsten. Glück nimmt nie ab, wenn es geteilt wird."

Lehre Buddhas

Wo nun mehr Individuen sich innerlich zu einer Lebensweise verpflichten, die der Fitneß auf allen Ebenen förderlich ist, gelangen sie nicht allein dazu, die positiven persönlichen Auswirkungen dieser Entscheidung auszukosten, sondern können oft auch ihren globalen Nutzen sehen. Ich persönlich brauchte etwa drei Jahre Experimentieres mit einem Leben ohne Essen, bis mir klarwurde, wie sich die Ernährung von Prana und die Lebensweise, die sie erfordert, auf viele der Herausforderungen an uns übertragen ließe, die mit gesundheitlichen Fragen und dem Hunger auf der Welt zusammenhängen.

Für die Licht Botschafterinnen und Botschafter bedeutet Hunger Hunger nach Liebe, Hunger nach Gesundheit, Hunger nach Glück, Hunger nach sinnvoller Arbeit, Hunger nach Wohlstand sowie Hunger, der durch fehlende Nahrung entsteht. Wie viele nun erkennen, gehen Nahrungsmittelknappheit und Armut auf die ungleiche Verteilung der Ressourcen der Welt zurück, und nicht auf einen tatsächlichen Mangel an Ressourcen auf diesem Planeten.

Wir wissen auch, daß der Hunger nach tiefem und bleibendem Glück sowie nach einem Lebenssinn und Daseinszweck, den viele Menschen haben, sich nicht durch materiellen Gewinn befriedigen läßt – wenn auch viele westliche Unternehmer gesagt haben, wenn sie die Wahl hätten, wären sie lieber mit Geld unglücklich als ohne. Persönliches Glück rührt daher, auf vielen Ebenen Fülle zu erleben, und das bedeutet für verschiedene Menschen viele verschiedene Dinge. Glück ist an unsere genetische Struktur gekoppelt sowie an Einflüsse unserer Umwelt und sogar an Einflüsse aus früheren Leben. Finanzielles Wohlergehen allein ist kein Garant für persönliches Glück. Ein altes griechisches Sprichwort lautet: „Sichere dir zunächst dein Auskommen, und dann praktiziere Tugend."

Wenn wir unseren tiefen Hunger nach einem Daseinszweck, nach wahrer Liebe und Glück auf dem Weg wirklicher Wahrnehmung unseres Selbst befriedigen, vollzieht sich eine Verlagerung fort von unserer Ichbezogenheit, und wir werden altruistischer, mehr auf das Dienen ausgerichtet und um das Wohl anderer besorgt. Insofern können diejenigen, die etwas haben, wirkungsvoll auf die Bedürfnisse der „Habenichtse" eingehen, und für sie sorgen. Ich erinnere mich noch, wie ein östlicher Guru vor 25 Jahren sage, Spiritualität bräuchte man dem Osten nicht zu geben, denn davon gäbe es dort eine Menge. Vielmehr gäbe man den Menschen dort besser Nahrung und ein Dach über dem Kopf sowie eine vernünftige Bildung. Und den Westlern, die absolut alles hätten und denen es dennoch oft elend ginge, gäbe man Spiri-

tualität – in der Hoffnung, daß sie sich dann stärker auf selbstloses Dienen und altuistische Motive ausrichten. Dann können sie die Umverteilung der Ressourcen auf dem Planeten unterstützen, damit für Menschen in Not gesorgt werden kann.
Im Rahmen unseres „Weltgesundheits- und Welthungerprojekts" bedeutet Gesundheit geistige, emotionale, spirituelle und körperliche Gesundheit. Auf sie alle geht unsere Self Empowerment Academy ein – in Form unserer Website und mit Büchern, durch das ELRAANIS-Magazin sowie durch veröffentlichte Artikel.
Weltweite Gesundheitserziehung wird nun auch durch weitverzweigtes Teamwork unter Menschen unterstützt, die in der ganzheitlichen Bildung tätig sind, etwa im Bereich alternative Therapien und Medizin. Hier haben wir eine Gruppe, die anerkennt, welche Macht die Verbindung zwischen Geist und Körper hat und deren Augenmerk darauf ruht, Menschen zum Umdenken zu bewegen, damit sie sich für Lebensweisen entscheiden, die ihrem Wohlergehen dienlich sind.
Viele Mitglieder dieser Gruppe sind Menschen, die sich darüber hinaus dem Idealismus von M.A.P.S. verpflichtet fühlen, und zu ihnen gehören Medienvertreter mit dem entsprechenden Bewußtsein, Ärzte, Ernährungswissenschaftler, Forschungszentren – alles Personen, die sich mit Hingabe ihrem Gebiet des Dienens widmen. Von daher wird das „Weltgesundheits- und Welthungerprojekt" von M.A.P.S. bereits jetzt gut unterstützt von denen, die Gesundheit und Wohlergehen für alle wünschen.
Praktizierte Lebensweisen, die man ehemals normalerweise bei der „New-Age"-Gemeinschaft antraf, haben Eingang in das Bewußtsein der breiten Masse gefunden, da vielen bewußt geworden ist, daß jeder und jede einzelne von uns im Leben komplett die Verantwortung übernehmen muß. Um positive Beziehungen mit anderen zu schaffen, müssen wir zunächst lernen, uns selbst zu lieben und zu ehren. ***Für manche der Licht Botschafterinnen und Botschafter ist es das höchste Zeichen der Achtung vor dem, was wir wirklich sind und des Vertrauens darauf, wenn wir zulassen, daß die göttliche Kraft in unserem Innern uns nährt.***
Ein Zeichen für diese veränderte Einstellung im Hinblick auf unsere Gesundheit und das Glück dieser Welt ist die zunehmende Ausrichtung der Medien auf gesunde Lebensführung. In vielen Zeitschriften werden die positiven Auswirkungen von Yoga oder Meditation oder einer vegetarischen Ernährungsweise und regelmäßiger Bewegung hervorgehoben.
Selbst die WHO, die Weltgesundheitsorganisation, definiert Gesundheit als „Zustand vollkommenen körperlichen, geistigen und sozialen Wohlergehens, und nicht nur Abwesenheit von Krankheit und Gebrechlichkeit", und sie stellt ferner fest, daß ein guter Gesundheitszustand als grundlegend für Frieden und Sicherheit auf der Welt anzusehen seien.
Gesundheit ist eine Frage eigener Entscheidungen, und wir als einzelne treffen solche Entscheidungen Tag für Tag – darin, was wir zu essen, wie wir uns zu fühlen und wie wir mit unserem Körper umzugehen beschließen. Im

Westen ist es nicht allein Aufgabe des Staates, dafür zu sorgen, daß sich Menschen einer guten Gesundheit erfreuen, und dennoch sollte das Bildungswesen an den Schulen definitiv Fragen der Wahl der persönlichen Lebensweise miteinbeziehen.

Untersuchungen zeigen, daß wir heute länger leben und uns de facto besser ernähren und mehr Bewegung haben – die Grundfaktoren, die diesen Trend unterstützen. Das für sich genommen bringt weitere Komplikationen mit sich. 1998 waren 66 Millionen Menschen älter als 80 Jahre. Für das Jahr 2050 erwartet man, daß die Zahl der über Achtzigjährigen auf 370 Millionen angewachsen sein wird.

Obwohl die Bevölkerung nur um 1,3% pro Jahr wächst, wird dieses Wachstum dennoch auf lange Sicht den Erhalt unserer Ressourcen beeinflussen. In späteren Kapiteln werden wir hierauf noch ausführlicher eingehen, denn es reicht nicht mehr aus, nach eigenem Gutdünken Entscheidungen zu treffen, sondern wir müssen uns auch bewußt sein, wie unsere Entscheidungen im Hinblick auf unsere persönliche Lebensweise sich auf unseren Planeten auswirken.

Lösungen für Herausforderungen in Zusammenhang mit Gesundheitsfragen und Hunger werden nicht dadurch auftauchen, daß jemand den Zauberstab schwingt, sondern sie entspringen einem intelligenten Gebrauch von unserer pesönlichen Entscheidungsfreiheit in jedem Moment unseres Tages. Die Entscheidung für ein qualitativ wertvolles Denken, ein qualitativ wertvolles Fühlen, und eine qualitativ wertvolle Ernährung, wird uns ein gutes Stück weiterbringen, wenn es darum geht, spirituelle, geistige, emotionale und körperliche Gesundheit herbeizuführen.

Leider nehmen manche Menschen die Arbeit der Lichtbotschafterinnen und –botschafter auf dem Gebiet der pranischen Ernährung als etwas wahr, das in Widerspruch zu den Medizinern und vielen Ernährungsexperten steht. In Wirklichkeit ehrt unsere Arbeit die Angehörigen dieser Berufsgruppen, sie unterstützt und ergänzt anerkannte Untersuchungen auf diesen Gebieten und überträgt sie dann auf eine andere Ebene. Unser Hauptaugenmerk in Sachen Gesundheit liegt auf dem Einfluß der präventiven Medizin sowie der Förderung fruchtbarer Lebensweisen, die es vielen ermöglichen, dauerhaft frei von Erkrankungen zu sein.

Pranische Ernährung und zu lernen, Wirklichkeiten zu erschaffen, die uns allen wirksam dienen, ist die Folge einer bewußt gewählten, ganz bestimmten disziplinierten Lebensweise auf seiten von Menschen, die letztlich seit vielen Jahrzehnten dem Rat von Ärzten und Ernährungsexperten gefolgt sind. Nachdem wir vernünftigen Lebensmitteln und ausreichend Bewegung Meditation und Meisterung des eigenen Geistes hinzugefügt haben, sind wir noch einen Schritt weitergegangen und haben eine alternative und brauchbare Nahrungsquelle entdeckt.

Wir als Licht Botschafterinnen und Botschafter gehen die innere Verpflichtung ein, mit alternativen Heilkundigen und Ärzten, die ganzheitliche Behandlungsweisen praktizieren, zusammenzuarbeiten, statt uns ihnen ent-

gegenzustellen. Wir bestreiten auch nicht den Wahrheitsgehalt der herkömmlichen Erkenntnisse, wir bitten nur einfach darum, geistig offen zu bleiben für das Gebiet der höheren Lichtwissenschaft, da diese uns einige zivilisiertere Möglichkeiten aufzeigt.
Prana wird der Welt als *zusätzliche* Form von Nahrung angeboten, nicht als ein *Muß*. Und warum? Weil es notwendig ist. Ja, es gibt Programme, die auf Weltgesundheit und den Hunger auf der Welt hinarbeiten, doch auch sie sehen sich vor gewisse Herausforderungen gestellt.
In Abschnitt 3 dieses Buches befassen wir uns also mit der globalen Anwendung von Weltgesundheits- und Welthungerprogrammen sowie deren Finanzierung. Unterdessen können wir als Individuen unabhängig von unserer persönlichen Situation beginnen, die Verantwortung für unsere eigene Gesundheit und unseren eigenen Hunger zu übernehmen, indem wir offen sind für andere Alternativen.
Wir hoffen, daß der Weltöffentlichkeit irgendwann schließlich genügend glaubwürdige Forschungsergebnisse zu früheren Untersuchungen auf jenem Gebiet vorliegen werden, das manche Mediziner als *Inedia paradoxa* bezeichnen, so daß der Gedanke, man könne sich von der Kraft des Gottes in sich selbst ernähren, eher akzeptabel wird.
Naheliegenderweise würden es viele Licht Botschafterinnen und Botschafter gerne sehen, wenn stärker erforscht würde, was sich im Körper abspielt, wenn jemand jahrelang von Prana lebt. Was wir aber wissen, ist, daß der Umstand, sich von der Kraft des Göttlichen in uns zu ernähren, es uns ermöglicht, gesünder und glücklicher zu sein, und das ist schon für sich genommen eine große Offenbarung.
Fürs erste empfehlen wir allen:

Bewußt darauf zu achten, welche Entscheidungen sie zu ihrer eigenen Lebensweise treffen und womit sie jeden Augenblick ihres Tages füllen.

Mehr zu recherchieren und zu verstehen, daß alle Erkrankungen von einem Un-wohl-sein herrühren.

Das Wissen ihres Beraters oder ihrer Beraterin aus dem Bereich der ganzheitlichen Medizin zu nutzen und anzuwenden. Vegetarier zu werden.

Die Verantwortung für alles zu übernehmen, was mit Fragen ihrer eigenen Gesundheit und ihres Hungers zusammenhängt.

Sich zu fragen, ob ihre Gedanken, Worte und Handlungen ihrer Gesundheit dienlich sind und ihren Hunger rundum befriedigen.

Bereit zu sein, alte Gewohnheiten zu durchbrechen, die ihnen und dem Planeten nicht länger dienlich sind. Sich zum Beispiel zu fragen: „Warum esse ich Fleisch? Weil ich es mag? Oder weil es eine Angewohnheit ist, die ich nie hinterfragt habe?“ Mit etwas so weiterzumachen, weil man es mag oder sich angewöhnt hat, obwohl es persönlich und global betrachtet nur negative Auswirkungen hat, ist unlogisch. Das meinen wir damit, wenn wir vom Durchbrechen von Angewohnheiten sprechen, die dir oder dem Planeten als Ganzes nicht mehr dienlich sind.

In Abschnitt 2 und 3 werden wir vermehrt eingehen auf:

Unsere eigenen Untersuchungen und die anderer zu einem Leben, das frei vom Essenszwang ist
Aktuelle Lösungen und Programme zur Linderung des Hungers auf der Welt
Die gesundheitlichen Vorteile einer vegetarischen Ernährung
Langfristige globale Nachhaltigkeit der Ressourcen
Finanzierung von sozialer Hilfeleistung und ganzheitlichen Bildungsprogrammen

1.4. Mißverständnisse auf seiten der Medien

„Sobald du offensichtliche Negativität attackierst, gibst du ihrem Ursprung nur zusätzlich Nahrung und fachst das Feuer vermehrt an. Bei jedem Konflikt ist es immer am besten, sich das Positive vorzunehmen. Wenn du etwas aufrichtig liebst, oder ihm zumindest freundliche Gedanken schickst, wird es sich vor deinen Augen verwandeln."

John & Lyn St. Clair, „Eyes of the Beholder"

Wir beginnen dieses Kapitel mit einem Auszug aus dem Teil C.I.A.-Website, der sich an die Medien wendet, da dort auf viele Punkte eingegangen wird, die unter den Botschafterinnen und Botschaftern des Lichts sowie bei meinem eigenen Umgang mit den Medien in aller Welt immer wieder aufgeworfen wurden. Wo es notwendig war, haben wir aktuelle Ergänzungen hinzugefügt.
Auf den nachfolgenden Seiten befassen wir uns von daher mit Fragen zu den Themen Magersucht, Experten, Beweise, Hunger auf der Welt, verantwortungsbewußte Berichterstattung, Infragestellung überkommener Glaubenssätze aus der Medizin sowie mit unserem Einfluß. Wir gehen davon aus, daß dies zentrale Fragen sind, um die sich viele Gedanken machen.
1996 gab mir der Aufgestiegene Meister Kuthumi telepathisch die Vision von M.A.P.S. für den Globus, und während der darauffolgenden zwei Jahre legten wir sorgfältig das Fundament für die internationale M.A.P.S-Botschaft. Damals hielt ich noch an meinem Selbstbild als Schreiberin fest, die ein yogisches Leben führte und für sich die Entscheidung traf, ausschließlich von Licht zu leben, weil es mir persönlich so behagte. Als Herausgeberin und Verlegerin von *The ELRAANIS Voice*[3] Informationen und die Vision der M.A.P.S-Botschaft weiterzuverbreiten, war keine sonderliche Herausforderung, da wir uns ohnehin schon mit dem Gebiet „Anleitung zum Umdenken" befaßten.
Kurz danach manifestierte St. Germain seine Gegenwart und fragte mich, ob ich bereit sei, zusätzlich als eine ihrer Pressesprecherinnen für die Aufgestiegenen Meister gegenüber den internationalen Medien tätig zu werden. Er ließ mich wissen, daß in diesem Zeitalter der Technik die Medien zu den wirkungsvollsten Instrumenten des Planeten gehörten, was die Aufklärung der Öffentlichkeit anginge. Die Meister, sagte er, wollten die Tatsache, daß ich nichts zu essen brauchte, nutzen, um die Aufmerksamkeit der Medien auf die Ideale der M.A.P.S.-Botschaft zu lenken.
Mir wurde deutlich, daß aus dem „stillen Kämmerlein" herauszukommen
a) bedeuten würde, daß ich viel von meiner Intimsphäre verlieren würde, die mir als yogischer Kriegerin sehr wichtig war, und
b) eine riesige Herausforderung sein würde, da ich bereits seit über zwei Jahrzehnten miterlebt hatte, wie sehr man im Westen zögerte, die Vorteile ganzheitlicher Medizin und vegetarischer Ernährung wirklich anzunehmen und in die Tat umzusetzen.
Ich hatte außerdem bereits meine Erfahrungen gemacht mit der – aus Unwissenheit geborenen – Ungläubigkeit und Angst angesichts des Lebens,

das ich in jüngerer Zeit für mich gewählt hatte. Ganzheitlich arbeitende Therapeuten und Therapeutinnen aus meinem Freundes- und Bekanntenkreis aufzuklären – und sogar, es meiner Familie zu erklären hatte mir eine Menge Geduld abverlangt, da meine Gegenwart eine Herausforderung war angesichts ihrer Überzeugung, man könne ohne Essen nicht überleben.
Zu sagen, ich hätte den Job einer „PR-Person" gegenüber den Medien im Hinblick auf die fast „unglaubliche" Praxis der pranischen Ernährung etwas widerstrebend in Angriff genommen, wäre eine gigantische Untertreibung. Nichtsdestoweniger siegte St. Germains Logik, und ich stimmte schließlich zu. Ich legte jedoch fest, wenn er mein ätherischer „Pressebetreuer" sein würde, solle er nur geistig offene Journalisten zu mir schicken. Bis heute hat er seinen Teil dieses Deals eingehalten, und mir sind einige Journalisten, Interviewer und Filmteams begegnet, die erstaunlich „auf Draht" waren.
Oft habe ich erleben können, daß die Weltpresse bei ihren Befragungen reichlich unbarmherzig war – was ja schließlich auch ihr Job ist. Ich betrachte Skepsis zwar als etwas Natürliches und auch Gesundes für jeden kritisch prüfenden Geist, das Ängsteschüren jedoch, das auf Ignoranz basiert, ganz und gar nicht. Und ebensowenig Berichterstattungen über haltlose Gerüchte, die sich als Fakten ausgeben – eine journalistische Praxis, der die Integrität fehlt. Ich erinnere Skeptiker gern daran, daß man einmal geglaubt hat, die Erde sei eine Scheibe und die Sonne kreise um die Erde, und daß damals auch der Gedanke, Menschen könnten auf dem Mond herumspazieren, absurd war. Die Kraft des Prana ist in den alten Veden und Upanishaden ausführlich behandelt worden, nicht jedoch in der westlichen Literatur, und die Vorstellung, daß Menschen ohne Nahrung in Form von dem leben können, was man auf der westlichen Halbkugel als „Essen" kennt, scheint ebenfalls absurd. Ich weiß, in unserer künftigen Geschichte wird eine Zeit kommen, wo die Nahrungsaufnahme über den Prana so umfassend akzeptiert sein wird wie heute das Vegetariersein. Und das sowohl aus gesundheitlichen Gründen, wie auch zum Schutz unserer Ressourcen.
Es gibt also ein paar Punkte in Verbindung mit meiner Funktion als Medienrepräsentantin, die klärungsbedürftig sind – dies sind entweder oft gestellte Fragen der Öffentlichkeit und/oder Medien, oder das, was ich als Mißverständnisse auf seiten der Medien bezeichne – Punkte, die richtiggestellt werden müssen.

1.4.1. – Magersucht

Einer der ersten Punkte, die zu betrachten unseres Erachtens wichtig ist, was Bedenken der Medien und bestimmter Teile der Öffentlichkeit angeht, ist das Thema Magersucht. Der Kommentar von Menschen, die mit dieser persönlichen Herausforderung zu tun haben beziehungsweise von ihr betroffen sind, lautete, daß es moralisch unverantwortlich sei, öffentlich über einen Verzicht auf Essen zu sprechen. Es ist uns tatsächlich passiert, daß vorab angesetzte Fernsehauftritte abgesagt wurden, als Personen, die sich beruflich mit Magersucht befassen, erfuhren, um welches Thema die ausgestrahlte

Diskussion sich drehen würde.
Hierzu würden wir gerne sagen, daß diese Krankheit, Magersucht, nur dann durch unsere öffentlichen Diskussionen über Lichtnahrung verbreitet oder begünstigt werden kann, wenn

a) wir es nicht schaffen, zu vermitteln, daß dies eine spirituelle Initiation ist, die es als Nebenprodukt mit sich bringt, daß man seine Nahrung aus einer anderen Quelle bezieht. Das ist hochgradig unwahrscheinlich, da wir uns sehr bewußt sind, daß es unabdingbar ist, die Ergebnisse unserer Experimente auf verantwortungsbewußte Weise weiterzuverbreiten, und wir wissen auch um die Gefahren, die es mit sich bringen könnte, wenn Ungeübte das versuchen,

und zweitens, wenn

b) die Medien unverantwortlich handeln, indem sie nicht umfassend Bericht erstatten und den Punkt von daher inkorrekt abhandeln. Das kann eine ziemliche Aufgabe sein, und manche Journalisten haben uns gegenüber schon konstatiert, ihre Zeitschrift/Zeitung könne auf die religiösen/spirituellen Aspekte unserer Entdeckungsreise nicht eingehen, da das „ihre Leser abschrecken" könnte.

Doch nun zurück zur Magersucht. Hier die Fakten:
Die Fähigkeit, ohne Essen zu leben, ist das Ergebnis einer hochgradig komplexen spirituellen Initiation. Die Initianten bereiten sich jahrzehntelang, ja sogar über mehrere Leben darauf vor, und das Ganze ist nicht auf die leichte Schulter zu nehmen. Für Unvorbereitete kann es außerdem ein sehr gefährliches Unterfangen sein. Für die gut Geschulten ist es eine sehr freudvolle Initiation. Sich von Licht zu ernähren, hat nichts mit Diät oder Fasten zu tun. Es ist, um christliche Begrifflichkeiten zu verwenden, unmöglich, sich längere Zeit von Lichtnahrung zu ernähren, ohne eine intensive Verbindung zu seinem Gott zu haben. Denn es sind unser Glaube an die Existenz dieser höchsten intelligenten Kraft und unsere Erfahrung ihrer Kraft, die es uns möglich machen, von ihr ernährt zu werden. Ansonsten wird aus Nichtessen Fasten, und ohne den bewußten Willen, das göttliche Eine in uns möge unser physisches Gefährt nähren, wird dieses irgendwann an Unterernährung sterben. In dieser Hinsicht ist alles, was Ernährungsexperten und Mediziner uns sagen, hundertprozentig korrekt.
Aus Magersucht spricht ein emotionales Ungleichgewicht, verbunden mit verwandten Geisteshaltungen, die dem physischen Gefährt und dem allgemeinen Wohlergehen der von der Krankheit befallenen Person Schaden zufügen. In *The ELRAANIS Voice*, Band 3 Ausgabe 1 *(kostenlos von unserer Website herunterzuladen)* steht ein Artikel mit einem Interview mit Peggy Claude Pierre in Kanada. Es stammt von der Website von *Share International* (www.shareintl.org), und Peggy scheint großartige Recherchen auf diesem Gebiet anzustellen. Ihr Artikel ist sehr lesenswert, und statt uns hier weiter über Magersucht auszulassen, verweisen wir hier lieber auf die Experten auf diesem Gebiet.
Wir bekommen also mitunter zu hören, daß es unverantwortlich sei, über

Nichtessen zu reden, wo es doch das Problem mit der Magersucht auf der Welt gibt. Was wir hier aber anmerken möchten, ist: *Für unser Empfinden wäre es unverantwortlich, unsere Erkenntnisse nicht weiterzugeben, und zwar angesichts der Tatsache, daß UNICEF-Statistiken zufolge alle zwei Sekunden ein Kind an Krankheiten stirbt, die mit Hunger zusammenhängen.*

In der Annahme, daß das, was wir hier behaupten, zutreffend ist, geht unsere Überlegung dahin, daß es moralisch für uns nicht annehmbar wäre, diese Nahrungsquelle zu entdecken, es für uns zu behalten, und den Rest der Welt nicht daran teilhaben zu lassen! Außerdem ist es interessant, festzustellen, daß das Durchschnittsalter der Licht Botschafterinnen und Botschafter 52 Jahre beträgt, wobei das älteste Mitglied 93 und das jüngste 18 Jahre alt ist.

Allen, die an Magersucht oder Bulimie leiden, rate ich folgendes:

Lerne meditieren, und zwar mit der Intention, zu erfahren, „wer" du wirklich bist. Zu wissen, daß du mehr bist als nur dein Geist, dein Körper und deine Emotionen, ist eine sehr befreiende Erfahrung.

Richte dich darauf aus, physisch, emotional, geistig und spirituell fit zu werden.

Lerne deinen eigenen Geist zu meistern und lerne, wie Gedanken Wirklichkeit erschaffen.

Lerne, dich selbst und andere mehr aus vollem Herzen zu lieben.

Heile deine Beziehung zu dir selbst und anderen, indem du Kurse zum Aufbau des eigenen Selbstwertgefühls und zu besserer Kommunikation mitmachst.

Finde etwas Kreatives, das du gerne tust und befasse dich täglich damit – etwa Malen, Tanzen, Musik, Gartenarbeit usw.

Verbringe einiges von deiner Zeit damit, anderen zu dienen, die in einer weniger glücklichen Lage sind als du selbst – anderen selbstlos zu dienen, ist der schnellste Weg, über Selbstbezogenheit, Selbstmitleid oder übertriebene Eigenliebe hinauszugelangen.

Beginne die Kostbarkeit des Lebens zu erfahren, indem du jeden Tag etwas Zeit damit verbringst, für alles zu danken und Dankbarkeit zu empfinden, das in deinem Leben gut läuft, so banal es auch sein mag. Etwa: „Danke, Gott/Universum/Heiliger Geist für die Menschen, die mich lieben; danke für mein warmes Bett; danke dafür, daß die Sonne scheint, danke für mein Talent in...; danke für..." Wisse: je mehr wir mit aufrichtiger Dankbarkeit handeln, desto mehr werden wir erhalten, wofür wir dankbar sein können – so will es das universelle Gesetz.

Bitte die göttliche Kraft in dir: „Ich bitte nun das göttliche Eine in mir, daß ich alles an karmischen Lernprozessen zum Abschluß bringen kann, was hiermit zusammenhängt, mit Freude und Leichtigkeit und Gnade, so daß ich frei sein kann, in jedem Augenblick voll und ganz mein göttliches Selbst zum Ausdruck zu bringen."

Verwende folgende Programmierung: „Ich bitte nun darum, daß mein Leben von Sinn und Zielen erfüllt sein möge, und daß alle Disharmonie in meinem mentalen, emotionalen und physischen Körper perfekt in Einklang mit der göttlichen Kraft in mir gebracht wird."

Bitte das Universum, die richtigen Heiler(innen) und Lehrer(innen) zu dir zu bringen, die dir zu deinem Wohlergehen zurückverhelfen.
Weitere Informationen zum Einsatz von Programmierungen, zur Macht unserer Emotionen und zur Meisterung des Geistes stehen in meinem Buch *In Resonanz*.

1.4.2. – Die Experten

Eine Sache, die etwas aufreibend für mich ist, ist das Spiel, das die Medien gerne spielen und bei dem es heißt: „Interviewen wir doch einmal Jasmuheen zusammen (oder nacheinander) mit einem *Experten* aus der Medizin, Biologie, Ernährungswissenschaft oder was auch immer." Dann sagt der Experte oder die Expertin: „Der Körper kann unmöglich ohne Nahrung auskommen", und ich sage: „Das stimmt." Der Experte sagt: „Der Körper braucht gute, reichhaltige Nahrung", und ich sage: „Das stimmt." Ich kann mir kaum vorstellen, daß das eine interessante Fernsehsendung wird – zum einen, da ich ja gar nicht bestreiten kann, was mein Gegenüber sagt, denn es hat ja vollkommen recht mit dem, was es auf seinem Gebiet weiß, und ich mußte all das ja auch selbst anwenden, um zur nächsten Phase zu gelangen. Zum andern bewirkt es, daß die Materie aufgrund der Überzeugung der Moderatorin oder des Moderators bzw. des Experten sehr verkürzt dargestellt wird, statt daß wir ein intelligentes Gespräch führen können, bei dem weitere Details zu den Erkenntnissen übermittelt werden können, die wir gewonnen haben, statt in dieser „Das-könnten-Sie-unmöglich"-Haltung zu verharren.
Mit jemandem konfrontiert zu sein, der darauf besteht, daß etwas unmöglich sei, wenn man doch persönlich das Gegenteil erfahren hat, ist wirklich eigenartig – aber es ist eine gute Übung in Geduld, da uns deutlich wird, daß viele Menschen anfangs „ungläubig" reagieren, wenn sie etwas begegnen, das ihre Überzeugungen so sehr über den Haufen werfen könnte wie die von uns gewählte Lebensweise.
Medien, denen an seriösem, informativem Journalismus gelegen ist und die hinausgelangen wollen über die Sensationsgier und das Spiel à la „Er/sie sagt, Jasmuheen sagt – brechen wir doch ein hitziges Streitgespräch vom Zaun, um dem Publikum spannendes Fernsehen zu bieten", bitten wir, wenigstens eine Expertin oder einen Experten hinzuzuziehen, der oder die etwa mit der Arbeit von Dr. Deepak Chopra vertraut ist. Chopra hat hochinteressante Untersuchungen zur Verbindung zwischen Geist und Körper angestellt sowie zum Wunder des menschlichen Organismus, und ich kann seine Bücher wärmstens empfehlen.
Im Idealfall wird der „Experte", damit man nicht Äpfel mit Birnen vergleichen muß, außerdem einen guten Begriff vom Zusammenhang zwischen Körper und Geist haben müssen, auch aus persönlicher Erfahrung, und sollte in Theorie und Praxis mit Meditation vertraut sein. Ein glaubwürdiger „Experte" ist für mich abgesehen davon jemand, der sich bewußt ist, welche Kraft es hat, Herr über seinen eigenen Geist zu sein und der *ein gutes Beispiel*

für praktizierte bewußte Ernährung und körperliche Trainiertheit ist. Stimmt diese Voraussetzung, können wir vielleicht ein wirklich informatives Gespräch führen.

Es ist aber erstaunlich, wieviele „Experten" mir in solchen Situationen schon begegnet sind, die übergewichtig, ungesund oder untrainiert sind! Fast keiner hat jemals etwas von Prana oder Chi gehört, kaum einer glaubt an die Existenz einer universellen Lebenskraft, und fast alle wissen mit Reinkarnation und der Unzerstörbarkeit von Energie sowie den Eigenschaften von Energie noch wenig anzufangen. Es kommt selten vor, daß mir in Radio oder Fernsehen ein Experte begegnet, der einigermaßen belesen ist in Metaphysik, der das Verständnis hat, daß wir schöpferisch tätige Wesen sind, in deren Macht es steht, jede Wirklichkeit zu erschaffen, für die wir uns entscheiden. Damit soll nicht die Sachkenntnis dieser Fachleute auf dem Gebiet der Ernährung oder Medizin in Abrede gestellt werden, aber die Fähigkeit, von Licht zu leben, ist eben das Ergebnis vieler weiterer Faktoren, die außerhalb dessen angesiedelt sind.

Wir sagen das nicht, um uns einen elitären Anstrich zu geben (um ein weiteres Etikett zu verwenden, das die Medien unserer Arbeit gerne anheften), sondern weil wir wirklich gerne für eine passendere Gegenüberstellung sorgen würden. Ansonsten ist es für mich, als würde man einen Allgemeinmediziner bitten, detailliert die Arbeit eines hochgradig spezialisierten Herzchirurgen zu analysieren sowie einen Kommentar zu dessen Befunden und Fachgebiet abzugeben – es macht schlichtweg keinen Sinn. Beide haben komplementär das gleiche Grundstudium absolviert, doch einer hat sich später auf einen bestimmten Zweig konzentriert und sich spezialisiert. Wir bestreiten das, was Ärzte oder Ernährungswissenschaftler sagen, ja durchaus nicht, wir haben nur zusätzliche Informationen, die sie mangels Gelegenheit bislang noch nicht in Erfahrung bringen oder erforschen konnten.

Den Medien gegenüber behaupten wir drei Dinge:

Erstens, daß für viele Licht Botschafterinnen und Botschafter von M.A.P.S. gilt: Wenn wir nie wieder etwas essen würden, würden wir dennoch nicht sterben. Ob wir ab und zu rein aus Vergnügen eine Kleinigkeit naschen? Manche ja, manche nein. Es ist keine große Sache. Was eine große Sache ist, das ist die Wahlfreiheit, die diese Lebensweise mit sich bringen kann. Außerdem ist das Freisein von einer weiteren Überzeugung, die uns einschränkt, für all diejenigen interessant, die wild entschlossen sind, das Potential zu erkunden, das im Menschen steckt.

Zweitens behaupten wir, daß es eine alternative Nahrungsquelle gibt, die dem Menschen zugänglich ist – und zwar hier und jetzt. Im Osten nennt man sie Prana, religiös ausgedrückt, nährt uns das Licht Gottes. Rein und einfach. Auf diese Weise Nahrung zu erhalten, bedeutet, daß keinerlei Aufwand betrieben werden muß und keinerlei Verschwendung stattfindet. Prana ist eine nie zur Neige gehende Quelle für eine zivilisierte Ernährungsweise, und diese hat immense und weitverzweigte positive globale Auswirkungen auf unsere jeweilige Gesellschaft als Ganzes.

Ein einstimmiges Ja also: Ja, die Aufgestiegenen Meister bieten der Welt die Lebensweise, die es ermöglicht, uns so zu ernähren, als langfristige Lösung für das Problem des Hungers auf der Welt an. Wir sind jedoch realistisch genug, um uns darüber im klaren zu sein, daß, damit dies so durchgeführt werden kann, wie wir es uns vorstellen, weltweit eine massive Erziehung zum Umdenken beginnen muß. Von daher das Interesse der Aufgestiegenen Meister an Medien, die integer sind in ihrem Handeln und die ihr Handwerk auf eine positive Weise nutzen möchten, um planetare Fortschritte zu erzielen.

Drittens behaupten wir, daß wir das Ziel haben, bis zum Beginn des neuen Jahrtausends unsere Untersuchungsergebnisse weltweit an die entsprechenden Persönlichkeiten in Medizin, Wissenschaft, Sozialwesen und Politik weitergegeben zu haben. Was die Welt dann mit diesen Informationen macht, wird jedem und jeder Einzelnen und jeder Organisation und/oder Regierung überlassen bleiben.

Außerdem möchten wir hier unsere Aufgabe festhalten:

Unsere eigentliche Arbeit hier besteht darin, Individuen zu motivieren, ihr persönliches Paradies zu erschaffen und bei der Erschaffung eines harmonischen und geeinten globalen Paradieses behilflich zu sein.

Die M.A.P.S.-Botschafterinnen und -Botschafter haben allesamt ganz spezifische Projekte übertragen bekommen – Aufträge, bei denen es darum geht, praxisnahe positive Veränderungen für unseren Planeten zu bewirken. Unser erstes Projekt ist das einer Erziehung zum Umdenken, und ich für meine Person habe es mir zur Aufgabe gewählt, dies auf vier Weisen zu tun:

über die „Kosmische Internet-Akademie" (*Cosmic Internet Academy*, C.I.A.) unter

www.selfempowermentacademy.com.au

über unseren internationalen Rundbrief, *The ELRAANIS Voice*[4]

über unsere weltweiten Medieninterviews und Dokumentationen

über das Zurverfügungstellen unserer Bücher, Videos, CDs, Cassetten

über unsere internationalen Vortragsreisen und Schulungsseminare für potentielle M.A.P.S-Botschafterinnen und -Botschafter.

Alles Obengenannte – mit Ausnahme von c) – wird von mir persönlich finanziert (das gehört zu der von mir eingegangen Verpflichtung zur Erschaffung des Paradieses) sowie über die Universal Bank of Abundance. Auch das ist so etwas, was bei vielen Menschen den Geist ins Rotieren bringt: Ein kosmisches Bankwesen, bei dem Soll und Haben vom universellen Gesetz bestimmt werden. Mein Detailauftrag, oder mein Auftrag als Botschafterin des Lichts, bezieht sich auch auf das Gebiet der Anleitung zum Umdenken. In der christlichen Begrifflichkeit heißt es, daß Gott überall ist, und deshalb begann ich – vor 35 Jahren – meine spirituelle Reise mit der Annahme: "Es" ist in mir. Ich habe mein ganzes Leben damit verbracht, nach diesem Gott zu verlangen und ihn zu erfahren. Und nun entscheide ich mich dafür, seine Kraft zu beweisen, indem ich ihm erlaube, meinen Körper zu nähren und ihm dazu genug zu vertrauen.

1.4.3. – Beweise

Als ich mich daran machte, als Reaktion auf die oft gestellte *Frage: „Beweisen Sie es!"* unsere Untersuchungen zu präsentieren, wurde bald deutlich, daß wir daraus ein eigenes Kapitel machen müßten, das wir „Fakten und Glauben – beweisen Sie es!" Wir haben dieses unweit der Stelle in diesem Buch eingefügt, wo Abschnitt 2 beginnt, in dem wir mehr von unseren eigenen Untersuchungsergebnissen zu diesem Phänomen und denen anderer darstellen.

1.4.4. – Hunger auf der Welt

Das bringt uns zur nächsten Frage. *„Wie schaffen wir den Sprung von einer persönlichen spirituellen Entdeckungsreise, die es manchen Menschen erlaubt hat, von Licht zu leben, zu einer praktischen Anwendung des Entdeckten, um den Hunger auf der Welt zu beenden?*

Die Antwort lautet natürlich, daß der Schlüssel in unserer Lebensweise liegt. Dennoch ist auch das ein Thema, das zu weitreichend ist, um es hier zu behandeln, also gehen wir in Abschnitt 3 näher darauf ein.

1.4.5. – Verantwortungsbewußte Berichterstattung

Das nächste Mißverständnis von seiten der Medien, das wir gerne ansprechen würden, ist die ständige Masse von Schlagzeilen rund um die Welt, die generell folgendermaßen aussehen: *„Frau behauptet, 6 Jahre lang nichts gegessen zu haben."* Das ist vielleicht eines der größten Mißverständnisse, die von den Medien fortwährend geschürt werden, durch Sensationsheischerei und schrille Schlagzeilen. Wir haben zwar Verständnis für die Bedrängnis, hohe Auflagen erzielen zu müssen, aber dennoch ist diese Aussage sehr irreführend!

Wir sagen immer, daß wir lediglich solange gelebt haben, ohne Nahrung aus Essen zu gewinnen, wie das notwendig war, um uns selbst zu beweisen, daß der Prana das ist, was uns nährt. Bei manchen sind das Monate, bei anderen Jahren. Dieser Beweis hat sich eingestellt, während wir Tag für Tag leben, ohne Vitamine zu uns zu nehmen, ohne uns Essen zuzuführen, und feststellen können:

daß unser Gewicht sich stabilisiert hat
daß unser Energieniveau gestiegen ist
unser Schlafbedürfnis abgenommen hat

Das sind die drei Anzeichen, die beweisen, daß jemand von Prana ernährt wird. Nachdem das erreicht ist, kann es bei manchen Menschen durchaus vorkommen, daß sie aus Genuß am Geschmack ab und zu etwas zu sich nehmen. Das kann von einem Schokokeks oder einer Packung Kartoffelchips einmal pro Woche bis zu einer Mahlzeit alle zwei Wochen oder auch nur einmal im Monat reichen.

Es bleibt völlig der einzelnen Person überlassen. Manche entscheiden für sich, einmal im Monat oder in der Woche in geselliger Runde etwas mitzuessen. Auch das ist wiederum vollkommen eine Frage der persönlichen Entscheidung. Was die Licht Botschafterinnen und Botschafter für sich beanspruchen, ist, daß wir *uns selbst* zufriedenstellend davon überzeugt haben, daß wir kein Essen brauchen, um zu überleben, das heißt, wir wissen, wenn wir nie wieder etwas zu uns nehmen würden, würden wir dennoch nicht sterben.

Eine Fußnote vom Juli 1999: Ich finde mich nun immer wieder in der Situation wieder, an die Medien zu appelieren, sie sollten die Berichterstattung bitte lieber unterlassen, wenn sie diese Frage der Lebensführung ausschließlich unter dem Aspekt Ernährung behandeln. So oft schon habe ich gesagt, daß die Fähigkeit, von Licht zu leben, das Ergebnis einer bestimmten Stufe von körperlicher, emotionaler, geistiger und spiritueller Fitneß ist, und in den Medien wird daraus dann: „Möglich wird das, wie Jasmuheen sagt, durch körperliche, emotionale und geistige Fitneß." Aus diversen Gründen werden bei der redaktionellen Bearbeitung Fernsehinterviews Worte wie „spirituelle Fitneß" oder „religiös ausgedrückt, nährt uns das Licht Gottes" herausgeschnitten. Das macht Livefernsehen für mich natürlich zur verlockenderen Alternative.

So ähnlich wirken wir auch auf die Medien ein, keine auszugsweisen Anweisungen zum exakten Verfahren beim 21-Tage-Prozeß zu veröffentlichen, denn wenn Menschen damit beginnen, ohne sich rundum damit beschäftigt zu haben und ohne daß ihnen die vollständigen Fakten vorliegen, ist das hochgradig gefährlich. Solange die Medien jedoch auf verantwortungsbewußte Weise berichten, kann das auf diese Welt nur positive Auswirkungen haben.

Möchten wir alle dazu „bekehren", das Essen sein zu lassen und sich von Licht zu ernähren?
– Nein.

Wünschen wir uns, daß die Menschen die freie Entscheidung in Sachen Essen haben?
– Ja.

Würden viele Licht Botschafterinnen und Botschafter es gerne sehen, wenn das sinnlose Abschlachten von Tieren auf dieser Erde ein Ende hätte?
Sicher.

Wenn wir ein gesundes Leben ohne Essen führen können, dann können andere sich mit Sicherheit auch ernsthaft mit vegetarischer Ernährung anfreunden – nicht nur aus moralischen Gründen, und weil es zivilisierter ist, sondern auch als Beitrag zum nachhaltigen Erhalt der weltweiten Ressourcen.

Wäre es uns lieber, wenn es mehr verantwortungsbewußte Berichte zu den positiven persönlichen und globalen Auswirkungen zum Einstellen der Abschlachterei *allen* Lebens gäbe?
– Sicher.

Wo unsere Arbeit nun den Punkt erreicht hat, ernster genommen zu werden, mehren sich die Versuche, unsere Erfahrungen in Mißkredit zu bringen. Journalisten machen sich oft nicht die Mühe, Gerüchten durch entsprechende Recherchen auf den Grund zu gehen und setzen deshalb fortwährend die Verbreitung von unrichtigen Angaben fort. Auch hier möchten wir die Medien aufrufen, verantwortungsbewußte Berichterstattung zu praktizieren, statt auf der Basis von Unkenntnis und mangelnder journalistischer Integrität Ängste und Ungläubigkeit zu säen.

1.4.6. – Eine Herausforderung für überkommene Vorstellungen

Das erste, worauf wir unter diesem Punkt eingehen möchten, ist die Fehlannahme, daß Menschen sterben müssen, wenn sie mehr als sechs Tage ohne Flüssigkeit sind. Mancherorts heißt es, schon vier Tage ohne Flüssigkeit seien tödlich. Viele Menschen haben mittlerweile erfolgreich den 21-Tage-Prozeß abgeschlossen, der anfangs einen siebentägigen Zeitraum ohne Essen und Trinken erfordert. Ein Lichtbotschafter im südamerikanischen Bogotá kam erfolgreich 36 Tage lang ohne Essen und Flüssigkeit aus und erlebte keine negativen Folgen.

Im Laufe der letzten Jahre bin ich auf so manches gestoßen, was ich gerne geklärt und näher erforscht wüßte, damit wir verstehen können, was sich im menschlichen Körper infolge dieser Fähigkeit, von Licht zu leben, abspielt. Diese Fragen und Richtungsangaben werden unseren Wissenschaftlern vorgelegt werden, wenn es an der Zeit ist, damit sie die nötigen entsprechenden Prüfungen vornehmen können.

Wir möchten nun auch etwas näher darauf eingehen, wie meine persönliche Reise bei alldem ausgesehen hat. Es war nämlich nie meine Absicht gewesen, damit an die Öffentlichkeit zu gehen. Was mich anging, so hatte ich mich dafür entschieden, mich dem in meinem ersten Buch, *Lichtnahrung*, besprochenen Prozeß zu unterziehen, weil das der nächste Schritt auf meinem eigenen Weg und bei meinen eigenen spirituellen Initiationen war und ich damals ganz darauf ausgerichtet war, zum Licht aufzusteigen.

Wäre mir zu diesem Zeitpunkt klar gewesen, was mir bevorstand, hätte ich mich vielleicht nicht für diesen Weg entschieden. Meinem Wirklichkeitsmodell nach ist alles menschliche Leben auf Erden ein Geben und Empfangen, ein Lernen über das Dasein in verdichteter physischer Materie, dazu gedacht, uns zu erinnern, daß wir spirituelle Wesen sind, die menschliche Erfahrungen durchleben und dabei außerdem dem umfassenderen Wohl von allem zu dienen, einfach weil wir dazu in der Lage sind. Mir ist ferner deutlich geworden, daß die persönliche Wirklichkeit nur ein Film ist, dessen Drehbuch jederzeit nach Belieben umgeschrieben werden kann.

Teil meines Auftrags, meiner Rolle, die ich in dieser Inkarnation zu erfüllen gewählt habe, war die Einrichtung der Lichtbotschaft und der M.A.P.S.-Botschaft als Instrument für positive Veränderungen. Wie erwähnt, bin ich auf Bitte des Aufgestiegenen Meisters St. Germain hiermit an die Öffentlichkeit gegangen, der 1996 vor mir Gestalt annahm und mich fragte, ob ich bereit sei, als Botin der Meister die Medienarbeit zu übernehmen.

Die Begründung der Aufgestiegenen Meister war die, daß die Tatsache, daß ich nichts zu essen brauchte, um weiterzuleben, die Aufmerksamkeit der Medien auf mich lenken würde, um so die Botschaft weiterzutragen, wie notwendig die Eigenverantwortlichkeit der einzelnen und die Arbeit an der eigenen Verfeinerung für unseren Planeten ist. Die wichtigsten Vorteile der Attribute, die wir hier fördern – Eigenverantwortung und Arbeit an der eigenen Verfeinerung – werden im Aufhören von Krankheit und der Entdeckung inneren Friedens bestehen, was persönliche und planetare Harmonie und Einheit erzeugen wird. Diese Attribute sind also überaus erstrebenswert.

Ich möchte es hier noch einmal wiederholen – das Wirken der Botschaft des Lichts dreht sich um Themen, die mit Hunger und Gesundheitsfragen zusammenhängen; es geht nicht darum, daß alle lernen, von Licht zu leben. Zu lernen, persönlich und auf globaler Ebene positive Lebensweisen zu kreieren, die für alle funktionieren, ist derzeit weit wichtiger. Ohne positive Lebensweisen scheint es praktisch unmöglich, länger Zeit von Licht zu leben – zumindest gemäß unserer Untersuchungen.

Wenn wir unser Verlangen nach Einswerdung erfüllen und für den grundlegenden Lebensstandard sorgen wollen, auf den alle Wesen ein Anrecht haben, so müssen wir auch erkennen, daß es auf unserem Planeten nicht an Ressourcen mangelt – woran es uns mangelt, ist einfach eine intelligente Nutzung dieser Ressourcen.

Im Mai 1999 publizierten Thomas A. Hirschl und sein Kollege Mark R. Rank von der Washington University einen Bericht mit dem Titel *The Likelihood of Poverty Across the American Lifespan* (Die Wahrscheinlichkeit des Auftretens von Armut im Leben eines Durchschnittamerikaners), und hierin steht, daß fast 60% der amerikanischen Bevölkerung zumindest ein Jahr ihres Lebens unterhalb der Armutsgrenze leben. „Was uns dabei überrascht hat, ist, daß Armut in Amerika eine sehr gängige Erfahrung ist", sagte Professor Hirschl von der Cornell University, „und doch dringt diese Tatsache nicht ins Bewußtsein der Öffentlichkeit."

Die Statistiken bestätigen die ineffiziente Verteilung von Ressourcen auf dem Planeten. Welche Gründe dies auch haben mag – mit etwas emotionaler Intelligenz, mit persönlicher Disziplin und der engagierten Selbstverpflichtung, harmonisch als Team zusammenzuarbeiten, lassen sich viele Herausforderungen, vor die sich unsere heutige Welt gestellt sieht, angehen und lösen.

Das Leben, das ich für mich persönlich wähle, ist das einer Yogini – ein Leben im Zeichen der Zurückgezogenheit und Meditation, bei dem ich meinen Körper trainiere, damit er kräftig bleibt, und zu schreiben, wenn die Inspiration dazu da ist. So mag ich es am liebsten. Dementsprechend ist jedes Mal, wenn ich „auf Achse" bin, eine interessante Umorientierung notwendig, denn die Umstellung von meinem Leben als Yogini zu intensivem Herumreisen, bei dem ich während Vorträgen und Seminaren ständig den Blicken der Öffentlichkeit ausgesetzt bin, ist eine ziemliche Aufgabe.

Manche möchten mir begegnen, weil sie diese merkwürdigen „Gerüchte" über eine Frau gehört haben, die behauptet, kein Essen zu brauchen, andere kommen, weil sie das Thema fasziniert, Meister ihrer selbst zu werden, und wieder andere finden sich ein, um ihre Unterstützung anzubieten. Ob jemand jedoch Schülerin oder Meisterin ist – wir alle sind die Verpflichtung eingegangen, zu dienen, und das mit aller Liebenswürdigkeit.

Im Umgang mit der Presse habe ich oft die Erfahrung gemacht, daß sie sozusagen „Angriffshaltung“ einnahm, und ich verstehe, daß Journalisten das tun, weil sie auf der Suche nach „undichten Stellen“ in unserer Geschichte suchen, nach dem, was wir als Spaltung in unserem Energiefeld bezeichnen. Und sie haben das Gefühl, je tiefer und energischer sie puschen und bohren, desto besser ihre Chancen, Ungereimtheiten aufzudecken.
Die Reaktion der Meister hierauf sieht so aus, daß sie sagen, wenn wir uns als Licht Botschafterinnen und Botschafter und von M.A.P.S. verpflichteten, ein untadeliges Leben zu führen, ein integeres Leben, dann hätten wir nichts zu verbergen und wir hätten auch keine Spaltung in unserem energetischen Feld. Die Beseitigung von Stellen in unserem Energiefeld, an denen etwas auseinanderklafft, wird im zweiten Band der Camelot-Trilogie, *The Wizard“s Tool Box*, ausgiebig behandelt.

1.4.7. – Unser Einfluß

Manche Journalisten haben mich gefragt, ob ich mir Sorgen mache, welchen Einfluß ich auf Menschen durch mein Aussehen ausübe... Models, Filmstars und politische Persönlichkeiten, um nur einige zu nennen – viele Gestalten beeinflussen Menschen alltäglich. Wenn Leute sagen: „Wow, Jasmuheen sieht super aus, und sie sagt, das kommt davon, jeden Tag zu meditieren, regelmäßig seinen Körper zu trainieren und sich jahrzehntelang sehr gesund zu ernähren, bevor sie schließlich an den Punkt kam, wo sie kein Essen mehr braucht – vielleicht sollte ich diese ganzen Praktiken auch befolgen“ – phantastisch! Hier liegt die Aufgabe der Medien darin, sich nicht nur auf die Tatsache einzuschießen, daß ich „so gut aussche für mein Alter“ (um die Presse zu zitieren), sondern zu sagen, daß ich das durch gezieltes tägliches Praktizieren von allem Obenstehenden erreicht habe, was wiederum eine ganz bestimmte Lebensweise mit sich bringt. Und wenn das Menschen dazu anregt, stärker die Verantwortung für ihre Denk-, Fühl- und Eßgewohnheiten zu übernehmen, dann bewirken wir tatsächlich etwas.
Den Medien sagen wir, daß es ihr Job ist, verantwortungsbewußt Bericht zu erstatten, und meiner, Menschen Mut zu machen, alles zu sein, was sie sein können, statt sich durch ihre Kultur, ihre Konditionierung oder überkommenen Vorstellungen einschränken zu lassen. Letzten Endes kann das dazu führen – wenn sie diese Wahl treffen – irgendwann von Licht zu leben, was sich wiederum durch sehr intensives körperliches, emotionales, mentales und *spirituelles* Training erreichen läßt.
Klatsch und Tratsch sowie haltlose Gerüchte weiterzuverbreiten, gehört zu den wirksamsten Waffen, die Menschen gedankenlos einsetzen, und sie tragen das Potential in sich, das Gute auf der Welt zu zerstören. Hätten sie ein Ende, so würden wir alle immens davon profitieren.

1.5. Mein Heim, mein Labor: Mein Körper, mein Experiment

„Jeder Spieler muß die Karten annehmen, die das Leben an ihn (oder sie) austeilt. Doch hat er sie erst einmal in der Hand, so muß er (oder sie) allein entscheiden, wie er sie ausspielt, um das Spiel zu gewinnen."

Voltaire

Die Medienarbeit im Hinblick auf das Phänomen Lichtnahrung ist für mich hochgradig faszinierend gewesen. In einem Interview für den *London Daily Telegraph* im November 98 schrieb Barbie Dutter: „Ihr Zuhause mit seinen sonnengelben Wänden und seinem durchdringenden Räucherstäbchenduft ist übervoll mit alten und New-Age-Ikonen. Eine Galerie der „Aufgestiegenen Meister" – Christus, Krishna, Babaji, St. Germain, dem Dalai Lama und anderen – schmückt die Wände. Ihre Gegenwart wirkt etwas unglücklich entlang der Gerätschaften, die zu einem voll ausgestatteten Fitneßraum mit Sauna, Tanzraum und allen Finessen gehören. Jasmuheen jedoch schreibt ihre blendende Gesundheit nicht nur dem Fehlen von Giftstoffen in ihrem Körper zu, sondern auch der Meditation und körperlichen Bewegung, die Bestandteil ihres normalen Tagesablaufs sind, und dazu gehören stundenlanges Training, Gewichteheben und Aerobics."

Nun ja, wenn man zwanzig und mehr Stunden am Tag zur Verfügung hat, bleibt mehr als genug Zeit für all das, und auch für die Arbeit und Familie. Und meint Frau Dutter, es ginge nicht, „spirituell" und gleichzeitig fit und gesund zu sein und die Wahl zu treffen, unsere Zeit und unser Geld in die Erschaffung eines Lebensstils zu stecken, der all dem entgegenkommt? Interessante Aussage. Sie erinnert stark an die Vorstellung, spirituelle Menschen müßten prinzipiell Armuts-, Keuschheits- und Gehorsamsgelübde ablegen. Glücklicherweise gilt das für die meisten von uns in den neunziger Jahren nicht mehr!

Was viele nicht begriffen haben, ist, daß man die Existenz dieser wunderbaren Meister anerkennen muß, wenn man ihre Gegenwart anziehen möchte. Das kann man tun, indem man recherchiert, bis man sich selbst zufriedenstellend davon überzeugt hat, und durch Wahl einer bestimmten Lebensweise, die es uns ermöglicht, sie persönlich zu erfahren. Alle großen Lehrer und Meister stellen sich sämtlichen Menschen zur Verfügung, die ihre Gegenwart suchen.

Bioenergetisch betrachtet – Bioenergetik ist meine neueste Leidenschaft – erzeugt die Galerie der Meister einen Energiestrudel. Jede Ikone bei uns zu Hause fungiert als Bioleiter für Energie, eine Pforte zum Energiefeld der Person, die das Bild zeigt. Jeder Gegenstand kann so programmiert werden, zu bestimmten Zwecken bestimmte Frequenzen anzuziehen.

Die Bioenergetik stellt uns Techniken zur Selbstheilung und zur Harmonisierung des physischen Körpers und unserer gesamten Energiefelder zur Verfügung. Sie benutzt energetische Gitternetze, die offengelegt oder erzeugt und dann aktiviert werden können, im allgemeinen aber inaktiv bleiben, bis

man sie programmiert. Dies erfolgt über unsere Gedanken, unseren Willen und unsere Intention, und der letzte Abschnitt von *The Wizard"s Tool Box* geht genauer hierauf ein.
Indem wir diese Techniken auf eine Weise, die uns Spaß macht, mit Tanz, intuitivem Yoga und Isometrie kombinieren, können wir den physischen Körper trainieren, wesentlich stärker werden, Selbstheilung bewirken und noch viel mehr. All das ist Teil unseres Programms *Luscious Lifestyles* (übersetzt etwa: Ein Leben voll Saft und Kraft).
Von daher ist unser Haus unser Labor. Es ist voll mit ganz bestimmten Gegenständen und Hilfsmittel, die uns helfen, die göttliche Gegenwart auszustrahlen. Die Trainingsgeräte und Sauna haben mein Mann und ich schon seit über zwanzig Jahren, und beide sind zu unserem täglichen Gebrauch da, um unser physisches Gefährt – als Tempel für das Göttliche – gut instandzuhalten. Dazu kommt, daß die Licht Botschafterinnen und Botschafter, die vollzeitmäßig ihren Dienst verrichten und bei denen Gott ihr Arbeitgeber wird, ein „kosmisches Vergütungspaket" erhalten, zu dem viele Extraleistungen gehören, die uns bei unserer Arbeit hier unterstützen. Wie viel finanzielle Fülle uns gegeben wird, hängt von der Arbeit ab, zu der wir hierher gekommen sind. Folgendes gehört zu meinen eindrucksvollsten Erkenntnissen der letzten Jahre:
Wenn wir nur noch dienen und unseren Tempel den göttlichen Willen in all seiner Herrlichkeit ausstrahlen lassen wollen, kann uns nichts abgeschlagen werden, und alles, was wir brauchen, wird sich einfinden. Garantiert! Das göttliche Eine in uns muß uns auf allen Ebenen unterstützen, wenn das unserem Herzenswunsch entspricht – so will es das universelle Gesetz!
Ich habe also nicht nur die Wahl getroffen, unser Zuhause zu meinem Labor zu machen, sondern außerdem meinen Körper zum Dauerversuchsfeld – zumindest seit ich bewußt wahrzunehmen begonnen habe, welche positiven Auswirkungen Lebensweisen, die mein Gedeihen fördern, haben können. Bevor jemand auch nur in Erwägung zieht, sich von Licht zu ernähren, wird er oder sie gut trainieren und sich vorbereiten müssen, und diesen Bereich decken wir im nächsten Kapitel ab. Mit „vorbereiten" meinen wir ein tägliches Handeln, das es erlaubt, ein hohes Maß an physischer, emotionaler, mentaler und spiritueller Fitneß zu erreichen.

1.5.1. Von damals bis heute...

1959: Erste Kämpfe mit meiner Mutter wegen des Fleischessens. Intuitiv ging mir der Verzehr der meisten Tierprodukte gegen den Strich. Meine Mutter dagegen sorgte sich, wie die meisten Mütter, um die ausgewogene Ernährung ihrer Kinder. Dieser Kampf darum, meinen Speisezettel selbst zu bestimmen, ging die nächsten dreizehn Jahre so weiter.
Während dieser Zeit war ich extrem athletisch – rannte, schwamm, tauchte, übte alle erdenklichen Sportarten aus. Im Alter von dreizehn bis fünfzehn lebte ich oft monatelang von einem Apfel am Tag, ohne daß es nachteilige

Auswirkungen hatte. Ich war nicht magersüchtig und ja, ich hatte eine sehr gute Kindheit mit liebevollen und unterstützenden, ausgezeichneten Eltern – es war eher so, daß mich das Essen nicht wirklich interessierte.

1972 begann ich mich auf eine rein vegetarische Ernährung umzustellen, wobei ich den Kompromiß einging, daß meine Mutter eingreifen dürfte, falls ich aus Eiweißmangel etc. krank werden würde. Damals entdeckte ich immer wieder neue Eiweißlieferanten, wie etwa Hülsenfrüchte und Nüsse.

1973 begann der lange Prozeß in Zusammenhang damit, meine emotionale Abhängigkeit von Essen zu bewältigen. Wie bei vielen, hing das mit meiner Konditionierung in meiner Kindheit zusammen und meinem stark europäisch geprägten familiären Hintergrund (meine Eltern stammen aus Norwegen). Außerdem entdeckte ich, wie Streß und emotionaler Aufruhr mein ganz spezifisches Verlangen nach Essen wie Kuchen, Schokolade und Eis verstärkte.

1974: Ich begann, so viel ich konnte über vegetarische Ernährung herauszufinden, was mich zur Beschäftigung mit östlicher Philosophie brachte, da das Vegetariertum bei den Yogis weit verbreitet war.

1974 begegnete ich einem indischen Mahatma und wurde in die Kunst der Meditation initiiert. Dabei wurden uralte Techniken verwendet, die auf die Veden zurückgingen. Begann außerdem etwas über die große Kraft des Dienens zu erfahren, des Satsangs (in der Gegenwart der Wahrheit zu sein) und der Meditation, und meditiere seit dieser Zeit täglich. Danke, Maharaj. Der Rig-Veda ist die früheste heilige Literatur, die den Schöpfungsvorgang schildert und die Tugenden der frühen Gottheiten preist. Die auf Sanskrit verfaßten Hymnen, aus denen die Veden bestehen, entstanden um 1700–1800 v. Chr.

1974: Zum ersten Mal elf Tage lang gefastet. Dabei nur Wasser zu mir genommen. Fühlte mich phantastisch. Mehr Energie. Merkte, daß ich weniger Schlaf brauchte. Über den Nutzen des Fastens ist schon so viel geschrieben worden; ich empfehle diese Praktik wirklich, und ich empfehle auch, selbst mehr darüber herauszufinden.

1975–76: Sechs Monate lang regelmäßige Darmspülungen. Diese waren dazu gedacht, Dick- und Dünndarm von „alten Nahrungsrückständen" zu reinigen, die, wie manche Untersuchungen gezeigt haben, bekanntermaßen noch jahrelang in unserem Darm verwesen – insbesondere Fleisch.

1975: Vom Studium angeödet und von östlicher Philosophie fasziniert, verließ ich die Universität und zog um, mit der Absicht, ein yogisches Leben zu führen. Sofort nach meiner Ankunft in einem Ashram dort bewarb ich mich dafür, dort wohnen zu können, und wurde gebeten, etwas abzuwarten und mich mehr in Arbeiten für die Gemeinschaft einzubringen. Während ich darauf wartete, in den Ashram aufgenommen zu werden, beschloß ich, nach Indien und ins Himalajagebirge zu reisen. Also jobbte ich an verschiedenen Stellen, um die Reisekosten zusammenzubekommen.

1975–1992: Im Laufe der nächsten siebzehn Jahre entwickelte ich auf Grundlage meiner Erfahrungen ein nachdrückliches Verständnis meiner Geist-Körper-Verbindung (wie in Deepak Chopras Büchern besprochen, die ich damals noch nicht gelesen hatte). Intuitiv zog es mich außerdem dazu

hin, eine persönliche Versuchsreihe nach dem Prinzip elementaren „Versuchs und Irrtums“ zu starten. Nach meinem ersten Fasten blieb ich für ein Jahr hauptsächlich bei Rohkost und frischen Säften.
Mit 15 hatte bei mir der Prozeß des selektiven Essens eingesetzt, was bedeutete, immer dann, wenn ich hungrig war, kleine Mengen an Essen zu mir zu nehmen, statt festgelegte Mahlzeiten, und damit verband sich auch die Praxis, mit dem Essen aufzuhören, bevor ich satt war. Über die darauffolgenden fünfzehn Jahre hinweg befaßte ich mich mit einer ganzen Palette vegetarischer Ernährungsformen – Makrobiotik, veganisch, Rohkost, Fastenkuren mit reinem Fruchtsaft und mit nichts als Wasser. Außerdem probierte ich den Unterschied zwischen gut durchtrainiert und nicht durchtrainiert aus, während ich eine sehr gesunde und reine Ernährungsweise aufrechterhielt.
1975 begann mir außerdem aufzufallen, wie leicht die Meditation meinen emotionalen Zustand ändern konnte – vom Reagieren zum Agieren, von Aufgebrachtheit zu Ruhe. Ich entdeckte die wunderbaren körperlichen Auswirkungen und die beruhigende Kraft täglicher Übungen mit bewußtem, tiefem Atmen, bei dem die Atemzüge fließend ineinander übergehen. Mein zweites Buch, *In Resonanz*, geht sehr detailliert auf die Meisterung von uns selbst sowie unsere Feinabstimmung unter Verwendung solcher Hilfsmittel ein.
1976: Geburt meiner ersten Tochter. Während der gesamten Schwangerschaft konnte ich, wie sich herausstellen sollte, nur Rohkost essen. Jedesmal wenn ich versuchte, etwas Gekochtes zu mir zu nehmen, wurde mir übel. Da ich während eines Großteils dieser Schwangerschaft auf Reisen war, wurde ich unglaublich stark, fit und gesund. Aufgrund meiner Entscheidung für eine solche Lebensweise und meiner natürlichen körperlichen Reaktion auf gekochte Nahrung konnte ich am Ende dieser Schwangerschaft feststellen, daß ich 54 Kilo wog und damit nur zwei Kilogramm mehr als zu dem Zeitpunkt, als ich schwanger wurde. Das lag neben meiner strengen Rohkosternährung auch daran, daß ich meinen Körper viel trainierte. Zwei Wochen nach der Entbindung waren meine Körperformen und meine Kondition phantastisch, und nach drei Wochen pendelte sich mein Gewicht bei 48 Kilogramm ein. Ich bin 1,65 groß.
1978: Geburt meiner zweiten Tochter. Es war eine schnelle, aber schwierige Geburt. Meine Ernährungsweise und Fitneß waren zum Zeitpunkt dieser Entbindung nicht im entferntesten so gut wie bei der ersten. Obwohl ich in einem Krankenhaus für „natürliche Geburt“ entband, erlebte ich das als viel streßreicher als bei meinem ersten Kind, einer Hausgeburt.
Aufgrund meines verschlechterten Gesundheitszustandes durch eine Giardia-Infektion, die ich mir in Übersee zuzog, als ich mit beiden Kindern auf Reisen war, sank mein Gewicht auf kaum mehr als 45 Kilo. Im Rahmen einer Wette, ich würde wieder zunehmen, begann ich mehr gekochte Speisen zu mir zu nehmen und begann mich makrobiotisch zu ernähren. Im Laufe der nächsten zehn Jahre pendelte sich mein Körpergewicht schließlich auf 50/51 Kilogramm ein.

1978–1992: Innerhalb dieser Zeit blieb ich bei einer vorwiegend veganischen Ernährung, mit einem Rohkostanteil von 60-80 %. Außerdem nahm ich Vitamin B6 und B12 ein, Spirulina, Nüsse und ab und zu in sozialen Situationen, bei denen oft kein veganisches Essen erhältlich war, ein klein wenig Käse, und daneben etwas Milch im Tee.
Im Laufe der Jahre verbesserte ich meine Ernährungsweise immer mehr, und dabei entwickelte ich die Einstellung, daß Essen für mich einfach nur Brennstoff war. Durch andere persönliche Experimente fand ich bald heraus, daß mein Körper sich schlapp fühlte, wenn ich schwereres, gekochtes Essen zu mir nahm, und wieder energiegeladener, wenn ich Rohkost aß. Außerdem fiel mir auf, daß ich viel weniger schlief, wenn ich bei Rohkost blieb.
Vielleicht die beiden besten Rohkostbefürworter unserer Tage sind die Leute von *Nature"s First Law* (Das erste Gesetz der Natur), mit Sitz in San Diego. Stephen Arlin hat ein wunderbares Buch für Bodybuilder geschrieben, Titel: *Raw Power*. Darin schreibt er: „Auf die natürlichen Körperinstinkte zu hören und auf seine Wünsche und Bedürfnisse – das ist der Weg zum Paradies Gesundheit, nicht das Befolgen von Ernährungsdogmen anderer."
Schon seit **1974, bis 1992,** experimentierte ich unentwegt mit unterschiedlichen körperlichen Trainingsformen – Schwimmen, Radfahren, Hatha Yoga, Tanzen, Aeorobics, Gewichteheben und Joggen. Daneben zog es mich dazu hin, damit zu experimentieren, die Zeit pro Tag, die ich in Meditation verbrachte, zu erhöhen beziehungsweise zu verringern und achtete darauf, wie sich das auf meinen physischen, Emotional- und Mentalkörper auswirkte. Manchmal saß ich bis zu drei Stunden still in Meditation da. Dann gab es wieder Tage, an denen ich nicht „formell" meditierte, sondern den ganzen Tag in einer langen, bewußten Meditation verbrachte, bei der ich mich auf meine Atemmuster konzentrierte.
In den ersten paar Jahren nach der Geburt meiner Töchter war ich mit Familiärem beschäftigt und hatte weniger Zeit für mich, um zu meditieren und zu trainieren. Infolgedessen verminderte sich meine Fähigkeit, mit streßbeladenen Situationen umzugehen, mein Immunsystem wurde in Mitleidenschaft gezogen, und von **1980 bis 1985** hatte ich öfter einmal eine Erkältung oder Schnupfen. Rückblickend hätte ich mich damals nicht in die Kategorie „körperlich und emotional fit" einordnen können. Ich funktionierte eben, wie viele junge Mütter mit Geldsorgen und einer zerbrechenden Ehe.
1972-1992: Über diese zwanzig Jahre wuchs mein Interesse an Esoterik. Über einen Zeitraum von fünfzehn Jahren erfuhr ich vieles, was in die Richtung dessen ging, was in der östlichen Philosophie als kurze Samadhi-Zustände beschrieben wird. Ab 1986 befaßte ich mich mit Metaphysik, indem ich alles las, wozu ich mich intuitiv hingezogen fühlte. Außerdem begann ich ausführlicher Tagebuch zu führen und Aufzeichnungen zu sammeln, aus denen schließlich das Buch *In Resonanz* werden sollte.
Von 1976 an zog ich meine Kinder groß und hatte verschiedene Berufe. 1984 wurde ich zur alleinstehenden Mutter und fand schließlich auf meinem

beruflichen Weg als Finanzberaterin und Computerprogrammiererin. Zwischen **1983 und 1992** spielte ich die Spiele der freien Wirtschaft mit und war ganz davon in Anspruch genommen, mich mit Punkten zu befassen, die mit meinem Dasein als berufstätige/alleinerziehende Mutter zu tun hatten. Noch immer bestand die von mir gelebte Lebensweise darin, zu meditieren, regelmäßig zu trainieren und eine vegetarische Ernährung aufrechtzuerhalten, da ich dadurch als Alleinerziehende mit einem Beruf, der ihr viel abverlangte, wesentlich besser fertigwurde.
Ich möchte noch anmerken, daß ich – wie viele Menschen – erblich etwas vorbelastet bin, und obwohl sich diese Schwachstelle beim Rest meiner Familie bemerkbar gemacht hat, habe ich persönlich nie Probleme damit gehabt. Ich glaube wirklich, daß das an meiner allgemeinen Lebensweise liegt. Ich bin durch meine eigene Erfahrung und durch Nachforschungen überzeugt davon, daß tägliche Meditation, tägliches Training und eine vegane Ernährung oder Rohkost für ein gesundes Leben unabdingbar sind.
1987: Nachdem ich jahrelang sporadisch Botschaften von „Toten" für ihre Lieben empfangen hatte, begann ich auch zunehmend telepathische Mitteilungen von diversen „Führern" zu erhalten – in der Regel wiesen sie mich an, ein bestimmtes Buch zu lesen oder Selbsthilfeseminare zu besuchen.
1990: Nach fast zehnjähriger Tätigkeit auf dem Gebiet Finanzen und Versicherungswesen stieg in mir ganz stark der Impuls auf, etwas stärker Schöpferischem nachzugehen. Ich entschied mich dafür, diese Stimme zu ignorieren, da ich Bedenken hatte, wie ich denn finanziell zurechtkommen würde, während ich noch meine Töchter aufzog.
1992: Die Firma, für die ich arbeitete, mußte schließen, und ich fand nicht gleich nahtlos eine neue Stelle auf dem gleichen Gebiet. Ich beschloß, mir im Anschluß sechs Monate frei zu gönnen, wieder zu malen und eine Arbeit zu suchen, die mein Herz zum Singen bringen würde. Das darauffolgende Jahr über genoß ich den Luxus eines weniger geschäftigen Lebens, verlängerte die Zeit, die ich am Tag meditierte, trainierte meinen Körper intensiver und kostete außerdem meine Mutterrolle mehr aus.
1992: Ich trat bewußt in telepathischen Kontakt mit den Aufgestiegenen Meistern und erhielt Informationen zur Lichtnahrung. Meine Reise von diesem Punkt an wurde in dem Buch *Lichtnahrung* skizziert.
Hier in Kurzform:
Mit der alleinigen Absicht, mit der göttlichen Kraft in mir eins zu werden, durchlebte ich im Mai **1993** den 21-Tage-Prozeß und zog mich dann unmittelbar danach für sechs Monate intensiv zurück. Ich ging nur außer Haus, wenn es sein mußte, hielt wöchentlich Meditationskurse ab und wurde dazu hingeführt, *In Resonanz* zu schreiben – als Handbuch, das Menschen, die sich für esoterische Dinge interessierten, zum Zugang zu ihren eigenen Kräften verhelfen soll. Außerdem hatte ich mit dem Channeln begonnen und verfaßte das Buch „Botschaft der Aufgestiegenen Meister".
Durch den 21tägigen Umstellungsprozeß sank mein Körpergewicht von 50/51 kg auf 45 kg und stieg dann wieder auf 47, als ich allmählich lernte,

meinen Körper wirksam umzuprogrammieren und meine eigenen Zweifel anzugehen, ob es denn möglich sei, sich allein von Prana zu ernähren. Dieses Mal stützte ich mich, als es darum ging, wieder zuzunehmen, ausschließlich auf Geistesbeherrschung und Visualisierungstechniken.

1993–1995: Über die nächsten zwei Jahre wurde mir die Abhängigkeit des Emotionalkörpers von dem privaten und sozialen Vergnügen klar, das mit dem Essen verbunden war. Eine persönliche Herausforderung war für mich auch wiederholt, daß mir der Mangel an Geschmack langweilig wurde.

Während dieser Zeit nahm ich jeweils für längere Zeiträume, immer für mehrere Monate, nur drei Gläser (ungefähr einen halben Liter) Getränke am Tag zu mir – Wasser, Tee, dann wieder Wasser, also nichtvitaminhaltige und keine Nährstoffe enthaltende Flüssigkeiten. Ich lebte 16 Stunden am Tag hintereinander durchgängig von Luft – von elf Uhr abends bis am nächsten Tag um vier Uhr morgens – bevor ich mir mein erstes Getränk einverleibte. Diese drei Getränke nahm ich spät nachmittags zu mir und vor dem Schlafengehen. Ich merkte, daß ich eigentlich nur trank, weil ich eine „Kaffee-(besser gesagt: Tee-)pause" von meiner Arbeit brauchte. Für mehr als zwei Jahre blieb mein Gewicht stabil und lag zwischen 48 und 49 Kilogramm.

Juni 1993–August 1998: Während dieser Zeit wuchs in mir durch mein persönliches Experimentieren die Überzeugung, daß ich alle Nahrung aus Prana erhielt. Bis 1996 war die Langeweile, die in mir aufstieg, weil mir der Geschmack fehlte, immer wieder Thema. Bis zu diesem Zeitpunkt hatte ich diverse Techniken ausprobiert, um das zu überwinden, aber ich merkte, daß ich noch immer das Vergnügen bestimmter Geschmackserlebnisse wollte. Nach etwas innerem Aufruhr beschloß ich, nachdem ich mir selbst bewiesen hatte, daß mich das Licht ernährte, es lockerer anzugehen und mir einfach aus Vergnügen daran hie und da ein Häppchen zu gönnen. Damals war ich es auch etwas leid, immer wieder von dem ungläubigen Staunen anderer in Frage gestellt zu werden, die mir diese Fähigkeit nicht glaubten, und auch bei vielen immer wieder die laut herausposaunte Einstellung zu hören: „Aber warum sollte man so etwas machen? Ich esse total gern!" Ich machte es, weil ich innerlich dazu hingeführt wurde und gelernt hatte, meine innere Stimme NIE zu ignorieren.

1996–1997: Während der darauffolgenden Phase experimentierte ich einmal im Monat oder manchmal einmal in der Woche mit unterschiedlichen Geschmacksrichtungen von Lebensmitteln und erlebte bewußt ihre voneinander abweichenden Auswirkungen auf meinen Körper. Ich merkte, daß Schokolade und Schokoladenkekse meinen Organismus durcheinanderbrachten. Auf sie und auch auf Tee reagierte mein Körper mit Juckreiz, Übersäuerung und allgemeinem Unwohlsein, und ich erlernte die Fähigkeit der Umwandlung.

Während dieser Zeit fand ich heraus, daß das Nahrungsmittel, auf das mein Körper nur minimal reagierte, Kartoffeln waren. Ich gelangte auch zu der Feststellung, daß einmal im Monat ein wenig Zeit dafür aufzuwenden, eine leckere Kürbissuppe zu kochen, eher labend für die Psyche war als für den

Körper. Suppe oder eine gebackene Kartoffel mit meiner Familie zusammen zu mir zu nehmen, wurde bald ein Fest, das ich auszukosten wußte!
Damals erkannte ich, daß ich noch immer emotional abhängig von Essen war und wie eine Alkoholikerin vielleicht immer bleiben würde. Und wie eine Süchtige, die das Suchtmittel ihrer Wahl zwar vielleicht liebt, irgendwann aber gewöhnlich zu dem Entschluß kommt, darauf zu verzichten, da sie ein Leben ohne die Nebenwirkungen ihrer Sucht vorzieht, traf auch ich diese Entscheidung.
Genauso ging es mir mit dem Essen. Mein Emotionalkörper hat zwar seine Freude am Geschmack, aber mein physischer Körper zieht es vor, seine Nahrung direkt von der Quelle zu beziehen. Er genießt es, den Verdauungsvorgang und anschließenden Ausscheidungsprozeß umgehen zu können. Für mich persönlich ist ein Freisein von solchen Dingen wirklich vorzuziehen.
In dieser Zeit beschränkte ich die Versuche immer auf minimale Mengen an Nahrungsmitteln – ein Bissen hie und da. Von nichts, was ich in dieser Zeit zu mir nahm, hätte man sagen können, daß mein Körper dadurch die volle Bandbreite an Vitaminen und Mineralien bekam, die nach Meinung von Ernährungsexperten notwendig wären, um einen derart guten Gesundheitszustand aufrechtzuerhalten.
Tatsache ist, daß viele Licht Botschafterinnen und Botschafter, wenn sie einmal genauer abschätzen, was sie im Laufe der letzten Jahre gegessen haben, erstaunt sind, daß sie keinen Skorbut oder sonstige Mangelerscheinungen entwickelt haben. Schon das für sich genommen trägt dazu bei, uns davon zu überzeugen, daß wir von einer anderen Quelle Nahrung beziehen.
Während dieser ganzen Zeit unterzog ich mich immer wieder einmal einem ärztlichen Gesundheits-Check oder ließ mich von Heilpraktikern untersuchen. Und immer zeigte sich, daß mein Körper kerngesund war, ja sogar gesünder als je zuvor, und auch das war mir eine großartige Bestätigung dafür, daß die Ernährung von Prana funktionierte.
Am meisten profitierte ich in dieser Versuchsphase, von der Umwandlung von Substanzen, von denen ich so etwas lernte und die Programmierung für die Körperelementale. Beide werden in unserem ersten Buch behandelt. Ein weiterer positiver Effekt war, daß ich lernte, wie natürlich es für mich ist, ohne regelmäßige Nahrungsmittelaufnahme zu leben und wieviel wohler sich mein Körper anfühlt, wenn er von der göttlichen Kraft genährt wird.
August 1998: Am Schluß meiner Europatournee im Juni 1998 entwickelte ich etwa jeden zweiten Tag den Drang, etwas zu essen – ein paar Nüsse, ein Päckchen Salzgebäck oder ein Stückchen Obst. Da mich Nüsse, Obst oder Gemüse über fünf Jahre lang kaltgelassen hatten, fand ich das sehr interessant. Meine innere Stimme sagte übereinstimmend damit, daß ich versuchen sollte, wieder mit einer regelmäßigen Nahrungsaufnahme zu beginnen, damit ich mit einer Versuchsgruppe bei dem Forschungs-Retreat, das wir vorhatten, noch einmal den 21-Tage-Prozeß vollziehen konnte.
Ich hatte intuitiv das Gefühl, daß das nächste Experiment für mich dazu da

sein würde, folgendes zu erreichen:
a) meinen Körper wieder „normaler" zu machen, damit sich bei den medizinischen und wissenschaftlichen Tests, die wir planten, greifbare Ergebnisse erzielen ließen,
b) ein bestimmtes Rezept oder tägliches Vorbereitungsprogramm zu finden, das wir dann denen empfehlen könnten, die sich dafür interessierten, die Entdeckungsreise „pranische Ernährung" zu starten, und schließlich
c) herauszufinden, ob meine körperliche Kraft, mein Muskeltonus und Energielevel sich durch Hinzufügung guten, nährstoffreichen Essens noch verbessern würde. Ich wollte in Erfahrung bringen, ob letztendlich von Prana und gesundem Essen ernährt zu werden, einen „doppelten Wumm" ergeben würde.
Unter Einsatz meines Willens, meiner Zielgerichtetheit und meines Handelns verwendete ich im Juli 1998 ein bestimmtes Programm zur Reaktivierung meines Organismus, damit dieser seine Nahrung sowohl aus Essen als auch aus Prana beziehen würde. Am 16. August spürte ich, wie sich energetisch etwas in meinem Körper ganz grundlegend verlagerte und erkannte, daß die beiden Systeme nun gleichzeitig wirksam waren. An diesem Punkt wurde ich intuitiv dazu hingeführt, das Genährtwerden über den Prana aufrechtzuerhalten, damit mein Körper zwar weiterhin von flüssigem Licht genährt wurde, aber auch beginnen würde, Essen, das ich zu mir nahm, zu verdauen und daraus Nährstoffe aufzunehmen, statt sie nur umzuwandeln, wie ich das zuvor getan hatte.
Das erste, was mir auffiel, war, daß es mich nicht mehr interessierte, Essen nur um des Geschmacks willen zu mir zu nehmen, und mir statt dessen bewußt machte, welche Art von Essen ich wegen seines Nährstoffgehalts zu mir nehmen wollte. Es war eine Fortsetzung meines Verständnisses, wie wichtig eine richtige Ernährung war, das ich bereits in den vorherigen Jahrzehnten meines Trainings entwickelt hatte. Ich merkte, daß mich Süßigkeiten wie Schokolade nicht mehr interessierten, und Schokolade war meine größte Geschmackspräferenz gewesen, während ich mich vorrangig von Prana ernährte.
Es ist hier wichtig zu verstehen, daß Menschen, die sich von Prana ernähren, frei von der Notwendigkeit sind, Nährstoffe aus Lebensmitteln aufzunehmen, da sie alle Vitamine, Mineralien und Nährstoffe über die göttliche Kraft in sich beziehen. Von daher ist es uns freigestellt, Spaß an einem Bissen Geschmack zu haben, wenn wir uns nur wegen des Geschmackserlebnisses dafür entscheiden. Und vorausgesetzt, wir machen von Umwandlungstechniken Gebrauch, wirkt sich das auch nicht nachteilig auf uns aus.

September 1998: Ich erhielt von den Aufgestiegenen Meistern weitere Informationen über das Forschungsretreat, und wir machten uns daran, die Fragebögen von allen einzusammeln, die sich bereits dem 21-Tage-Prozeß unterzogen hatten.
Phase 1 begann mit schätzungsweise 22 Leuten Ende 1992 bis Mitte 1993.

Von diesem Zeitpunkt an wurden die Informationen über den 21-Tage-Prozeß im Untergrund weitergegeben und breiteten sich durch Charmaine Harleys Richtlinien für den 21-Tage-Prozeß weiter aus.

Danach gaben die Meister mir ein, die Ergebnisse unserer eigenen Experimente zu diesen Richtlinien hinzuzufügen, und so schrieben wir 1995 das Buch *Der Lichtnahrungsprozeß*. In diesem Buch wird ausgiebig auf unsere Erfahrungen mit dieser spirituellen Initiation eingegangen sowie unser damaliges Verständnis davon. Dazu enthält es die Erkenntnisse, zu denen Charmaine selbst gelangt war und die zu ihrer Anleitung für den 21-Tage-Prozeß geführt hatten. Ich aktualisierte dieses Buch immer wieder, während wir mehr Material dazu an die Hand bekamen. Es ist mittlerweile in mehr als ein halbes Dutzend Sprachen übersetzt worden.

Phase 2 bestand in der Weitergabe dieser Informationen auf globaler Ebene und darin, Menschen zusammenzubringen, die an dem Projekt teilnehmen würden. Damit wurde der Grundstein für unser Retreat und das zweite weltweite Forschungsprojekt der Licht Botschafterinnen und Botschafter gelegt. Auf die näheren Einzelheiten zu unseren Forschungsprojekten 1 und 2, den Fragebogen und das Retreat wird ebenfalls in diesem Buch eingegangen.

Phase 3 wird sein, alle maßgeblichen internationalen Regierungen und Organisationen mit unseren gesamten Erkenntnissen bekanntzumachen, durch das Manifest der M.A.P.S.-Allianz. Dieses Manifest konzentriert sich auf Lösungen für viele weltweit bestehende Herausforderungen bei unserem Eintritt ins neue Jahrtausend.

Von dort aus würden wir gerne Phase 4 sehen, nämlich, daß die entsprechenden Organisationen und Regierungen die Logik dieses Manifests in die Tat umsetzen. Durch unsere Medienarbeit und unser „Weltgesundheits- und Welthungerprojekt" werden wir weiterhin dazu anregen, durch persönliche Disziplin und Logik gesünder und glücklicher zu werden und an der selbstgewählten alltäglichen Lebensweise zu arbeiten.

Da viele Licht Botschafterinnen und Botschafter einen Hintergrund in ganzheitlicher Therapie haben, würden wir gerne die Krankenhäuser leer werden sehen, während Wohlergehen, geistige Beherrschung und M.A.P.S.-Programme so funktionieren wie angewandt und jeweils auf dem neuesten Stand gehalten. Ich stelle mir außerdem gern vor, wie die Milliarden Dollar, die für Pharmazeutika wie Kopfschmerztabletten, Prozac[5] und all die anderen Medikamente verwendet werden, mit denen man Symptome behandelt, die auf gesellschaftliche wie auch persönliche Erkrankungen zurückgehen, in andere Bereiche umgeleitet werden können, wenn die einzelnen Menschen lernen, sich selbst zu heilen und glücklich zu machen. Das gleiche gilt für Abnehmhilfen sowie Programme, Pillen und Mixturen zur Gewichtsreduzierung.

Das ist leicht machbar, wenn mehr Individuen sich für eine Lebensweise entscheiden, die besteht aus:

> einer vorwiegenden Ernährung von Rohkost – ich persönlich empfehle anfangs 60% Rohkost, 40% gekochte vegetarische Kost (Getreide), dann veganisches Essen, dann Rohkost allein (und danach Obst, dann

Flüssigkeiten und schließlich nur noch Prana)
täglichem Körpertraining, das mit Spaß verbunden ist
täglicher Meditation – einer Zeit der Stille und Zurückgezogenheit, um mit dem göttlichen Einen in eurem Innern zu sprechen und es zu erfahren
täglichen kreativen Aktivitäten
selbstlosen Diensten – anderen zu helfen, wo möglich
der Ausschaltung von toxischem Denken, toxischem Fühlen und toxischer Ernährung auf der individuellen Ebene

Ich persönlich bin der Auffassung, daß dann, wenn obiges praktiziert wird, einhergehend mit der Selbstverpflichtung, Beziehungen nur unter der Prämisse einzugehen, einander Vergnügen zu bereiten und sich zu stärken, dann wird alle gesellschaftliche Krankheit verschwinden.

Im Oktober 1998 kam ich zu dem Schluß, daß mein physischer Körper tatsächlich lieber ohne Essen auskommt. Mein Emotionalkörper mag das Geschmackserlebnis genießen – wie er das immer getan hat, aber mein physischer Körper fühlt sich dann übervoll und mag den Ausscheidungsprozeß nicht, der alle paar Tage einsetzt. Meine Essensaufnahme während dieses Monats mußte allmählich erfolgen, da mein Magen geschrumpft war und sich mein Stoffwechselumsatz geändert hatte.

Ich stellte fest, daß ich allenfalls jeden Morgen eine kleine Handvoll Nüsse nach einer Tasse Tee oder Wasser am Morgen zu mir nehmen konnte, und vielleicht noch etwas mehr Tee oder Wasser über den Tag verteilt. Wenn ich abends immer versuchte, ein Stückchen Kartoffel zu essen, nachdem ich mit meinem täglichen Tanzen, Training und Saunieren fertig war, fühlte ich mich unwohl. Je mehr ich zu essen versuchte, desto müder wurde ich, dichter und unangenehm voll.

Natürlich entsprach das dem, was ich erwartet hatte, da ich bei meinen Versuchen mit pranischer Ernährung festgestellt hatte, daß ich die Ausstrahlung des Göttlichen durch jede Faser meines Seins um so mehr in der Hand hatte, je mehr ich zuließ, daß mein Körper seine Nahrung von Prana bezog. Dementsprechend leichter wurde ich auch, wacher, aktiver.

Mir ging es so, daß der Rückschritt zu einem Dasein auf der Grundlage von Nahrungsmitteln mich müde machte und genau die Symptome hervorrief, von denen die meisten glauben, sie würden gerade dann auftreten, wenn man nicht ißt. Diese falsche Vorstellung, die viele haben, rührt daher, daß sie nicht erkennen, daß Prana in Wirklichkeit eine überlegene Nahrungsquelle ist und daß der physische Körper Prana viel leichter verarbeiten kann als wenn er durch den ganzen Verdauungsprozeß und den Prozeß muß, aus Nahrungsmittel Vitamine und Nährstoffe zu entziehen.

November 1998: Nachdem ich zwei Monate lang versucht hatte, wieder zu einer „normalen" Ernährung zurückzukehren, und nachdem ich dann während meiner Tournee die Freiheit eines Monats reiner Pranaernährung genossen hatte, beschloß ich, daß meine Vorliebe, und meine Sucht, könnte man sagen, dem Gefühl galt, sich von Licht zu ernähren.

Außerdem erwischte ich am Ende der Tournee zum ersten Mal seit sieben Jahren heftiges Fieber, da mein Organismus durch das Experiment vor meiner Tournee geschwächt war. Ja, ich war bei Temperaturen von minus 15 Grad in Deutschland gewesen und von vielen Menschen umarmt worden, die gerade erkältet waren, aber dennoch ist es bei denen unter uns, die sich allein von der Energie des Göttlichen ernähren, ungewöhnlich, daß wir krank werden, *wenn* wir die entsprechende Anbindung haben.
Ja, das Experiment leistete mir wertvolle Dienste, da es mir wieder einmal bewies, wie leicht ich mein Verdauungssystem ein- und ausschalten kann, ohne daß sich das negativ auswirkt. Damals hatten die Meister mir gesagt, wir könnten genauso süchtig nach Nichtessen werden wie nach Essen, und daß sich Meisterschaft darum drehe, frei von *allen* Süchten zu werden.
Ich persönlich mag die Ernährungsweise der Lamas, die in den *Fünf Tibetern* beschrieben wird und habe kein Verlangen, zu einer normalen Nahrungsaufnahme zurückzukehren, da sich das nicht mehr mit meinem Wesen verträgt. Für mich, die ich beide Systeme ausprobiert habe, ist die ausschließliche Ernährung von Prana so, wie wenn man in einem Porsche fährt; und Energie über Essen und Verdauung zu gewinnen, ist, als führe man eine alte Klapperkiste. Der erstgenannte fährt so viel ruhiger.
Darüberhinaus lag der Fokus dieses Experiments darauf, ein gutes Rezept für die Vorbereitung in der Zeit vor dem Prozeß zu finden für Menschen, die es danach verlangt, die Freiheit zu haben, rein aus Vergnügen zu essen, und nicht aus Notwendigkeit, aber unsicher sind, wie sie sich darauf vorbereiten können. Mehr dazu werden wir in den nächsten Kapiteln berichten.
Bei meinem Experiment ging es auch darum, zu erspüren, welche Unterschied es in meinem Körper machte, wenn ich mich zusätzlich von bestimmten Lebensmittelgruppen ernährte, etwa von Nüssen, Kohlehydraten, Frischobst und Gemüse. Ich wollte sehen, ob ich besser in Form käme und ein höheres Energieniveau bei meinem Training haben würde als ich zu diesem Zeitpunkt erreichte, wenn ich mich allein von Prana ernährte.
Was ich feststellen konnte war, daß ich sofort zunahm – drei Kilogramm, um es genau zu sagen – und es wirkte zwar muskulöser, aber mein Durchhaltevermögen nahm dabei rapide ab. Mir fiel es schwer, meine regulären zwei oder drei Stunden zu trainieren, während ich vor der Zeit, in der ich Essen zu mir nahm, leicht Isometrie, Yoga, Gymnastik, leichtes Gewichtheben und Arbeit an der Tretmühle praktizieren konnte, dann schwerere Gewichte heben und Tanzen – alles hintereinander. Danach folgte oft noch Sauna, ohne irgendwelche nachteiligen Auswirkungen auf den Körper, wenn man davon absah, daß ich während dieser Übungen ein verstärktes Bedürfnis hatte, Wasser zu mir zu nehmen.
Nach einem Monat vermehrter Nahrungsmittelaufnahme in Form einiger Mini-Imbisse am Tag fühlte ich mich enorm müde und lustlos. Meine Eingeweide begannen wieder mit regelmäßigerer Ausscheidung, und ich bekam unreine Haut. Mein Atem, der jahrelang geruchlos gewesen war, wurde schal, und mir fiel auch auf, wie sich mein Körpergeruch änderte.

Leider fand ich alles obige wenig verlockend, so daß ich beschloß, das Experiment zu beenden und wieder dazu zurückzukehren, mich nur von Prana zu ernähren. Wie bei allen vorherigen Versuchen haben mir meine Erkenntnisse aus dieser Erkundungsphase viel gezeigt, und es war auch gut, etwas lockerer zu werden mit meiner Lebensweise. Es machte Spaß, mit meinem Mann, der sich veganisch ernährt, zusammen essen zu können und es ihm zu ermöglichen, kleine Leckereien für mich zuzubereiten, und wenn ich auch keine Mahlzeiten „normaler" Größe essen konnte, so genoß ich es doch, wieder das Aroma von Früchten zu schmecken – vor allem Paw-Paw[6] und Wassermelone.

Wie ich den Medien gegenüber schon geäußert habe, dürfte die Menge an Essen, die ich persönlich in den letzten sechs Jahren zu mir genommen habe, dem entsprechen, wovon jemand anderes durchschnittlich einen Monat lang leben würde. Generell kann ich sagen, daß nichts von dem, was ich zu mir nahm, genügend Nährwert hatte, um den guten Gesundheitszustand zu erhalten, dessen ich mich erfreute. Für mich ist in den letzten sechs Jahren anhand meiner persönlichen Erfahrung offensichtlich gewesen, daß da ein anderer Nahrungslieferant wirksam war. Unabhängig davon dürfte sich durch medizinische und wissenschaftliche Untersuchungen schließlich nachweisen lassen, daß mit dem Körper dabei etwas geschieht, das dem gängigen Denken auf diesem Gebiet widerspricht.

Noch etwas, das ich während dieses Experiments in den beiden Monaten herausfand war, daß ich viel mehr schlief, viel öfter gähnte, mich müde fühlte, mich voll fühlte und dicht, statt voller Licht und Schwerelosigkeit. Eine Sache, die mir konstant auffiel, war, daß ich noch immer nie Hunger bekomme, unabhängig von dem Experiment, das ich gerade anstelle, und daß ich nie aus Hunger den Wunsch zu essen verspüre.

Also haben ich es genossen, den Vorteil zu haben, das Thema Essen lockerer angehen zu können, denn ja, es erfordert anfangs durchaus mehr Disziplin, um andere Menschen herum zu sein und bewußt nicht zu essen, wenn sie offenbar das ganze Geselligkeitsspiel rund um das Essen genießen. Soziale Interaktion ist und bleibt mit das Schwierigste, womit die Licht Botschafterinnen und Botschafter umgehen müssen.

Aufgrund meiner Entscheidung, nicht wieder zu einer normalen Ernährung zurückzukehren, hatte ich regelrecht das Gefühl, begnadigt worden zu sein. Meiner Vorliebe zu folgen und eine so leichte und lichte Lebensweise zu wählen, ist ein solcher Segen. Ich werde wahrscheinlich auch weiterhin ab und zu einmal meinem Wunsch nach Geschmack nachgeben und Aroma und Textur eines Sojamilchshakes mit Banana genießen. Außerdem bin ich jetzt mit hundert Fragen gewappnet, die ich dem Forschungsteam stellen möchte!

August 1999: Mein derzeitiger „Speisezettel" besteht aus teeinfreiem Ingwertee plus Wasser und alle paar Tage Sojamilchshake wegen des Geschmacks. Einfach, aber genau das Richtige. Mein reguläres Trainingsprogramm ist wieder erweitert worden und schließt Gewichteheben, Tanzen,

Bioenergetik und den Tanz der wirbelnden Derwische mit ein.
Der Punkt, der wahrscheinlich „Zaungäste", die diese Bewegung mitbekommen, mehr als alles andere ärgert, ist die Tatsache, daß wir immer wieder bekunden, bei dem Ganzen ginge es um Entscheidungsfreiheit, und es sei keine Schwarzweißfrage, die sich darum dreht, ob wir essen oder nicht.
Ich weiß noch, wie ich mich vor ein paar Jahren bei meiner ersten Begegnung mit Wiley Brooks in Amerika über dieses Thema unterhielt. Wem der Name Wiley nichts sagt: Er war wahrscheinlich in den siebziger Jahren der Wegbereiter des Breatharian Movement. Nach einem für ihn erhellenden Erlebnis hoch oben auf dem Gipfel eines Berges, bei dem er feststellte, daß er nicht mehr zu essen oder trinken brauchte, hatte Brooks die Inspiration, die Welt hieran teilhaben zu lassen und stellte in Fernsehtalkshows einige verblüffende Behauptungen auf. Er stemmte zum Beispiel vor laufender Fernsehkamera das Zehnfache seines Körpergewichts, um zu demonstrieren, daß man kein Essen braucht, um bei Kräften zu bleiben. Auch sonst gewann er in den USA viele Anhänger. Ich gehe mit seiner Feststellung überein, jetzt fitter und besser zu sein, denn dasselbe habe ich auch erlebt.
Brooks sagte mir, nachdem er eine Zeitlang wieder der Umweltverschmutzung in Städten ausgesetzt gewesen sei, habe er wieder angefangen zu essen. Außerdem fand er es schwierig, bei seinen andauernden Reisen zu Seminaren sein Gewicht zu stabilisieren. Dr. Barbara Ann Moore, eine Vertreterin der Ernährung aus dem Atem, die in den fünfziger Jahren aktiv war, sagte das gleiche.
Auch ich habe genau dieses Problem mit extremer Sensibilität schon gehabt und stellte fest, daß es einfach ist für mich, in meinem Heiligtum namens Zuhause die pranische Ernährung komplett aufrechtzuerhalten, und es fällt mir schwerer, wenn ich unterwegs bin. Ich verliere auf Reisen immer zwei bis drei Kilo. Ein Freund von mir in Schweden sagte, anfangs sei, nachdem er begonnen hatte, sich von Prana zu ernähren, jedesmal wenn er zum Arzt ging, um sich medizinisch durchchecken zu lassen, sein Gewicht gesunken. So sensibel können wir werden, daß Umweltverschmutzung und auch die gedanklichen Projektionen anderer tatsächlich zum Störfaktor werden können, der verhindert, daß wir richtig von Prana ernährt werden. Offenbar ist das nur wieder ein weiterer Schritt auf dem Weg zur Entwicklung unserer persönlichen Meisterschaft.
Doch zurück zu Brooks: Irgendwann wurde er „ertappt", als er nachts aus einer Art Tankstellenladen oder McDonalds kam. Natürlich war das ein gefundenes Fressen für die Zeitungen! Seine Unterstützer gingen auseinander, und seine Anhängerschaft verlor offenbar an Zugkraft, da sie auf der Vorstellung gegründet hatte, er äße oder tränke ***nie***. Neulich sagte Wiley dazu zu mir: „Ich war mit einer Gruppe unterwegs, die aß, also konnte man natürlich immer wieder sehen, wie ich in solchen Lokalitäten ein- und ausging. Außerdem habe ich wie du immer wieder experimentiert." Ich weiß, was er meint, denn wer einmal die Erfahrung gemacht hat, lange Zeit ohne Nahrung auszukommen, beginnt oft seinen Körper wie ein Labor zu behan-

deln, um weiteres herauszufinden, etwa, was passiert, wenn wir wieder zu essen beginnen.
Ich persönlich finde diesen Fokus auf das „Nichtessen“, statt auf das Freisein von der Notwendigkeit, zu essen, lächerlich und habe die Licht Botschafterinnen und Botschafter darin bestärkt, absolut ehrlich zu sein im Hinblick auf alle Behauptungen. Niemand unter uns behauptet, ein Heiliger oder eine Heilige zu sein, vielmehr sind wir Menschen, die das Wagnis eingehen, akzeptierte Grenzen in der Gesellschaft zu überschreiten, indem wir unser Potential auf allen Ebenen erkunden. Haben wir hierin schon vollkommene Meisterschaft erlangt? Ich jedenfalls noch nicht.
Ich erinnerte mich an ein eingehendes Gespräch, das ich einmal mit Saint Germain hatte, als ich ab und zu den Zwang verspürte, einen Bissen zwischen die Zähne zu bekommen. Meine spontane Reaktion war die, daß ich nicht mehr würde sagen können, ich lebte von Lichtnahrung, da ich ja streng genommen gelegentlich aß. Unser Gespräch verlief in wesentlichen Zügen so:
Saint Germain: „*Hast du dich selbst hundertprozentig davon überzeugt, daß du frei bist von der Notwendigkeit, Essen zu dir zu nehmen?*“
Ich: „*Ja.*“
Saint Germain: „*Und hast du das Gefühl, deine gesamten Recherchen und Experimente auf diesem Gebiet haben keine Gültigkeit mehr, wenn du ab und zu etwas knabberst?*
Ich: „*Natürlich nicht!*“
Saint Germain: „*Eben. Ein Erfinder erfindet zwar vielleicht ein Flugzeug, aber er kann sich ja durchaus ab und zu dafür entscheiden, mit dem Auto zu fahren. Das ist die freie Entscheidung des Erfinders. Nur weil er oder sie für sich entscheidet, Auto zu fahren, statt immer nur zu fliegen, macht das seine oder ihre Erfindung und deren Nutzen für die Welt doch nicht hinfällig!*“
Es mag genügen, zu sagen, daß ich verstand, was er meinte. Nun ist Prana zwar nicht erfunden worden, er ist die universelle Lebenskraft Qi oder Gott oder wie auch immer wir es nennen mögen. Was die Licht Botschafterinnen und Botschafter jedoch erfunden haben, ist eine alltägliche Lebensweise, die es uns ermöglicht, diese zarte Verbindung mit der Kraft des göttlichen Einen in unserem Innern aufrechtzuerhalten. Ich sage zart, da wir unentwegt mit vielen Schwingungen bombardiert werden, und es kann leicht passieren, daß man soweit davon beeinflußt wird, daß dieser Pranastrom nicht genug aufrechterhalten wird, um es uns lange Zeit zu ermöglichen, zu leben, ohne unsere Nährstoffe aus Nahrung zu beziehen. Die Kraft des göttlichen Einen im Innern funktioniert, und sie wird uns nähren – was nicht immer funktioniert, ist die von uns gewählte Lebensweise und unsere Überzeugung im Hinblick darauf, wer wir wirklich sind. Diese beiden erfordern fortwährende Verbesserungsarbeit.
Insofern ja, ich ermutige die Licht Botschafterinnen und Botschafter, zu sagen, sie seien „frei von der Notwendigkeit, Essen zu sich zu nehmen“, statt zu sagen, sie äßen nie etwas. Und es mag zwar heute stimmen, daß du nichts ißt, aber was wird in ein paar Monaten oder Jahren sein, wenn dir wieder

danach ist, Aromen zu schmecken? Soll denn unsere ganze Arbeit und was wir erreicht haben, so leicht nicht mehr zählen, wie bei Wiley Brooks, bloß weil wir uns dafür entscheiden, ab und zu etwas Geschmack zu genießen?
Noch heute lerne ich jeden Tag so viel über das menschliche Potential, mein eigenes inbegriffen. Je mehr ich mit dem Göttlichen tanze, desto göttlicher wird der Tanz. An manchen Tagen frage ich mich: „Warum mache ich das alles eigentlich?“, und je mehr ich in Erfahrung bringe, desto klarer wird mir, wie wenig ich weiß. An anderen Tagen bringt mich die Schönheit von all dem zum Staunen und überwältigt mich, während Tränen der Dankbarkeit und Freude fließen über das Wunder, daß ich die Chance bekommen habe, auch dieses Spiel zu spielen, und frei diesen Tanz mit dem göttlichen Einen in mir zu lernen.
Wir erwähnen das, da es so leicht passieren kann, etwas zu verurteilen oder abzutun, was wir nicht ganz verstehen, und es geschieht so leicht, daß die so Verurteilten aufgeben. Wenn du einen Lichtbotschafter oder eine Lichtbotschafterin bei einem kleinen Imbiß siehst, ist das keine große Sache – die betreffende Person lernt gerade erst, die Sucht ihres Emotionalkörpers nach Essen zu durchbrechen, und das kann Jahre dauern. Vergeßt nicht, daß wir viele Leben lang geglaubt haben, wir bräuchten Essen, um zu überleben!
Mir sind außerdem auch Menschen begegnet, die sich dem Prozeß unterzogen haben, und wenn sie dann nach drei Wochen zunehmend unter Haarausfall leiden oder ihr Gewicht hat sich noch nicht stabilisiert, sagen sie: „Das funktioniert anscheinend nicht“, also fangen sie wieder an zu essen.
Dieser Prozeß, zu lernen, sich von Licht zu ernähren, kann eine jahrelange Vorbereitung erfordern, und danach noch monatelange Experimente nach dem Prinzip von Versuch und Irrtum. So schnell aufzugeben, verrät eine Menge über das Verlangen und die Stärke eines Menschen, und solange dabei zu bleiben, bis man sich selbst bewiesen hat, daß man dazu in der Lage ist, ist eine Initiation für sich.
Zusammenfassend empfehlen wir also folgendes:
Geht es entkrampfter an, seid flexibel, experimentiert.
Denkt daran, daß es nicht nur *einen* Weg gibt, eine Lebensweise auf die Beine zu stellen, die für euch funktioniert. Vertraut auf das Göttliche in euch und findet eine Möglichkeit, die für euch perfekt ist.
Genießt jeden Schritt auf eurer Reise und konzentriert euch nicht nur auf das Ziel und das Ergebnis.
Lernt, mehr auf euren Körper zu hören; manchmal tut er vielleicht zwei Schritte vor und einen zurück. Das ist alles in Ordnung.
So etwas wie Versagen gibt es nicht, nur Gelegenheiten, an denen wir wachsen können.
Wenn ihr es nicht auf Anhieb schafft, versucht es immer wieder.
Traut euch zu träumen, und über das Mittelmaß im Leben hinauszubewegen.

1.6. Wertvolle Vorbereitung

„Höre auf dein Bewußtsein, denn es könnte sein, daß es Gott ist, den du da hörst."

J. H. Rhodes

Als ich das erste Buch, *Lichtnahrung*, schrieb, geschah das, um Menschen einen Dienst zu erweisen, die es dazu hinzog, den 21-Tage-Prozeß zu erleben – um ihnen diese Entdeckungsreise zu erleichtern. Als ich dazu hingeführt wurde, Lichtnahrung dauerhaft zum Teil meiner Lebensweise zu machen, begann ich im Laufe der nächsten paar Jahre damit umzugehen, das im Alltag zu leben und auch mit den vielen verschiedenen Dingen zu experimentieren, die dabei aufkamen.

Ich nahm, als ich dieses Buch verfaßte, an, daß alle, die sich zum Prozeß hingezogen fühlen, verstünden, wie wichtig es dafür war, auf allen Ebenen fit zu sein. In der Zwischenzeit bin ich darauf gestoßen, daß das nicht immer der Fall ist.

Wie von mir oft gesagt, bedeutet gesund und „fit" zu sein, körperlich fit, emotional fit, geistig fit und spirituell fit. Je fitter eine Person ist, desto leichter die Umstellung auf pranische Ernährung. Ich nenne das die drei „F"s".

Ich persönlich hatte zweieinhalb Jahrzehnte gebraucht, um fit genug zu werden, daß ich ohne Nahrung in Form von Essen leben konnte. Unsere Erkenntnisse haben seitdem bewiesen, daß diejenigen, die schon länger und ausgeprägter gut für sich selbst gesorgt und sich gut ernährt hatten, sich erfolgreicher von Prana ernähren können als diejenigen, die sich um solche Dinge nur minimal gekümmert haben.

Mit „für sich selbst sorgen" meinen wir das, worauf in unserem Buch *In Resonanz* eingegangen wird, nämlich Handlungsweisen zu praktizieren, die uns dabei unterstützen, gesund und glücklich zu sein. Für sich sorgen bedeutet auch, jeden Tag so zu leben, daß es nicht nur unserem eigenen Dasein förderlich ist, sondern auch dem Planeten.

Es ist also wichtig und wertvoll, eine Vorbereitungszeit einzulegen, bevor wir uns dem 21-Tage-Prozeß unterziehen. Wie oft von uns angesprochen, ist diese Initiation für spirituelle Kriegerinnen und Krieger eine Wissenschaft für sich, und jemand muß gut geschult sein, bevor er oder sie sich dem unterzieht. Je besser die Vorbereitung, desto besser die Ergebnisse. Ganz einfach.

Wenn es dich dazu hinzieht, dich von Licht zu ernähren, bitte das göttliche Eine in dir, alle Informationen und Techniken und Menschen, die dich lehren können, zu dir zu bringen, damit du auf allen Ebenen so fit wie möglich sein kannst. Denke daran, daß du alle Zeit der Welt hast, aber denke auch daran, daß du dennoch keinen einzigen Augenblick zu verschwenden hast. Der Prozeß des absoluten Fitwerdens kann mehrere Leben oder Jahrzehnte oder Monate dauern. Alles hängt von der jeweiligen heutigen Lebensweise einer Person ab.

Kann jemand an diesem Prozeß sterben? Das ist, als würde man fragen, ob es passieren kann, daß jemand stirbt, wenn er an einem 100-km-Marathon teilnimmt. Wenn jemand unvorbereitet ist – sicher. Wenn er gut vorbereitet ist – nein. Alle, die etwas machen, das den Körper physisch fordert, können Probleme bekommen und sterben, wenn sie nicht gut vorbereitet sind, insbesondere, wenn es für sie an der Zeit ist, zu sterben. Wie in esoterischen Kreisen ja schon alle erkannt haben: Der Zeitpunkt unserer Geburt und unseres Todes wird von der göttlichen Kraft in uns gesteuert und hängt von dem Vertrag mit unserem Schöpfer ab, doch vernünftige Vorbereitung wird uns erlauben, in den Genuß dessen zu kommen, was wir uns vorgenommen haben.

Das bringt uns zu einer anderen Fehlannahme. Manche sagen, da ich ja Jahrzehnte gebraucht hätte, um eine Fitneßstufe zu erreichen, die pranische Ernährung dulde, würden auch andere Jahrzehnte dafür brauchen. Das stimmt nicht unbedingt. Ich habe erleben können, wie Menschen aufgrund ihrer Schulung in früheren Leben in weniger als einem Jahr fit wurden.

Unser erstes Buch über pranische Ernährung wurde auf Englisch ***nach*** unserem Buch *In Resonanz* geschrieben und veröffentlicht, das ein in die Tiefe gehender Leitfaden ist, in dem auf die Vorbereitung für unser Einschwingen auf die Kraft des Göttlichen eingegangen wird. Da uns viele jedoch um mehr Informationen zu diesem Thema gebeten haben, empfehlen wir auch, daß ihr darauf achtet, euch zunächst zu entgiften, bevor ihr euch dem Prozeß unterzieht. Dabei könnt ihr Heilfasten oder andere Methoden anwenden. Achtet ferner darauf, daß ihr die Richtlinien anwendet, die wir in den nächsten Kapiteln anbieten.

Der Grund dafür, die Sache langsam anzugehen und über Rohkost zu Obst und dann über einen ***langen*** Zeitraum verteilt allmählich zu Flüssigkeiten überzugehen, ist, daß uns das dabei hilft, von unserer Sucht nach abwechslungsreicher Kost loszukommen. Mindestens sechs Monate lang von Rohkost zu leben, ist eine wunderbare Möglichkeit, sich auf den Prozeß vorzubereiten, und den meisten, die sich schon für einige Zeit von Rohkost ernährt haben, fällt der Weg nach dem Prozeß leichter. Das liegt daran, daß sie sich bereits mit der Anhaftung ihres Emotionalkörpers an Essen beschäftigt haben.

Wenn jemand also gut vorbereitet ist, dürfte er oder sie im Handumdrehen durch den 21-Tage-Prozeß hindurchkommen, problemlos, und wird von daher keine Betreuungsperson brauchen, wie sie in Buch 1 von Charmaine Harley erwähnt wird. Die beste Betreuungsperson ist das göttliche Eine in uns.

Der 21-Tage-Prozeß ist eine Initiation in die meisterliche Beherrschung unserer eigenen Person, und sieben Tage lang ohne Essen oder Wasser auszukommen, kann sehr extrem sein. Das ohne angemessenes Training zu tun, könnte negative Folgen haben. Ja, ich habe die Geschichte von einem Mann in Deutschland gehört, der starb (bevor mein Buch dort veröffentlicht wurde), nachdem er die Richtlinien gelesen hatte, die irgendwie nach Europa gelangt waren. Genau deshalb habe ich das erste Buch geschrieben: um mehr darüber zu informieren, worum es bei der Initiation ging.

Ja, in Australien ist eine Frau gestorben, während sie sich betreut von Jim Pesnak dem Prozeß unterzog. Er und seine Frau – als Betreuer – sind wegen fahrlässiger Tötung angeklagt worden und müssen sich eventuell sogar wegen Totschlags verantworten. Auch hiermit hatte unsere Organisation nichts zu tun. Als uns dieser Fall bekannt wurde, gaben wir neue Richtlinien für Betreuerinnen und Betreuer heraus. Sie sind auf unserer Website zu finden. Und dennoch läuft man, wie ein Botschafter des Lichts neulich zu mir sagte, weitaus eher Gefahr, vom Rauchen Krebs zu bekommen und zu sterben oder bei einem Autounfall ums Leben zu kommen, als wenn man sich bemüht, sich an die göttliche Kraft in seinem eigenen Innern anzuschließen und von Licht zu leben – insbesondere bei guter Vorbereitung.

Bei jedem Schritt auf dem Weg haben wir offen und ehrlich unsere Erfahrungen und Erkenntnisse dargelegt, und wir hoffen, daß es bei denjenigen von euch, die sich für diesen Weg entscheiden, genauso sein wird. Unser Leben in Wahrhaftigkeit und makellos zu führen, ist ebenfalls Teil dieser Reise zur Meisterschaft.

Seid euch ferner bewußt, daß:

schon allein die Entscheidung, sich dem Prozeß zu unterziehen, Schritt eins einer Initiation ist, bei der es um Klarheit und Mut geht.

Schritt zwei darin besteht, innerlich klar genug geführt zu werden, um ohne jeden Zweifel zu WISSEN, daß das der nächste Schritt für euch ist. Wenn euer Herz beim Gedanken, das zu tun, wirklich singt, dann beachtet es, denn das singende Herz ist die Stimme des Gottes in uns. Wenn ihr Zweifel habt, unternehmt nichts – kein singendes Herz, kein Prozeß. Diese zweite Initiation dreht sich also um persönliche Klarheit, Unterscheidungsvermögen und innere Gewißheit.

Initiation drei im Grad der Vorbereitung besteht, für die sich ein Mensch entscheidet, bevor er sich dem Prozeß unterzieht und der ebenfalls unmittelbar darüber entscheiden wird, welche Erfahrung dabei herauskommt. Schritt drei dreht sich ebenfalls um die intelligente Anwendung von Wissen – das heißt, den korrekten Gebrauch von der eigenen Weisheit. Er bedeutet außerdem aktive Erziehung zum Umdenken für den Freundes- und Familienkreis, damit die betreffende Person nach dem Prozeß auf ein starkes Unterstützungsnetz bauen kann. Für jemanden, der gut vorbereitet ist, kann der Prozeß als solcher sehr freudvoll und einfach sein – erst nach dem Prozeß haben viele Menschen Schwierigkeiten mit Reaktionen ihres sozialen Umfelds und mit familiärem Druck.

Bringt jemand diese drei Initiationen zum Abschluß, so qualifiziert er sich dadurch als sein eigener Betreuer, und von daher haben wir in den letzten Jahren stark davon abgeraten, sich dem Prozeß zu unterziehen, wenn man das Gefühl hat, jemanden zur Betreuung zu brauchen. Unser Rat an die betreffenden Leute ist der, abzuwarten, bis sie keine Zweifel mehr haben und soweit harmonisch im Fluß sind, daß sie keine Unterstützung brauchen. Kein anderer kann für das, was sie erfahren, verantwortlich sein.

Manche Licht Botschafterinnen und Botschafter entscheiden sich für die Option, mit anderen zusammen den 21-Tage-Prozeß anzugehen und suchen sich jemanden, der sie bei ihrer Reise unterstützt, wie Chris Schneider das in Deutschland seit ein paar Jahren tut – nähere Angaben dazu finden sich weiter hinten in diesem Buch.

Denkt daran, daß die Menschen, die sich dafür entschieden haben, den 21-Tag-Prozeß zu praktizieren, Kriegerinnen und Krieger sind. Oft sind es zähe, nonkonformistische Menschen, deren aktuelles Augenmerk auf positiven persönlichen und planetaren Fortschritten liegt. Der 21-Tage-Prozeß ist eine spirituelle Initiation für diejenigen unter den Yogis, die als Botschafter des Lichts unter Beweis stellen, welche Kraft das Licht hat, indem sie davon leben. Dieses Licht ist der visuelle Aspekt der Schöpferischen Kraft.

Wir wiederholen noch einmal, daß es nicht notwendig ist, sich dem 21-Tage-Prozeß zu unterziehen, da wir durch unsere Untersuchungen darauf gestoßen sind, daß es viele schonendere Weisen gibt, den Körper so zu konditionieren, daß er seine Nahrung aus Licht bezieht, darunter Umprogrammierungen, Disziplin in Sachen Ernährung etc. Wenn jemand jedoch fest entschlossen ist, daß das für ihn der richtige Schritt ist, dann muß er auch bereit sein, die volle Verantwortung für seine Vorbereitung wie auch die nachfolgende Erfahrung zu übernehmen.

Da der 21-Tage-Prozeß sehr extrem ist und nicht auf die leichte Schulter genommen werden sollte, stellt sicher, daß ihr gut trainiert seid, ein waches spirituelles Bewußtsein habt und begreift, daß ihr selbst eure eigene Wirklichkeit erschafft und daß ihr die Kraft und die Sichtweise der Einheit versteht. Ihr solltet euch der Aufgabe verschrieben haben, Meister eurer selbst zu werden, einen jahrelangen Hintergrund in spirituellen Übungen haben, und auf allen Ebenen optimal fit sein.

Ja, es gibt Menschen, die das hier anspricht, weil sie es als „Patentlösung" für alle ihre Probleme sehen. Wir empfehlen, alle gesundheitlichen, emotionalen, ernährungsmäßigen, geistigen und familiären Probleme in Ordnung zu bringen, bevor man sich dem Prozeß unterzieht. Wird solchen Dingen nicht Rechnung getragen, so können sie durch den Prozeß verstärkt werden, was aus physischen oder geistigen Gründen zur Einweisung in eine Klinik und sogar zum Tode führen kann.

Wer sich dafür interessiert, irgendwann in der Zukunft selbst von Licht zu leben, kann ein paar Programmierungen vornehmen, wie etwa:

„Ich bitte jetzt das göttliche Eine in mir darum, meinen Übergang zur Lichtnahrung mit Freude und Leichtigkeit und Gnade vonstatten gehen zu lassen."

„Ich bitte darum, daß mein Gewicht sich nun auf der Ebene einpendelt, die Ausdruck meiner vollen Göttlichkeit ist."

„Ich bitte darum, auf allen Ebenen meines Seins von der göttlichen Kraft in mir genährt zu werden.

Befolgt dann einige Rezepte aus diesem Buch. Seid geistig offen, stellt ein paar intelligente Untersuchungen an, macht von eurem Unterscheidungsvermögen Gebrauch und seid disziplinierter, denn wir als einzelne Menschen können große Dinge erreichen.
Die Licht Botschafterinnen und Botschafter wissen, daß wir dann, wenn wir die Verbindung zum göttlichen Einen in uns herstellen, zur Erfüllung unseres Daseinszwecks und zur Leidenschaft in unserem Leben hingeführt werden, und vom Licht der göttlichen Kraft zu leben, ist nur ein winziges Nebenprodukt davon, im Einklang mit diesem Aspekt unseres Selbst zu leben.
Denjenigen, die sich dafür entschieden haben, von Prana zu leben, empfehlen wir, ihr System an- und ausschalten zu lernen. Denkt daran: Wir können genauso süchtig nach Nichtessen sein wie nach Essen. Experimentiert also, findet eine Lebensweise und eine Programmierung, die bei euch funktioniert. Vor allem bewahrt euch eure Offenheit und kostet jeden Schritt auf dem Weg aus.
Ohne also viele Informationen zu wiederholen, die bereits in *In Resonanz* enthalten sind, das wir als Lektüre empfehlen, möchten wir euch gerne das simple *Luscious Lifestyles*-Programm vorstellen, das ihr einsetzen könnt, ob ihr euch dafür interessiert, von Prana zu leben oder nicht. Und dann wendet unsere Empfehlungen im Kapitel „Perfekte Abstimmung auf die göttliche Kraft in uns – Fit werden für den Prana“ an.

1.7. Wachstumsförderliche Lebensweisen – Teil 1

Ein Alltagsrezept für die meisterliche Beherrschung des Körpers

„Menschen werden schlecht und machen sich schuldig, weil sie sprechen und handeln, ohne vorausschauend die Ergebnisse ihrer Worte und Handlungen zu sehen."[7]

Franz Kafka

Für dich selbst eine Lebensweise zu kreieren, die für dein Empfinden alles bietet, was deinem Wachstum förderlich ist, ist wirklich eine Frage der persönlichen freien Wahl und eines elementaren Experimentierens nach dem Prinzip von Versuch und Irrtum; und dennoch möchte ich ein paar Anregungen dazu geben, die jeder anwenden und bei denen er spüren kann, was sie positiv bewirken. Auf einer bestimmten Ebene ist die persönliche Meisterschaft, durch die die vier „F"s" erreicht werden – physische, emotionale, mentale und spirituelle Fitneß – so wie Kuchenbacken. Es gibt eine individuelle Rezeptur, wie der Kuchen perfekt gelingt, und jeder und jede einzelne von uns kann sie für sich herausfinden. Manche sagen, man brauche mindestens 21 Tage, um eine neue Angewohnheit zu festigen, also empfehlen wir euch, die folgenden Anregungen mindestens für 22 oder 33 Tage in die Tat umzusetzen. Wenn ihr dann spürt, daß ihr davon profitiert, fahrt täglich damit fort.

Unsere früheren Bücher und Artikel gehen ja sehr detailliert darauf ein, wie wir unsere persönliche Meisterschaft und Feinabstimmung erreichen. Das einfachste und effektivste Programm zu Entwicklung persönlicher Meisterschaft kann man in meinen Augen jedoch wie folgt zusammenfassen:

Wisse, daß du ein Energiesystem bist, und erbringe dir über deinen Verstand und deine eigene *Erfahrung* den Beweis für diesen Gedanken, und dann...

Lerne dich auf eine Weise, die Spaß macht und inspiriert, *harmonisch auszurichten*. Das bedeutet, physisch, emotional, mental und spirituell fit zu werden (siehe nächstes Kapitel).

Meditiere jeden Morgen und Abend. Gönne dir täglich den Luxus von mindestens 22 Minuten Meditation auf deinen Atem – du kannst zwischen Myriaden von Atemtechniken wählen, finde eine, die für dich funktioniert, da dein Atem zu den wirksamsten Harmonisierungstechniken gehört.

Beziehe *Energiearbeit* mit Lichtstrahlen und Klangwellen bei der Atemarbeit und den kreativen Visualisierungen mit ein.

Höre Musik – eine CD/Cassette mit buddhistischen Gesängen, Stammesmusik, Engelsmusik am Tag – höre dir das an, wozu es dich hinzieht, aber verwende nur Musik, deren Schwingungen harmonisierend, inspirierend und heilend auf dich wirken. Höre sie möglichst über Kopfhörer, damit sie optimal wirken kann. Du kannst sie etwa auf dem Weg zur Arbeit hören oder auch bei der Arbeit.

Setze dir das Ziel, *mindestens ein bis zwei Liter klares Wasser am Tag zu trinken*, um deinen Organismus gut durchzuspülen und zu reinigen. Wenn du von Licht gelebt hast und deine Nahrung über Prana beziehst, schau dir in einem bestimmten Stadium an, wie es wäre, Flüssigkeiten ganz wegzulassen – tu das freudig und mühelos; wenn es ein Kampf ist, warte damit, denn dann ist vielleicht noch nicht der richtige Zeitpunkt gekommen. Faste ein, zwei Tage die Woche ganz, indem du nur von Luft lebst, und gehe dabei schrittweise vor.

Mache täglich Körpertraining – Tanzen, Sport, Dehnübungen, Gewichteheben, Yoga – auch hier gilt wieder: Tu das, wozu du dich hingezogen fühlst und was dir genug Spaß macht, daß du es *jedenTag* tun magst.

Erlerne einfache Selbstheilungstechniken, um deine volle Gesundheit und Vitalität wiederzuerlangen – Selbstheilung ist ein grundlegender Bestandteil der Entwicklung zur eigenen Meisterschaft.

Genieße täglich ausgiebige warme Duschen oder Bäder, um die Aura um den Körper zu harmonisieren. Sitze regelmäßig an einem offenen Feuer, wenn möglich.

Schaffe ein elektromagnetisches Kraftfeld um deinen Körper (wie in der Meditation auf den Schutzschild des Zauberers *(wizzard"s shield)*, er findet sich auf der Website in der Bibliothek der Cosmic Internet Academy oder in unserem neuen Buch *The Wizard"s Tool Box*. Wende außerdem spezielle Programmierungen zur Umfeldkontrolle an.

Lerne deinen Geist zu meistern – Meditation erlaubt es dir, losgelöst und „Zeuge" der Ereignisse zu sein. Beobachte deine Gedanken und habe den Mut, überalterte oder mit persönlichen Einschränkungen einhergehende Überzeugungen zu ändern. Unser Geist ist unsere Datenbank, und nur *wir* können sie wirksam umprogrammieren, damit sie gut genug funktioniert, um das Leben zu erschaffen, das wir haben wollen.

Verbringe jeden Tag einige Zeit in Schweigen. Sitze in deinem Garten und spüre die Deva-Energie der Natur. Gestalte deinen Garten so, daß die Energien dieser Devas, dieser Gottheiten, dort prächtig wachsen und gedeihen können. Stille regt die Offenbarung von Wissen über dein eigenes Selbst an.

Erlebe die Vorteile *regelmäßigen Fastens*, <u>nachdem</u> du dich gründlich mit diesem Thema befaßt hast.

Iß lebendige und leichte Kost. Ziehe ernsthaft in Erwägung, dich von Prana zu ernähren, oder befasse dich zumindest damit, und betrachte dir, ob das für dich eine machbare Möglichkeit für die Zukunft sein könnte. Gehe von vegetarischer Ernährung zu veganischer und dann zu Rohkost über. Sei dir der Vorteile bewußt, die das Vegetariertum für Menschenwesen und den Globus insgesamt bringt.

Verwende Akupunktur und sonstige alternative Therapien, um deine Süchte anzugehen.

Bringe deine gesamten Beziehungen auf die Stufe der Vollendung, indem du für Beziehungen sorgst, die euch wechselseitig Vergnügen bereiten und bei denen ihr einander stärkt.

Lerne auf das göttliche Eine in deinem Innern zu hören und mit ihm zu kommunizieren. Das ist das Wichtigste, was du tun kannst.

Bitte um Beweise für dein höheres Potential, damit du frei von Zweifeln sein und wirklich dein wahres Selbst entdecken kannst.

Bitte, und dir wird gegeben...

Denke daran, daß man ja auch nicht unbedingt über Nacht zum Konzertpianisten oder zur Konzertpianistin wird, es erfordert *Übung und Disziplin*. Von daher...

Sei immer behutsam, liebevoll und mitfühlend dir selbst und anderen gegenüber, aber praktiziere dabei auch eine freudvolle Disziplin.

Und, was am wichtigsten ist: Lerne viel zu lachen und *tue, was dein Herz zum Singen bringt!*

Denke daran: Qualitativ wertvolles Denken, qualitativ wertvolles Fühlen und qualitativ wertvolle Nahrung ergeben ein qualitativ wertvolles Leben.

Hinzufügen möchte ich noch die nachfolgenden Informationen von Jeff, meinem Kollegen an der Akademie, der ebenfalls seit fast drei Jahrzehnten trainiert hat, um erfolgreich metaphysische Lebensweisen zu kreieren.

Er schreibt: „Das grundlegende Ziel in Sachen Lebensweise ist *Makellosigkeit*. Makellosigkeit läßt sich vielleicht am besten als perfektes Im-Einklang-Sein und perfektes Timing in allen Gedanken, Gefühlen, Worten und Handlungen im Leben definieren. Das heißt, genauso wie in der japanischen Kultur die Teezeremonie ritualisiert worden ist, so daß sie nun eine Kunstform darstellt, so sollten wir jede Handlung in unserem Leben im gleichen Sinne verstehen und versuchen, sie mit so viel Inhalt und Bedeutung zu füllen wie möglich. Neben täglicher Meditation, der Ausrichtung auf seinen Daseinssinn, der Verwendung von Programmierungen plus Atemtechniken sind die Ernährung und körperliche Bewegung die wichtigsten Punkte, die hier interessieren und näher betrachtet werden sollten.

Ein *Lebenssinn* – ein Sinn, der dir leidenschaftlich am Herzen liegt, ein brennendes Verlangen. Es ist nicht schwierig, Menschen zu sagen, sie sollten Ausschau nach einem Lebenssinn halten. Viele Menschen spüren, daß sie einen Daseinszweck haben – etwas, das derzeit ein klein wenig außerhalb ihrer Reichweite ist und dessen sie sich oft vage bewußt sind, das sie jedoch noch nicht ganz scharf vor sich sehen. Etwas, von dem sie das Gefühl haben, es sei ihnen bestimmt und sie müßten es tun; etwas, das sie meinen, erreichen zu müssen, ohne daß sie es ganz benennen können. Es ist häufig, daß sich Menschen mit solchen Fragen beschäftigen, und die Antwort auf das Problem liegt darin, einzuprogrammieren, daß du deinen Lebenssinn bekommen möchtest – das heißt, ihn benennen zu können und diesen Daseinszweck, dem du dich leidenschaftlich verschreibst, praktisch umzusetzen.

Programmierungen sind schon für sich genommen ein recht grundlegendes Thema, und auf sie soll separat eingegangen werden. (siehe Kapitel 3.12: „Perlen der Weisheit & Programmierungen für unsere Nachkommen“ – Jas).

Der nächste zentrale Punkt ist das *Atmen*. Das tiefe Atmen in der Meditation hat einen reinigenden Aspekt; es werden negative und toxische Rückstände in den Zellen eliminiert. Viele Lehrerinnen und Lehrer betonen die Wichtigkeit eines ausgewogenen Atmens, indem man durch das linke Nasenloch einatmet und durch das rechte aus, dann wieder durch das rechte Nasenloch ein, durch das linke aus, und so versucht, ein Gleichgewicht herzustellen. Die meisten Menschen sind sich gar nicht bewußt, daß sie normalerweise jeweils nur durch ein Nasenloch einatmen und dabei immer wieder von einem Nasenloch auf das andere überwechseln. In einem idealen Leben ist alles vollkommen ausgewogen. *Meditation* ist die Übung, die zu dieser idealen Atmung führt. Tatsache ist, daß für den Durchschnittsmenschen 70 Prozent der Nahrung, die er zum Leben braucht, über den Atem zugeführt wird. Er wird der Überlieferung nach als „erste Nahrung" bezeichnet.
Was die *Ernährung* angeht, so ist das ein tückisches Thema, denn es gilt so vielen unterschiedlichen kulturellen Hintergründen Rechnung zu tragen. Zuerst einmal sei gesagt, daß die meisten Menschen im westlichen Kulturkreis natürlich viel zu viel essen, und Studien ergeben, daß übermäßiges Essen sich auf die Lebensqualität auswirkt wie auch auf die Länge des Lebens . Durch Reduzierung der derzeitigen Kalorienaufnahme pro Individuum auf die Hälfte erhöht sich dessen Lebenserwartung von dem Zeitpunkt an, wo die Veränderung vollzogen wird, um ein Drittel. Wissenschaftliche Untersuchungen, die diese Tatsache untermauern, sind nun zufriedenstellend abgeschlossen worden, und für alle, die in dieser Hinsicht skeptisch sind, sind die entsprechenden Nachweise verfügbar. Leichte, vegetarische Kost ist allen ernsthaften esoterischen Adepten schon seit langem empfohlen worden."
Die Licht Botschafterinnen und Botschafter arbeiten basierend auf der Prämisse, daß unsere Welt voll von liebevollen, fürsorglichen und intelligenten Menschenwesen ist, die dann, wenn ihnen logische Informationen vorliegen, ihr Unterscheidungsvermögen nutzen werden, um einen positiven Wandel in ihrem Leben und in der Welt zu vollziehen. Nicht die Information hat große Macht, sondern das, was wir mit ihr anstellen!

1.8. *Wachstumsförderliche Lebensweisen – Teil 2*

Fit werden für den Prana Perfekte Abstimmung auf die göttliche Kraft in uns

„Güte ist die einzige Investition, die nie fehlschlägt."

Henry David Thoreau – amerikanischer Schriftsteller und Naturalist

Viele Menschen finden die Vorstellung attraktiv, frei zu sein von der Notwendigkeit, zu essen. Andere verlangt es danach, frei von allen äußerlichen Anhaftungen zu sein, und in ihrem Streben nach Erleuchtung nehmen sie bereitwillig bestimmte Kurskorrekturen an ihrer Lebensweise vor, damit das erreicht wird.

Wie wir schon oft gesagt haben, hat es nichts Mysteriöses, von Licht zu leben; es ist ein natürliches Nebenprodukt der Verbindung mit der Kraft des Göttlichen in unserem Innern. Wie wir den Anschluß an den Energiekanal oder die Frequenz der göttlichen Kraft finden, ist ein anderes Thema und Gegenstand dieses Kapitels.

Als ich das erste Buch schrieb, war es einfach die Geschichte einer persönlichen Initiation. Ich habe Jahre gebraucht, um zu verstehen, worum es dabei wirklich geht, und noch länger, um einen Weg zu finden, es mit einfachen Worten auszudrücken.

Wir bezeichnen den Prozeß, der dazu führt, die Verbindung zur Kraft des göttlichen Einen in uns herzustellen, als Abstimmungsprozeß. Wie gut diese Abstimmung funktioniert, hängt von dem Leben ab, das wir führen. Bei der Abstimmung geht es darum, zwei komplementäre Kanäle aufeinander abzustimmen. Der Kanal des göttlichen Einen sorgt dafür, sich selbst etwas zu dämpfen, und wir werden deutlicher. Und dann – bumm! – steht mit einem Mal die Verbindung, wie bei einem Telefonat.

Genau das geschieht in Grundzügen beim 21-Tage-Prozeß. Eine Abstimmung mit dem göttlichen Einen in uns. Die perfekte Abstimmung entsteht bei Erreichen eines gewissen Fitneßniveaus automatisch. Unser Verlangen, die Verbindung zu bekommen, ermöglicht den Beginn einer Metamorphose, deren Tempo wir selbst steuern können. Wir steuern dieses Tempo durch unsere Ernährung, durch Meditation und körperliches, emotionales, geistiges und spirituelles Training.

Zum geistigen Training gehört Programmieren und meisterliche Beherrschung des eigenen Geistes. Emotionales Training findet durch unsere Beziehung zu anderen statt, dadurch, wie wir nebeneinander existieren. Spirituelles Training ist der Weg, den alle Aspiranten einschlagen, wenn sie die „Erleuchtung" bewirkenden Qualitäten des göttlichen Einen in ihrem Innern erfahren wollen.

Wie oft festgestellt, ist der 21-Tage-Prozeß ein Placebo in Sachen Lichtnahrung. Er ist eigentlich eine wirkungsvolle spirituelle Initiation, die nicht auf die leichte Schulter zu nehmen ist. Diese Initiation kann dich, wenn du gut vorbereitet bist, in einen Zustand versetzen, indem du dich von Gnade überschüttet fühlst und voller Staunen bist über die Majestät des Lebens – ihr einziger Zweck ist der, dich bewußt auf einer viel tieferen Ebene mit dem göttlichen Einen in deinem Innern in Verbindung zu bringen. Wenn eine tiefe Verbindung hergestellt ist, wirst du merken, daß du für lange Zeiträume frei bist von dem Bedürfnis, zu essen. Manche kehren nie wieder zum Essen zurück und ziehen es aufgrund der offensichtlichen Vorteile, die eine Ernährung von Prana mit sich bringt, vor, sich so zu ernähren. Manche vollziehen die Verbindung nicht tiefgehend genug, um eine solche Ernährungsweise ohne einige negative Nebenwirkungen aufrechterhalten zu können.

Durch diese Initiation eine tiefere Verbindung zu dem göttlichen Einen in uns zu erreichen, bewirkt bei unterschiedlichen Menschen unterschiedliche Dinge. Diejenigen unter euch, die sich dazu hingezogen fühlen, 21 Tage in Abgeschiedenheit und stiller Kontemplation mit dem Göttlichen zu verbringen, sollen wissen: Je weniger ihr euch Sorgen macht über Ablagerungen von Giftstoffen, Wehwehchen und Schmerzen, Zweifel und Ängste, desto offener seid ihr dafür, die Kraft des Göttlichen und diesen Prozeß der Abstimmung der Frequenzen zu genießen.

WARNUNG: Die Verbindung zu dem Göttlichen in dir zu suchen, kann hochgradig süchtig machen. Du kannst es jederzeit tun, ohne irgendeinen Prozeß durchzuführen. Dein Verlangen danach, deine liebende Hingabe, deine Disziplin, dein Unterscheidungsvermögen und deine Entschlossenheit – sie alle entscheiden darüber, wie gut dir die Anbindung gelingt. Auf allen Ebenen fit zu werden, hilft ebenfalls dabei.

Wenn du dich also dem 21-Tage-Prozeß unterziehen möchtest und dazu herausgefunden hast, was immer du herausfinden konntest, und wenn du mein Buch *Lichtnahrung* gelesen hast, dann besteht der nächste Schritt darin, dich selbst zu fragen (und ehrlich darauf zu antworten):

Bist du körperlich fit?

Schaffst du es problemlos, mindestens eine Stunde strammes Training am Tag durchzuhalten?

Ich empfehle ein bunt gemischtes Trainingsprogramm, das Kraft, Anmut, Beweglichkeit und Ausdauer fördert, wie etwa: Gewichtheben, Gehen, Yoga, Isometrie, Schwimmen, Tanzen, Kampfsport etc.

Bist du seit wenigstens ein paar Jahren Vegetarier(in)?

Bist du bereit, dich vor dem 21-Tage-Prozeß für sechs Monate zunächst veganisch zu ernähren, dann von Rohkost, und dann für weitere sechs Monate nur von Flüssigkeiten?

Hast du alles getan, was du tun konntest, um deinen physischen Organismus zu entgiften?

Hast du dich über Heilfasten informiert und schon einmal für sieben Tage ein Saftfasten und/oder Fasten mit Wasser durchgeführt?

Hast du im Laufe der Jahre gelernt, auf die Stimme deines Körpers zu hören und ihn wie einen Tempel zu behandeln?

Bist du seelisch fit?

Hast du eine positive Beziehung zu deiner Familie und deinem Freundeskreis; bist du mit dem Leben zufrieden und glücklich damit, zu sein, wer du bist?

Hast du das, was für dich persönlich auf der Tagesordnung stand, durchgearbeitet und möchtest jetzt nur noch dienen, und daß dein Leben hier für den Planeten etwas zum Guten verändert?

Hast du dich hingesetzt und dich gefragt, warum du das tun möchtest?

Hast du dir deine emotionale Anhaftung ans Essen betrachtet?

Bist du diszipliniert genug, um nach und nach alles außer Rohkost von deinem Speisezettel zu streichen?

Bist du diszipliniert genug, um danach alles außer Obst auszuschalten?

Und dann alles außer Flüssigkeiten?

Dann vielleicht sogar die Flüssigkeiten?

Bist du dir bewußt, welche Auswirkungen das auf dein soziales Leben haben wird? Spielt das eine Rolle für dich?

Bist du geistig fit?

WEISST und erfährst du, daß du dir deine Wirklichkeit selbst erschaffst?

Übst du dich in der Beherrschung deines Geistes und spürst du von daher, welchen Nutzen angewandtes positives Denken und Programmieren hat, wenn es darum geht, Dinge Gestalt annehmen zu lassen?

Erlebst du eine starke Verbindung zwischen Geist und Körper?

Hörst du in physischen Dingen auf die Eingebungen deines Körpers?

Bist du spirituell fit?

Hast du regelmäßig genug meditiert, um die Gegenwart des göttlichen Einen in dir zu spüren und

hast du erfahren, welche positiven Auswirkungen tägliche Meditation auf dein Leben hat?

Hast du gelernt, auf die Stimme des Göttlichen in dir zu hören und ihr zu vertrauen, wenn sie dich in deinem Leben führt?

Bist du bereit, flexibel und offen zu sein und mit dieser neuen Lebensweise zu experimentieren, unabhängig davon, was andere darüber denken?

Bist du bereit, das so lange zu tun, bis du dich selbst davon überzeugt hast, daß du frei bist von dem Zwang, noch jemals Essen zu dir zu nehmen? Selbst wenn das Monate dauert?

Bist du dir darüber im klaren, daß der 21-Tage-Prozeß keine Patentlösung für deine gesamten Probleme sein wird, und daß sogar das Gegenteil eintreten kann, das heißt, deine Schwierigkeiten können besonders deutlich zutagetreten und dir noch schlimmer vorkommen?

Und als letztes: Hat es wirklich dein Herz zum Singen gebracht, als du an die Informationen zu diesem Prozeß gelangt bist – bis zu dem Punkt, wo du einfach „weißt“, daß das etwas für dich ist?

Es sei denn, du kannst alle obigen Punkte mit „Ja“ beantworten, empfehlen wir dir, mit dem 21-Tage-Prozeß noch zu warten. Vergiß nicht, er ist eine Initiation auf hoher Ebene, und der Erfolg der andauernden Ernährung von Prana nach dem Prozeß hängt völlig von den obigen Punkten ab. Die Fortsetzung dieser Lebensweise erfordert alltäglich Disziplin, Entschlossenheit und Mut.
Ich habe in den letzten fünf Jahren meiner Recherchen so viele Geschichten über Menschen gehört, die durch Training körperlich fit waren, die sich von Rohkost ernährten etc., und die es nicht schafften, sich von Prana zu ernähren, obwohl sie den Prozeß genauso durchführten, wie in unserem ersten Buch hierüber dargelegt, da sie keine intensive spirituelle Praxis hatten.
Mir sind auch viele begegnet, die spirituell sehr fit waren und schon seit langem meditierten, aber zahlreiche Schwierigkeiten hatten, da sie körperlich nicht fit waren. Auch sind mir viele Menschen untergekommen, die körperlich fit waren und seit vielen Jahren meditierten, aber in ihrem Leben nicht ihren Geist meisterten und von daher nicht ganz überzeugt davon waren, daß sie sich ihre eigene Wirklichkeit erschaffen. Und mir sind auch eine Menge Leute begegnet, die zwar auf allen Ebenen fit sind, aber absolut kein Verlangen danach haben, mit dem Essen aufzuhören.
Manchmal werde ich gefragt: „Heißt das, daß ich den Prozeß nicht machen kann, wenn ich gesundheitliche Probleme habe?“ Es kommt nur gelegentlich vor, daß Menschen, die nicht auf allen Ebenen fit sind, durch den Prozeß erstaunliche Heilerfolge erleben. Und ja, einige haben zwar Heilung gefunden, aber andere haben erleben können, wie ihre Probleme sich verschlimmerten. Warum es bei einigen funktioniert und bei anderen nicht, scheint der göttlichen Gnade überlassen.
Wir entnehmen unseren Erhebungen zwar, daß der Menschentyp, der sich zum Prozeß hingezogen fühlt, oft sehr stark ist und nicht die Art von Persönlichkeit, der man „sagen muß, was sie tun soll“, betonen aber, daß alle, die sich ihm unterziehen, ihren gesunden Menschenverstand und Vorsicht walten lassen sowie bei jedem Schritt auf ihren Körper und das göttliche Eine in sich hören sollten. Von daher bieten wir dir die obigen Fragen als Checkliste an, um sicherzustellen, daß du gut vorbereitet bist und diese Reise ohne unnötige Probleme genießen kannst.
Auf das göttliche Eine in uns zu hören und ihm zu vertrauen, ist eine zwingende Voraussetzung, bevor wir uns dem Prozeß unterziehen, und die nachfolgende Geschichte ist eine von vielen, die erklären, warum. Ich habe einen sehr lieben Freund in Kroatien, auch er ein Botschafter des Lichts. Ein starker, fitter und gesunder Mann, der in Kampfsportarten bewandert war, ein konzentrierter Meditierer mit einer ausgeprägten Verbindung zum Göttlichen in sich, ein Schamane und Heiler. Als ich ihm begegnete, dachte ich, er würde ein perfektes Beispiel abgeben für einen guten Botschafter, der gut genug feinabgestimmt war, um sich dem Prozeß zu unterziehen.
Nachdem er die Initiation abgeschlossen hatte, begegnete er seinem Reiki-

Meister, dem eine Veränderung in seinen Energiefeldern auffiel und der ihn fragte, was er gemacht hätte. Mein Freund berichtete es ihm mit lebhafter Freude, und am nächsten Tag rief der Reiki-Meister zurück und sagte: „Babaji hat mir gesagt, wenn du nichts ißt, wirst du sterben." Da beide Babaji-Anhänger waren, machte sich mein Freund daraufhin ziemliche Sorgen. Hier waren zwei Menschen, die er liebte und achtete – der eine ein lebendiger Reiki-Meister, der andere ein ätherischer Meister – und beide sagten sie ihm, er müsse essen, sonst würde er bald sterben. Er setzte sich also hin und fragte die göttliche Kraft in sich selbst, und sie sagte ihm: „Es ist schon gut, alles wird in Ordnung sein bei dir – habe Vertrauen."

Er rief mich an und bat mich, mich dazuzuschalten, und mir wurde deutlich, daß er gerade eine Initiation durchlebte, bei der es darum ging, dem Göttlichen in sich selbst zu vertrauen. Also bat ich ihn, seine Wahl zu treffen. Sollte er auf einen äußerlichen Meister/Freund hören oder auf das göttliche Eine in sich selbst? Er beschloß, seiner inneren Stimme zu folgen, und es ist ihm seither gutgegangen.

Es ist interessant, wie viele Menschen mir begegnen, die sich entscheiden, auf die Meinung eines anderen zu hören, obwohl ihre innere Stimme ihnen sagt, daß es okay ist. Meisterschaft erfordert von uns, auf unsere innere Stimme vertrauen und entsprechend handeln zu können, unabhängig davon, was andere sagen mögen. Menschen projizieren unablässig ihre Ängste auf andere – und mehr als bei allem anderen im Hinblick darauf, ohne Essen leben zu können.

Manche, die das hier lesen, sagen vielleicht: „Na gut, selbst wenn er wieder angefangen hätte, zu essen – was soll"s?" Der Punkt ist, daß er an einem Scheideweg stand, wie wir alle in diesen Momenten, die unser Leben verändern können. Hätte er auf seinen Freund gehört und wieder zu essen angefangen, so wären ihm bestimmte Türen, zu denen man nur bei einer bestimmten Schwingung Zutritt hat, verschlossen gewesen. Dadurch, daß er auf seine innere Stimme vertraute, war er in der Lage, sich in ein völlig neues Wirklichkeitsfeld zu begeben und eine ganze Menge Dinge zu erfahren, die sich ihm durch die von ihm gewählte Lebensweise auftaten.

Wir haben immer angenommen, daß jedes intelligente und mit kritischem Urteilsvermögen ausgestattete Individuum den Gedanken, sich persönlich dafür zu entscheiden, sieben Tage ohne Essen und Wasser auszukommen, automatisch als zu extrem verwerfen würde, es sei denn, es wäre Teil seiner göttlichen Bestimmung, das zu tun. Diese Menschen, die den Prozeß im vollen Kontext dessen begriffen haben, was alles damit zusammenhängt, entscheiden sich vielleicht intuitiv für diese Erfahrung, und in diesem Fall würden wir erwarten, daß sie das notwendige Training auf sich nehmen, das zu seinem erfolgreichen Abschluß notwendig ist.

Wie die Licht Botschafterinnen und Botschafter alle wissen, ist es unmöglich, rein verbal die guten Seiten von etwas zu rühmen, und ihm dabei gerecht zu werden. Um ein volles Verständnis davon zu erlangen, müssen wir es selbst erfahren.

Ich empfehle auch eine Beschäftigung mit dem Pranamaya Kosha und den fünf Pranas, einem wichtigen Gegenstand in der ayurvedischen Medizin wie auch im yogischen Denken. Auf der Website http://www.sit.wisc.edu/~fmorale1/prana.htm wird hierauf detaillierter eingegangen, in einem Artikel mit dem Titel „*The Secret of Prana*" (Das Geheimnis des Prana).
Viel Spaß bei der Entdeckungsreise...

1.9. Der 21-Tage-Prozeß – Fortsetzung...

Ich füge die folgende Synopse des Lichtbotschafters Christopher Schneider von der M.A.P.S.-Akademie in Deutschland bei. Chris hat vielen die Reise erleichtert, die sich dem 21-Tage-Prozeß unterzogen haben und berichtet hier über einige seiner Erfahrungen. Er schreibt:

„Die Essenz ist die Freiheit. Das ist für mich ein großes Feld und ein manchmal etwas vergewaltigter Begriff. Wir sind freie Wesen, wir können frei wählen, wir können in die Liebe gehen, in die Achtsamkeit für uns, unseren Körper und die stoffliche und feinstoffliche Welt um uns herum. Der Prozeß öffnet uns, das zu erkennen, zu wählen und weiter zu wachsen. Das Wählen kann auch heißen, daß ich mich entscheide, nicht zu wählen oder nicht die ganze Freiheit zu entfalten. Aber das heißt für mich Freiheit im eigentlichen Sinn. Und Wachstum heißt auch nicht größer, schöner, schneller oder etwas Besseres. Wachstum heißt, sein zu können mit uns selbst, in der Liebe, in der Achtsamkeit, in der Stille, mit oder ohne essen. Die Frage der Nahrungsaufnahme ist für mich nur ein Begleiteffekt – durch den Prozeß erfahren wir alle, daß wir von Prana leben können oder leben könnten. Ich will nicht, daß jemand die Unfreiheit, essen zu müssen, mit der Unfreiheit tauscht, nicht essen zu wollen, oder zu dürfen.

Jeder, der den Prozeß gemacht hat, kennt die Momente, wo es ganz klar war, jetzt werde ich von Prana genährt oder unterstützt. Danach kommen dann die Zweifel, die sich ganz entsprechend den kosmischen Gesetzmäßigkeiten auch körperlich oder emotional manifestieren. Der einfachste Weg ist, weiter um Klarheit zu bitten, wir bekommen dann sehr klare Zeichen, auf der anderen Seite ist es genausowichtig anzuerkennen, daß wir Zweifel haben dürfen, daß diese da sind, uns zu prüfen, ob wir es auch ernst meinen. Das beste ist, sich zu erlauben, Zweifel zu haben, sich dafür zu lieben, ein Mensch mit Restunsicherheiten zu sein, der Rest geschieht von selbst und bringt uns entweder in die absolute Klarheit, wie es weitergeht, zu uns selbst, oder beides passiert ganz so, wie wir das benötigen oder wollen. Zwang entfernt uns nur von uns selber und erzeugt Trennung, nur durch Liebe zu uns kommen wir in Einklang, in Balance, in Harmonie. Unterstützen können wir uns durch die wahre (wahrhaftige und ehrliche) Absicht, und indem wir unseren Energiekörpern die dazu notwendigen Instruktionen geben.

Das schönste Auswahlkriterium stammt von Jasmuheen: „Wenn dein Herz ein klares Ja gibt, oder dein Herz singt, dann bist du bereit". Wer sonst würde es auf sich nehmen, entgegen den üblichen Vorbehalten sieben Tage nichts zu trinken? Ein weiteres Kriterium ist entweder die klare Absicht oder inwieweit jemand bereit ist, seine Zweifel und seine Situation ehrlich anzuschauen. Eine vorgefertigte Antwort oder etwas, das sein sollte, hilft mir und einem Teilnehmer ebensowenig wie: „Mit dem Tod habe ich mich schon lange auseinandergesetzt", oder „Ich habe keine Angst vor dem Tod". Natürlich gibt es auch gesundheitliche Einschränkungen, die ich aus rein pragmatischen Gründen anerkennen muß, auch wenn der Prozeß an sich ein sehr hohes Heilungspotential besitzt. Der deutsche Rechtsraum setzt da deutliche Grenzen. Auf der anderen Seite werden die Teilnehmer „von oben" ausgewählt, gefiltert und ggf. abgelehnt. Zweimal schon ist es vorgekommen, daß ich überlegt habe, jemanden abzulehnen. Beide haben dann ihre Anmeldung zurückgezogen.

Das ist als Betreuer und Heilpraktiker meine Pflicht, und deshalb kommen die Leute ja auch zu mir. Gleichzeitig muß ich sagen, nur gemeinsam und mit göttlicher Führung ist es möglich, ein persönliches Abbruchkriterium festzulegen. Viele Menschen sind derart leidensfähig, daß sie auch die physischen Grenzen überschreiten würden. Das liegt nicht in meinem Interesse. Laß uns aber lieber davon sprechen, wie leicht der Prozeß sein kann, wenn jemand dazu bereit ist. Das ist die eigentliche Freude. Vorm Prozeß über Abbruch zu reden, ist wichtig für die eigene Klarheit, und dann beginnt die Reise zum Sein. Daß da Kiesel oder Felsbrocken im Weg liegen (die wir übrigens selbst dort deponiert haben), ist doch klar.

Für mich ist es außer Frage, daß es möglich ist, ohne feste und ohne flüssige Nahrung zu leben. Dabei ist ganz klar zu beachten, daß beides bei unserem derzeitigen Leben eine gewisse Funktion oder Aufgabe erfüllt, und erst wenn diese aufgelöst ist, sind wir frei zu wählen, nichts zu uns zu nehmen. Ich selbst fühle mich als Mittler oder Fährmann (was auch mein Name als Christusträger zum Ausdruck bringt). Im Familienverbund esse ich 1–2 kleine Mahlzeiten täglich; wenn ich Seminare gebe, oder allein bin und nichts rumliegt (ich bin ein ausgesprochener Genuß- und Appetitmensch), esse ich mehrere Tage nichts und das Trinken reduziert sich automatisch. Dadurch, daß ich beides kenne und praktiziere, bin ich ein besserer Fährmann, wenn es darum geht, Menschen zurück zur Pranaernährung zu bringen. Würde ich nichts essen und trinken, würde ich wahrscheinlich kein Seminar zum Thema geben. Als ich den Prozeß begann, war mir völlig klar, daß ich hinterher esse, zumindest für eine Zeitlang. Die energetisch-initiatorischen Seiten des Prozesses haben mich bewegt, den 21-Tage-Prozeß zu durchlaufen.

Ich sehe mich ganz als M.A.P.S.-Botschafter. Für mich bedeutet das, neben meiner Heilpraktikertätigkeit, Menschen mit dem Thema Prana in Kontakt zu bringen, Menschen auf diesem Weg zu begleiten. Das kann eine Beratung, ein Wochenendseminar zur Resonanzthematik oder ein Vorbereitungsseminar sein, ebenso ein Ermutigen oder ein In-Kontakt-Bringen mit sich selber, um wirklich klar zu sein: Ja, ich mache den Prozeß, das ist der nächste Schritt für mich. Darüber hinaus sehe ich meine Aufgabe in der Betreuung nach dem Prozeß. Diejenigen, die den Prozeß sicher machen wollen oder gemacht haben, haben gezielte Fragen, es passiert viel auf allen Ebenen – körperlich, emotional, geistig und spirituell, da ist es wichtig, einen Coach zu haben, einen Ansprechpartner, oder einfach zu wissen, da draußen ist jemand, den man fragen kann. Meine Bestimmung sehe ich darin, diese Umwandlungs- und Klärungsprozesse in jeder Hinsicht zu unterstützen und zu katalysieren.

Das ist gar nicht so einfach, da dies kein eigentliches Seminar, sondern eben ein Retreat ist. Es gab Gruppen, für die waren geführte Meditationen gar nicht angesagt, mit einer anderen haben wir täglich zwei davon gemacht und großen Spaß dabei gehabt. Wichtige Elemente sind Sharing, sanfte Meditationen, praktische Dinge, und ein weiterer Teil ist das Umgehen mit den neu- oder wiederentdeckten Fähigkeiten geistiger und energetischer Art. Da braucht der *Mind* ein paar Erklärungen, warum das bisher nicht so einfach ging, warum jetzt alles klarer ist, die Sinne viel sensibler oder Heilungsarbeit so viel einfacher ist. Das Programm ist nur unterstützender Art und wird bestimmt durch die Bedürfnisse der Gruppe. Typischerweise haben wir uns bisher zweimal täglich für 1–3 Stunden getroffen. Jeder ist frei, daran teilzunehmen. Gegen Ende der 1. Woche ist das Interesse auch gar nicht so groß, etwas „zu machen". In der Rekonvaleszenzphase (2. Woche) steigt dann wieder das Bedürfnis. In der 3. Woche (Rekonstruktions- und Integrationsphase) haben wir meist viele Themen, die das weitere Leben mit Prana und den praktischen Umgang mit der neuen Energie und der neuen Kraft betreffen. Viel wichtiger finde ich die Phasen dazwischen. Das Haus „Schöne Aussicht" hat da ideale Bedingungen. Es ist eine wunderschöne Gegend, ruhig, jedes Zimmer hat ein Bad mit Badewanne, liebevoll und sauber, einfach wichtige Voraussetzungen für eine Reise zu sich selbst.

Was ich für die Vorbereitung des Prozesses empfehlen würde? Zum einen biete ich Vorbereitungsseminare und Vorträge zum Thema an. Darin stimmen wir uns schon ein in die Möglichkeit, von Prana zu leben. Gleichzeitig ist es wichtig, unsere Gedankenstrukturen und Muster anzuschauen. Ich habe dazu einen Fragebogen entworfen, der weite Bereiche dieser inhaltlichen Vorbereitung abdeckt. Eine schöne Ergänzung ist Fasten, Colonhydrotherapie und andere naturheilkundliche Entgiftungsmethoden. Diese sollten alle nicht direkt vor dem Prozeß durchgeführt werden, da einige den Körper doch auch schwächen und ich es nicht gut finde, mit einem geschwächten Körper auf diese schöne Reise zu gehen."

Sollte jemand Interesse haben an Seminare und Vorträge mit Christopher Schneider, wendet euch an Koha Verlag GmbH, Almstr. 4, 84424 Burgrain. Bitte lege Deiner Anfrage einen frankierten Rückumschlag bei.

1.9.1. Kurskorrekturen nach dem Prozeß – Von Jaxon Wu

Ich habe den Impuls, hier einige Erkenntnisse von Jaxon Wu einzufügen, bei denen es um seine Erfahrungen damit geht, von Licht zu leben, denn für mein Gefühl enthalten sie großartige Informationen zu persönlichen Kurskorrekturen nach dem Prozeß. Sie stammen aus dem *Living on Light*-Forum.

Für hier nicht weiter relevante Details wurden von mir herausgeschnitten.
Jaxon schreibt:
„Letzten Herbst saß ich während meiner letzten Tage in Findhorn mit einem Freund, Mark, beim Mittagessen, und wir unterhielten uns über Essen. In vorangegangenen Unterhaltungen hatte ich ihm von meiner ganzen Entdeckungsreise rund um Rohkost in den letzten paar Jahren erzählt, und irgendwie kamen wir im Gespräch auf das, was gemeinhin *Breatharianismus* (von Atemluft/Prana leben) genannt wird, und was ich selbst lieber „von Licht leben" nenne. Einfach ausgedrückt, ist die Ernährung von Licht ein Zustand des Geistes und Seins, bei dem eine Person durch das Erlangen von Meisterschaft über sich selbst und von innigem Vertrauen in die göttliche Quelle zuläßt, daß sie voll und ganz von dieser Quelle genährt und am Leben erhalten wird, ohne Essen, Wasser oder anderes Lebenserhaltendes von der physischen Ebene zu brauchen.
Ich hatte schon zuvor von solchen Menschen gehört, in Büchern wie Yoganandas *Autobiographie eines Yogi* etwa, aber noch nie zuvor hatte ich es als möglich oder wünschenswert für mich gesehen, daß so etwas Wirklichkeit würde. Doch irgendwie sagte etwas in mir in diesem Moment „Klick!", und es war so tief, daß ich wußte, das war der nächste Schritt auf meinem spirituellen Weg. Und ich meine, der NÄCHSTE Schritt – mein Herz begann zu rasen und meine Seele sprach Bände – „Finde das Buch, mache den Prozeß, so bald wie möglich, du hast keine Zeit zu verlieren!!!" Ich hatte davor seit etwa zwei Jahren ziemlich ausschließlich komplett rohe Pflanzen und Früchte zu mir genommen, und mein Gefühl war, ich hatte in der Welt des Essens die höchste Spitze der Freude, des Vergnügens, der Verbindung mit allem und des Genusses erreicht. Ich hatte das Universum schon gefragt: „Und was kommt danach?" Und wie immer hatte das Universum geantwortet, indem es mir die Antwort unmittelbar in den Schoß warf, taghell."
Jaxon fand und las mein Buch, unterzog sich dem Verfahren, und fährt nun fort:
„Der Prozeß war eine erstaunliche Erfahrung voller Erkenntnisse und Wunder, und obwohl er, wie es heißt, 21 Tage dauert, habe ich das Gefühl, er ist nur der Anfang eines fortlaufenden Übergangsprozesses auf allen Ebenen – physisch, emotional, mental und spirituell. Für den Zeitraum nach dem 21-Tage-Prozeß, bis sich die neue Ausrichtung gefestigt und gesetzt hat, und man sein Gleichgewicht gefunden hat, habe ich den Begriff „Post-Prozeßzeit" geprägt.
Nach dem zu schließen, was ich gehört habe, kommt es bei manchen vor, daß diese Phase überhaupt keine Zeit in Anspruch nimmt, aber sie kann auch sechs Monate oder gar ein paar Jahre dauern. Ich selbst bin mit dem letzten Stück meiner Post-Prozeßzeit beschäftigt, ich bin im Begriff, Gleichgewicht und Stabilität zu erlangen, und bislang hat es etwa sechs Monate gedauert...
Der 21-Tage-Prozeß lief sehr einfach und war voller Gnade. Die Post-Prozeßzeit war viel stärker eine Herausforderung und Prüfung für mich, und dabei

mußte ich mir wirklich meine emotionalen und andere Themen ansehen: Glaubenssätze rund ums Essen und Nahrung, bei einem vollen und aktiven Leben... Es kam in meiner Post-Prozeßzeit ein Punkt, wo mir innerlich eingegeben wurde, wieder mit dem Essen zu beginnen, manchmal so viel wie vor dem Prozeß, oder sogar mehr. Eine weitere interessante Tatsache war, daß es mich statt nur zu Rohkost auch zu Essen hinzog, das mich in den beiden vorangegangenen Jahren, als ich nur rohe, ganze Pflanzen und Früchte zu mir nahm, nicht im mindesten angesprochen hatte: Gekochtes, Brot, Butter, Kekse, Schokolade. Es war schon komisch, manchmal auch beängstigend, mich selbst zu beobachten – für einen, der in seiner Ernährungsweise in den Jahren davor so diszipliniert und gesund gewesen war, aß ich jetzt wie ein Junk-Food-Junkie (was natürlich relativ zu sehen ist, denn für mich war, so wie ich vor dem Prozeß dachte, alles außer ganzer roher vegetarischer Kost „Junk Food"...).
Durch das ganze hindurch bestätigte ich mir immer wieder mein Vorhaben, von Licht zu leben und bat Gott dabei, die Hindernisse zu beseitigen, die dem im Wege standen. Ich hörte auf meine innere Stimme und vertraute auf sie, obwohl sie mich, oberflächlich betrachtet, in die andere Richtung führte. Auf der tiefsten Ebene machte das alles Sinn, und ich wußte, daß es dennoch vorwärts ging mit mir. Ich hatte von meinem Übergang zu Rohkost vieles gelernt, was mir hier half. Ich brauchte mehrere Monate, um den Übergang zu ganzen rohen Speisen zu vollziehen. Vor allem erteilte ich mir in dieser Zeit die volle Erlaubnis, alles zu essen, was ich essen wollte, mir nichts zu verweigern. Ich hatte mir selbst gestattet, alles zu essen, was ich essen wollte, damit ich mir nichts vorenthalten würde. Ich hatte mir erlaubt, zu genießen was immer ich wollte – Brot, Pizza, Thaiküche, und worauf auch immer ich Appetit hatte.
Schließlich fielen die Gelüste nach diesen Speisen einfach von mir ab, und ich konnte feststellen, daß ich ausschließlich rohe vegetarische Kost zu mir nahm, ohne das Gefühl zu haben, mir fehlte etwas, oder ich verweigerte mir etwas. Ich spürte, daß ich einen ähnlichen Prozeß des Loslassens durchlebte wie bei der Lichtnahrung. Der Unterschied bestand jedoch, daß zuvor die Frage gewesen war, was ich essen würde – ganze rohe Kost oder nicht –, während die Frage nun die war, ob ich essen oder nicht essen würde – unterschiedliche Parameter, gleicher Vorgang.
Als der März kam, brachte mich mein innerer Lehrer wieder dazu, für zunehmend längere Zeiträume ohne Essen auszukommen. Zuerst jeweils für ein paar Tage, dann hie und da für eine Woche... Irgendwann kam mir eine Erkenntnis, die ich Giri Bala zu verdanken habe, der Yogini, die von Licht lebte und in Yoganandas Autobiographie beschrieben wird. Wer ihre Geschichte nicht kennt: Sie wurde als frischvermählte junge Ehefrau von ihrer Schwiegermutter für ihren Übereifer in Sachen Essen auf das Schlimmste bloßgestellt. An einem Punkt packte sie eine solche Verzweiflung, daß sie zu Gott aufschrie, er solle sie doch von der Notwendigkeit befreien, zu essen. Ihr Gebet wurde erhört, und ein Engel kam zu ihr und zeigte ihr eine Kriya-

Yoga-Technik, durch die sie nicht mehr zu essen brauchen würde.
Als Yogananda ihr begegnete, hatte sie bereits etliche Jahrzehnte ohne Essen hinter sich, was ihre gesamte Familie und Freunde bezeugen konnten. Yogananda zitiert eine Feststellung von ihr, die sie bei dieser Begegnung getroffen haben soll und die mich sehr tief berührte. Sie sagte so etwas wie: „Ich esse deshalb nicht, weil Gott mir kein Verlangen nach Essen gibt. Gäbe er mir das Verlangen nach Essen, würde ich essen."
Was ich daraus gewonnen habe, sind Erkenntnisse für die Programmierungen und Gebete, die mich durch die letzten Stadien dieses Übergangs gebracht haben:

> Ich bitte darum, daß meine gesamte Ernährung auf allen Ebenen voll und ganz vom göttlichen Licht übernommen wird.
> Ich bitte darum, daß meine Gelüste nach Essen dann, wenn es im Einklang steht mit dem göttlichen Timing und dem göttlichen Plan, von mir genommen werden.
> Ich bitte darum, daß alles Verlangen, das da kommen möge, meinem höchsten Wohl dienen möge, in Freude, Leichtigkeit, Gnade und Spaß.
> Deshalb ehre ich alles Verlangen, das sich einstellen mag, als Gottes Plan für mich in diesem Augenblick.

Mit dieser Geist-Körper-Programmierung löste ich meine Zielsetzung, mich von Licht zu ernähren, und hörte auf, es zu versuchen. Damit meine ich, daß ich an einem bestimmten Punkt merkte, daß ich „versuchte", ohne Essen auszukommen, de facto aber leugnete, daß es mich nach Essen verlangte – ein Teufelskreis, der mich dazu brachte, den Kontakt zu mir selbst zu verlieren, und der für Schwierigkeiten in meinen engsten Beziehungen sorgte.
Mir wurde klar, daß ich es aufgeben mußte, mich darum zu bemühen, daß es geschehen würde und daß ich einfach dem göttlichen Einen das Steuerrad in die Hand geben mußte, das mit mir durch meine Gelüste kommunizierte. Wenn das bedeutete, daß ich für den Rest meines Lebens fortfahren würde, zu essen, so mochte es so sein – dann entsprach es wohl dem göttlichen Willen für mich.
Nun, auch hier lerne ich wieder: Wenn du etwas wirklich losläßt, dann läßt du es freiwerden dafür, zu dir zurückzukommen. Seit dieser Zeit ist die Post-Prozeßzeit für mich von noch mehr Gnade erfüllt gewesen (wenn das überhaupt möglich ist). Ich esse noch weniger regelmäßig, aber, was wichtiger ist, ohne das Gefühl, daß da ein Kampf stattfindet. Meine letzten Zweifel werden schließlich aufgelöst, und ich ruhe mehr und mehr in der Wahrheit, daß Lichtnahrung nicht nur möglich ist, sondern für mich real. – Liebe, Magie und Wunder euch allen, Jax." Jaxon Wu: Jaxon@divineliving.org
Foundation for Divine Living: www.divineliving.org.
(Jaxon hat eine schöne CD herausgebracht, von denen manche sagen, sie helfe ihnen, sich auf den Prozeß einzuschwingen. Sein Titelsong, *Living on Light*, läuft regelmäßig auf unserer Website.)
Weitverbreitete Herausforderungen in der Post-Prozeßzeit können sein:

Haarausfall – tritt nur für kurze Zeit auf und legt sich gewöhnlich nach etwa einem Monat.
Veränderung der Körpertemperatur – selbst wenn ich ganz heiß dusche, habe ich dennoch oft kalte Hände und Füße. Die meisten Botschafterinnen und Botschafter entscheiden sich dafür, die veränderte Körpertemperatur als Herausforderung zu sehen, die Kontrolle der eigenen Körpertemperatur zu erlernen. Ich bitte gewöhnlich einfach nur das göttliche Eine in mir, meine Körpertemperatur so zu regeln, daß sie für mich immer angenehm ist.
Umgang mit der Sucht unseres Emotionalkörpers nach geschmacklichen Genüssen – monate- oder sogar jahrelange vegetarische, dann veganische, dann Rohkosternährung und schließlich nur noch flüssige Nahrung vorab helfen, das zu mindern.
Gewichtsstabilisierung – siehe Kapitel 1.10.
Soziale Veränderungen – siehe Familie und Freunde, Kapitel 1.11.

1.10. Gewichtsstabilisierung vor und nach dem Prozeß

„Der Geist, der sich einmal auf die Dimensionen einer größeren Idee ausgedehnt hat, kehrt nie mehr zu seiner ursprünglichen Größe zurück."

Oliver Wendell Holmes – US-Schriftsteller und Physiker

Wie diejenigen, die unser erstes Buch gelesen haben, wissen, pendelt sich das Körpergewicht auf ein bestimmtes Niveau ein, wenn wir nicht mehr essen, sofern wir entsprechendes einprogrammieren und gut mit der Kraft des göttlichen Einen in uns verbunden sind. Das kann bei manchen sofort wirksam werden, während es bei anderen länger dauert, und es wird von tiefsitzenden gegenteiligen Überzeugungen beeinträchtigt.

Dementsprechend drehen sich die Bedenken von Menschen, die zu leichterer Ernährung übergehen mit am durchgängigsten um Gewichtsstabilisierung. Von gekochten Mahlzeiten zu Rohkost überzugehen, dann zu Obst, Flüssigkeiten und Prana, kann oft jedes Mal erhebliche Gewichtsverluste mit sich bringen, da der Körper ja immer leichter wird.

Ich sagte oft, daß die Ärzte irgendwann in der Zukunft zwei Gewichtstabellen in ihrer Praxis haben werden – eine für die „Lichtesserinnen und –esser", und eine für Menschen mit einer eher „normalen" Ernährung. Die Lichtesser werden generell weniger wiegen. Dennoch kann fortgesetzter Gewichtsverlust für viele, deren Körper durch den von ihnen gewählten Lebensstil ohnehin schon sehr schlank ist, eine Herausforderung bedeuten.

Wir sind uns dieses wiederkehrenden Problems bewußt und haben von daher neue Programme und Herangehensweisen an die Sache mit dem Gewichtsverlust entwickelt, und das erfolgreich. Die Menschen, die sie angewandt haben, sagen, sie hätten gute Erfolge damit erzielt. Hier unsere Ergebnisse und das, was wir jetzt für diejenigen unter euch empfehlen, die sich in der Phase nach dem Prozeß befinden und Schwierigkeiten mit der Gewichtsstabilisierung haben.

Erstens: Höre auf, dich immer wieder zu wiegen – wiege dich nur einmal im Monat. Jedesmal wenn du auf die Waage steigst und Gewicht verloren hast, verstärkst du dadurch die Überzeugung: „Es funktioniert nicht, vielleicht kann ich ja gar nicht von Prana leben." Aus welchen Gründen auch immer dauert es bei Männern länger als bei Frauen, bis sie voll und ganz akzeptieren, daß sie auf diese Weise Nahrung bekommen.

Weiter: Wenn du dich dafür entscheidest, wieder zu essen, um Gewicht zuzulegen, und dann beschließt, es noch einmal nur mit Prana zu versuchen, wisse, daß du dich *nicht* noch einmal dem Prozeß unterziehen mußt, es sei denn, das Göttliche in dir rät es dir stark an! Das heißt, wenn dein Herz beim bloßen Gedanken daran singt. Statt sich dem Prozeß noch einmal zu unterziehen, höre einfach nach und nach auf, anderes als Rohkost zu dir zu nehmen, und dann nimm nur noch Obst und schließlich nur noch Flüssigkeiten zu dir. Wenn du fit bist, wie vorab erklärt, und erwartest, daß du von Prana genährt wirst, dann wird es auch so sein.

Unsere Körper kann leicht von Prana leben, ohne den 21-Tage-Prozeß zu machen. Der Prozeß ist ein Placebo, das uns dazu bringt, daß wir daran glauben, etwas zu können, bei dem wir vergessen haben, daß wir dazu imstande sind. Er ist außerdem eine Initiation, bei der das göttliche Eine im Innern allen Initiierten ein Geschenk verleiht. Denke daran: beim 21-Tage-Prozeß geht es letztlich nur darum, mit dem Göttlichen in uns zu verschmelzen.

Einem Freund von mir ging es so, daß der 21-Tage-Prozeß ihm das Geschenk gab, seinen Fokus und seine Energie zu verlagern – statt acht Stunden am Tag an Sex zu denken, dachte er jetzt an seine Firma – mit phantastischen Ergebnissen. Außerdem blieb er Vegetarier und rührte kein Fleisch mehr an. (Er aß bis kurz vor dem Prozeß noch Fleisch.) Vergiß also nicht: der Prozeß dreht sich nicht um Essen oder Nichtessen, wenn es dich jedoch danach verlangt, frei von der Notwendigkeit zu essen zu sein, dann kannst du vielleicht wie folgt vorgehen:

Vor dem Prozeß: Programmiere deinen Körper darauf, sich auf das für dich perfekte Gewicht einzupendeln. Nimm dann einfach die Haltung ein, daß das nun natürlich auch passieren wird und vergiß es! Auch hier wieder eine Frage von Geisteskraft. Sage:

„Ich bitte nun meinen Körper, mein Gewicht auf jener Höhe zu stabilisieren, die perfekt geeignet ist, daß ich voll und ganz das göttliche Eine in mir manifestieren kann."

Vor dem Prozeß: Höre einige Monate vor Beginn des Prozesses auf, anderes als Rohkost zu dir zu nehmen. Iß soviel du möchtest, aber bleibe bei Rohkost und nimm nur ein paar kleine Mahlzeiten am Tag zu dir. Gewöhne dir an, nur solange zu essen, bis du keinen Hunger mehr hast, und nie solange, bis du „pappsatt" bist.

Wenn du vor dem Prozeß die Vorbereitungen beherzigst, dich zuerst vegetarisch zu ernähren, dann veganisch, dann auf nur Rohkost überzugehen, dann auf Obst, so wirst du automatisch entgiften und höchstwahrscheinlich auch Gewicht verlieren. Praktiziere also Meisterung des eigenen Geistes und verwende die obige Programmierung.

Vor dem Prozeß: Setze dir selbst das Ziel, dich bis zum .... (dein Datum) nur von Prana zu ernähren und bitte dann das göttliche Eine in dir, deinen Übergang hierzu mit Leichtigkeit und Gnade zu unterstützen.

Beginne vor dem Prozeß mit einem Trainingsprogramm und Leben (beziehungsweise behalte es bei), das darauf ausgerichtet ist, auf allen Ebenen fit zu werden, wie in unseren Richtlinien „Fit werden für den Prana" dargelegt.

Bitte das göttliche Eine in dir um alle weitere Führung, die du benötigen magst, und sage ihm, es solle dir diese Führung auf eine Weise vermitteln, die WIRKLICH BEI DIR ANKOMMT.

Vor dem Prozeß: Bitte das göttliche Eine in dir, ob diese Lebensweise wirklich zum jetzigen Zeitpunkt Teil deiner Blaupause ist und sage ihm,

falls ja, solle es doch bitte alle Blockaden aus deinen Energiefeldern beseitigen, die dich vielleicht davon abhalten, dir diese Lebensweise voll und ganz und mühelos zu eigen zu machen.
Vor dem Prozeß: Wenn sich dein Gewicht mit nichts als Sojamilchshakes mit pürierter Banane und Rohkost stabilisiert, gehe zu reinen Sojamilchshakes mit pürierter Banane und Obst über. Tu das, solange es dich glücklich macht – erwarte, daß dein Gewicht dabei stabil bleibt.
Höre als nächstes auf, Obst zu dir zu nehmen – trinke einfach nur Flüssigkeiten, Sojamilchshakes mit pürierter Banane, Tee, Wasser etc. Erwarte auch hierbei, gesund zu sein, dein Gewicht zu halten, etc.
Wenn du feststellen kannst, daß dein Gewicht sich eingependelt hat und du dich mit einer derart simplen Ernährungsweise wohlfühlst, versuche die Banane aus dem Sojamilchshake wegzulassen, und schließlich den Sojamilchshake selbst. Und so weiter. Es besteht kein Grund zur Eile, und so etwas wie Fehlschlag oder Versagen gibt es dabei nicht.
Nach dem Prozeß: Wenn du bei bloßer Ernährung von Tee und Wasser Gewicht verlierst, füge täglich einen Sojamilchshake mit ein oder zwei Bananen hinzu und etwas Geschmack. Tu das, bis du das gewünschte Gewicht erreicht hast.
Nach dem Prozeß: Wiege dich allmonatlich, um festzustellen, wann sich dein Gewicht stabilisiert. Hat es das nicht, so lasse es einfach locker angehen und vertraue darauf, daß deine Programmierung funktionieren wird. Gehe davon aus, daß du gesund und stark bist und dennoch genährt wirst!
Vor und nach dem Prozeß: Baue möglichst Muskelmasse auf – du kannst dabei Visualisierungstechniken zu Hilfe nehmen. Eine gut entwickelte Muskelmasse unterstützt eine verstärkte Ausstrahlung der göttlichen Kraft in dir durch deinen physischen Körper. Gewichtheben wirkt tonisierend, hilft bei Muskelaufbau und Erhöhung deines Körpergewichts, und deine Kraft nimmt zu.
Die Fähigkeit, sich nach dem Prozeß von Prana zu ernähren, steht in unmittelbarer Verbindung zu deinem Fitneßlevel. Je fitter du auf allen Ebenen bist, desto kraftvoller kann das göttliche Eine, das dich nährt, durch dich ausstrahlen und dich nähren, während es sich durch dich nach außen projiziert. Fitneß erhöht den Umfang dessen, womit du fertig werden kannst. Wenn du müde wirst, krank, viel Gewicht verlierst, strahlst du nicht genug von der göttlichen Kraft in dir. Konzentriere dich zuerst und vor allem darauf, zunächst die Intensität des Göttlichen in dir zu verstärken!
Vor und nach dem Prozeß: Praktiziere Pranayama-Atemarbeit – atme rhythmisch ein und gebiete bei jedem Atemzug:
„Ich atme Prana und flüssiges Licht ein. Sie erfüllen meine Zellen und jede Faser meines Seins. Sie nähren mich und unterstützen meine vollkommene Gesundheit und mein vollkommenes Wohlergehen auf allen Ebenen“, oder was auch immer dir intuitiv zu sagen eingegeben wird. Visualisiere

gleichzeitig, daß du durch alle Poren deiner Haut Prana aufnimmst. Experimentiere und arbeite hieran mit dem göttlichen Einen in dir, denn schließlich dreht sich der Prozeß ja darum, dich auf eine Weise in Einklang zu bringen, daß du voll und ganz das Göttliche in dir ausstrahlen kannst, und nur ES hat alle Antworten für dich.

Was das Thema Gewichtsverlust angeht, so ist mir letztes Jahr in Salzburg ein Botschafter des Lichts aus Ungarn begegnet. Verärgert darüber, daß er während des Prozesses, nachdem die Initiation abgeschlossen war, so viel Gewicht verlor, setzte er sich eines Abends zur Meditation hin und forderte von seinem Körper, daß er auf der Stelle Gewicht zulegen solle. In fünfzehn Minuten nahm er fünf Kilo zu. Offenbar waren Freunde dabei anwesend, die das bezeugen können und die dabei waren, als er sich vorher und nachher wog. Klingt wie ein Wunder – oder ist es nur ein weiteres Beispiel, das die Kraft des Geistes belegt?

Das bringt mich auf den Punkt, daß Milliarden Dollar für Diätartikel und kosmetische Chirurgie ausgegeben werden. Befolgt man die Empfehlungen in diesem Buch hier, so verbessert sich das eigene Leben qualitativ wie auch quantitativ, und es besteht kein Bedarf mehr für derartiges. Frei zu sein vom Spiel der Diäten, ist außerordentlich befreiend. Ich mache mir nie Gedanken um Vitamine, Mineralien oder Nahrungsergänzungen. Ich komme nie auf den Gedanken, „eine Diät zu machen", und verwende körperliches Training, Umprogrammierungen und sogar Akupunktur statt kosmetischer Chirurgie, um den normalen Problemen zu trotzen, die mit dem Älterwerden einhergehen.

Oft erzählen mir Leute, wie sie, wenn sie zwar wissen, daß sie sich von Prana ernähren, nach dem Prozeß aber wieder anfangen zu essen, tüchtig Gewicht zulegen. Das liegt daran, daß ihr Stoffwechselumsatz sich geändert hat, und abgesehen davon ist, wenn sie sich von Prana ernähren, alle Nahrung, die sie zu sich nehmen, überflüssig, und wird eventuell einfach in Fett umgewandelt. Mitunter bleibt es im Magen und sendet Hitze aus und bewirkt, daß die Person ein Jucken empfindet, das auf das innere Brennen zurückgeht. Manche sagen, wenn sie essen, würden sie sich ganz „benebelt" fühlen, „wie ein Werwolf", denn das Essen verweilt dort und wird unglaublich lange unverdaut. Für mein Gefühl habe ich den Eindruck, es gibt da Probleme mit den elektromagnetischen Energiefeldern meines Körpers, und dennoch habe ich herausgefunden, daß der Genuß von Ingwer (gegebenenfalls auch im Tee) sehr hilfreich ist als Maßnahme gegen diese Übersäuerung und dieses Jucken.

Wenn du zu einer regelmäßigeren Nahrungsaufnahme zurückkehren möchtest und weißt, daß du von Prana ernährt wirst, mußt du deinen Körper dahingehend umprogrammieren, daß er alles, was du ißt, sofort in „kalorienloses" Licht umwandeln soll, ansonsten nimmst du ZU. Vielleicht mußt du auch den neuen Befehl erteilen: „Ich stabilisiere nun mein Gewicht auf der Ebene, die perfekt geeignet ist, voll und ganz das Göttliche in mir zu manifestieren."

Ich empfehle außerdem, daß du dich regelmäßig bewußt auf deinen Körper einschwingst, um nachzuspüren, wie es ihm damit ergeht, daß beide Systeme gleichzeitig laufen. Dann denke und handle fit, harmonisch und gesund. Praktiziere tägliches Körpertraining wie Tanzen und Yoga, auch das wird helfen, Kalorien zu verbrennen, während du lernst, das Essen umzuwandeln.
Wenn du dann noch immer zunimmst, mußt du vielleicht:
a) aufhören, ab und an zu essen, und dich allein vom Prana ernähren lassen.
b) gebieten: „Ich bitte nun mein Körperelemental, seine ***gesamte*** Nahrung aus Essen zu beziehen." Dadurch wirst du vom pranischen Versorgungssystem abgekoppelt, denn wir alle nehmen zu, wenn wir beide Systeme gleichzeitig laufen lassen. Alternativ dazu kannst du das Körperelemental auch bitten, nur 50 % seiner Nahrung aus Prana zu beziehen und einfach etwas weniger essen. Jeder Mensch muß damit solange experimentieren, bis er oder sie mit dem Ergebnis zufrieden ist.
c) mit der Menge, die du dir zuführst, experimentieren, um herauszufinden, was für dich das perfekte Level ist. Da so viele Licht Botschafterinnen und Botschafter – wenn sie von der Notwendigkeit zu essen frei sind – sich für Kalorienbomben wie Schokolade oder Eiskrem entscheiden, neigen sie dazu, rasch zuzunehmen.
d) zwar beide Systeme aufrechterhalten, was du tun kannst, aber dann mußt du dich mehr in Bewegung bringen, um die zusätzlichen Kalorien zu verbrennen.
Tatsache ist, daß du, wenn du einmal die Anbindung an die Versorgung mit Prana gefunden hast und dann wieder zu essen beginnst, wahrscheinlich viel mehr Gewicht zulegst als je zuvor.

1.11. *Familie und Freundeskreis*

„Integrität, harte Arbeit, Geduld und eine Bereitschaft, die Sichtweise eines anderen Menschen zu verstehen, sind zentrale Bestandteile von allem, was wir im Leben tun; und durch all das stellt sich Sinn für Spaß und Vergnügen ein."

Stephen de Kanter – Disney Consumer Products

Eine der größten Prüfungen für die Lichtbotschafter ist der Umgang mit dem sozialen Anpassungsprozeß als Nichtesser. Immer, wenn ein Mensch seinen Lebenswandel drastisch ändert, kann das für Familie und Freunde sehr beunruhigend sein. Der Wandel von einem geselligkeitsliebenden Familienmitglied, das an regelmäßigen gemeinsamen Mahlzeiten teilnimmt, zu einer Person, deren Wahl darauf fällt, nicht zu essen, kann für viele Probleme sorgen, es sei denn, der Situation wird vorab gut Sorge getragen. Im manchen Kulturen ist es eine üble Beleidigung, als Geste der Gastfreundschaft vorgesetztes Essen und die Liebe, mit der es angeboten wird, abzulehnen.
Wie ein italienischer Botschafter des Lichts mir neulich erzählte, war es für ihn mehr als fünf Monate lang völlig in Ordnung, nichts zu essen – bis er zu einer muslimischen Hochzeit eingeladen wurde, wo es hochgradig beleidigend war, sich zu weigern, mitzuessen. Nachdem er ein wenig Essen gekostet hatte, beschloß er, daß er das Essen vermißte und wollte mehr, also aß er für eine Zeitlang wieder. Er stellte also dieses Bedürfnis nach etwas, das ihm „fehlte", zufrieden, und danach nahm er dann wieder nur noch Flüssigkeiten zu sich. Mitunter nehmen Licht Botschafterinnen und Botschafter bei geselligen Anlässen Essen an und schieben es dann ein wenig auf ihrem Teller herum, da sie das Gefühl haben, daß es hierbei unpassend ist, die allgemeine Aufmerksamkeit auf sich zu lenken. Auch ich selbst habe das schon getan.
Als ich mich dem 21-Tage-Prozeß unterzog, lebte ich in einem Haushalt mit zwei Erwachsenen – Michael und ich selbst –, meinen beiden Teenagern und einer Katze. An Wochenenden hatten wir dann immer ein volles Haus, denn dann kamen auch noch Michaels Freundin, seine beiden – noch relativ kleinen – Kinder plus weitere Teenager dazu, die zu Besuch waren. Alles in allem konnte es ziemlich bohèmienmäßig zugehen und einigermaßen wie im Irrenhaus, und ständig war Essen angesagt, denn irgend jemand hatte unweigerlich immer Hunger. Michael und seine Freundin Anna hatten ebenfalls den 21-Tage-Prozeß praktiziert, und die anderen entsetzte schon allein die Vorstellung, wir könnten auf den Gedanken kommen, mit dem Essen aufzuhören. Natürlich war die Entscheidung, die wir da getroffen hatten, hochgradig persönlicher Natur, und da sie auf einer spirituellen Prämisse basierte, waren wir nicht daran interessiert, sie anderen aufzudrängen.
Das bringt mich auf Punkt eins: Versuche nie, Familie oder Freunde davon zu überzeugen, sie sollten mit dem Essen aufhören. Womöglich ist das zu diesem Zeitpunkt gar nicht Teil ihrer Blaupause, und, es sei denn, die Vorstellung, sich allein von Prana zu ernähren, bringt ihr Herz zum Singen, laß sie in Ruhe. Handlungen sprechen eine weit deutlichere Sprache als Worte,

und einfach dadurch, daß du ein stummes Vorbild bist, passieren interessante Sachen.
Wenn Menschen zum Beispiel in der Gegenwart von jemandem sind, der keine Essenspausen mehr einlegt, und nicht an Essen denkt, neigen sie ganz natürlich dazu, dasselbe zu tun. Im Laufe der Jahre haben meine mittlerweile erwachsenen Töchter eine sehr lockere Einstellung zum Essen entwickelt. Wenn etwas da ist, essen sie, aber sie haben nicht mehr das Gefühl, sie bräuchten drei Mahlzeiten am Tag und machen sich auch keine Sorgen, wenn ihnen eine Zeitlang nicht nach Essen zumute ist. Sie gehen davon aus, daß sie gesund sind, und sie sind es auch. Das ist die Kraft des Geistes.
Jemand anderem eine Lebensweise aufzuzwingen, die man für sich selbst gewählt hat, ist nicht annehmbar. Menschen müssen etwas auch selbst wollen, und es übt weit größeren Einfluß auf sie aus, wenn sie sehen, wie du die positiven Auswirkungen deiner Lebensweise genießt, als wenn du sie zu überzeugen versuchst, daß „dein Weg" der richtige ist.
Zu lernen, sich emotional auf alles einzustellen, was mit dem Nichtessen zusammenhängt, kann gleichzeitig eine interessante Sache sein, und es ist hilfreich, von Angehörigen und Freunden in dieser Zeit des Übergangs Unterstützung zu bekommen. Diese Unterstützung läßt sich durch gute Kommunikation erreichen, die auf dem Wunsch basiert, daß ihr alle eine wechselseitig vergnügliche und stärkende Beziehung zueinander habt.
Von daher empfehlen wir dir, bevor du mit dem 21-Tage-Prozeß beginnst, folgendes zu tun:

Besprich mit deinen Lieben, was du vorhast, warum du das möchtest, was du dir davon versprichst.

Bitte sie, Material zu Untersuchungen im Zusammenhang damit zu lesen, das auch du gelesen hast, damit sie besser informiert sind. Denke daran: Unwissenheit erzeugt Angst, und Bildung macht frei.

Besprich mit ihnen, welche Auswirkungen diese neue Lebensweise auf euer Leben haben könnte.

Betrachte dir mit ihnen Wege, wie ihr so zusammenarbeiten könnt, daß die Harmonie im häuslichen Bereich gewahrt bleibt.

So zum Beispiel fällt es manchen Frauen schwer, weiterhin für ihre Familie zu kochen, während sie den Übergang zu einem essensfreien Leben vollziehen, und auf einer gewissen Ebene ist es unvernünftig, das von ihnen zu erwarten. Vor dem Prozeß können Partner oder Partnerin und Jugendliche in der Familie darin eingewiesen werden, für sich selbst und andere Familienmitglieder, die noch essen, zu kochen.
Mitunter ist die Familie auch nicht davon überzeugt, daß du ohne Essen auskommen kannst und schafft deshalb bestimmte subtile oder auch weniger subtile Sabotagesituationen, damit du „zur Vernunft kommst" und wieder ißt. Unsere Erkenntnisse zur Materie zu lesen, wird ihnen eine enorme Hilfe sein. Irgendwann, wenn du dir selbst dann bewiesen hast, daß du durchaus ein Leben ohne Essen führen kannst, möchtest du vielleicht mit den anderen einmal in der Woche zusammen essen, um der familiären Bindung und um

des Vergnügens willen. Vor ein paar Jahren lernte ich in Rom eine Frau kennen, deren Mann absolut entsetzt war darüber, daß sie nicht mehr essen wollte. Er bestand darauf, daß sie weiterhin für ihn kochte, und nach einiger Zeit fing sie so wieder an zu essen. Die ständigen Gerüche, die Langeweile wegen des fehlenden Geschmacks und die Tatsache, daß sie ständig von Essen umgeben war, wurden ihr zu viel, und dennoch sehnte sie sich im tiefsten Herzen wirklich danach, zu einem essenfreien Leben zurückzukehren. Am Ende schlossen sie einen Kompromiß, und sie kochte und aß nur noch am Wochenende.

Anderen Frauen, mit denen ich mich unterhalte, macht es wiederum gar nichts aus, zu kochen, und sie kommen nie in Versuchung, zu essen, ganz unabhängig davon, wieviel Zeit sie damit verbringen mögen, für ihre Familie Mahlzeiten vorzubereiten. Der Punkt ist der, einen Kompromiß zu erschließen, mit dem alle Parteien glücklich werden können, ohne das Gefühl zu haben, sie hätten nicht die Freiheit, das zu tun, was sie beflügelt.

In meinem eigenen Leben sieht es so aus, daß mein Mann noch immer sehr gerne ißt. Er ist seit 25 Jahren Veganer, ein Mensch mit disziplinierten Gewohnheiten im Hinblick auf Training und Meditation, aber dennoch nimmt er gern eine Mahlzeit am Tag zu sich. Bevor wir zusammenzuleben begannen, verlebte ich ein Jahr in einem essensfreien Haushalt, das ich gründlich auskostete. Meine Töchter waren herangewachsen und wohnten nicht mehr zu Hause, und mein Kühlschrank war leer bis auf Katzenfutter und Milch für den Tee. Ehrlich gesagt, es war ein einfaches Leben.

Mit Menschen zusammenzuleben, die sich dafür entscheiden, zu essen, wenn du selbst es anders handhabst, ist eine interessante Sache und kann eine ziemliche Herausforderung sein, wenn die Kommunikation zwischen euch nicht gut läuft. Neue Gewohnheiten und Alltagsgepflogenheiten müssen sich herausbilden. So zum Beispiel mache ich Training, während er kocht und ißt. Es ist wichtig, sich in Erinnerung zu rufen, daß es beim Prozeß nicht um Zwietracht im Innern oder Äußeren geht. Es geht um Harmonie auf allen Ebenen - in unserer inneren Welt und in unserer äußeren Welt. Je besser du dich und deine Lieben also vorbereitest, desto einfacher wird das Leben vor dem Prozeß, währenddessen und danach sein. Als Lichtbotschafterin oder Lichtbotschafter in der Gesellschaft zu leben, dazu brauchst du Mut, Kraft und entschiedenes Engagement für deine Lebensweise und die Wirklichkeit, die du für dich gewählt hast.

1.12. *Fakten und Glaube*

„Der Zweifel ist ein Schmerz, der zu einsam ist, um zu wissen, daß der Glaube sein Zwillingsbruder ist."

Khalil Gibran, libanesischer Dichter und Romanschriftsteller

1.12.1. Bringen Sie mir Beweise!

Als ich näher auf dieses „Dann-bringen-Sie-mir-doch-Beweise"-Spiel einging, wurde für mich bald unverkennbar deutlich, daß wir dafür ein eigenes Kapitel brauchen würden, doch bevor wir in diese Diskussion einsteigen, möchte ich gerne sagen, daß genau dies das Thema ist, an dem sich die Geister der Licht Botschafterinnen und Botschafter scheiden.

Mir gefällt das nachfolgende Zitat von Brian L. Weiss, Arzt und Verfasser von *Many Lives, Many Masters*, da es mich daran erinnert, geduldiger zu sein und zuzulassen, daß die von Gott dafür zubemessene Zeit bei diesem Thema „Beweise es mir" unterstützend wirken wird. Er schreibt:

„Geduld und der rechte Zeitpunkt – alles kommt, wenn es kommen muß. Das Leben läßt sich nicht übereilen, man kann es nicht dazu bringen, nach festem Zeitplan abzulaufen, wie es so viele gerne hätten. Wir müssen das akzeptieren, was sich im jeweiligen Augenblick einstellt, und dürfen nicht um mehr bitten. Doch das Leben ist endlos, wir wurden also nie wirklich geboren. Wir durchleben nur unterschiedliche Phasen. Es gibt kein Ende. Menschen haben viele Dimensionen. Doch die Zeit ist nicht so, wie wir die Zeit sehen, sondern besteht eher in Lektionen, die wir gelernt haben." Danke dafür, mich daran zu erinnern, Brian.

Ich denke, ich vergesse über meinem Verlangen danach, die Fragen nach dem „Beweis" zufriedenstellend zu beantworten, hier manchmal die wirkliche Perspektive. Vor allem fühlen sich viele der Licht Botschafterinnen und Botschafter wie ich selbst allein dadurch schon über und über gesegnet, daß sie die Früchte der Kraft des göttlichen Einen im Innern entdecken und genießen können. Wir können nur mutmaßen, warum gerade wir und warum auf diese Weise. Es war einfach so. Ist es unser göttlicher Auftrag, unsere Rolle? Manche denken, daß ja. Der Punkt, den ich vergesse, ist, daß göttliche Offenbarungen und Erfahrungen im Laufe der Jahrtausende vielen widerfahren sind, und jedesmal wenn jemand versuchte, die Existenz des Göttlichen zu beweisen, stellte sich heraus, daß es nicht gelang, die Skeptiker zufriedenzustellen.

Wie wir oft gesagt haben, ist Skepsis die gesunde Ignoranz, die aus Angst entsteht, stimmt das nicht? Skepsis im Hinblick auf die Kraft des göttlichen Einen rührt von der fehlenden Erfahrung seiner Kraft – eine Situation, die sich leicht ändern läßt.

Als Licht Botschafterinnen und Botschafter wissen wir, daß uns das Licht des Göttlichen nährt, und wir wissen auch, daß dann, wenn die Wissenschaft endlich die Existenz der Kraft des göttlichen Einen bewiesen hat, das gesamte Bewußtsein der breiten Masse davon beeinflußt sein wird. Nicht weil

„gewöhnliche" Menschen überzeugt werden müssen, sondern weil die Wissenschaft dann einen Schritt in eine neue Richtung tun kann. Millionen von Menschen haben irgendeine Form von göttlichem oder außersinnlichem Bewußtsein oder entsprechende Offenbarungen erfahren, und zum Glück hängt für sie nichts mehr davon ab, daß die Wissenschaft sagt, dies sei gültig, real oder in Ordnung so.

Die Zeiten ändern sich in der Tat, insbesondere wenn wir lernen, loszulassen, auf das Göttliche zu vertrauen und offen zu werden für höhere Möglichkeiten, die dann für uns alltägliche Wirklichkeit werden können. In seinem Buch *Dying for Enlightenment* sagte Bhagawan Shree Rajneesh: „Versuche nichts zu erzwingen. Sieh dir an, wie Gott jeden Tag Millionen von Blumen öffnet, ohne irgendetwas zu erzwingen." Ich denke, das ist die Grundphilosophie vieler Lichtbotschafter: Einfach das Göttliche seine eigene Kraft beweisen zu lassen – dann, wenn es findet, daß die Zeit dafür gekommen ist. Wie Daniel Webster sagte: „Es gibt nichts, was so machtvoll ist wie die Wahrheit, und oft nichts, was genauso eigenartig ist."

Dennoch bin ich, auch nachdem ich mich viele Jahre lang mit dem oft fordernden Bereich Selbstversuche befaßt habe, so fasziniert wie alle anderen, wenn es darum geht, „wie" das alles auf der wissenschaftlichen Ebene betrachtet funktioniert und wie es sich auf lange Sicht auf den physischen Organismus auswirkt, sich von Licht zu ernähren.

Das Drei-Stufen-Programm:

Ich möchte also etwas mehr zu meinem persönlichen Werdegang erzählen, was die von den Medien immer wieder gestellte Frage angeht: „Aber Sie praktizieren das doch nun schon jahrelang – wo bleibt also der wissenschaftliche Beweis (worin indirekt steckt: „...abgesehen von Ihren eigenen Behauptungen")?"

Darauf antworten wir, daß die erste Anforderung an jedes „Experiment" die ist, daß Versuchspersonen oder „Versuchskaninchen" die empfohlene Vorgehensweise erfolgreich anwenden und dann auch in der Lage sind, die Ergebnisse des Verfahrens reproduzieren zu können. Um das zu erreichen, wählten wir eine dreischrittige Vorgehensweise:

SCHRITT 1: Finden von ersten Untersuchungspersonen zum Testen des Verfahrens;

SCHRITT 2: Weitergabe gewonnener Erkenntnisse;

SCHRITT 3: Massenweise Anwendung der Erkenntnisse auf interessierte Personen.

ZU SCHRITT 1: Menschen mit dem richtigen Hintergrund, dem richtigen Training, der entsprechenden Disziplin und Interesse anzuziehen, war Schritt Nr. 1 in einem dreiteiligen „Marketingprojekt", das, wie die Licht Botschafterinnen und Botschafter beschlossen, durchgeführt werden müßte. Damit diese alternative Nahrungsquelle glaubwürdig würde, wollten wir nicht nur „kurzlebige Wunder", sondern langfristige Ergebnisse, was natürlich Zeit in Anspruch nimmt.

Wer weiß, wie extrem der 21-Tage-Prozeß ist, der in dem Buch *Lichtnahrung* skizziert wird, kann auch ahnen, daß man die damit einhergehende Aufgabe, die richtigen Leute dazu zu bringen, sich von selbst für das Projekt „auszuwählen“, als recht entmutigend betrachten könnte. Wenn wir jedoch bei Spielen mitwirken, die vom Göttlichen bestimmt sind, ist das im Grund nie ein wirkliches Problem, und so hatte sich die Sache bald herumgesprochen. Ich zähle mich selbst unter die frühen „Versuchskaninchen“, was die Mitwirkung bei der Pionierarbeit zu diesem Prozeß im Westen angeht. Wie viele „spirituelle Wunder“, ist auch die pranische Ernährung unter dem Yogis im Osten schon seit langem akzeptabel gewesen. Die Herausforderung an mich persönlich bestand darin, daß ich als jemand, der von Natur aus Privatperson war, kein Interesse daran hatte, im Rampenlicht zu stehen – weder mit dieser Sache noch mit irgendetwas anderem. Dennoch, war ich offenbar diejenige, die sozusagen „den Fehdehandschuh aufhob“.

Viele meiner Kolleginnen und Kollegen aus der Frühzeit unserer Untersuchungen kehrten bald zu einer „normaleren“ Lebensweise zurück, da ihnen der soziale Druck, der mit dem Nichtessen einherging, zu massiv war. Andere schafften es nicht, dabei gesund zu bleiben, da ihre Beziehung zum Göttlichen in ihrem Innern nicht stark genug war. Andere waren wie ich selbst mit Problempunkten wie Langeweile aufgrund des fehlenden Geschmacks und der eingeschränkten Vielfalt des Speisezettels konfrontiert.

Wie bei jedem anderen Experiment war das etwas, das verstanden und angegangen werden wollte, insbesondere, da viele Menschen diese Reise nicht länger als ein, zwei Jahre dauern ließen. Dennoch ist auch schon ein, zwei Jahre lang ohne Essen zu überleben nach normalen medizinischen Begriffen eine anerkennenswerte Tatsache.

Durch unsere gewissenhaften weltweiten Programme, in denen zu einem Umdenken eingeladen und auf die positiven Auswirkungen der „Meisterschaft“ im Hinblick auf sich selbst eingegangen wird, haben wir es nun geschafft, daß die Kommentare aus dem sozialen Umfelt sich geändert haben. Vorher hieß es „Unmöglich!“, jetzt: „Ja, ich habe schon gehört, daß es Leute gibt, die das können“ – was es denen, die sich heute hierzu hingezogen fühlen, leichter macht, die Entscheidung für eine solche Lebensweise erleichtert.

SCHRITT 2: Bei Schritt 2 ging es also um eine Anleitung zum Umdenken sowie auch darum, alternative Prozesse zu finden, durch die man das gleiche Ergebnis erzielen würde, nur auf eine weniger extreme Weise. Derartiges ist gefunden worden und wird seitdem weitervermittelt, doch braucht es hierbei viel mehr Zeit, um die gleichen Resultate zu erhalten. Und zwar handelt es sich dabei um die Technik, das Körperelemental so umzuprogrammieren, daß es seine gesamten Vitamine und Nährstoffe aus dem Prana gewinnen soll, was es dann auch tut. Der Beweis dafür, daß das funktioniert, ist die Gewichtszunahme, die jeder bald erleben kann, wenn er seine Nahrungsaufnahme nicht einschränkt.

Eine interessante Entdeckung ist die, daß unsere Umprogrammierungstechniken definitiv funktionieren. In Australien war es so, daß die meisten Per-

sonen, bevor wir mit unseren Schulungen über die Kraft des Umprogrammierens begannen, beim Prozeß zwischen vier und zwanzig Kilo verloren, je nach persönlicher Konstitution. Unser Untersuchungsprojekt ergab, daß 35% der europäischen Licht Botschafterinnen und Botschafter durch diese Programmierung weniger als zwei Kilo verloren. Im Laufe eines 21tägigen Fastens, das dann monate- und jahrelang weitergeht, weniger als zwei Kilo zu verlieren, ist schon für sich genommen erstaunlich. Erleben zu können, wie Menschen zunehmen, die sich nichts als Wasser zuführen, ist ebenfalls eine erstaunliche Sache.
Angesichts einer Kindersterblichkeitsquote in der Höhe, wie sie in Dritte-Welt-Ländern gegeben ist, gehen unsere Untersuchungen zu dem Phänomen, daß Menschen kein Essen brauchten, um zu überleben, mehr als eilig weiter. Gleich, wie viel Unglauben diese Arbeit auch hervorrufen mag, pranische Ernährung durch die Kraft des göttlichen Einen in unserem Innern ist eine wunderbare Nahrungsquelle für das neue Jahrtausend. Vor 25 Jahren war es im Westen nicht salonfähig, sich vegetarisch zu ernähren, doch heute ist es das, da die Forschung inzwischen aufgeholt hat und dem zustimmt, was den intuitiven Impulsen der Betreffenden entspricht, und so ist vegetarische Ernährung mittlerweile sogar in Medizinerkreisen akzeptabel.
SCHRITT 3: Als nächstes mußten die Meister dafür sorgen, daß viele Menschen sich für eine solche Lebensweise entschieden, denn sie wußten, wenn das ganze nur einigen wenigen überlassen bliebe, würde ihm das Etikett angeheftet, es sei ein Attribut von „Heiligen", statt Nebenprodukt einer ganz simplen Entscheidung in Sachen Lebensweise, die regelmäßige tägliche Disziplin erfordert. Von daher wurde ich in Europa in die Babaji-Ashrams eingeladen, um dort Vorträge hierüber zu halten, denn dort befanden sich Menschen, die entsprechende Interessen und das passende Training hatten.

1.12.2. Die Hinwendung zur Öffentlichkeit

Die Tatsache, daß man nichts zu essen braucht, bleibt Familie und Freunden kaum verborgen. Im Laufe der Zeit ist die Ernährung von Licht zu einem „Graswurzel"-Phänomen geworden, das von diversen Einzelpersonen aus persönlichen Gründen praktiziert wurde, und damit über die Medien an die Öffentlichkeit zu gehen, war keiner dieser Gründe. Verständlicherweise ist nur sehr wenigen Botschafterinnen und Botschaftern des Lichts an dem Ruhm oder dem Einschnitt in die Privatsphäre gelegen, die damit einhergehen können, wegen dieser Lebensweise für die Medien von Interesse zu sein. Ich selbst zähle mich mit dazu. Von daher ist es auch unmöglich, den Überblick darüber zu behalten, wie viele Menschen auf dem Globus sich derzeit von Licht ernähren, oder warum sie das tun, beziehungsweise für wie lange.
Ich persönlich brauchte fast sechs Jahre, um meine eigenen Themen zu bearbeiten und zu lernen, mich von Licht zu ernähren, und mich dabei wohlzufühlen, wie sich das mit meinem sonstigen Dienen zusammenfügte. Ich habe Jahre gebraucht, bis ich mich damit einverstanden erklärte, eine „internationale Galeonsfigur" zu werden, da außerhalb davon immer meine sonstige

Arbeit auf dem Gebiet metaphysischer Lehren im Vordergrund stand. Von den neuen Büchern, die ich bislang herausgegeben habe, gehen nur zwei detailliert auf Lichtnahrung ein.
1998 in Italien übernahm ich offiziell die Rolle der weltweiten Koordinatorin für dieses Forschungsgebiet. Obwohl mir bewußt war, was mit diesem Phänomen unternommen werden müßte, hatte ich bis dahin gedacht, das sei die Aufgabe von „jemand anderem", da ich viel zu sehr mit unseren sonstigen Projekten beschäftigt war. Ich habe dieses Gefühl noch immer, da für mich persönlich die Fähigkeit, von Licht zu leben, unwesentlich ist, und von daher ist es für mich sehr eigenartig, wenn andere das als etwas behandeln, das im Brennpunkt meiner Arbeit steht.
Ich sage das, weil die Kraft des Göttlichen so ehrfurchterweckend ist, und sie zu erfahren so viel weiteres Positives mit sich bringt, daß ich das Gefühl habe, sich ganz auf den Aspekt Lichtnahrung zu konzentrieren, ist, als würde man Gottes Zehennagel verehren, statt den Blick weiter schweifen zu lassen, um den ganzen restlichen Körper Gottes zu sehen. Für mich sind wir alle nur Moleküle im Körper des göttlichen Einen, und was auf dem Planeten Erde geschieht, ist wie eine Nadel im Heuhaufen, verglichen mit dem, was sich auf der kosmischen Bühne ereignet. Lichtnahrung ist nie meine vorrangige Ausrichtung gewesen – vielmehr geht es mir darum, mit dem Göttlichen zu tanzen.
Ja, es stimmt, daß ich die beiden ersten Jahre meiner persönlichen Entdeckungsreise in Sachen Lichtnahrung mit privaten Untersuchungen verbracht habe, um mich selbst davon zu überzeugen, daß das funktionierte. Das geschah, indem ich das ganze selbst lebte, indem ich mir keine Vitamine zuführte, und kein Essen, außer ab und zu einmal etwas mit geringem Nährwert, wie etwa Schokolade, um einen Geschmack zu haben. Dadurch, daß ich persönlich erlebte, daß das positive Auswirkungen wie etwa einen ausgezeichneten Gesundheitszustand, mehr Kraft und Energiereserven sowie gesteigerte Intuition hatte, wurden mir schließlich 1997 auch allmählich die logischen globalen Vorteile deutlich, was gesundheitliche Probleme und Hunger auf der Welt anging.
Es ist schon so, wie die Aufgestiegenen Meister mir sagen: *„Man braucht nicht alle Antworten auf jede Herausforderung auf der Welt parat zu haben. Jeder Mensch verfügt über alles Wissen und alle Einzelheiten seiner oder ihres Daseinszwecks – sie sind in ihm enthalten (wie ein Softwareprogramm in dem Computer, der dein Körper ist), und wenn du erst einmal gelernt hast, dich darauf einzuschwingen und darauf zu hören, wirst du dahin geführt werden, wie du dein persönliches Paradies erschaffen kannst – auf eine Weise, die deinem Planeten insgesamt förderlich ist."* Verändere den einzelnen, und die Gesellschaft wird sich ändern, denn Massen bestehen ja aus Individuen.
Das globale Paradies entsteht aus dem persönlichen Paradies, und eine Rolle von mir ist die, Menschen Anregungen zu bieten, damit sie tief in ihrem Innern ihre Antworten darauf finden, wie sie so etwas erschaffen können. Der größte Lehrer, die größte Lehrerin eines jeden Menschen ist das, was wir

das göttliche Eine in unserem Innern nennen (*DOW, Divine One Within*). Es verfügt über alle Antworten auf persönliche wie auch globale Herausforderungen. Die gesamte Arbeit der Self Empowerment Academy ist der Aufgabe gewidmet, Menschen dazu zu inspirieren, daß sie lernen, in Verbindung mit ihrem DOW zu gelangen. Ich persönlich entscheide mich dafür, zuzulassen, daß die Kraft des göttlichen Einen – oder Gottes – in mir mich ernähren kann.

1.12.3. Wo ist meine Zeit geblieben:

Wenn man bedenkt, daß meine Hauptaufgabe über die letzten sieben Jahre die einer „kosmischen Sekretärin / Schreiberin" für die Aufgestiegenen Meister gewesen ist, haben wir seit dem Beschluß Ende letzten Jahres, ich sollte offiziell die Lichtbotschaft koordinieren, eine Menge erreicht:

Wir haben die alte Website neu getextet und erweitert, so daß sie jetzt sechsmal so umfassend ist, dazu effektiver, und wir haben viele neue Artikel hinzugefügt, plus fünf Foren, die dem Knüpfen von persönlichen Verbindungen dienen. Wir nennen das die C.I.A. (Cosmic Internet Academy), und es ist unser Weg, auf Tuchfühlung mit der Welt zu bleiben und Rückmeldungen zu erhalten.

Wir haben das Buch „Botschaft der Aufgestiegenen Meister" überarbeitet.

Wir haben das vorliegende neue Buch, Botschafter des Lichts, fertiggestellt, in dem verstärkt auf unsere neueren Untersuchungen eingegangen wird.

Wir haben einen ausführlichen Fragebogen zum 21-Tage-Prozeß formuliert und dann an unsere gesamten Kontaktpersonen und mit uns vernetzten Personen verschickt, damit wir offiziell Daten für unsere Arbeit sammeln können.

Wir haben offiziell auf internationaler Ebene die M.A.P.S-Botschaft ins Leben gerufen.

Wir haben offiziell das Weltgesundheits-/Welthungerprojekt der Botschafter und Botschafterinnen des Lichts gestartet und hierfür eingehende Untersuchungen in Angriff genommen.

Wir haben Verbindungen zu den entsprechenden Forschungszentren in aller Welt hergestellt, die über die erforderliche Ausstattung verfügen, die man benötigt, um Menschen körperlich zu überwachen, die ihren Organismus darauf umstellen, pranische Nahrung zu empfangen und auch selbst zu produzieren.

Wir haben uns die Dienste bekannter Dokumentarfilmer gesichert, um unsere Experimente zu filmen.

Wir haben unser erstes offizielles internationales Trainings-Retreat von M.A.P.S. gestartet.

Wir haben in jüngerer Zeit, im Januar 1999, den ersten Teil der autobiographischen Camelot-Trilogie fertiggestellt, die den Titel trägt Camelot - Das Spiel der göttlichen Alchemie. Teil zwei, The Wizard's

Tool Box, wird in Kürze veröffentlichungsreif sein, und auch Our Camelot – Our Progeny ist fertig. Alles, was wir an Schriften herausgeben, dreht sich um positive persönliche und planetare Fortschritte.
Wir haben auf dem europäischen Festland, in England und Australien eine Reihe kurzer Dokumentarfilme über das Phänomen Lichtnahrung gedreht.

1.12.4. Das Retreat zum 21-Tage-Prozeß

Ende 1998, bei meiner Tournee durch Europa, erhielt ich die Eingebung, ein Forschungsretreat anzukündigen, das von der Lichtbotschaft in Europa abgehalten werden würde, mit dem Ziel, medizinisch zu überwachen und beurteilen zu lassen, was sich vor dem Prozeß, während des Prozesses und nach dem Prozeß in uns abspielt. Die Publikumsreaktionen waren buchstäblich überwältigend, und fast vierhundert Menschen sagten, sie würden sich gerne als menschliche Versuchskaninchen zur Verfügung stellen.
Bei der Organisation unserer Untersuchungen und dieses Retreats begegneten uns die unterschiedlichsten Reaktionen, wenn es um unser Angebot ging, zu beweisen, daß wir uns von Prana ernährten. Nach der phantastischen Reaktion von seiten unserer potentiellen „Versuchskaninchen“ bestand der nächste Schritt darin, Gespräche mit den entsprechenden Forschungseinrichtungen weiterzuführen, die sich dafür interessierten, die Retreatteilnehmerinnen und -teilnehmer zu überwachen. Das war sehr aufschlußreich, und wir werden später noch näher darauf eingehen. Fürs erste mag es genügen zu sagen, daß, auf einen knappen Nenner gebracht, die meisten Forschungsinstitute finanziell stark unterversorgt sind, und man nannte Zahlen von ein paar hunderttausend D-Mark, mit der Erwartung, daß die Licht Botschafterinnen und Botschafter diese Mittel zur Verfügung stellen würden.
In Gesprächen mit meinen Mitstreitern kamen wir zu der Auffassung, daß das absolut nicht einzusehen war, da wir selbst ja keinen Beweis dafür brauchen – wir leben es schließlich ja jeden Tag. Von daher gab es nichts zu beweisen, außer einer skeptischen Welt gegenüber, von der wir wußten, daß auch sie früher oder später das menschliche Potential zu begreifen beginnen würde, während sie selbst dazu übergingen, gesündere und ganzheitlichere Entscheidungen im Hinblick auf ihre Lebensweise zu treffen. Ausgehend davon, beschlossen wir gemeinschaftlich zweierlei:
Erstens, daß es genug sei, uns der Welt als Versuchskaninchen zur Verfügung zu stellen, und wenn man in Wissenschaft und Medizinerkreisen aufrichtig interessiert wäre, so könnte man dort mit Sicherheit selbst die Mittel für einen Einstieg in dieses Forschungsgebiet aufbringen – zumal in Anbetracht der potentiellen weltweiten Ehren, die es mit sich brächte, wenn der Beweis für das Funktionieren von pranischer Ernährung erbracht würde.
Zweitens beschlossen wir, daß wir uns mit mehr Nachdruck „dahinterklemmen“ würden, sozusagen rückblickend Studien an Menschen vorzunehmen, die sich schon seit einiger Zeit von Prana ernähren. Das geschieht derzeit, je

nachdem, wann die einzelnen den Impuls dazu verspüren, in ihrem eigenen Land, unter Nutzung der entsprechenden Forscher und Mediziner, die die einzelnen Licht Botschafterinnen und Botschafter als Teil ihrer göttlichen Blaupause und ihrer Rolle bei diesem Forschungsprojekt manifestieren konnten.

Seit ich unsere Absicht bekanntgab, dieses Forschungsretreat abzuhalten, konnte ich merken, wie mein Wunsch danach die Lichtbotschafter in zwei Lager spaltete. Viele von ihnen sehen es so wie Chris Schneider aus Deutschland, der mit Hunderten bei ihrem Übergang zur Lichtnahrung gearbeitetet hat. Nachfolgend ein Auszug aus einer E-Mail, die ich neulich von ihm erhielt: „Es ist nicht nötig, irgendetwas zu beweisen – es funktioniert, und wir wissen, daß es funktioniert. Natürlich ist das ein nettes Spielchen, die Sache mit den Mitteln der Ungläubigen zu beweisen – ein Spiel, wie es schon so oft gespielt wurde: mit Galilei, Newton, Keppler, Einstein, Maxwell, Reich, Tesla und Millionen anderer. Wollen wir diese mit Beschränkungen einhergehende Tradition wirklich fortsetzen?

Wenn bei uns Bedarf nach derartigem besteht, haben wir nichts gelernt… wie mißt man Beweise, Vertrauen und Wirklichkeit? Wissenschaftliche Beweise zu erbringen heißt, das ganze auf gemeinhin akzeptierte Gesetze oder Regeln zu begrenzen – und wir bewegen uns außerhalb von ihnen."

Was Chris Schneider da sagt, spiegelt das Erleben vieler Licht Botschafterinnen und Botschafter, mein eigenes inbegriffen wider, und im Laufe der letzten Monate mußte ich meine eigenen Gründe einordnen, warum ich die Forschungsprojekte auf die Beine stellen wollte. Mir wurde dabei deutlich, daß das eine Reaktion war auf:

> das ständige Thema: „Beweisen Sie es doch, wenn ich Ihnen glauben soll", das bei meinem Umgang mit den Medien immer wieder aufkam, und meinen eigenen aufrichtigen Wunsch, mehr darüber herauszufinden, was sich eigentlich im Hinblick auf unsere Körperfunktionen abspielt, vom Offensichtlichen abgesehen.

Ich bin seitdem zu dem Entschluß gelangt, wenn es dem göttlichen Willen entspricht, daß wir mit diesen Projekten des „Beweiseerbringens" über die Forschung weitermachen, daß sich dann das ganze mit Freude und Leichtigkeit und Anmut entwickeln muß. Alles andere, womit ich zu tun habe, fließt einfach, als würde es von einem göttlichen Strom der Gnade getragen, doch wenn wir die Forschungsretreats in die Wege zu leiten versuchen, kommt die Energie ins Stocken. Da ich außerdem inzwischen auf das Bigu-Phänomen bei den Qigong-Meisterinnen und -Meistern gestoßen bin, frage auch ich mich mittlerweile, welchen Wert es hat, Zeit und Ressourcen dafür aufzuwenden, etwas zu beweisen, über das andere Gruppen bereits wohldokumentierte Forschungen angestellt haben.

Außerdem bin ich zu dem Denken gelangt, daß es vielleicht für viele Organisationen gar nicht deren Interesse ist, Beweise für unsere Fähigkeit zu erhalten, ohne Essen zu leben, insbesondere im Licht unserer nächsten Geschichte.

Täglich überwacht werden: Der beste Beweis besteht für mich darin, das ganze zu leben und sich dabei über einen längeren Zeitraum Tag für Tag überall überwachen und beobachten zu lassen. Da ich das selbst schon für kürzere Zeiträume getan habe, war mir vollkommen bewußt, was für ein totales Eindringen in die Privatsphäre es ist, wenn einem jemand auf Schritt und Tritt folgt (ich habe das 1997 mit einer Filmcrew vom Fernsehen durchexerziert). Mir war auch klar, wie sehr das andere ablenken kann, mit denen wir womöglich zusammenleben.

Dennoch hatte ich telepathisch von den Meistern die Nachricht erhalten, daß bald jemand zum Vorschein kommen würde, der das praktizieren würde. Und im November 1998 kam ich dann nach England und lernte einen Mann namens Jeffrey Sharp kennen, einen in London wohnenden Sai-Baba-Anhänger. Vor unserem Zusammentreffen hatte er auf der „inneren Ebene“ die Eingebung erhalten, daß er bis Ende 1999 vollkommen vom göttlichen Licht leben würde, obwohl er damals noch nichts von unserer Arbeit gehört hatte. Der göttliche „Zufall“ arrangierte dann eine Begegnung zwischen uns, und Jeffrey Sharp, ich selbst und Jaxon Wu begannen dann an einer Reihe von Pressekonferenzen in London teilzunehmen.

Jaxon meditierte schon seit langem, war außerordentlich aktiv in vielen Sportarten und ernährte sich bereits seit mehreren Jahren von Rohkost – er hatte bei einem Aufenthalt in Glastonbury vom Prana-Prozeß gehört. Auch hier war es wieder der göttliche „Zufall“, der ihm erlaubte, sowohl *Living on Light*[8] aufzustöbern, die noch nicht in den englischen Buchläden zu bekommen war, und auch persönlich Kontakt mit mir aufzunehmen.

Jeffrey Sharp hatte den Prana-Prozeß abgeschlossen und hatte später innerlich Instruktionen erhalten, für mich seinen Teil zu dem „Beweisen-Sie-es“-Spiel beizusteuern. Hier ein wenig von dem, was er und sein Team uns für das Lichtnahrungs-Forum auf unserer Website mitzuteilen hatten:

„Jeffrey Sharp hatte sich selbst versprochen, daß er bis Ende 1998 kein Essen mehr brauchen würde. Zehn Monate später erhielt er Informationen über eine Frau namens Jasmuheen, die sich bereits dem Prozeß unterzogen hatte und sogar ein Buch geschrieben hatte, um anderen zu helfen und sie zu beraten, die dazu hingelangen wollten, von „Lichtnahrung“ zu leben. Er bestellte sich das Buch sofort, las gleich, nachdem es eintraf, die Einzelheiten dazu, und begann kurze Zeit später mit dem Prozeß. Diese Umstellung begann für ihn am 4. Oktober 1998, und er hat sich noch nie besser gefühlt.

Als Vorbereitung hatte Jeffrey in den beiden vorangegangenen Jahren für bestimmte Zeiträume von Rohkost und Obst gelebt. Er hatte davor sechs Wochen lang gefastet und nur eine kleine Mahlzeit am Tag zu sich genommen. Das hatte er als erhebend erlebt und als etwas, das seine visionären und übersinnlichen Erfahrungen steigerte. Vor dem 21-Tage-Prozeß hatte er sich durch Darmspülungen körperlich vorbereitet.

Und hier Jeffreys Geschichte: „Nach der Umstellung aß ich in unregelmäßigen Abständen weiter, wie ursprünglich geplant, doch später wurde ich innerlich dazu hingeführt, längere Zeiträume ohne Essen und Wasser auszu-

kommen und dabei körperlich aktiv und in der Öffentlichkeit zu bleiben. Ich stellte mich selbst sechs Wochen lang für eingehende öffentliche und wissenschaftliche Überprüfungen zur Verfügung, beginnend am 20. November 1998, bis Silvester Schlag Mitternacht.
Das Angebot wurde über eine Pressekonferenz mit Jasmuheen in London und durch wiederholte Anrufe bei ortsansässigen Ärzten und Krankenhäusern publik gemacht. Es schien jedoch, daß außer zwei unabhängigen Fernsehteams und einem holländischen Fernsehsender niemand das Angebot auch nur ernst nahm. Man folgte mir in den ersten neun Tagen physisch rund um die Uhr, 24 Stunden am Tag, und in diesem Zeitraum nahm ich weder Essen noch Wasser zu mir. Danach wurde ich für etwa 16 Stunden am Tag verfolgt und überwacht, und auch in dieser Zeit nahm ich weder Essen noch andere Nährwerte zu mir. (Für die restlichen acht Stunden am Tag ließ ich mich in einem Raum einsperren, der vorab von einem Ex-Kommissar des Rauschgiftdezernats inspiziert worden war, um zu gewährleisten, daß sich nirgendwo im Raum Nahrungsmittel befanden.)
Angesichts der Tatsache, daß Weihnachten vor der Tür stand und kein nennenswertes Interesse von beruflich entsprechend vorgebildeten Fachleuten zu verzeichnen war, beschloß ich, ab und zu wieder zu essen. Es schien diesmal jedoch, als würde meine Schwingung sich jedesmal verlangsamen, wenn ich aß... Es scheint für viele schwierig zu akzeptieren, daß ich ohne Essen überleben kann, obwohl zunehmend mehr Menschen aus meinem Freundes- und nahen Bekanntenkreis diesbezüglich in Bewegung zu kommen scheinen." Ihr könnt Jeffrey Sharp unter seiner E-Mail-Adresse kontaktieren: Info@ancientwisdom.co.uk. Danke, Jeffrey.
Es ist eine interessante Beobachtung, daß sich zwar diverse Licht Botschafterinnen und Botschafter bereitwillig zur Verfügung gestellt haben, woran es mangelt, ist jedoch eher das entsprechende Engagement auf seiten der Skeptiker, die Beweise suchen. Jeffrey Sharp hatte sogar mit der Redaktion des Guinessbuchs der Rekorde Kontakt aufgenommen, doch dort lehnte man die Einladung ab, sich rund um die Uhr an seine Fersen zu heften, da man sagte, sein Vorhaben sei zu gefährlich.
Ich persönlich weiß, daß genauso wie das Vegetariertum nun in der westlichen Gesellschaft aus gesundheitlichen Gründen und um der Schonung von Ressourcen willen akzeptiert ist, schließlich auch die Ernährung von Prana als gültige und ganz „normale" Entscheidung gesehen werden wird. Viele meiner Kolleginnen und Kollegen in Lichtbotschafterkreisen sind ja davon überzeugt und von daher nicht interessiert daran, das Spiel mit den Beweisen zu spielen.
Zusammenfassung: Als weltweite Berichterstatterin für die Botschaft des Lichts bin ich mir sehr wohl bewußt, daß wissenschaftliche und medizinische Studien notwendig sein werden, damit diese Arbeit als glaubwürdige Lösung akzeptiert und unsere Behauptung untermauert wird, *eine solche **Entscheidung zur persönlichen Lebensführung** könne helfen, gesundheitliche Probleme, und Hunger auf der Welt, zu beenden.*

Darüber hinaus wissen die Licht Botschafterinnen und Botschafter, daß alles dann geschieht, wenn nach göttlichem Rat die Stunde dafür schlägt, denn wir sind keine Solisten, sondern spielen in einem Team, das gemeinsam an der Verbesserung der Gesellschaft arbeitet. Uns ist jedoch nicht an Kampf gelegen oder daran, etwas in Disharmonie zu tun, oder Spiele nach dem Motto: „Ja, wir können das – nein, ihr könnt das nicht" ablaufen zu lassen; und wir alle wissen, daß sich dieses Phänomen auf ganz normalem Weg im Laufe der Zeit selbst beweisen wird – dann, wenn viele weitere Menschen sich für diese Lebensweise entscheiden, da sie ihre unverkennbaren Vorteile sehen.

Kurz gesagt, setzt sich unser „Beweisen-Sie-es"-Projekt aus drei Komponenten zusammen:

Erstens ist die einzige Person, der du etwas beweisen mußt, du selbst. Tu das, indem du solange ohne Essen lebst, wie es braucht, um dich davon zu überzeugen, daß das möglich ist. Tu es lang genug, daß sich dein Gewicht stabilisieren kann, daß du dein emotionales Anhaften an Nahrungsmitteln loslassen und dich in sozialer Hinsicht daran gewöhnen kannst. Wir empfehlen mindestens sechs Monate, du mußt dich dabei jedoch immer im Auge behalten und immer verantwortungsbewußt handeln – wenn du Probleme hast, bemühe dich um eine alternative Therapie, oder jemanden, der ganzheitliche Medizin praktiziert und diese Entdeckungsreise versteht.

Wir bitten alle, die sich von Licht ernähren, mit ganzheitlich ausgerichteten Heilkundigen bei euch in der Nähe zu untersuchen, was sich im Vorfeld des Prozesses und danach in euch abspielt und eure Erkenntnisse aufzuzeichnen. Vielleicht möchtet ihr sie zu uns an die S.E.A. schicken oder sie auf unserer Website im Lichtnahrungsforum veröffentlichen, oder behaltet sie und schreibt irgendwann einmal selbst ein Buch, wenn das in eurer Blaupause so vorgesehen ist.

Ja, ich würde noch immer gern ein positives Forschungsretreat mit unterstützungsbereiten Analytikern, die „auf Draht sind", und mit Testpersonen durchführen, und dann den Rest der Welt an unseren Erkenntnissen teilhaben lassen. Das wird geschehen, wenn es dem göttlichen Willen entspricht, und läßt sich in Freude und mit Leichtigkeit und Gnade bewerkstelligen, da ich weiß, wenn es Teil der göttlichen Blaupause ist, daß wir das tun, wird dafür gesorgt werden, daß wir freie Bahn haben.

Im Augenblick haben wir ein paar ausführliche Dokumentarfilme, die sich um Menschen in den letzten Stadien des Prozeßabschlusses beschäftigen. Frieder Mayrhofer, ein bekannter deutscher Filmemacher, sucht eine Versuchsperson, die er über mehrere Monate in einem kontrollierten Umfeld studieren möchte, und ich bin sicher, es werden sich die richtigen Leute dazu melden. Seine Faxnummer lautet: + 49 (89 33) 69 13.

Offen gesagt, die Mehrheit der Licht Botschafterinnen und Botschafter, mit denen ich in Kontakt stehe, sind so sehr mit der Arbeit beschäftigt, durch die sie dem Universum dienen, daß es für sie persönlich ein wenig attraktiver Vorschlag ist, das ganze für sechs Monate zu stoppen, um etwas zu beweisen, das sie sich bereits selbst bewiesen haben. Außerdem sind viele von uns an einen Punkt gelangt, wo sie das Gefühl haben, daß so viel Tamtam um einen derart untergeordneten Aspekt der göttlichen Kraft gemacht wird, daß wir merken, wie wir ständig damit beschäftigt sind, die Aufmerksamkeit wieder von dem Phänomen des Nichtessens weg- und statt dessen auf das Phänomen der Kraft des göttlichen Einen zu lenken. Im Licht dessen betrachtet, was das Göttliche in uns tatsächlich ganz allgemein im Leben tun kann, ist die Tatsache, daß es uns ernähren kann, im größeren Entwurf der Dinge betrachtet, so unwichtig.

Denkt daran, daß wir hier nicht vorschlagen, daß Leute einfach aufhören zu essen, um damit eine Lösung für gesundheitliche Probleme und den Hunger auf der Welt zu finden. Vielmehr empfehlen wir, komplett die eigene Lebensweise auf Vordermann zu bringen, indem man in sein Leben Rohkost oder vegetarische Nahrung, tägliches Körpertraining, tägliche Meditation (Kontemplationszeit mit dem Göttlichen in dir) und die Praxis der Meisterung des eigenen Geistes einfließen läßt. Unserer Erfahrung nach wird dies, und das entschiedene Bekenntnis zu ein paar gemeinsamen Visionen, die Wirklichkeit unserer gesamten Welt radikal ändern – unabhängig von Rasse, Überzeugung, Geschlecht und Religion.

Da dies mein letztes Buch sein könnte, in dem ich auf die Untersuchungsergebnisse der Botschaft des Lichts eingehe, möchte ich nun den nächsten Schritt tun und mich hier mit dem Thema befassen, den Status quo anzuzweifeln.

1.13. *Die Rückkehr der Qi-Meister*

Eine Infragestellung des Status quo

„Ich habe beschlossen, glücklich zu sein, weil es gesund ist."

François Voltaire – französischer Philosoph und Schriftsteller

Die aufregendste Neuigkeit in jüngerer Zeit ist für mich die stumme Revolution der Falun-Gong-Bewegung in China gewesen und die Vereinigung der Qi-Meister auf der ganzen Welt. Es ist wirklich eine Zeit, in der es angesagt ist, aufzustehen und sich mitzählen zu lassen und den Mut zu haben, hinter unseren Überzeugungen und Wünschen zu stehen, um eine Welt zu erschaffen, die alles Leben ehrt. Brachialgewalt wie Bücherverbrennungen und Festnahmen können in der zivilisierten Welt nicht mehr als wirksames Werkzeug der Veränderung unterstützt werden.

Viele von uns, deren Arbeit eine Herausforderung für den Status quo darstellt, befinden sich nun unter dem, was ich mittlerweile den „Deaktivierungsstrahl für Eingeweihte" nenne. Wer mit dem, was ich geschrieben habe, vertraut ist, der weiß, daß ich mich dafür entscheide, nicht das Spiel von Gut und Böse zu spielen, da dieses nur ein Film ist. Die Meister haben mir jedoch neulich gesagt, daß es rundum bestens ist, sich auf die Einheit auszurichten, denn das brauchen wir, um stark zu bleiben, aber wir sind auch hier, um zu dienen, was bedeutet, daß wir das Unsere dazutun, damit positive Veränderungen auf der Erde entstehen, und das so, wie es uns vorab einprogrammiert wurde. Das heißt, die Ärmel hochzukrempeln und uns mittenhinein zu begeben – alle möglichen Filme sind da draußen anzutreffen, und sie werden uns berühren, *wenn wir es zulassen*, während wir in der Welt dienen. Durch unsere Präsenz als Fürsprecherinnen und Fürsprecher für einen positiven Wandel geraten wir ins Schußfeld all derer, die das, was wir zu bewerkstelligen haben, nicht unterstützen – so ist es schlicht und einfach.

Es ist zwar eine spannende Sache, daß unsere globale Arbeit nun endlich ernst genug genommen wird, um zur Bedrohung für den Jetztzustand zu werden, aber gleichzeitig muß man auch sagen, daß zum Beispiel ein großes deutsches Nachrichtenmagazin, das neulich einen Artikel abdruckte, der lediglich auf haltlosen Gerüchten basierte, sich nicht die Mühe machte, mich persönlich anzurufen, um sich zu vergewissern, daß die dargelegten „Fakten" korrekt waren – man könnte sagen, das ist schon sehr schlampiger Journalismus!

Um die Dinge zurechtzurücken: unsere Organisation hat nie mit dem Tod von irgendjemandem zu tun gehabt, der infolge des 21-Tage-Prozesses gestorben ist, und außerdem haben wir bei jedem Schritt auf unserem Weg mit Sorgfalt, Integrität und Verantwortungsbewußtsein gehandelt, wenn es um unsere Berichterstattung ging oder um die Weitergabe unserer Erkenntnisse. Die Frau, die in Australien gestorben ist, verstarb, während sie von jemandem betreut wurde, der danach inhaftiert und wegen fahrlässiger Tötung angeklagt wurde. Er hat seinen Prozeß noch vor sich, und es wird Aufgabe des Gerichts sein, zu entscheiden, ob er tatsächlich auf irgendeine Weise für ihren Tod verantwortlich war und ob es ihm an der Fähigkeit mangelt, einzuschätzen, daß sie früher als regulär vorgesehen medizinische Betreuung brauchte. Nicht ihre Entscheidung, sich dem 21-Tage-Prozeß zu unterziehen, beschäftigt die Gerichte, sondern die Frage, ob der Betreuer sich vielleicht nicht schnell genug um medizinische Betreuung für sie bemühte.

Der nächste Punkt ist der Tod eines Mannes aus Deutschland, zu dem es vor Veröffentlichung meines Buches und vor meiner Ankunft in Deutschland kam. Seine Entscheidung, sich dem Prozeß zu unterziehen, ging offenbar darauf zurück, daß er die 21-Tage-Richtlinien mit dem Titel „Choosing God over Illusion" gelesen hatte, die von Charmaine Harley stammten und bereits um den Globus zirkulierten. Mit ein Hauptgrund für mich, das Buch zu schreiben, war eingangs der, daß ich sicherstellen wollte, daß mehr Informationen zugänglich gemacht wurden als die in diesen knappen Richtlinien enthaltenen. Es mußten Punkte wie die Meisterung des eigenen Geistes, Meditation, Programmierung und Sichlösen von einschränkenden Überzeugungen angesprochen werden.

Tratsch, versteckte Andeutungen und die Weiterverbreitung gegenstandsloser Gerüchte müssen aufhören, wenn wir als Spezies fortschreiten wollen in unserer Entwicklung, denn sie richten mehr Schaden an, als daß sie Gutes bewirken. Jemanden durch die Verbreitung unrichtiger Informationen in Mißkredit zu bringen, ist eine standardmäßige Vorgehensweise, um jemanden wirksam von der Bildfläche verschwinden zu lassen, in der Hoffnung, daß die „Bewegung" sich dann einfach ebenso totlaufen wird wie zahllose andere. Viele sind auf radikal neuen Gebieten tätig, die eine solche Herausforderung bedeuten, daß es ihnen oft ein Greuel ist, die Arbeit einer anderen Person zu unterstützen, über die Gerüchte kursieren, aus Angst, dadurch würden sie ungewollte Aufmerksamkeit auf das Gebiet lenken, dem ihre eigene Arbeit gilt.

Ja, es ist nur natürlich, daß Menschen dann sagen: Na ja, meine Arbeit gewinnt langsam an Einfluß (wir alle wissen ja, wie leicht es passieren kann, daß unsere ganze gute Arbeit durch aktuelle „Machthaber" diskreditiert wird), also unterstütze ich die Arbeit von XY doch besser nicht" – für den Fall, daß etwas an diesen Gerüchten dran sein sollte. Traurig, aber wahr, und leicht nachzuvollziehen.

Tratsch, Gerüchte und „schlechte Presse", durch die jemand in Mißkredit gebracht wird, richten also durchaus ihren Schaden an, wie es scheint. Sie halten uns wirksam davon ab, einander zu unterstützen und zusammenzutun, oder? Sicher können wir von unserem eigenen Urteilsvermögen Gebrauch machen und auf die Stimme des göttlichen Einen in uns hören und uns über solche Ängste hinwegsetzen. Wir brauchen keine Veschwörungstheoretiker zu sein, um zu verstehen, wie die Medien seit Jahrzehnten von den an der Macht Befindlichen dahingehend manipuliert werden, daß sie alle Arbeit diskreditieren, die eine Kampfansage an den Status quo und die Machthaber darstellt.

Manche sagen, so etwas wie schlechte Presse gäbe es nicht, und ein Kollege von mir sagte auch: „Na prima! Das bringt die Leute wirklich zum Nachdenken!" Ja, es gibt genügend von euch da draußen, die erkennen, welche Spiele da von den „Machthabern" gespielt werden, und die ohne mit der Wimper zu zucken weiterhin positive Fortschritte auf diesem Planeten unterstützen, und dafür danken wir euch.

Ich persönlich glaube an die Redefreiheit, und mich juckt es nicht, was Menschen über unsere Arbeit sagen. Mir ist zu einem sehr frühen Zeitpunkt in diesem Stück klargeworden, daß die Behauptung, man könne frei von der Notwendigkeit leben, Essen zu sich zu nehmen, eine Herausforderung für Mediziner- und Wissenschaftlerkreise bedeuten würde, und daß wir schließlich irgendwann zum Umdenken anregen und Leute dazu bringen würden, die Kraft des göttlichen Einen zu erkennen und welche Möglichkeiten es gibt, sie zum Wohl aller zu nutzen. Wogegen ich mich wehre, ist die mangelnde Integrität, die manche im Hinblick auf journalistische Standards an den Tag legen, und ich erwarte in der Tat, daß Gerüchte überprüft und erhärtet werden, bevor etwas in der Presse erscheint.

Ich liebe die Macht der Medien – sie sind ein wundervolles Medium zur Informationsvermittlung und zu sofortiger Veränderung. Wenn es ein negativer Bericht in der Presse schafft, die Zugkraft neuer Ideen, die gerade erst Fuß fassen wollen, zu mindern, oder sogar zum Erliegen zu bringen, geht für uns alle das Leben weiter, und schließlich wird wieder jemand mit der Botschaft der Meisterung seiner selbst kommen, und das Spiel wird weitergehen. Der göttliche Wille wird immer triumphieren, denn dort liegt die wahre Macht.

Und was passiert mit denjenigen von uns, die einen Rückzieher machen, wenn sie vor der Herausforderung stehen, daß ihr Ruf durch Gerüchte und Angstschürerei in den Schmutz gezogen wird. ? Nun, wir könnten sagen, daß wir eine Weile lang „das unsere" getan haben, aber und als es etwas rauher zuging, haben wir weitergemacht... und ja, das ist unsere Entscheidung. Manche würden sagen: „Das ist ja cool, wir können einfach in einem anderen Leben wiederkommen, und es stimmt, wir können nachsitzen und diese gleiche Initiation, vor der wir jetzt davongelaufen sind, noch einmal durchleben – denn all das ist nur eine Prüfung, um zu sehen, ob unsere innere Verpflichtung unserer Aufgabe gegenüber stark genug ist, oder ob wir mutig genug sind, angesichts widriger Umstände fest zu bleiben."

Es muß zwar jeder von uns seine eigene Entscheidung fällen, aber wir bitten euch alle, euer Leben noch einmal in den Dienst des Dienens zu stellen; ruft ALLE Hilfe an, die ihr aus den höheren Sphären erhalten könnt und BESTEHT darauf, deutlich geführt zu werden. Es ist, als wären wir Linienschiffe im Nebel auf einem vorab festgelegten Kurs, und unsere Schlepper sind entweder die „äußeren Einwirkungen" oder das göttliche Eine in uns. Beide üben aufgrund der kosmischen Neuausrichtungen, die gerade stattfinden, einen starken Einfluß auf uns aus.

Viele unserer aktuellen Initiationen drehen sich darum, Mut zu haben, das Wesentliche im Blick zu behalten, entschiedenes Engagement – bei denen von uns, die bereits das tun, was wir für unseren Dienst gehalten haben – es geht nicht darum, zu tun, was unser Herz zum Singen bringt, denn darüber sind wir hinaus. Wir sind hier, um durch dick und dünn zu dienen, und wir können für uns entscheiden, das freudig zu tun oder dabei Kämpfe auszutragen. Wisse, daß wir nicht allein sind – wir haben eine starke Armee des Lichts um uns herum, die uns helfen kann, wenn wir das zulassen. Ja, es ist richtig, daß das singende Herz den Weg dorthin zeigt, wo unser Dienst liegt, doch wenn wir unseren Auftrag gefunden haben, ändert sich das Spiel und wird sehr konzentriert.

Als ich am 23. Juli bei mir im Büro saß, erhielt ich die Nachricht, daß China den Mitgliedern der Falun-Gong-Organisation verboten hatte, ihre Version von Qigong zu praktizieren (mehr dazu später in diesem Buch). Da die Mitglieder dieser Organisation in neuerer Zeit an friedlichen Demonstrationen beteiligt gewesen waren, die denen der demokratischen Bewegung Tiananmen 1989 ähnelten, können wir uns nur die Frage stellen, ob die 100 Millionen Anhänger, die dieser Organisation angehören sollen, den Status quo eines überalterten Systems umzustürzen drohen, das überdacht werden will? Natürlich fühlen sich die „Machthaber" dort bedroht, denn die Kommunistische Partei hat nur 60 Millionen Mitglieder. Als China Tausende von Befürwortern der Falun-Gong-Bewegung inhaftierte, ging ein Aufschrei durch die Öffentlichkeit auf dem gesamten Globus, und die Menschen sagten: „Wir sind keine Sekte, wir sind nur Menschen, denen es um eine bessere Zukunft geht. Wir nutzen Meditation, Qigong und diese Lebensweise, um gesund und glücklich zu bleiben. Wonach es uns verlangt, ist eine Hebung unserer Moral."

Natürlich ist es an der Zeit, daß sich einiges ändert, denn ohne Demokratie, freie Meinungsäußerung, gemeinsame Visionen, die zum Besten des Ganzen wirken, kann unser Planet nicht mit Stolz ins neue Jahrtausend gehen. Hunger, Armut, Krankheit, Krieg, Unruhen, Gewalt und Gier sind Symptome von innerem Chaos und innerem Unbehagen. Meditation, Gebet, Atem und heiliger Tanz sowie eine vegetarische Ernährung helfen bei der Beseitigung allen inneren Chaos' und innerer Krankheit – ungeachtet unserer Rasse oder Kultur.

Sollte man zulassen, daß in China die Festnahmen von über 40.000 Qi-Praktizierenden plus die alltägliche Umprogrammierung der Massen durch staatliche Propaganda weitergehen? Jeden Tag werden von den staatlichen Medien zwei Stunden Fernsehzeit dafür aufgewandt, die Menschen, die Qi praktizieren, in Verruf zu bringen.

Wir sagen der chinesischen Regierung: „Laßt euer Volk doch die Zeit genießen, die es in Tanz und Meditation verbringt, und eure und unsere Welt wird nur besser werden davon." Es ist an der Zeit, mit Taktiken der Angst aufzuhören und einander zuzuhören. Die Falun-Gong-Demonstration im April zielte darauf ab, der chinesischen Regierung sachte eine Botschaft zu übermitteln, und die chinesische Regierung hat unnötigerweise mit eiserner Faust darauf reagiert. Wie die Falun-Gong-Bewegung, so entfacht auch das Lichtbotschaftertum Kontroversen, da unsere Untersuchungsergebnisse dem Status quo entgegenstehen. Nein, wir „hängen nicht zusammen" mit der Falun-Gong-Bewegung, aber wir unterstützen durchaus das Praktizieren friedlicher und ganzheitlicher Lebensweisen.

Auf dem ganzen Planeten kommt es nun zu einer Bewegung von Menschen, die sich für Frieden und Wohlstand für alle engagieren. Ihr individueller Wunsch, unter einer gemeinsamen Vision zu dienen, erzeugt buchstäblich Einheit, und Einheit bedeutet Dienen. Sie bedeutet, zusammenzukommen, um Herausforderungen der heutigen Zeit anzugehen und etwas Pragmatisches zu tun.

Wohin ich auch reise, überall höre ich, wie der Staat „Aufständische" niederknüppelt, oder das, was wir als Menschen bezeichnen würden, die eine Herausforderung für den Status quo darstellen. Selbst Heilkräuter und alternative Heilverfahren, die seit tausenden von Jahren erfolgreich angewendet wurden, sind nun aufgrund neuer Verordnungen schwer zu bekommen, oder ihr Gebrauch wird rundum als illegal erklärt. Die Zeitschrift *Kindred Spirit*, mit Sitz in England, veröffentlichte in ihrer Sommerausgabe Nr. 47 einen wunderbar unvoreingenommenen und gut recherchierten Artikel über unsere Arbeit. In der gleichen Ausgabe wurde dort berichtet, daß alternative Heilmethoden in Großbritannien nun aufgrund aktueller vorgeschlagener Gesetzesänderungen gefährdet sind, die den Einsatz von Heilkräutern und alternativer Medizin so strikten Auflagen unterstellt – wie sie gewöhnlich für neue Medikamente und pharmazeutische Artikel gelten –, daß es unmöglich werden könnte, sie auf legale Weise in Behandlungen einzusetzen.

Letztes Jahr wurden einem britischen Bericht vom März 1999 zufolge 179 Milliarden Dollar für Pharmazeutika ausgegeben. Der Gedanke, daß wir uns selbst heilen können oder durch eine ganzheitliche Lebensweise alle Krankheit verhüten können, stellt für die „derzeitigen Machthaber", deren Herz oft mehr am geldlichen Gewinn auf diesem Gebiet hängt, offenbar eine Bedrohung dar. Gesund und glücklich zu sein, das kann man, ohne daß es irgend jemanden etwas kostet, und deshalb darf es natürlich nicht gefördert werden. Und warum? Weil die „derzeitigen Machthaber" zu viel Geld einbüßen, wenn wir nie krank werden, oder wenn wir uns selbst heilen, oder wenn wir beschließen, nichts zu essen oder Autos fahren, die über alternative Energiequellen laufen oder sogar mit Wasser... und... und... und...

Ich hoffe, das hilft denjenigen von euch, deren Arbeit darauf ausgerichtet ist, Veränderungen herbeizuführen, denen sich andere aufgrund ihrer persönlichen Pläne widersetzen möchten. Unabhängig von all dem ist es auch gut, sich in Erinnerung zu rufen, daß wir auf allen Ebenen gute Unterstützung haben, und darauf zu vertrauen, daß wir auf diese Rollen, die wir nun, wie wir merken, spielen, und bei denen wir dem Status quo auf den Zahn fühlen, so gut vorbereitet worden sind.

Mittlerweile sind hinreichend Untersuchungen angestellt worden, um zu beweisen, welche Kraft Qi oder Prana hat. Das Buch *Scientific Qigong Exploration* des Kernphysikers Lu Zuyin (gest. 1992) schildert die in langen Jahren

angestellten detaillierten wissenschaftlichen Experimente von Lu Zuyin und anderen, bei denen erforscht wurde, wie ausgesendetes Qi den Körper heilen und beeinflussen kann. Röntgenbilder von Knochenbrüchen, die bei Aussendung von Qi sofort heilten – als Nachweis unmittelbar nach der Behandlung aufgenommen. (Nähere Einzelheiten am Ende des Abschnitts.)
Alle, die mit Chi, Qi, Ki, Licht oder Energie arbeiten, haben etwas mit der Meisterung von Qi zu tun. Dazu gehören auch viele M.A.P.S.-Botschafterinnen und -Botschafter, die Lichtbotschafter und -botschafterinnen, die Buddhisten, die Qigong-Praktizierenden und viele weitere. Die Qi-Meister aus der ganzen Welt tun sich nun zusammen, um ein gesundes und glückliches Leben unter Menschen aller Rassen und Religionen zu fördern, und wir laden euch ein, euch zu uns zu gesellen.

„Ein intelligenter Mensch ist nicht engstirnig. Er benimmt sich nicht wie der Vogel Strauß, der den Kopf in den Sand steckt und so versucht, neuen Ideen und Entwicklungen aus dem Weg zu gehen."
„Ein intelligenter Mensch ist nicht leichtgläubig. Er akzeptiert Ideen nicht blind."
„Er studiert und verdaut sie gründlich, beurteilt sie dann mit seinem Verstand; er erprobt diese neuen Ideen und Entwicklungen durch Versuche und seine eigene Erfahrung. Ein intelligenter Mensch befaßt sich mit diesen Ideen mit einem klaren, objektiven Geist."

Choa Kok Sui

Kapitel 2

2.1. Unabhängige wissenschaftliche Untersuchungen

Die Entscheidung, die nachfolgenden neun Gebiete, die sich mit dem Thema Lichtnahrung auseinander gesetzt haben, hier zu erwähnen, hat verschiedene Gründe. Erstens ist es nichts Neues, von Prana zu leben, und zweitens ist hierzu im Laufe vieler Jahre eine Menge geforscht worden. Von 1920 bis 1949 führte Dr. Karl Graninger ausgiebige Untersuchungen an Nachkriegsopfern durch, die über lange Zeiträume nichts zu essen bekamen.

Die Pranic Healing Association hat, unter der Leitung des Meisters Choa Kok Sui, auf ihrem Gebiet ausführliche Untersuchungen zur Kraft von Prana angestellt. Und selbst Menschen, die noch nie etwas von Lichtnahrung gehört haben – wie etwa Charles Mills – sind durch ihre eigene unabhängige Forschungsarbeit über einige interessante Ideen „gestolpert“.

Auf Dr. Barbara Ann Moores Lebensreise wurde ich über Dr. Juergen Buche aufmerksam. der auch für uns schreibt, und zwar eher über das, was seiner Einschätzung nach eine gute Vorbereitung vor dem Prozeß darstellt. Er beobachtet unsere Arbeit auf diesem Gebiet und trainiert seinen Körper derzeit, damit er sich von Prana ernähren kann. Als Naturheilpraktiker mit langjähriger Berufserfahrung interessiert er sich sehr für das Phänomen Fasten und Ernährtwerden.

Pranakraft ist am besten unter dem Namen Pranayama bekannt, und so gehen wir auf sie und auf diverse Atemtechniken ein, bevor es weitergeht zu göttlichem Tanz, wo wir uns Wege ansehen, unserem Energiesystem Auftrieb zu geben a) über den göttlichen Tanz der wirbelnden Derwische und b) über das Praktizieren von Bioenergetik.

Und dann gehen wir schließlich auf die Arbeit von Dr. Michael Smith in New York ein, der ein Programm zum Durchbrechen unserer Süchte entwickelt hat. Von Dr. Mikio Sankey kommen einige Erkenntnisse zur esoterischen Akupunktur und Vorschläge zum Thema Fitneß.

Ihre Untersuchungen und Geschichten haben auf magische Weise ihren Weg zur Lichtbotschaft gefunden, und wir möchten diese Gelegenheit nutzen, um allen zu danken, die sich die Zeit genommen haben, sich mit unserer Arbeit und unseren Untersuchungen auf diesem Gebiet zu befassen. Wir empfehlen unseren Leserinnen und Lesern, sich ebenfalls mit dieser Arbeit auseinanderzusetzen, wenn sie sich dafür interessieren.

Ich denke, es ist großartig, von dem zu profitieren, was andere entdeckt haben, und so habe ich die Eingebung, euch anzuleiten, euch die Praxis des Kriya Yoga anzusehen, denn sie war es, durch die Giri Bala ohne Nahrung existieren konnte. Kriya Yoga ist nichts, womit ich mich persönlich befaßt habe, und wie Numerologie und Astrologie ist er eine Wissenschaft für sich, die ihr vielleicht weitergehend studieren möchtet.

Auf der Website http://www.kriyayoga.com finden sich nähere Einzelheiten zur ***metaphysischen Physiologie von Kriya Pranayama*** – „Kriya Yoga wird auch als „wissenschaftliche Methode der Selbstverwirklichung" bezeichnet. Wissenschaftlich, da Kriya Yoga von allen praktiziert werden kann, und da alle, wenn dieser Yoga korrekt praktiziert wird, genau die gleichen Ergebnisse erzielen werden: Einheit mit Gott und die Verwirklichung des Selbst.
Liebende Hingabe zu Gott, Liebe zu Gott, öffnet die Tür zur göttlichen Energie, und dabei tritt Glückseligkeit durch deine Seele in deinen spirituellen Körper ein und reinigt sogar deinen physischen Körper und versieht dich mit Gesundheit und Kraft. Aber das ist nur ein Randeffekt von Kriya Yoga, nie sein Zweck."
Nachdem wir also im folgenden nähere Einzelheiten zu den obigen Arbeiten weitergeben, kommen wir dann zu einem ausgiebigen Blick auf unsere eigenen Untersuchungen, indem wir eine statistische Analyse zum ersten weltweiten Forschungsprojekt der Lichtbotschaft bekanntgeben.

2.1.1. Lichtnahrung und das Werk von Dr. Karl Graninger

Wie viele, die mit unserer Arbeit vertraut sind, wissen dürften, hat mich seit Beginn meiner persönlichen Reise in Sachen Lichtnahrung die Forschung fasziniert. Seit dem Schreiben meines ersten Buches vor fünf Jahren habe ich so vieles entdeckt, was ich in diesem Teil gerne weitergeben möchte.
Die Fähigkeit, ohne physische Nahrung in Form von Essen zu leben, ist nicht Neues. Wir wir heute wissen, haben Yogis das seit Jahrtausenden getan, aber so auch viele andere auf der ganzen Welt. Obwohl man es an diesem Punkt kaum als verbreitete bewußt gewählte Lebensweise bezeichnen könnte, höre ich überall, wohin ich reise, Geschichten über Menschen, die für lange Zeit überlebt haben, ohne Nahrung über Lebensmittel zu sich zu nehmen.
Da der Körper ein erstaunlicher Biocomputer ist, hat es den Anschein, wir können von sehr kleinen Mengen nahrhaften Essens existieren, ohne Prana anzuzapfen. Millionen von Junkfood-Süchtigen bestätigen dies, da die Fettleibigkeit in der westlichen Welt epidemische Ausmaße erreicht. Die Länge des Lebens und seine Qualität werden definitiv durch mangelnde passende Ernährung beeinflußt, es sei denn, man bezieht Nahrung aus einer alternativen Quelle wie Prana. Oder doch nicht?
Bei meiner ersten Deutschlandtournee 1996 hörte ich erstaunliche Geschichten, die mir Leute zu ihren Kriegserlebnissen erzählten. So begegnete mir in Frankfurt eine Frau, die sagte, als Nachkriegsbabies hätten sie und ihre Schwester monatelang von nichts als Wasser gelebt, da es nichts zu essen gab. Die Muttermilch ihrer Mutter war nicht nährstoffreich genug, und von daher starb ihre Schwester mit sechs Monaten, während die Frau selbst „wie durch ein Wunder" überlebte.
Dann hörte ich eine Geschichte, die mir ein Mann erzählte, der nach dem Krieg in der Nähe eines Waisenhauses wohnte. Er hatte meinen Organisator angerufen und gesagt: „Ja, ich weiß, was Jasmuheen sagt, ist wahr!" Als er

gefragt wurde, woher er das wisse, antwortete er, er hätte immer das Waisenhaus besucht, und dabei seien sie auf einige hochinteressante Tatsachen gestoßen. Von den Gruppen von Kindern, die nach und nach verhungerten – auch hier galt wieder, daß die wenigen verfügbaren Rationen nicht ausreichten –, blieb eine Gruppe gesund. Nachforschungen ergaben, daß offenbar die Frau, die diese Kindergruppe betreute, sich jeden Morgen mit ihnen hinsetzte, und dann hielten sie sich alle an den Händen und beteten zu Jesus und Maria, um sie zu bitten, daß sie diese Zeit wohlbehalten und gesund durchstehen würden. Scheinbar wurden ihre Gebete erhört, was die Kraft unseres Glaubens und Vertrauens beweist.

Ob ich den Wahrheitsgehalt dieser Geschichten nachweisen kann? Nein? Ob sie stimmen? Ich glaube, ja. Aber lesen wir nun von Fällen, die dokumentiert sind, und zu denen „glaubwürdigere" Untersuchungen angestellt wurden...

1998 gab mir ein Journalist namens Stephen Janetzko einen Artikel, der, glaube ich, im November 1976 in der deutschen Zeitschrift *Esotera* abgedruckt wurde. Es war ein in die Tiefe gehender Artikel, der mit „Sie wurden zu menschlichen Pflanzen" überschrieben war, und der Verfasser heißt Dr. Albert A. Bartel.

Er geht hauptsächlich auf das Werk von Dr. Karl Graninger ein, berichtet aber auch von Maria Furtner aus Frasdorf in Bayern, die 52 Jahre lang nur von dem Mineralwasser aus der Quelle ganz in ihrer Nähe trank. Maria unterzog sich einer dreiwöchigen Observierung im Münchner Klinikum, um zu beweisen, daß sie kein Essen zu sich zu nehmen brauchte. Als sie aus dem Krankenhaus entlassen wurde, ging sie ohne irgendwelche Probleme die sechzig Kilometer zu Fuß nach Hause.

Dann war da noch Resl – Theresa Neumann, die ich in meinem ersten Buch anführe. Sie lebte in Konnersreuth im Bayrischen Wald. Siebzehn Jahre lang war ihre einzige Nahrung jeden Tag eine geweihte Hostie. Röntgenuntersuchungen ergaben, daß ihre Därme bleistiftdünn waren.

Dann war da noch Anna Nassi, Kind eines Bauern aus dem bayrischen Deutenhofen. Ihr Lehrer erzählte denen, die Recherchen für den Artikel betrieben, daß Anna sechs Jahre lang nur von Wasser lebte.

Nach dem ersten Weltkrieg in Europa fiel dem österreichischen Spezialisten Dr. Karl Graninger auf, daß von den Menschen, die in Kriegsgefangenschaft gewesen waren, nicht alle bei schlechter Gesundheit waren, als sie aus den Arbeitslagern zurückkamen. Für manche brachten das Fasten, die frische Luft, die magere Kost und das Nichtrauchen körperlich großen Gewinn.

Der Gedanke, daß einige gehungert hatten und nach ihrer Gefangenschaft ziemlich krank waren, während andere gesünder waren, faszinierte Graninger. Dementsprechend führte Dr. Graninger von 1920 bis zu seinem Tod 1940 Untersuchungen zum Phänomen der Hungerparadoxie durch – des Überlebens ohne Nahrungsmittel. Graninger fand in Westeuropa 23 Fälle dieser Art, wobei seine Versuchspersonen meistenteils Frauen und Kinder waren, bei denen man über einen langen oder auch einen kurzen Zeitraum

beobachtet hatte, daß sie ohne Nahrung lebten. ***Bei allen Versuchspersonen stellte man fest, daß sie die Charaktereigenschaften Geduld, liebende Hingabe und Frömmigkeit aufwiesen.***
Als Dr. Graninger und seine Kollegen Versuche an ihren eigenen Versuchspersonen vornahmen, wurden diese schließlich nach zwölf Tagen aufgrund von Gewichtsverlust, Fieber und Schwäche aufgegeben. Sie kamen zu dem Entschluß, daß der Erfolg des Überlebens von Wasser, und nichts als Wasser, ohne diese Probleme zu haben, mit metaphysischen Faktoren verknüpft war. Sie kamen zu dem Schluß, daß das Hungerparadox über bestimmte festgelegte Punkte angegangen werden mußte:

a) die mental-emotionale Einstellung
b) die physische Beziehung
c) das religiöse Verhalten
d) die sonstigen kulturellen Umstände und Gründe

Beim Vergleich der Erfahrungen der Lichtbotschafter mit unseren eigenen Erkenntnissen und den Untersuchungen, die von Wissenschaft und Medizin im Hinblick darauf durchgeführt wurden, was sich bei langem Fasten im Körper abspielt, würde ich den obigen Punkten definitiv zustimmen.
Es sind genau die Eigenschaften Frömmigkeit und liebende Hingabe, die es ermöglichen, daß dieses Phänomen in der uns bekannten Form existiert. Der Schlüssel dazu ist die Lebensweise der einzelnen in ihrem Alltag – sie ist es, die viele „Wunder" vollbringt, die auch noch über die Fähigkeit hinausgehen, für lange Zeit ohne Essen auszukommen.
Bevor wir also beginnen, uns unsere Erkenntnisse eingehend zu betrachten, wollen wir einen Exkurs zu den Untersuchungen einiger anderer unternehmen, die sich ebenfalls mit diesem Phänomen befaßt haben. Der gewählte Weg ist zwar unterschiedlich, das Ergebnis jedoch scheint das gleiche.

2.1.2. *Bigu & Qigong – wissenschaftliche Untersuchungen*

In diesem Kapitel möchte ich gern etwas auf jenes Qigong-Phänomen eingehen, das „Bigu" genannt wird und auf das ich zuerst aufmerksam wurde über etwas, das im Lichtnahrungsforum auf der C.I.A.-Website veröffentlicht wurde. Es scheint, daß in den USA Hunderte, die bestimmte Vorlesungen eines Qi-Meisters besucht haben, „*breatharians*" (von Atemluft lebende, Praniker) wurden oder, um den im chinesischen Qigong gebräuchlichen Begriff zu verwenden, „den Bigu-Zustand" erreichten.
Für diejenigen, die mit dieser Praxis nicht vertraut sind, möchte ich nun einige Ergebnisse meiner Recherchen zu Qigong einbringen. Sie stammen von der Website http://www.qigong.net/.
„Vor langer Zeit, im alten China, erkannten die Menschen durch den dort notwendigen ständigen Überlebenskampf, daß bestimmte Körperbewegungen, geistige Konzentration und Vorstellungen, zusammen mit diversen Arten, zu atmen, ihnen helfen konnten, einige Körperfunktionen zu beeinflussen. Dieses Wissen und diese Erfahrungen wurden im Laufe der Zeit zusammengefaßt, feiner ausgearbeitet und über die Generationen hinweg

weitergegeben… und sie prägen das, was heute als das traditionelle Qigong bekannt ist.
Qigong spielte im alten China in unterschiedliche Aspekte des Lebens hinein und harmonisierte die Beziehung zwischen Mensch und Himmel. Das Auftreten großer Meister und diverser Errungenschaften von Qigong in alter Zeit half dabei, die Grundlage für die Herausbildung der chinesischen Kultur abzugeben, einschließlich der Erfindung ihrer Schriftsprache, der Entdeckung der Kräuterheilkunde, und der Herausbildung unterschiedlicher Formen von Kunst.
Ein durchgängiges Kennzeichen von Qigong ist die gleichzeitige Schulung von Körper und Geist. Die gleichzeitige Kultivierung der Persönlichkeit und der Essenz ist der Hauptinhalt des traditionellen Qigong. Vom Stil her besteht er gleichzeitig aus Bewegungen und Stille, und methodisch kennzeichnet ihn die Kombination des Geistes (Bewußtseins), des Qi (Bioenergie), des Körpers und des höheren Geistes.
Traditionelles Qigong basiert auf dem Prinzip der Tugend. Nur durch Betonung von Tugend – tugendhaft zu sein und die Tugend zu bewahren – und mit einem wohlwollenden tugendhaftem Herzen, tugendhaftem Charakter und tugendhaftem Handeln können wir Harmonie mit unserer Umgebung und die drei Gemütszustände erreichen, die für das Praktizieren von Qigong erforderlich sind: Ruhe, Stille und Natürlichkeit. Die Tugend ist der goldene Schlüssel, der das Tor zu Qigong aufschließt."
Es scheint, daß bei manchen Menschen, die Qigong praktizieren, der „Bigu"-Zustand spontan eintritt, ohne erkennbare Vorbereitung und unabhängig von der Lebensweise, die sie für ihren Alltag wählen – mit anderen Worten, sie haben sich keinem bestimmten Prozeß unterzogen. Es ist interessant, daß diejenigen, die Qigong praktizieren, die einzige von mir gefundene Gruppe sind, die weiterführende Studien zum Zustand des Lebens ohne Essen durchgeführt haben. Ein Großteil der Untersuchungsergebnisse ist in chinesischer Sprache festgehalten, und mehr herauszufinden, ist aufgrund der Sprachprobleme schwierig, und auch deshalb, weil diese Menschen, die Qigong praktizieren, Kontroversen aus dem Weg gehen möchten.
Die Qi-Meister haben gesagt, daß die Gegenwart noch nicht der angemessene Zeitpunkt für eine weite Verbreitung von „Bigu" sei, und daß der Westen insgesamt noch nicht ganz soweit sei, wenn sich auch die Situation in neuerer Zeit merklich verbessert hat. Sie haben auch gesagt, der Grund dafür, daß sie Menschen derzeit nicht anregen würden, die „Bigu"-Erfahrung anzustreben, sei der, daß jemand, der sich im „Bigu"-Zustand befände, sehr sensibel würde, und deshalb leicht von den negativen Gedanken und Wünschen von Menschen störend beeinflußt werden könnte, die – milde ausgedrückt – sich schwertun damit, dieses Phänomen zu akzeptieren.
Bigu ist in manchen Qigong-Kreisen wieder ein Thema, über das man offen diskutiert, doch laut der Quelle, auf die ich bei meinen Recherchen stieß, befand sich ein Mann über dreieinhalb Jahre lang in Bigu, als die Kontroversen begannen und die Menschen, die derartiges praktizierten, gedrängt

wurden, sich aus dem Zustand herauszubegeben. Wie schon in vorherigen Kapiteln gesagt: die Tatsache, daß man nichts zu essen braucht, läßt sich anderen gegenüber nicht verbergen.

Diese Qi-Meister haben gesagt, nicht jeder könne mit diesem Zustand auf annehmbare Weise umgehen und sie wüßten von einigen Leuten, „die fast psychotisch wurden – zum einen aufgrund der extremen Sensibilität und als Reaktion auf die unterschiedlichen Phänomene, denen sie infolge ihres Bigu-Zustands ausgesetzt waren, und zum anderen, weil sie besonders frustriert waren durch Konflikte am Arbeitsplatz oder mit der Familie, die sich um ihren Bigu-Zustand drehten. Positiv zu verzeichnen ist allerdings, daß sie von unglaublicher Leichtigkeit und Energie berichteten und davon, daß sie sehr wenig Schlaf brauchten, wenn sie sich in diesem Zustand befanden. Selbst jetzt essen all diejenigen, die sich in bestimmten Qigong-Kreisen offiziell nicht in Bigu befinden, sehr, sehr wenig."

Das unterscheidet sich völlig von dem, was wir erfahren haben, da die Licht Botschafterinnen und Botschafter im allgemeinen Menschen sind, deren Augenmerk darauf gerichtet ist, Meister ihrer selbst zu werden und das Pranaprogramm willentlich durchführen, während diejenigen, die in den Bigu-Zustand gelangen, das fast zufällig tun. Einige Individuen können, wenn sie nicht vorbereitet sind auf die Kraft des göttlichen Einen, im Pranaprogramm ebenfalls emotional und mental instabil werden, aber dazu kommt es nur, wenn sie diese Probleme schon von vorn herein haben, das der Pranaprozeß sie verstärken kann.

Nachdem zu urteilen, was mir Menschen sagten, die sich in Bigu-Kreisen bewegen, stellen die Betreffenden ihren Bigu-Status im allgemeinen nicht öffentlich zur Schau. Ein Mann klagte, er sei dreimal in Bigu gewesen, jedesmal nur für drei Wochen, und jedes Mal sei er genau an dem Tag, an dem er damit „geprahlt" hatte, aus dem Zustand herausgekommen. Etliche Zuhörer nickten zustimmend, als er das sagte. Ein anderer sagte, in dem Moment, als er wütend wurde, sei seine Bigu-Erfahrung beendet gewesen.

Offensichtlich ist der Gewinn, den Qigong Praktizierende davontragen, so unterschiedlich, daß die entsprechende Organisation bezüglich des Bigu-Phänomens nicht mehr Aufmerksamkeit auf sich lenken will, und ich kenne das Gefühl.

Auf der ganzen Welt höre ich Leute sagen: „Hast du schon von diesen Leuten gehört, die sagen, daß sie nichts zu essen brauchen?" Ich höre nie: „Hast du schon von diesen Leuten gehört, die **so auf das Göttliche in sich eingestimmt sind**, daß sie nicht mehr zu essen brauchen?" Das ist ein riesiger Unterschied.

In der ganzen Geschichte hat es viele strahlende Meister auf der Erde gegeben, die viele erstaunliche Dinge tun können und getan haben, darunter auch die Ausstrahlung von Qi. Das moderne Gegenstück davon wäre die Pranaheilung, wie sie von dem Meister Choa Kok Sui eingesetzt wird.

Ja, wir können von wundervollen Meisterinnen und Meister ausgestrahlte Energie empfangen oder alternativ dazu eigenverantwortlich mit täglicher

Disziplin und der Entscheidung für einen ganz bestimmten Lebenstil den Meister in uns selbst finden (das Göttliche in uns) und zulassen, daß es uns am Leben erhält, uns lehrt und uns dazu hinführt, unser eigenes höchstes Potential zu erfahren, denn wir sind ja schließlich spirituelle Wesen, die sich hier befinden, um die Erfahrung des Menschseins zu machen.
Um den Meister im Innern zu entdecken, muß man täglich Zeiten der Stille wahren (wie etwa durch Meditation) und den Körper (und die eigene Umgebung) wie einen Tempel behandeln, damit das göttliche Eine im Innern kraftvoller durch uns nach außen strahlen kann. Außerdem müssen wir Meisterung des eigenen Geistes ausüben und uns bewußt dafür entscheiden, uns in jedem Augenblick unseres Tages unserer Gedanken, Worte und Handlungen bewußt zu sein.
Zweifellos kann die Entdeckungsreise rund um die Lichtnahrung schwierig sein, es sei denn, man ist physisch, emotional, mental und spirituell fit – und nicht jeder hat dazu den Mut, die Entschlossenheit und Disziplin oder interessiert sich auch nur dafür. Und dennoch sind die Ergebnisse das ganze wert und ermöglichen es uns, unabhängig von der Notwendigkeit zu sein, in der Gegenwart derzeit körperlich inkarnierter oder auch nicht inkarnierter Meisterinnen und Meister zu sein. Viele M.A.P.S.-Botschafter sehen es so, daß es nun an der Zeit ist, unsere eigene Meisterschaft hier auf der Erde an den Tag zu legen – im Hier und Jetzt.
Für viele ist es eine Zeit, Meisterschaft über sich selbst zu erringen, ein pragmatisches Leben zu führen und eine wirksame Kraft zu sein, die positive Fortschritte auf dieser Welt vorantreibt. Wir stellen uns eine Welt vor, in der alle Meister sind, statt daß alle eine Kostprobe der Macht und positiven Auswirkungen suchen, die es hat, in der Gegenwart der wenigen bekannten Meisterinnen und Meister auf dieser Welt zu sein.
Schlußendlich ist es schon immer eine Herausforderung gewesen, das göttliche Eine im eigenen Innern zu erfahren, und die Lichtnahrung ist nur eine kleine Initiation, die damit zu tun hat, dem göttlichen Einen in uns genug zu vertrauen, um zuzulassen, daß es uns auf allen Ebenen erhält. Wie bei jeder Initiation kann auch diese jahrelange Vorbereitung erfordern, und das ist für diejenigen, die durch Pillen und Tinkturen schnelle Patentlösungen für die Herausforderungen unserer Tage suchen, oft wenig ansprechend.
Unsere Arbeit konzentriert sich von daher auf Präventivmedizin durch Erfahrung des Strahlens von innen und des Zulassens, daß das göttliche Eine in uns durch unser eigenes Leben nach außen abstrahlen darf.
Wir hätten sehr gerne nähere Details zu Untersuchungen an Menschen, die Bigu erfahren haben und über lange Zeit nichts gegessen haben – all diese Informationen sind sehr dienlich beim Informieren der vielen Skeptiker auf dieser Welt über den Gedanken an höhere Möglichkeiten. Bis wir sie haben, könnten unsere Leserinnen und Leser das Department of Human Body Science, Chinese Academy of Sciences, kontaktieren und mehr über die Bigu-Erfahrung im Qigong erfragen.
Unsere Website, die „Kosmische Internet-Akademie (*Cosmic Internet Aca-*

demy, C.I.A.) wurde aus zweierlei Gründen ins Leben gerufen. Zum einen, um eine Bibliothek mit kostenlosen Informationen zur Verfügung zu stellen, die allgemein zugänglich sind, und zum anderen, als zentrale Stelle zum Vernetzen von Dienstleistungsangeboten und Informationen, die sich um positive persönliche und planetare Fortschritte drehen, wie sie auch auf dem Plan der M.A.P.S. stehen. Zu diesem Zweck haben wir fünf Foren eingerichtet, darunter das Lichtnahrungsforum (*Living on Light Forum*), dem die obigen Informationen über Bigu ursprünglich zur Verfügung gestellt wurden. Es ist wahrscheinlich unser aktivstes Forum, da viele Menschen fasziniert sind davon, welches Potential im Menschen steckt.

Ich beobachte sehr gern die Interaktionen in diesem Forum und lese auch die Kommentare, die von Kritik über Skepsis bis zu Unterstützung reichen. Hier treten einzelne Menschen wegen einer großen Bandbreite an Angelegenheiten miteinander in Verbindung. Entgiftung vor dem Prozeß, Nierenspülungen und Gallensteinausspülungen, Einsatz von Reiki zu Prana und so vieles mehr. Alle aktuellsten Informationen, die wir zum Thema Lichtnahrung erhalten, werden dort weitergegeben, zusammen mit einer Liste von Ansprechpartnerinnen und -partnern aus der ganzen Welt, die gerne mit anderen über ihre Entdeckungsreise in Verbindung mit diesem Übergang zu einem „l(e)ichteren Leben" sprechen.

Wenn ich von dem ausgehe, was ich bei meinen Recherchen über „Untersuchungen anderer" herausgefunden habe, scheinen wir uns alle über ein paar grundlegende Dinge einig zu sein.

Daß frei zu sein von der Notwendigkeit, Essen zu sich zu nehmen, ein ziemliches Maß an tugendhaften Gedanken, Worten und Handlungen voraussetzt.

Daß wir, um von „göttlicher Energie" ernährt zu werden, durch unsere Gebete, unsere Programmierung oder unseren Glauben und unsere liebende Verehrung deren Existenz erfahren müssen.

Daß weniger tugendhafte äußere oder innere Kräfte – Unglauben, Wut, Ego etc. – dieses vom göttlichen Einen Ausgestrahlte stören können.

Daß Menschen, die ihren Geist nicht beherrschen und die keine starke Verbindung zum göttlichen Einen in ihrem Innern haben, im Bigu-Zustand wie auch beim Pranaprogramm geistig instabil werden können.

Daß wir, ob wir durch Bigu oder über das Pranaprogramm aufhören, Essen zu brauchen, dennoch manchmal mit sozialen Anpassungsschwierigkeiten konfrontiert sind.

Für mich kann man das Praktizieren von Qigong und vielen anderen Formen gelebter Spiritualität, darunter auch dem Vierfachen Edlen Pfad der Buddhisten, mit der Praxis der Licht Botschafterinnen und Botschafter gleichsetzen, ihre Frequenz auf die des göttlichen Einen in ihrem Innern abzustimmen.

Mit die kraftvollste Arbeit auf dem Gebiet des Prana wird von Meister Choa Kok Sui betreut.

2.1.3. *Prana & Heilung – Die Pranic Healing Association*

„Es wird eine Zeit kommen, in der die Wissenschaft enorme Fortschritte macht, nicht aufgrund besserer Instrumente zum Entdecken und Messen von Dingen, sondern weil ein paar wenige über große spirituelle Kräfte verfügen werden, die derzeit selten eingesetzt werden. Innerhalb weniger Jahrhunderte wird die Kunst der spirituellen Heilung zunehmend weiterentwickelt und universell eingesetzt werden."

Gustaf Stromberg – Astronom

Wir nehmen hier das Werk von Choa Kok Sui mit auf, da sich die Global Pranic Healing Association schon seit längerer Zeit mit der versuchsweisen Überprüfung der Heilwirkung von pranischer Energie befaßt hat. Es folgt ein Auszug aus Choa Kok Suis Buch *Miracles through Pranic Healing*, das er mir letztes Jahr zugeschickt hat, zusammen mit seinem weiteren wunderbaren Buch *The Ancient Science and Art of Crystal Healing*. Beide Bücher sind sehr lesenswert für alle, die sich für die Heilkraft von Prana interessieren.

Prana oder KI

„Prana oder Ki ist jene Lebensenergie, die den Körper am Leben und gesund hält. Im Griechischen nennt man sie *Pneuma*, im Polynesischen *Mana* und im Hebräischen *Ruach*, was „Atem des Lebens" bedeutet...

Es gibt drei grundlegende Quellen von Prana: Sonnenprana, Luftprana und Erdprana. Sonnenprana ist Prana aus dem Sonnenlicht. Er wirkt belebend auf den ganzen Körper und fördert die Gesundheit. Man führt sich Sonnenprana zu, indem dem man fünf bis zehn Minuten sonnenbadet oder sich dem Sonnenlicht aussetzt, und indem man Wasser trinkt, das der Sonne ausgesetzt gewesen ist. Längere Aufenthalte in der Sonne oder zu viel Sonnenprana würden den ganzen physischen Körper schädigen, da er ziemlich große Kraft hat.

Der Prana, der in der Luft enthalten ist, wird Luftprana genannt oder Luftvitalitätströpfchen. Luftprana wird über den Atem durch die Lungen aufgenommen sowie auch direkt von den energetischen Zentren des bioplasmischen Körpers absorbiert. Diese Energiezentren heißen auch Chakras. Man kann durch tiefes, langsames, rhythmisches Atmen mehr Prana aufnehmen als durch kurze, flache Atemzüge. Außerdem kann Luftprana von Personen, die darin unterwiesen worden sind, durch die Poren unserer Haut aufgenommen werden.

Prana, der im Erdreich enthalten ist, wird Erdprana genannt oder Bodenvitalität oder Bodenvitalitätströpfchen. Dieser wird durch die Fußsohlen aufgenommen. Das geschieht automatisch und unbewußt. Barfußlaufen erhöht die Menge an Erdprana, die vom Körper aufgenommen wird. Man kann bewußt mehr Erdprana in sich hineinziehen, um die eigene Vitalität zu steigern, mehr Arbeit leisten zu können und klarer denken zu können.

Wasser nimmt Prana aus dem Sonnenlicht, der Luft und dem Boden auf,

wenn es mit ihnen in Kontakt kommt. Pflanzen und Tiere nehmen Prana aus dem Sonnenlicht, der Luft, dem Boden, dem Wasser und ihrer Nahrung auf. Frischkost enthält mehr Prana als konservierte Nahrung.
Man kann Prana auch zu Heilzwecken auf eine andere Person projizieren. Bei Personen mit viel überschüssigem Prana ist es tendenziell so, daß andere in ihrem Umfeld sich besser und lebendiger fühlen, diejenigen jedoch, deren Prana erschöpft ist, neigen dazu, umbewußt Prana von anderen zu absorbieren. Vielleicht sind euch schon Personen begegnet, bei denen ihr euch ohne ersichtlichen Grund müde oder ausgelaugt fühlt.
Bestimmte Bäume, wie etwa Kiefern oder alte und gigantische gesunde Bäume geben viel überschüssigen Prana ab. Müde oder kranke Menschen profitieren erheblich davon, sich unter diese Bäume zu legen oder dort zu ruhen. Noch bessere Ergebnisse erzielt man, indem man verbal die Baumwesenheit bittet, der kranken Person zu helfen, gesund zu werden. Jeder kann auch lernen, durch die Handflächen bewußt Prana von diesen Bäumen aufzunehmen, so daß der Körper zu kribbeln und taub zu werden beginnt wegen der enormen Mengen von Prana, die aufgenommen werden. Diese Gabe läßt sich nach nur einigen wenigen Übungssitzungen erlangen.
Bestimmte Gegenden oder Orte haben tendenziell mehr Prana als andere. Manche von diesen hochgradig energetisierten Gebieten neigen dazu, Zentren der Heilung zu werden.
Bei schlechtem Wetter werden viele Menschen krank, und zwar nicht nur wegen der Temperaturveränderung, sondern auch wegen des abnehmenden Sonnen- und Luftprana (der abnehmenden Lebensenergie also). Von daher fühlen sich dann viele Menschen geistig und körperlich träge oder werden anfällig für Infektionskrankheiten. Dem kann man entgegenwirken, indem man bewußt Prana oder Ki aus der Luft oder dem Boden aufnimmt. Hellsichtige haben beobachtet, daß es tagsüber mehr Prana gibt als nachts. Der Prana erreicht etwa gegen drei oder vier Uhr morgens ein sehr niedriges Niveau."
Auch auf Übungen, aus der Luft, der Erde und den Bäumen Energie zu beziehen, wird in diesem Buch eingegangen, und der Meister sagt: „Pranisches Atmen energetisiert so sehr, daß unsere Aura sich zeitweilig um 100 % oder noch mehr ausdehnt. Die innere Aura expandiert auf etwa zwanzig Zentimeter oder noch mehr, die Gesundheitsaura auf gut 1,20 Meter oder noch mehr, die äußere Aura auf etwa zwei Meter oder noch mehr.
Pranisches Atmen erfolgt nach Meister Choa Kok Sui wie folgt:
Berühre mit der Zunge den Gaumen
Praktiziere Bauchatmung (durch die Nasenlöcher)
Atme langsam ein und halte vor dem Ausatmen einen Schlag lang den Atem an („leeres Zurückhalten" des Atems genannt).
Du kannst auch bis sieben zählen und dabei einatmen, dann einen Schlag den Atem anhalten, und dann bis sieben zählen und dabei ausatmen, denn wieder einen Schlag lang den Atem anhalten, oder du machst das ganze sechs Schläge lang und hältst für drei Schläge den Atem an.

„Durch die Bauchatmung dehnt sich der Unterleib beim Einatmen leicht, und beim Ausatmen zieht er sich leicht zusammen. Unterleib nicht übermäßig ausdehnen oder zusammenziehen."
In späteren Kapiteln sagt Choa Kok Sui weiter:
„Obwohl die Wissenschaft nicht in der Lage ist, Lebensenergie oder Prana nachzuweisen oder zu messen, bedeutet das nicht, daß Prana nicht existiert oder nicht die Gesundheit und das Wohlergehen des Körpers beeinflußt. In alter Zeit waren sich die Menschen der Existenz von Elektrizität sowie ihrer Eigenschaften und praktischen Nutzungsmöglichkeiten nicht bewußt. Aber das bedeutet nicht, daß es keine Elektrizität gibt. Unsere Unwissenheit verändert die Wirklichkeit nicht; sie verändert nur einfach die Wahrnehmung der Wirklichkeit, was zu falschen Wahrnehmungen und falschen Vorstellungen führt im Hinblick darauf, was es gibt und was es nicht gibt, was sich tun läßt und was sich nicht tun läßt."

Hinweis von Jasmuheen: Eine Beschreibung von Prana als universeller Lebensenergie steht in meinem ersten Buch, Lichtnahrung.

2.1.4. Dr. Barbara Ann Moore

Die fanzinierende Geschichte von Dr. Barbara Moore aus London, einer Frau unserer Tage, die vom Atem lebt, ist ein hervorragendes Beispiel für einen Menschen, der davon überzeugt ist, daß derartiges Fakt ist und nicht freie Erfindung. Hier die Geschichte, wie sie in Viktoras Kulvinskas' schwer aufzutreibendem, 1975 erschienenen Buch *Survival into the 21st Century* zitiert wird:
„Eine heldenhafte Gestalt ist die Medizinerin Barbara Moore aus London. In einem Pressebericht des London Sunday Chronicle vom 17. Juni 1951 heißt es:
„Vor zwanzig Jahren nahm sie drei reguläre Mahlzeiten am Tag zu sich. Über zwölf Jahre reduzierte sie allmählich ihre Nahrungsmittelaufnahme, bis sie sich schließlich mit einer Mahlzeit am Tag fit hielt, die aus Gras, Sternmiere, Klee, Löwenzahn und ab und zu einem Glas Fruchtsaft bestand.
Vor fünf Jahren stieg sie gänzlich auf Säfte und rohe Tomaten, Orangen, Gräser und Kräuter um. Nun trinkt sie nichts mehr als ein Glas Wasser, das sie mit ein paar Tropfen Zitronensaft aromatisiert. Sie sagt: „Das Sonnenlicht und die Luft enthalten so viel mehr als man mit bloßem Auge sehen oder mit wissenschaftlichen Instrumenten erfassen kann. Das Geheimnis liegt darin, herauszufinden, wie man dieses Zusätzliche – die kosmische Ausstrahlung - absorbieren und in Nahrung umwandeln kann."
Jedes Jahr fährt sie um der besseren Luft willen in die Schweiz und besteigt dort die Berge, und dabei lebt sie von nichts als dem Wasser der Gebirgsbäche. „Sie müssen wissen", erläutert sie, „daß sich die Zusammensetzung meiner Körperzellen und meines Blutes beträchtlich verändert hat. Hitze oder Hunger oder Müdigkeit können mir nichts anhaben."
Und weiter: „Ob im Winter oder im Sommer, selbst in der Schweiz trage ich

nur einen kurzärmligen Pullover und einen Rock. Bei kalter Witterung starren mich die Leute an. Während sie in ihren Pelzen bibbern vor Kälte, ist mir warm. Ich bin stark wie ein Mann und brauche, um geistig abzuschalten, nur drei Stunden Schlaf. Da mein Körper frei von Giftstoffen ist, bin ich nie krank. Ich mußte nach und nach von vegetarischer Ernährung zu rohem Obst und dann zu Flüssigkeiten übergehen. Jetzt arbeite ich mich in Richtung auf kosmische Nahrung (Luft) vor.
Ich habe das Eßstadium hinter mir gelassen und könnte nicht einmal mehr essen, wenn ich das wollte, da sich mein Verdauungstrakt massiv verändert hat. Er ist keine verschmutzte Röhre mehr und kann keine Fasern mehr verarbeiten. Statt dem Gedanken nachzuhängen, daß mein Leben in zehn Jahren vorbei sein wird, werde ich immer jünger. Jeder kann es genauso machen, wenn er es versucht. Das Tragische an der Sache ist, daß das Essen mit das größte Vergnügen im Leben ist. Mit dem Essen aufzuhören, bedeutet nur solange Unbehagen, wie der Körper braucht, um sich auf den neuen Kurs einzustellen, welcher der ursprünglich vorgesehene ist. Jetzt erregt sogar schon der Geruch von Essen Übelkeit in mir.'"
Viktoras Kulvinskas schreibt weiter: „1961 veröffentlichte Dr. Morris Krok aus Durban, Südafrika, *Conquest of Disease*, und in diesem Buch druckte er einen Teil eines Vortrags von Frau Dr. Moore ab, der in *Life Natural*, Ganeshganar, Padukottai, S. Ry, Indien, November 1960, stand.
Hier ein Auszug:
„Durch Selbstversuche habe ich herausgefunden, daß weder Energie noch Körperwärme von Nahrung herrühren. Tatsache ist, so paradox es auch klingen mag, daß ich drei Monate in den Schweizer und italienischen Bergen verbrachte und nichts als Schnee aß und nichts als geschmolzenen Schnee trank.
Ich bestieg täglich Berge – saß also nicht nur da und fastete und las ein Buch oder blickte in den Himmel. Nein, ich wanderte tagtäglich von meinem Hotel aus in die Berge, oft 27, 28 Kilometer weit, kletterte bis auf Höhen von 2.100 und dann bis 2.400 Metern, und dann auch das gleiche wieder bergab und wieder 27, 28 Kilometer bis zu meinem Hotel zurück.
Während meines Fastens bestieg ich täglich die Berge, und wenn das wegen Schlechtwetter nicht möglich war, wanderte ich 50 bis 70 Kilometer weit. Das war für mich der Beweis. Jahr für Jahr habe ich genau das gleiche getan, um herauszufinden, ob es wahr ist oder nicht. Denn schließlich könnte es ja ein Jahr funktionieren und im nächsten nicht, mit demselben Körper. Also habe ich es Jahr für Jahr aufs neue versucht und herausgefunden, daß weder die Energie noch die Wärme des Körpers von physischer Nahrung herrührt. Als ich das entdeckte, ging ich einen Schritt weiter: ich wollte sehen, ob ich ganz ohne Essen leben konnte, und zwar nicht für zwei, drei Monate, sondern für einen längeren Zeitraum. Ich stellte fest, daß auch das möglich war, aber offenbar nicht auf einer gewöhnlichen Höhe. Ich kann das in den Bergen, aber es ist schwieriger, wenn ich auf eine gewöhnliche Höhe [über dem Meeresspiegel? J.B.] hinunterkomme. Ich finde, die Luft dort ist anders. Ich

hoffe, irgendwann ganz von Luft zu leben... ich bin ein vielbeschäftigter Mensch und habe wenig Zeit zu schlafen. Ich bin nie müde oder hungrig."

Hier ein Update zu Kulviskas' Bericht, nachdem Dr. Buche Dr. Krok angeschrieben hatte, um mehr Informationen zu Frau Dr. Moore herauszubekommen:

Lieber Jürgen Buche,

ich glaube nicht, daß Barbara Moore noch lebt. Der Artikel, der in Kulvinskas' Buch vorkommt, erschien Ende der fünfziger, Anfang der sechziger Jahre erstmals.

Der Weg zu einem gesunden Leben oder der Ernährung durch die Atemluft besteht zunächst einmal darin, mit einer Mahlzeit am Tag auszukommen zu lernen – manchmal gegen Mittag, aber nicht später als vier Uhr nachmittags. Doch wenn man nicht hungrig ist, kann auch diese eine Mahlzeit ausgelassen werden.

Statt des Abendessens ist nur Wasser zu trinken, damit gewährleistet ist, daß man mit einem sauberen, leeren Magen schlafengeht. An Stelle des Frühstücks tritt wiederum Wasser. Die Mahlzeit, die man zu sich nimmt, kann aus etwas konzentrierteren Lebensmitteln wie etwa Nüssen bestehen oder etwas Trockenobst und Getreidekeimlinge; eine halbe Stunde vor den hochkonzentrierten Nahrungsmitteln kann Obst genossen werden sowie etwas grünes Blattgemüse und Wurzelgemüse wie zum Beispiel Möhren.

Man muß mit dieser Mahlzeit experimentieren, indem man die Anzahl der verspeisten Artikel reduziert. Was man jedoch zu sich nimmt, ist eine persönliche Frage, denn kein Nahrungsmittel wirkt Wunder. Die Magie liegt in der Vitalität und in der dem Körper und Geist innewohnenden Intelligenz, die weiß, wie sie das Gegessene auf ihre eigene Weise und in der Zeit, die sie dafür braucht, verarbeiten und umwandeln kann.

Ich bin der Überzeugung, daß über Gesundheit und Ernährung mehr Unfug gesagt wird als über die Religion und darüber, welche Rituale man einhalten sollte. Wenn man erkennt, daß Menschen mit unterschiedlichstem Speisezettel ein langes Leben erreicht haben, kann man daraus nur ableiten, daß die Nahrungsmittel nur Katalysatoren sind, um die Körperenergie zu stimulieren, die nie ein Teil von Gewebe und Knochen wird. Zu viel Essen jedoch kann Energie rauben."

Mit freundlichen Grüßen,

Morris Krok

essence@iafrica.com; P.O. Box 1129 Wandsbek 3631
Südafrika, Tel. +27 (31) 864521, Fax +27 (31) 2670600.

P.S.: Juergen Buche sagte mir neulich, er hätte entdeckt, daß Frau Dr. Moore von einem Auto überfahren wurde, als sie versuchte, zu Fuß die USA zu durchqueren. Außerdem bat er darum, ihn zu kontaktieren, falls jemand mehr über Barbara Moore weiß. – Jasmuheen

Die obige Information stammt von Dr. Juergen Buche,
Email bei drbuche@bigfoot.com
http://www.odyssee.net/~expodome.moore.htm

2.1.5. *Affirmationen und Pranayama – Dr. Juergen Buche*

Dr. Juergen Buche ist Heilpraktiker und verfügt über fünfzehn Jahre Erfahrung in alternativen Krebstherapien, Fasten und Naturheilmitteln. Als Mensch, der sich für das Abenteuer Ernährung vom Atem interessiert, schreibt er hier für uns über die Vorbereitung auf den Prozeß.

„Es ist nicht genug, zu versuchen, ohne Essen auszukommen. Man muß dabei schon eine recht gute Vorstellung haben, aus welchen unterschwelligen Gründen man ohne Essen bleiben und von Luft leben will. Tust du das, um beachtet zu werden oder dir einen Namen zu machen? Tust du es, weil du krank bist und Heilung möchtest, weil du dich regenerieren, verjüngen möchtest? Bist du entsprechend vorbereitet, um wirklich den benötigten Lebensunterhalt von der großen universellen Quelle zu beziehen und dabei nicht nur am Leben zu bleiben, sondern bei hervorragender Gesundheit und in Fülle zu wachsen und zu gedeihen?

Um es gleich zu sagen: ich habe feststellen können, daß tägliche Affirmationen eine absolute Notwendigkeit sind, um das Paradigma zu verstärken, daß ich mit selbst genüge, wobei das Selbst das allmächtige ICH BIN ist, das in dir wohnt. Ich verwende die folgende: „ICH BIN grenzenlose Liebe. ich bin die perfekte Manifestation der allmächtigen, liebenden, göttlichen und unendlich gütigen Kraft des Universums, das mich auf allen Ebenen am Leben erhält, mich nährt und mich heilt, unabhängig davon, ob ich esse oder nicht. Ich werde unablässig auf allen Ebenen erneuert, und ich befinde mich spirituell, geistig und emotional im Gleichgewicht. Ich bin der perfekte Ausdruck göttlicher und grenzenloser Liebe."

Die obige Affirmation wird dir Stütze sein und dich einstimmen. Sei darauf gefaßt, auf die eine oder andere Weise etwas zurechtgestutzt zu werden. Habe kein Angst und wage es, anders zu sein.

Ein weiterer wichtiger Bestandteil des ganzen liegt meiner Meinung nach darin, in Verbindung mit den obigen Affirmationen „inspiratives Pranayama" zu praktizieren. Das ist eine einfache Atemübung, die es ermöglicht, sich bewußt an die *universellen kosmischen Vorräte* anzudocken und ihnen nach Belieben alle gewünschte Nahrung zu entnehmen. Ich nenne das „offenes Atmen". Es ist außerordentlich kraftvoll, wenn es darum geht, sich auf die universelle Substanz, den Prana, einzustimmen und diese unsichtbare, alldurchdringende, lebenserhaltende, verjüngende, uranfängliche Substanz bewußt zu nutzen.

Setze dich bequem hin, mit geradem Rücken, und leere deine Lungen vollkommen.

Beginne damit, bis vier zu zählen (Sekunden) und dabei vollständig einzuatmen.

Halte den Atem solange an, bis du auf vier gezählt hast.

Atme vollkommen aus, bis du auf vier gezählt hast.

Laß deine Lungen leer bleiben, bis du auf vier gezählt hast.

Wiederhole 2-6 einmal am Tag oder öfter, falls gewünscht, zehnmal.

Erhöhe die Dauer des Zählens jede Woche um eine Sekunde (nichts über-

stürzen, auch wenn das einfach wirkt).
Wenn es hart wird (vielleicht bei zehn Sekunden pro Runde, bleibe auf diesem Level, bis es leichtfällt.
Singe beim Einatmen „So“ vor dich hin.
Singe beim Ausatmen „Ham“.
So, und damit bist du nun auf dem besten Weg, die Ernährung über den Atem zu bewerkstelligen. Gut für dich! Kannst du einschätzen, wieviel Zeit, Aufwand und Geld tagein, tagaus verschwendet wird – für Essen und Essenszubereitung? Wohl kaum. Essen ist eine sehr schlechte Angewohnheit, so will es scheinen. Die Leute essen sich einfach zu Tode. Experimente mit Ratten lassen nicht den geringsten Zweifel daran offen, daß eine Halbierung ihrer Nahrungsmittelaufnahme ihre Lebensdauer verdoppelt.
Die Pranayama-Übungen, die ich auf meiner Website erkläre, können bei gewissenhafter Durchführung im großen Rahmen helfen, die katabolischen Zellabfälle oxidieren zu lassen, die unweigerlich mit rapiden Reinigungsprozessen einhergehen. Die Aufnahme von großen Mengen Wasser am Morgen ist notwendig, um mit den toxischen Ausscheidungen aus dem Darm fertigzuwerden, die übrigens noch Monate weitergehen werden! Warum die Ausscheidungskanäle des Körpers strapazieren, wenn sich das gleiche durch eine schnelle tägliche „Spülung“ bewerkstelligen läßt? Die meisten Menschen, die es aufgeben, sich von Licht zu ernähren, tun das nicht, weil sie die Anstrengungen nicht bewältigen können, die mit dem Leben vom Atem einhergehen – sie geben auf, weil die Entgiftung zu rapide abläuft und weil sich unangenehm toxische Nebenwirkungen zeigen.
Aus diesem Grund befürworte ich es, daß werdende Lichtesserinnen und Lichtesser sich langsam zu dem Stadium vorarbeiten, wo sie über einen Zeitraum von mehreren Monaten hinweg immer weniger gekochtes und verändertes Essen zu sich nehmen und bei ihren frugalen Mahlzeiten zunehmend mehr LEBENDE Nahrung zu sich nehmen, nicht unbedingt quantitativ verstanden, sondern qualitativ. Selbst zu viel LEBENDE Nahrung kann toxisch sein. Lies einmal Arnold Ehrets Abhandlung *Rational Fasting*, und du wirst wissen, warum. Der disziplinierte Ansatz, zu fragen: „Ist diese Nahrung noch LEBENDIG?“ und danach zu entscheiden, was man ißt, kann zunehmend die Blutbahn sowie jede Zelle und alles Körpergewebe reinigen. Das dauert seine Zeit, länger als 21 Tage, fürchte ich, aber die Chancen stehen gut, daß die hoffnungsvollen Menschen, die sich von Atem ernähren wollen und das Programm weiterbefolgen, Erfolg haben, weniger traumatische Nebeneffekte erfahren, immens besser damit zurechtkommen.
Ich habe einen sehr guten Weg herausgefunden, wie man dem Körper nach und nach erlauben kann, sich auf neue Umstände EINZUSTELLEN, wie etwa immer weniger zu essen. Für ein kurzes Fasten dem Körper die Nahrung vorzuenthalten, ist bestens, aber für immer – das ist eine ganz andere Geschichte. Versuche einmal, einem Opiumsüchtigen sein Opium zu entziehen. Er wird STERBEN! Ziehe deshalb die folgende Alternative in Erwä-

gung – sie führt zum gleichen Ziel: von Luft zu leben…
Iß anfangs jeden zweiten Tag, das heißt, einen Tag lebst du mit Essen, den nächsten ohne. Stelle dich auf Rohkost um und iß schlichte Kost. Tu das solange, bis zu dich vollkommen wohl fühlst damit und zentrale Begierden überwunden hast.
Schiebe alle drei Monate einen zusätzlichen Tag ein, an dem du nichts ißt. Also wirst du im vierten, fünften und sechsten Monat zwei Tage lang nichts essen und an einem Tag etwas essen. Bleibe in diesem Stadium an deinem dritten Tag, dem Eßtag, bei Obst. Du kannst die Früchte mischen, aber nicht bei ein und derselben Mahlzeit. Solltest du aus irgendeinem Grund an zwei Tagen hintereinander essen (zum Beispiel, weil zu viel reifes Obst da ist), so faste für die nächsten drei (3) Tage (nicht vier). Tu das für drei Monate oder solange, bis du mit dieser Regelung problemlos zurechtkommst. Überwinde alle Süchte und alle Gelüste nach Essen. Vereinfache dein Leben – sei auf Überleben ausgerichtet.
Füge etwa alle drei Monate (je nach deinem Erfolg und dem Anpassungstempo deines Körpers) einen weiteren Tag des Nichtessens hinzu, bis du nur noch alle sieben Tage einmal etwas zu dir nimmst. Bleibe an diesem Eßtag bei einer Sorte Obst und iß moderat. Bleibe weiter bei den Affirmationen und bei Pranayama. Du brauchst nicht viel zu trinken, aber wenn die Reinigungsprozesse extrem sind, streiche einen Fastentag und bleibe auf diesem Stand, bis dir das ganze wieder leichtfällt. Während Reinigungsreaktionen mußt du viel trinken, um die Ausscheidung zu erleichtern.
Wenn du erfolgreich sechs Tage lang ohne Essen bleiben kannst und am siebten Tag nur moderat ißt, bist du soweit, den Sprung in die Ernährung von Atem allein zu wagen. Du bist soweit, dabei zu bleiben, „vom Licht ernährt" zu werden. Denke es dir nicht als essen. Denke dir diese Form des Lebenserhalts als LEBENDIGE LIEBENDE NAHRUNGSQUELLE."
Danke, Juergen.
Wer mehr herausfinden möchte: Juergen Buches Website, http://www.ucinet.com/~knickers/breathar.htm, ist eine wahre Goldgrube voller hilfreicher Informationen für Krebspatienten. Zusammen mit der Ernährungsberaterin Kathy Swan fördert er aktiv http://seasilver.threadnet.com, eine Site, die eine ideale gesundheitliche Lösung für diejenigen parat hat, die fasten müssen und komplette Heilung wollen. Er hat in den letzten drei Jahren auf altruistische Weise Tausenden mit kostenlosem naturheilkundlichen Ratschlägen über das Internet geholfen, erstellt jedoch keine Diagnose und schreibt keine Rezepte. Er ist unter drbuche@bigfoot.com zu erreichen.
Anfügen möchte ich hier noch etwas zu Jürgen Buches Ansatz, zu fragen: „Ist diese Nahrung noch lebendig?" Bei vielen Menschen nehmen Diäten zur Gewichtsabnahme viele ihrer wachen stunden in Anspruch. Im Laufe der Jahre bin ich persönlich zu der Feststellung gelangt, daß der Spruch: „Wenn es nicht roh ist, dann iß es nicht" ein sehr wirksames Hilfsmittel ist und eine großartige Weise, Gewicht zu reduzieren und dabei gleichzeitig den Körper zu entgiften ohne gleichzeitig wie beim normalen Fasten das Gefühl zu

haben, man hungere. Der Magen schrumpft langsamer, und die Entgiftung ist nicht so extrem. Das ist eine großartiges kurzzeitiges oder langzeitiges „Diät"-Verfahren.

2.1.6. *Pranakraft – Pranayama*

„*Denn der Rhythmus deines Atmes ist der Schlüssel zum Wissen*, welches das Heilige Gesetz offenbart."

Friedensevangelium der Essener, erstes Buch

Ich werde oft gefragt, ob es notwendig sei, Pranayama oder Kriya Yoga zu praktizieren, um von Göttlichen ernährt zu werden, und ich sage, solange wir fest mit der Kraft des göttlichen Einen verbunden sind und frei von toxischem Denken, ist nichts dergleichen notwendig, denn es geschieht automatisch. Da jedoch einige der Licht Botschafterinnen und Botschafter sich Tag für Tag in diese Kraftzone hinein und wieder hinauszubewegen scheinen, muß man sagen, je stärker die spirituellen Übungen, desto einfacher ist es, die pranische Ernährung aufrechtzuerhalten.
Ich persönlich liebe es, jeden Tag tief und bewußt zu atmen. Ich atme tief, wenn ich unter der Dusche bin, oder im Auto, oder im Einkaufszentrum – ich atme tief, wo ich auch bin, den ganzen Tag, in einer langen Meditation. Ich sitze sehr gerne frühmorgens oder spätnachmittags in der Sonne und atme, atme, atme. Wenn ich bioenergetische Übungen praktiziert habe und dadurch, daß ich alle Gitternetzlinien des Lichtkörpers öffne, in der Sonne sitze, tief atme und mir vorstelle, wie die Energie des Gottes Helios diese Gitternetzlinien mit einer erstaunlichen explodierenden Kraft erfüllt, ist das ein berauschendes Gefühl. Es ist wie eine kosmische Kraftstoffpumpe, mit der ich meine Batterien wieder auftanke!
Wenn wir die Augen zusammenkneifen, können wir Prana in der Luft funkeln sehen. Prana ist überall, und wie schon vorher erwähnt, heißt es in manchen Quellen, ein Großteil unseres Nahrungsbedarf könne durch unseren Atem gedeckt werden, wenn wir die entsprechende Atemweise praktizieren. Zu Pranayama gehört die Kontrolle des Atems, der wiederum die Effektivität vieler Körperfunktionen steuert. Lange langsame Atemzüge verlangsamen den Herzschlag, tiefes Atmen wärmt uns, Sauerstoff beseitigt Schmerzen, langsames Atmen fördert Gesundheit und ein langes Leben.
In der Encyclopedia Britannica steht: „ Sanskrit *Prana* („Atem"), in der indischen Philosophie die lebenswichtigen „Lüfte" oder Energien des Körpers. Ein zentrale Vorstellung in der frühhinduistischen Philosophie, insbesondere deren Ausdruck in den Upanishaden, wo man den Prana für das Prinzip der Vitalität hielt und man dachte, dieser überdauere als „letzter Atemzug" einen Menschen bis in alle Ewigkeit oder bis zu einem zukünftigen Leben."
In diesem Kapitel möchte ich uralte Übungen in den Mittelpunkt rücken, die unserer persönlichen Kraft und der von uns ausgestrahlte Menge an Qi einen Schub geben. Zuerst kommt ein etwas detaillierterer Blick auf

Pranayama, dann stellen wir ein paar Atemtechniken vor, darunter die Zwerchfellatmung, wie von dem Rohköstler David Wolfe praktiziert. Im nächsten Kapitel betrachten wir uns dann die Techniken der tanzenden derwische und der Berührung bei Kriya-Aoga.

2.1.6.1. Prana und die Veden

Die nachfolgenden Informationen stammen von der Website http://www.sit.wisc.edu/~fmorale1/prana.htm., und wir beziehen sie hier mit ein, da so mehr nähere Einzelheiten zum Thema Prana in der Tradition des Yoga eingebracht werden könne:

„Alles, was in den drei Himmeln existiert, ist von Prana gesteuert. Als Mutter ihrer Kinder, o Prana, schütze uns und gib uns strahlenden Glanz und Weisheit."
Prashna Upanishad II.13

Es gibt eine alte vedische Erzählung über Prana, die wir in diversen Upanishaden finden. Die Hauptsinnesorgane unserer Natur – Geist, Atem (Prana), Sprache, Ohr und Auge – stritten sich, wer von ihnen der beste und wichtigste Sei. Darin spiegelt sich der normale menschliche Zustand, in dem unsere Sinne nicht integriert sind, sondern miteinander kämpfen, während sie um die Herrschaft über unsere Aufmerksamkeit wetteifern. Um diesen Streit beizulegen, beschlossen sie, daß jeder den Körper verlassen würde, und dann würde man sich ansehen, wessen Abwesenheit am meisten schmerzte. „Zuerst verließ das Sprechvermögen den Körper, doch der Körper fuhr fort, wenn auch stumm. Danach verließ das linke Auge den Körper, aber der bestand in erblindetem Zustand fort. Als nächstes verließ das Ohr den Körper, aber der Körper machte taub weiter. Der Geist verließ den Körper, aber der bestand fort, wenn auch ohne Bewußtsein. Schließlich begann der Prana den Körper zu verlassen, und der ganze Körper begann abzusterben und sämtliche anderen Fähigkeiten begannen ihre Energie zu verlieren. Also eilten sie alle zum Prana hin und baten ihn, zu bleiben, und sie rühmten seine Überlegenheit. Es war eindeutig: der Prana hatte die Debatte gewonnen. Prana spendet all unseren Sinnen Energie, ohne die sie nicht funktionieren können. Ohne zuerst einmal den Prana zu ehren, gibt es nicht sonst, was wir tun können und keine Energie, um etwas zu tun. Die Moral von dieser Geschichte ist die, daß die Kontrolle des Prana der Schlüssel zur Kontrolle unserer anderen Sinne ist.

Prana hat viele Bedeutungsebenen, vom Atem bis zur Energie des Bewußtseins als solchem Prana ist nicht nur die elementare Lebenskraft, er ist die meisterliche Form aller Energie, die auf der Ebene des Geistes, Lebens und Körpers wirkt. In der Tat ist das gesamte Universum eine Manifestation von Prana, der ursprünglichen schöpferischen Kraft. Selbst die Kundalini Shakti, die Schlangenkraft oder innere Kraft, die das Bewußtsein transformiert, entwickelt sich aus dem Erweckten Prana.

Auf der kosmischen Ebene gibt es zwei grundlegende Aspekte von Prana. Der erste ist der unmanifestierte Prana, nämlich die Energie des reinen Bewußtseins, die alles Geschaffene übersteigt. Der zweite oder manifeste Prana ist die Schöpfungskraft selbst. Der Mensch besteht aus fünf Koshas oder Hüllen: Annamaya kosha; Pranamaya kosha, Manomaya kosha; Vijnanamaya kosha, Anandamaya kosha.

Pranamaya Kosha:
Der Pranamaya Kosha ist die Sphäre unserer vitalen Lebensenergien. Diese Hülle tritt als Mittlerin zwischen dem Körper einerseits, und den drei Hüllen des Geistes (äußerer Geist, Intelligenz und innerer Geist) andererseits auf und wirkt sich auf beide Ebenen aus. Es meditiert zwischen den fünf grobstofflichen Elementen und den fünf Sinneseindrücken.
Der beste englische Begriff für Pranamaya kosha ist wahrscheinlich „Lebenshülle" oder „Vitalkörper", um einen Begriff aus Sri Autobindos integralem Yoga zu gebrauchen. Pranamaya kosha setzt sich aus unserem Überlebenstrieb, unserem Fortpflanzungs-, Bewegungs- und Selbstheilungstrieb zusammen, die hauptsächlich an die fünf Sinnesorgane gekoppelt sind (Drang nach Harn- und Stuhlgang, Urino-Genitalorgane, Füße, Hände und Stimme)."

Die fünf Pranas
„Pranamaya kosha setzt sich aus den fünf Pranas zusammen. Der eine primäre Prana untergliedert sich entsprechend seiner Bewegung und Richtung in fünf Typen. In der ayurvedischen Medizin wie auch im Gedankengut des Yoga ist das ein wichtiges Thema (Prana, Apana, Udana, Samana, Vana).
In den Veden heißt es, daß die Sterblichen Essen mit Apana zu sich nähmen, während die Götter Essen mit Prana genössen. Diese nehmen über den Prana an sich Nahrung auf. Die rechte Nahrung unterstützt Apana.
Zwar hilft alles Pranayama in dieser Hinsicht, die wichtigste Form jedoch ist das abwechselnde Atmen durch beide Nasenlöcher, was zur Ausgewogenheit der Pranaströme rechts und links beiträgt. Regelmäßiges Atmen abwechselnd durch beide Nasenlöcher ist die wichtigste Methode, um unsere Pranas oder Energien im Gleichgewicht zu halten.... Tatsache ist, daß wir, wie die Veden sagen, alle unter der Kontrolle von Prana sind. Prana ist, so sagt man, die Sonne, die allen Leben und Licht spendet und als das Selbst aller Geschöpfe im Herzen wohnt. Prana in uns macht uns das Leben einfacher und ermöglicht es uns, zu handeln. Das ist eines der großen Geheimnisse des Yoga." Die kompletten Angaben zu den Koshas finden sich auf der erwähnten Website.

2.1.6.2. Techniken und Auswirkungen von Pranayama
Von http://www.lavecchia.com/pranamaya2.html.
Hinweis: Pranayama-Training setzt eine Beherrschung der Asanas voraus sowie der Kraft und Disziplin, die aus ihnen erwachsen. Bevor mit Pranayama begonnen wird, sollte den Darm und Blase entleert werden. Vorzugsweise sollte Pranayama bei leeren Magen praktiziert werden. Eine halbe Stunde nach dem Beenden von Pranayama kann leichte Nahrung zu sich genom-

men werden. Die beste Zeit für Pranayama ist frühmorgens vor dem Sonnenaufgang sowie nach dem Sonnenuntergang. Dem *Yoga Pradipika* zufolge sollte Pranayama viermal am Tag praktiziert werden: frühmorgens, mittags, abends und um Mitternacht.

Ujjayi Pranayama (Siegesatmung)
Nimm eine bequeme Sitzhaltung ein.
Halte den Rücken gerade und belaste beide Sitzknochen gleichmäßig.
Strecke die Arme aus und laß die Rückseite der Handgelenke auf den Knien ruhen.
Führe Zeigefinder und Spitze des Daumens zusammen (als Jnana Mudra bekannt, das Symbol des Wissens). Der Zeigefinger steht für die individuelle Seele und der Daumen für die universelle Seele, die Einheit = Wissen).
Schließe die Augen und sieh nach innen.
Atme komplett aus.
Atme langsam, tief und beständig durch beide Nasenlöcher. Du spürst das Hindurchströmen der hereinkommenden Luft am Gaumen. Es verursacht ein Geräusch (saaa). Das ist der Ton, den du dabei hören solltest.
Fülle deine Lungen, achte dabei darauf, den Unterleib beim Einatmen nicht aufzublähen.
Der ganze Unterleibsbereich von der Beckenwand bis zum Brustbein sollte rückwärts in Richtung Wirbelsäule gezogen werden.
Halte ein, zwei Sekunden lang den Atem an.
Atme langsam, tief und gleichmäßig aus, bis die Lungen vollkommen leer sind. Spanne den Unterleib ein paar Sekunden lang an, und löse dann langsam das Zwerchfell. Die ausströmende Luft sollte den oberen Gaumenbereich streifen und dabei „ha" machen.
Warte einen Moment, bevor du einen neuen Atemzug tust. Wiederhole die Zyklen 5-10 Minuten lang und halte dabei die Augen geschlossen.
Lege dich in *Shavasana* (der Leichenstellung) auf den Boden.

Auswirkungen
Dieser Typ von Pranayama öffnet die Lungen, beseitigt Schleim, verleiht Ausdauer, beruhigt die Nerven und tonisiert den Organismus. Ujjayi ohne Anhalten des Atems und eine ruhende Position sind ideal für Menschen mit hohem Blutdruck oder Herzproblemen. *Bitte unbedingt behandelnden Arzt oder behandelnde Ärztin um Rat zu fragen.*

2.1.6.3. *Pranayama-Atemtechnik mit David Wolfe*
In seinem Buch *The Sunfood Diet Sucess System*, S. 316, schreibt er: „Zuerst einmal sei gesagt, daß der Atem das Energieniveau im Körper steuert. Wir wissen, daß alles Energie ist – Materie ist nur eine Form von gefrorener Energie. Je mehr Sauerstoff deine Zellen zur Verfügung haben, desto mehr Energie hast du, um deine Ziele zu erreichen, und nach desto weniger Essen verlangt es dich. Manche Menschen essen zu viel, weil sie nicht richtig atmen.

Wenn du dich hungrig, krank, müde oder matt fühlst, ist es eine gute Möglichkeit, dich schnell zu beleben, wenn du nach draußen gehst und 30mal tief durch das Zwerchfell atmest.... Meiner Meinung nach ist das beste Muster für eine tiefe Zwerchfellatmung eines, das ich täglich anwende, seit ich 19 war, und es funktioniert nach der folgenden 1:4:2-Relation:
Einatmen (durch die Nase), und zwar einen Schlag lang. Die Nase filtert die Luft, die wir einatmen und befeuchtet sie gleichzeitig. Die Siebbeinplatte über der Nasenscheidewand reguliert darüberhinaus die Temperatur der Luft, die in die Lungen gelangt.
Diesen Atem anhalten, bis du auf vier gezählt hast. So tankt der Körper vollends Sauerstoff und wird stimuliert.
Ausatmen (durch den Mund), zwei Schläge lang. Durch das Ausatmen werden Giftstoffe freigesetzt.
Ein Beispiel für dieses Mengenverhältnis: für 6 Sekunden einatmen, diesen Atem 24 Sekunden lang anhalten; 12 Sekunden lang ausatmen.
Versuche auch die folgende yogische Atemtechnik:
Einatmen (durch die Nase), dabei auf eins zählen.
Diesen Atem anhalten, dabei auf eins zählen.
Ausatmen (durch den Mund), dabei auf eins zählen.
Lungen leer bleiben lassen, dabei auf eins zählen. Das erzeugt einen Vakuumsaugeffekt, der beim nächsten Einatmen Giftstoffe aus dem Gewebe zieht.
Ein Beispiel für diese Relationen: Für 6 Sekunden einatmen, dann Atem für 6 Sekunden anhalten; 6 Sekunden lang ausatmen. Lungen sechs Sekunden lang leer bleiben lassen. Die „Atemkraft" ist unter Meditierenden ziemlich bekannt, wie ich in meinem Buch *In Resonanz* in dem Kapitel „Der Atem des Lebens" geschrieben habe: Zitat!
„Es heißt, wenn wir nichts verändern würden – weder unsere Eßgewohnheiten noch unser Maß an Bewegung, unser Denken oder unsere Gewohnheiten – bis auf unser Atemmuster, so könnten wir unser Leben radikal verändern... daß wir unsere Atemzuge pro Minute von, sagen wir einmal, 15 auf fünf redzieren würden, würde das unser Leben verdreifachen...
Abgesehen davon, daß es dazu beiträgt, die Gesundheit und Vitalität zu erhalten und wiederherzustellen, liegt der Hauptnutzen des Bestrebens, den „Lebensatem" (die Energie, die uns am Leben erhält) zu erfahren, darin, daß wir aufgrund seiner sehr reinen und vollkomenen Natur, wenn wir mit ihm in Berührung kommen und ihn erfahren, stellt sich eine ganze Bandbreite von Erfahrungen ein, von tiefem inneren Frieden, totaler Entspannung und besserem Schlag zu den überwältigenden Gefühl der Freude und Seligkeit von Freude oder Samadhi."
Wie Choa Kok Shui sagt: „Wir beziehen einen Großteil von Ki, unserer Lebensenergie, aus unserer Atemluft... Von dieser Lebensenergie, Ki, verbrauchen wir ständig etwas – durch jeden Gedanken, jeden Akt des Willens, jede Muskelbewegung. Dementsprechend ist es nötig, diese wieder aufzufüllen, und das ist möglich durch Atemtechniken und andere hilfreiche Übungen."

2.1.7. *Göttlicher Tanz – tanzende Derwische & die Bioenergetik*

In meinem Buch *In Resonanz* stehen noch weitere Techniken zur Atemarbeit, wir empfehlen euch jedoch, solange damit zu experimentieren, bis ihr eine findet, die euch entgegenkommt – wißt einfach, daß unterschiedliche Atemtechniken für unterschiedliche Zwecke eingesetzt werden können. Tiefes rhythmisches Atmen, bei dem das Einatmen in das Ausatmen übergeht, ist allseits beliebt. Wenn wir alle das täglich praktizieren würden, und die Meisterung des eigenen Geistes, gäbe es keine Krankheiten.

Nachdem wir erst einmal ein Atemmuster etabliert haben, bei dem wir tiefe, feine, miteinander verbundene Atemzüge tun, erhalten wir den Schlüssel zum Gleichgewicht im Tanz der Derwische. Um zu vermeiden, daß dir schwindlig wird, kannst du dich beim Einatmen darauf konzentrieren, wie der Atem aufwärts gezogen wird, und beim Ausatmen darauf, wie er abwärts losgelassen wird und nach außen gelangt. Diese Konzentration auf das Auf und Ab bewirkt, daß du zentriert bleibst und im Gleichgewicht.

2.1.7.1. Das göttliche Umherwirbeln der tanzenden Derwische

Der Tanz der Derwische war für mich eine aufregende Offenbarung, und er ist eine erstaunliche Möglichkeit, uns enorm mit neuer Energie aufzuladen. Ich hatte mich fast zwei Jahre lang mit Bioenergetik befaßt und damit, wie sie sich auf das Tanzen anwenden ließ, als das göttliche Eine in mir mich dazu hinführte, diese Drehbewegungen zu vollziehen.

Intuitiv erkannte ich, daß ein Drehen von links nach rechts, wie bei der ersten Technik der Fünf Tibeter, wirksam mein Chakrasystem energetisieren und es mir außerdem erlauben würde, an Informationen vom Universellen Geist heranzukommen. Eines Abends, als ich problemlos eine Stunde lang herumgewirbelt war, ohne daß mir schwindlig wurde, erkannte ich, daß ich in einem früheren Leben wohl ein Derwisch gewesen war, denn ich hatte so selbstverständlich einen Zugang dazu, also begann ich zu recherchieren.

An manchen Stellen steht, der 700 Jahre alte Tanz der Derwische sei ein Weg, das menschliche Herz blankzupolieren, und mache es der Seele möglich, mit dem Göttlichen zu kommunizieren.

Der Tanz der Derwische geht auf den Dichter Mevlana Dschelaleddin Rumi aus dem 13. Jahrhundert zurück und ist, so heißt es, ein ekstatischer Tanz der Hingabe an Gott, der gleichzeitig große Disziplin und Konzentration auf die eigene Mitte erfordert. Auf der Website http://www.bdancer.com/med-guide/culture/dervish.html wird ausgeführt:

„*Derwisch* bedeutet wörtlich „Tor". Wenn sich das Vermittelte von Gegenwart zu Gegenwart bewegt, kommt es zum *Darshan*, bei dem im Sehen Sprache ist. Wird der Sog der Schwerkraft noch stärker, so werden die beiden zu einem Drehen, das molekularer und galaktischer Natur ist, und eines spirituelles Eingedenksein der Gegenwart in der Mitte des Universums. Das Drehen ist ein Bild, das dafür steht, wie der Derwisch leer wird, so daß sich Mensch und Göttliches begegnen können.

„Ein geheimes Sichdrehen in uns läßt das Universum sich drehen. Kopf ohne Gewahrsein der Füße, und Füße ohne Kopf. Keines von beiden stört sich daran. Sie drehen sich weiter."

– Rumi

Eine der möglichen Techniken des Herumwirbelns:
Bei dieser feierlichen religiösen Zeremonie, so glaubt man, tritt die Kraft des Himmels in die nach oben gestreckte rechte Handfläche ein, durchströmt den Körper und verläßt dann die untere linke Handfläche, um in die Erde einzutreten. Der Derwisch behält die Kraft weder in sich, noch ist es an ihm, sie zu lenken. Er akzeptiert, daß er wahrhaft ein Instrument Gottes ist, und deshalb stellt er die Kraft, die kommt und die ihn wieder verläßt, nicht in Frage. Es ist gelegentlich schon diskutiert worden, in welche Richtung es sich zu drehen heißt. Meine (Thais Banus) Recherchen ergaben folgende simple Aufschlüsselung des Prinzips:

Beginne langsam, baue dann Tempo auf, und werde dann wieder langsam.

Beginne, indem du einen Schritt mit Umdrehung nach rechts (im Uhrzeigersinn) tust, laß dabei die Arme seitlich herunterhängen.

Führe nach mehreren vollständigen Umdrehungen die rechte Handfläche nach oben (der Arm ist dabei voll ausgestreckt), und die linke nach unten (auch hier ist der Arm voll ausgestreckt).

Drehe dich mehrmals weiter nach rechts (der Sufi, von dem ich dies abgeleitet habe, bevorzugte sieben vollständige Umdrehungen).

Hebe nun die linke Hand über Schulterhöhe, aber nicht bis zur Höhe deines Kopfes. Lege dabei gleichzeitig den Kopf schräg, so daß das linke Ohr sich der linken Schulter annähert, und drehe dich dabei weiter nach rechts.

Laß den Kopf nach vorn sinken, so daß dein Kinn nahe an deine Brust kommt, und blicke auf den Boden. Die Arme bleiben hoch in der Luft, und du drehst dich weiter nach rechts. Neige den Kopf nach rechts, wobei das rechte Ohr in der Nähe der rechten Schulter ruht, und dabei blickst du zur rechten Hand hinauf. Drehe dich weiter nach rechts.

Laß den Kopf nach hinten zurücksinken und blicke in Richtung Himmel. Drehe dich dabei weiter nach rechts.

Beginne immer mit der Umdrehung nach rechts. Erst nach mehreren vollen Umdrehungen vertauschst du die Position der Arme und kehrst die Bewegung um, so daß sie nach links verläuft (gegen den Uhrzeigersinn). Man sollte immer mit vollen Umdrehungen nach rechts aufhören. Der Kopf schwingt, und es können sich Kreise in die entgegengesetzte Richtung der Umdrehung bewegen. Ich freue mich über Kommentare oder weitere Informationen zu dieser faszinierenden Tanzform des Nahen Ostens.

Thais Banu – Redakteur und Verleger von *Unveiled Thoughts*.

„Meiner persönlichen Erfahrung nach läßt der Tanz der Derwische weit mehr zu, als in dem obigen Kommentar angerissen. Es läßt sich beim Herumwirbeln eine ganze Bandbreite von Mudras und bioenergetischen Übungen einsetzen, und wenn man über den Atem seine eigene Mitte gefunden hat, kann man die Drehgeschwindigkeit problemlos mit dem eigenen Willen steuern".

Wenn man genug Schwung hat, entsteht regelrecht das Gefühl, im Mittelpunkt eines Tornados zu stehen, während der physische Körper sich in einem kraftvollen Energiestrudel dreht. Es ist ein Gefühl, als sei dein Körper ein kosmischer Korkenzieher, durch den Energie in die Erde fließt. Es fühlt sich wirklich so an, als wäre man gewichtslos und der Schwerkraft enthoben und als würde man im Zentrum des Universums stehen. Dabei die Stabilität und das Gleichgewicht zu bewahren, erfordert in der Tat Disziplin und Geschicklichkeit, läßt sich mit etwas Übung aber leicht erreichen. Gebet, Programmierungen und Bioenergetik hinzuzufügen, macht es wiederum noch kraftvoller, und der Zweck, zu dem du das tun möchtest und wozu diese Techniken eingesetzt werden können, muß natürlich überprüft werden.

Ich empfehle dir, deine Drehgeschwindigkeit und die Zeit, die du mit dem Herumwirbeln verbringst, allmählich aufzubauen, denn wenn du zu schnell vorgehst, kann es passieren, daß du noch lange nach dem Aufhören das Gefühl hast, in dir dreht sich alles weiter. Das Gleichgewicht läßt sich auch kontrollieren, indem du dich auf jedem Fuß von einer Seite zu anderen wiegst, und das ist auch eine gute Möglichkeit, aus einem sehr schnellen Herumwirbeln wieder herauszukommen.

Ich kann diese Übung gar nicht genug empfehlen, denn sie lädt nicht nur unser komplettes Chakrasystem mit neuer Energie auf, sondern bringt darüberhinaus ein Gefühl mit sich, den Darshan des Göttlichen zu haben.

Auch die Vorstellung, daß Licht aus deinem gesamten Chakrastrudeln hervorschießt und sich beim Drehen in alle Zellen bewegt, ist etwas sehr Belebendes. Erinnere dich daran, daß Untersuchungen zufolge der Körper nicht zwischen einem „echten" und einem „vorgestellten" Ereignis unterscheiden kann, wenn du dich auf diese Weise neu definierst und deine Energiefelder auflädst. Es kann viel Spaß machen und ist eine ausgezeichnete Übung. (Mehr über den Tanz der Derwische steht in *The Wizard's Tool Box*).

2.1.7.2. Bioenergetik

Viele von uns kennen den Begriff „Bioenergetik" aus der Arbeit Wilhelm Reichs. Aus meinem Verständnis der Verbindung zwischen Geist und Körper heraus und ausgehend von der Sicht, daß wir alle spirituelle Wesen darstellen, die hier sind, um menschliche Erfahrungen zu machen, arbeite ich auf eine Weise mit den bioenergetischen Prinzipien, die die Arbeit von Reich und Dr. Alexander Lowen auf eine andere Ebene bringt.

Auf der Website www.bapera.com.br/lowen_i.html findet sich folgender Kommentar zu diesem Wissensfeld: „Die Arbeit nach Lowen stützt sich auf drei Punkte: der erste ist die **Selbstwahrnehmung**, das Spüren der eigenen Emotionen und Gefühle; der zweite ist das Ausdrücken dieser Gefühle, der **Selbstausdruck**; und dazu kommt schließlich die Integration von beidem durch **Selbstbeherrschung**."

Unsere Arbeit ist von daher ähnlich ausgerichtet, daß „beim Ansatz der

bioenergetischen Analyse zwei Gedanken fundamentale Bedeutung erhalten: *Erdung* und *Sichüberlassen*. Das erste meint ein Sichverwurzeln, es ist das Sichnähren, das auf die Notwendigkeit eines wirklichen energetischen Austauschs zwischen dem menschlichen Körper und der Erde verweist, die ihm Nahrung spendet. Der zweite Gedanke, das Sichüberlassen, bedeutet, sich auf einer ganz tiefen Ebene sich selbst hinzugeben, eine tiefe Entspannung und ein Loslassen eingefleischter Verteidigungsmechanismen, die im Organismus Fuß gefaßt haben, die traumatische Situation aufrechterhalten und das vitale Pulsieren des Organismus behindern. Die Straße von Krankheit zu Gesundheit verläuft von einem archaischen Re-Agieren zu einem wirklichen Agieren, von Sichüberlassen zu Erlösung. Ein dritter und eher in neuerer Zeit entstandener Gedanke ist der Gedanke der *gracefulness*[9], der für Lowen mit Spiritualität zusammenhängt."
Die Kombination der Bioenergetik mit diesem göttlichen Tanz ergibt etwas, das ich das IMUR-Programm nenne. Es basiert auf dem Werk von Rumi und gibt ihr durch die bioenergetische Arbeit der Höheren Lichtwissenschaft eine futuristische Note, und wir können durch erneutes Tuning persönlicher Energiefelder bis zu Umfeldkontrolle und universeller Feldkontrolle so manches erreichen.
IMUR steht für „*Impeccable Mastery of the Universal Realms*" (dt.: Makellose Meisterung der Sphären des Universums) und ist ein Programm für kosmische Ritter, die sich dem Dienst im Rahmen des universellen Paradigmas verpflichtet haben. Mehr zu diesem Programm in Teil 2 von *The Wizard's Tool Box*.
Eines der größten Geschenke, die wir uns machen können, ist die komplette meisterliche Beherrschung unserer molekularen Struktur und unserer sämtlichen Energiefelder. Meisterschaft dreht sich darum, die Kraft zu erhalten, in einem Zustand ungetrübter Gesundheit, beständiger Regeneration und Freiheit von Krankheiten und Unwohlsein auf allen Ebenen unseres Seins zu existieren. Um frei von Krankheit zu sein, müssen wir lernen, uns selbst harmonisch auszurichten. Genauso wie wir unser Auto zum Tuning in die Werkstatt bringen, können wir unsere eigenen Energiefelder wieder korrekt einstellen und neu aufladen und so perfekte Gesundheit in unserem physischen, emotionalen, mentalen und spirituellen Körper entstehen lassen.
Abgesehen von bewußten Programmierungen und qualitätvollem Denken, qualitätvollem Fühlen und qualitätvoller Ernährung (entweder von Prana oder von lebendiger Kost), gibt es außerdem diverse praktische Übungen, die wir täglich praktizieren können, um unsere Energiefelder zu stärken und ein persönliches und dann ein globales Paradies zu erschaffen. Es ist unnötig, im Paradies nicht bei bester Gesundheit zu sein, und die Bioenergetik wird dazu eingesetzt, den Körper energetisch kontrollieren zu können, während wir lernen, uns stärker in die göttliche Kraft einzuklinken.
Die Bioenergetik befaßt sich mit der Kontrolle über unser Umfeld und ist ein System von Mudras und Bewegungen, die ich aus reinem Vergnügen daran

mit Musik unterlegt habe. Sie ist Teil der Höheren Lichtwissenschaft und läßt sich über Gedanken, Willen, Absicht und Handeln anwenden, so daß in unserer Welt eine kraftvolle energetische Dynamik entsteht. Sie ermöglicht es denjenigen, die sich von Licht ernähren, unbeeinflußt zu bleiben von irrlichternden Energien auf der Welt und ermöglicht es ihnen, in dieser sensiblen Verfassung auf eine Weise existieren, die für sie selbst und andere positiv ist.

Nach zwei Jahren täglichen Trainings mit grundlegenden bioenergetischen Techniken sind diese nun in den Tanz der Derwische eingebaut worden, um wirklich ziemliche Kraft ins Spiel zu bringen. Bei diesem Verfahren nehmen wir alte und neue Techniken und verbinden sie, um eine kraftvolle, einem Energiewirbel ähnelnde „Kammer" zu erzeugen, die der Heilung, der telepathischen und holographischen Kommunikation, der erneuten Energetisierung und vielem mehr dient.

Ein regelmäßig praktiziertes Trainingsprogramm, kombiniert mit dem Programm *„Luscious Lifestyles"*, wird unsere Energiefelder radikal ändern und die die natürlich von uns ausstrahlenden Energien fördern und neu definieren. Einzelheiten zu dieser Form der Umfeldkontrolle finden sich in Teil zwei von *The Wizard's Tool Box.*

2.1.8. Mitochondrien – Recherchen von Charles Mills

Liebe Jasmuheen,

mein Name ist Charles Mills.

Letztes Jahr habe ich meinen Abschluß als *Bachelor* in Sozialwissenschaften mit Hauptfach Psychologie absolviert (Psychologie machte 7 von 18 Studienteilen aus). Außerdem konzentrierte sich ein Drittel meines Studiums auf Philosophie, weitere Aspekte waren Statistik und Soziologie. Im Laufe meines Studiums bin ich zu einer Theorie zur energetischen Regenerierung der Zellen gelangt, die ich wie folgt beschreiben kann:

a) Im Rahmen eines Biologiekurses, der Teil meines Hauptstudiums in Psychologie war, stieß ich in einem Lehrbuch auf zwei interessante Punkte – nämlich, daß die Energieproduzenten in der menschlichen Zelle nach jetzigem Erkenntnisstand die Mitochondrien sind, und daß die Mitochondrien eine DNA haben, die sich von der DNA der Zellen unterscheidet (die DNA der Mitochondrien wird nur von der Mutter weitervererbt, anders als die zellulare DNA, die eine Kombination der DNA beider Eltern ist) – von daher sind die Mitochondrien ein Organismus, der irgendwann einmal in die Zelle hineingelangt ist.

b) Ausgehend von dem zweiten Punkt oben komme ich zu dem Schluß,

1) daß die Mitochondrien sich also ganz ähnlich wie Parasiten verhalten.

2) daß es scheinbar eine Zeit gegeben hat (vor dem „Parasitenbefall" durch Mitochondrien), wo die menschlichen Zellen (über tierische Zellen weiß ich nicht Bescheid) ohne Mitochondrien funktionierten.

c) Aus Punkt a) 1 und b) 2 folgt, daß:

Offenbar in der Zeit vor dem „Parasitenbefall" die menschlichen Zellen ohne Einsatz der Mitochondrien *Energie produzierten*. Es gibt also wenigstens zwei Möglichkeiten, wie die Zellen an Energie gelangen können (eine über Mitochondrien, die andere ohne).

d) Mir scheint, daß man diejenigen, die Stellung zu dem oben ewähnten Aspekt des zellularen Energiegewinns beziehen möchten, in drei Lager unterteilen kann:

1) Diejenigen, die einfach die in Lehrbüchern aufgestellte Behauptung, es könne ohne Mitochondrien Energie erzeugt werden, als unzutreffend verwerfen;

2) Diejenigen, die keine Ahnung haben, wie die Zellen vor Hinzukommen der Mitochondrien zu Energie gelangten;

3) Diejenigen, die die eine oder andere Ansicht dazu haben, wie die Zellen vor Hinzukommen der Mitochondrien Energie bekamen.

e) Ich würde meinen, daß diejenigen unter d) 1 einen tüchtigen Teil der Wissenschaft gegen sich hätten;

f) Diejenigen, deren Ansichten unter d) 3 fallen (z. B. Anhänger der Pranaernährung, die glauben, daß sich zellulare Energie aus kosmischer Energie gewinnen läßt), hätten wahrscheinlich historisch vernichtende Kritik von denen unter d) 2 erfahren (wie sie typisch zu sein scheint für diejenigen, die außerhalb der physikalischen Wissenschaften operieren). Wer in das Lager d) 2 fällt, hätte allerdings, wie es scheinen will, keinen Grund, diejenigen herabzusetzen, die in das d) 3-Lager fallen, da sich beide in Punkt c) 1 und c) 2 einig sind.

g) Ausgehend von Obigem scheint es, daß die Praniker auf der Grundlage der verfügbaren wissenschaftlichen Beweise und der Gesetze der Logik und der Diskussion so vieles aufbieten können, was ihre Position untermauert, wie alle anderen.

h) Ausgehend von einer neugefundenen pranikerfreundlichen Warte frage ich mich, ob die Menschen ursprünglich zellulare Energie über eine Form von kosmischer Energie erlangten und überhaupt nicht aßen (das Zeitalter des „Gartens Eden"). Indem sie aßen (den metaphorischen Apfel), nahmen die Menschen den Mitochondrien-"Parasiten" in sich auf. Dadurch, daß sie sich diesen Parasiten einverleibten, veränderte sich die Art und Weise, wie der Körper Energie aufnahm (und von daher wurden die Menschen „aus dem Garten Eden" vertrieben). An jede Generation wird der Fluch des Parasiten (die „Erbsünde") von der vorherigen Generation weitergegeben. Durch besondere Riten („Taufe") kann der einzelne Mensch von dem Parasiten (der „Erbsünde") gereinigt werden. Als Wissenschaftler versuchten, die Mitochondrien in der Zelle zu vernichten, starb auch die Zelle. Ich frage mich jedoch, ob die Praktiken der Praniker eine Möglichkeit sind, die Mitochondrien zu vernichten, ohne die Zelle tödlich zu schädigen.

i) Es ist faszinierend, wie die Gedanken unter h) so perfekt in die biblischen Geschichten und die aus anderen Religionen zum Garten Eden, der Erbsünde und der Taufe passen.

j) Es dürfte recht einfach sein, festzustellen, ob es überzeugende wissen-

schaftliche Beweise für diese Theorie gibt: vielleicht könnte man im Labor eine menschliche Blutprobe untersuchen, um herauszufinden, ob in den Zellen Mitochondrien vorhanden sind oder nicht. Sollten derartige Analysen in histopathologischen Labors nicht durchführbar sein, so gibt es, wie ich über das Internet herausgefunden habe, in der James Cook University (North Queensland, also im weiteren Sinne bei Ihnen in der Nachbarschaft, Jasmuheen) ein Transmissions-Elektronenmikroskop (dort anzufragen im *Advanced Analytical Center*, glaube ich), das sich, wie es von dort heißt, zur Untersuchung von Mitochondrien verwenden läßt.
Nun, obiges sind nur ein paar theoretische Grundüberlegungen. Ich bin sicher, wenn man hier mehr Arbeit investiert, könnten diese auf lesbarere und interessante Weise und stringenter dargestellt werden. Es gibt eine ganze Reihe von Blickwinkeln (wie etwa die Parallelen zu religiösen Metaphern), durch die die Grundthemen zusätzlich interessant werden dürften.
Es würde mich sehr interessieren zu hören, was Sie von dieser Theorie halten und ob Sie interessiert sind, in dieser Richtung weiterzuforschen.
Der Punkt ist der, daß es Möglichkeiten geben mag, wie man die Zellen dazu bringen kann, zu ihrer früheren Methode der Energieerzeugung zurückzukehren. Einfacher wäre es, wenn man dabei die „parasitären" Mitochondrien abtöten könnte, denn das wäre vergleichsweise einfach zu erfassen. Die Rückkehr zur früheren Form der Energieversorgung könnte jedoch theoretisch nur ein „Abschalten" der Anbindung an die Energieerzeugung über die Mitochondrien erfordern, was schwieriger nachzuweisen wäre.
Ich wäre dankbar, wenn Sie mich als Ansprechpartner wie folgt angeben könnten: Charles Mills (B. Soc. Sc.), zu kontaktieren unter: catfish@catfish.com.au
Charles Mills ist sich also darüber im klaren, daß diese „Theorie" noch der Überprüfung bedarf. Leserinnen und Leser, die sich für Forschungsarbeiten auf diesem Gebiet interessieren, könnten vielleicht mit ihm direkt in Kontakt treten.

2.1.9. *Akupunktur & Sucht – Dr. M. Smith & Dr. M. Sankey*

Nachdem mir klar geworden war, daß die Fähigkeit, ohne Essen zu leben, lediglich die Folge der Entscheidung für eine bestimmte Lebensweise ist, kam mir der Gedanke, wenn diese Lebensweise uns von unserer Abhängigkeit von Essen befreien könnte, würde sie uns vielleicht auch von sonstigen Süchten freimachen können. Wie es der „kosmische Zufall" so wollte, war ich gerade dabei, ein Programm mit dem Namen „Heroin Addiction Program for Passionate Youth", kurz: „H.A.P.P.Y.", zu entwickeln (dt. in etwa: „Programm für heroinsüchtige junge Menschen voller Leidenschaft"), als weitere Informationen ans Licht kamen.
Mein Rezept lautete bis dahin: 1) Gebet und eigener Einsatz; 2) Programmierung und Neuschreiben des eigenen Lebensdrehbuchs; 3) Leidenschaft und Kreativität zur Stimulierung des eigenen Verlangens; 4) Entscheidungen im Hinblick auf die eigene Lebensweise – Freunde, Feinde und verschiede-

ne Wirklichkeitsfilme; 5) Meditation und kosmische Verbindungen.
Nachdem jedoch das Fundament hierfür angelegt war, führte mich meine innere Stimme dazu hin, mir die Energielinien des Süchtigen anzusehen, einschließlich seines Lichtkörpers und gesamten Körpers.
Bei der Versuchsperson, mit der ich arbeitete – einem jungen Mann, den ich hier Parzival nennen werde –, erkannte ich sehr bald, daß sein System kurz vor dem Kollaps stand. Sein Licht nahm rasant ab, und sein Energiesystem brauchte wirklich neuen Auftrieb. Die Stimme des Göttlichen in ihm hatte ihm in seinen Meditationen gesagt, daß er Akupunktur bräuchte, und auch ich hatte die gleiche Botschaft erhalten.
Bei der Arbeit mit Suchterkrankungen ist es immer eine großartige Sache, vom Göttlichen in der einen Person zum Göttlichen in der anderen Person zu arbeiten, da so die Persönlichkeiten umgangen werden und für bessere Unterstützung bei der Initiation und für die Rolle, in der wir dienen, gesorgt ist.
Der kosmische Zufall brachte uns dazu, eine Verbindung zur St. Mary's Church zu bekommen. Dies ist ein Programm in Brisbane, Australien, das von einer Gruppe engagierter Akupunkteure finanziert und auf ehrenamtlicher Basis durchgeführt wird. Mit Hilfe eines Fünf-Punkte-Programms mit Akupunkturnadeln und einem zwölfschrittigen Programm zur Lebensführung kann die Gruppe, die von irgendeiner Sucht befallen sind, sich dabei helfen, von ihrer Sucht loszukommen.
Dieses Programm, das auf der Arbeit von Dr. Michael Smith vom Lincoln Detox Center, einer Entzugseinrichtung in der New Yorker Bronx, basiert, war bereits erfolgreich im Einsatz, bevor es nach Australien gebracht und von dieser Gruppe umgesetzt wurde.
Ich erwähne das hier, da diejenigen, die es anstreben, ihre Sucht nach Essen – oder irgendeine andere Sucht – zu durchbrechen, bevor sie sich dem Pranaprozeß unterziehen, vielleicht in Erwägung ziehen könnten, ein Programm dieser Art anzuwenden. Nähere Einzelheiten sind über die Programmkoordinatorin, Deirdre Trocas, Telefon 0061 (7) 38 56 24 09, zu erfahren. Die Klinik der Gruppe der St. Mary's Church im West End von Brisbane ist täglich geöffnet und benötigt ebenfalls Unterstützung und Spenden.
Parzival liebt diese Bereicherung seiner Behandlung, und allmählich zeichnen sich Veränderungen in seiner Lebensweise ab. Wie wir alle versteht er, daß einzig und allein sein heftiger Wunsch, frei von seiner Sucht zu sein, ihn suchtfrei machen kann. Alles andere ist ein Werkzeug, um die Brücke in ein neues Leben zu schlagen. Ich empfehle, zu versuchen, das Fünf-Punkte-Akupunktur-Programm, zusammen mit dem zwölfschrittigen Plan für die Behandlung von Süchten jeder Art durchzuführen, von denen man sich lösen möchte.
Wie mein guter Freund, der in Los Angeles ansässige Arzt Dr. Mikio Sankey, in seinem neuen Buch *Esoteric Acupunktur – Gateway to Expand toward Healing* sagt: „Ein zentraler Punkt in der esoterischen Akupunktur sind das Ausbalancieren von Qi und der Qi-Fluß innerhalb der einzelnen Systeme des Körpers."
Dr. Sankey verwendet Akupunkturmuster, die „eine intensive und harmoni-

sche Verbindung mit den höheren spirituellen Sphären herstellen", und er verwendet chinesische Medizin, die mit Schwingungen arbeitet.
Dr. Sankeys neues Programm für die esoterische Akupunktur ist das Ergebnis von mehr als dreißig Jahren persönlicher Forschung und der Erfahrung uralter Weisheit. Indem er dies mit der chinesischen Medizin kombiniert, bringt Dr. Sankey hier auch seine Kenntnisse als Iridologe, Naturheilpraktiker, Reflexzonentherapeut und Akupunkteur ein. Er unterstützt die Meisterung von Geist und Körper durch die Praxis von Yoga, Tai Chi, Qi Gong, Meditation, Pranayama und einer gesunden vegetarischen Ernährung von frischer biologisch angebauter Nahrung. Zur Erreichung eines optimalen Gesundheitszustands wird außerdem eine Ernährung ohne Alkohol, Zucker, Koffein, Rauschmittel und Nikotin empfohlen.
Ja, Akupunktur wie das Fünf-Punkte-Ohrsystem, dem Parzival sich gerade unterzieht, wird die Energiefelder der Körper aufladen. Doch muß diese Behandlung durch das unterstützt werden, was Dr. Sankey und zahllose andere empfehlen, nämlich einer Arbeit als unserer Lebensweise. Homöopathie und Kinesiologie werden ebenfalls dabei helfen, das Gleichgewicht des Emotionalkörpers herzustellen; wir lösen uns von unseren Süchten – einschließlich unserer Sucht nach Essen.
Die Licht Botschafterinnen und Botschafter empfehlen eine Kontaktaufnahme mit alternativen Therapeut(inn)en und Menschen, die ganzheitliche Medizin lehren, damit sie beim Kreieren der Lebensweise, die euch förderlich ist, behilflich sein können. Befaßt euch mit eurer Ernährung, mit Meditation, körperlicher Bewegung und allem, was wir in den Kapiteln zu wachstumsförderlichen Lebensweisen behandeln. Viele Botschafterinnen und Botschafter haben feststellen können, daß Psychotherapiesitzungen zwar vorteilhaft für die Behandlung emotionaler Süchte sein mögen, daß aber auch das *Lucious Lifestyles* Programm in die Tat umgesetzt werden will. Gesunde Ernährung, regelmäßige Meditation, tägliches Körpertraining und Kreativität – sie alle helfen dabei, gewohnheitsmäßige Muster zu verändern, indem diese durch andere zeitintensive Gewohnheiten abgelöst werden, die positiverer Natur sind. Augenblicke effektiv und zum eigenen Wohl zu füllen, ist eine Gabe, die man erst lernen muß.
Ob wir süchtig sind nach Medikamenten oder Freizeitdrogen, oder nach Sex, Liebe, sinnvoller Arbeit, Vergnügungen oder Essen, Alkohol oder Zigaretten – die einzige Frage, die wir uns stellen müssen, lautet: „Helfen meine Süchte mir, ein gesunder, glücklicher Mensch zu sein?"
Lautet die Antwort „Nein", so heißt es, das wunderbare Netz talentierter alternativer Therapeutinnen und Therapeuten zu nutzen, die nun auf der Welt ihre Dienste anbieten. Manche fühlen, wenn sie sich auf ein Leben nach dem Prana-Programm umstellen, wie ein Junkie, der sich von einer Sucht löst. Ankara aus Schweden schreibt:
„Zuerst hörte ich jeden Morgen eine Stimme, die sagte: „Ich lebe ohne Essen!" Es war ein ganz besonderes Gefühl, diese Dankbarkeit dafür, daß das göttliche Eine für mich sorgte, und ich hatte beinahe Angst, anderen etwas

davon zu sagen, wollte nicht darüber reden. Dann kam eine Zeit, in der ich merkte, daß ich Kakao mit Milch trinken und Dinge kosten konnte, gegen die ich zuvor nicht vertrug. Die Frau in mir, die sich das, wonach es sie verlangte, nie zugestanden hatte (die guten Dinge im Leben, symbolisiert durch Eiskrem, Schokokekse) erwachte. Und gestand sich ein: ICH WILL DAS ABER! Und das Kind, das nie genug von den Leckereien abbekam, wenn es denn einmal welche gab, stimmte mit ein: „ICH WILL MEHR!"
Danach gewann die Disziplin wieder die Oberhand. „HÖR AUF DAMIT! SOFORT! Du darfst jetzt mindestens eine Woche lang nichts essen." Dann mischte sich die göttliche Kraft wieder ein und sagte: „Konzentriere dich nicht auf das Essen – konzentriere dich auf das, was dein Herz zum Singen bringt." Und ich lehnte mich in der Armen des göttlichen Einen in mir zurück und ließ diese Stimmen weiterreden, und dabei war ich sicher, wenn solange für mich Sorge getragen worden war, würde alles auch künftig auf das Beste für mich hinauslaufen. In Liebe, Licht und Lachen – Ankara."

2.2. Eigene Untersuchungen

2.2.1. *Statistische Auswertung des weltweiten Forschungsprojekts*

„Das Beste, was du für einen anderen Menschen tun kannst, ist nicht nur deine Reichtümer mit ihm zu teilen, sondern ihm seine eigenen zu zeigen.

Benjamin Disraeli – britischer Staatsmann und Schriftsteller

Im Laufe des letzten Jahres, grob geschätzt, haben wir soviele Daten wie möglich über Menschen gesammelt, die sich dem 21-Tage-Prozeß unterzogen haben. Unter Verwendung eines speziell konzipierten und sehr ausführlichen Fragebogens – wie dem, auf dem im Anhang dieses Buches hingewiesen wird –, versuchten wir, untenstehende Informationen herauszufinden *(Bitte beachte, daß hier nur Antworten mit „Ja" aufgeführt sind):*

Warum haben Sie den 21-Tage-Prozeß durchgeführt?

Weil es sich schlichtweg richtig anfühlte	– 88 %
Um der göttlichen Einheit näherzukommen	– 75 %
Aus gesundheitlichen Gründen	– 21 %
Aus Ernährungsgründen	– 11 %
Aus wirtschaftlichen Gründen	– 3 %
Aus Neugier	– 12 %

Wie haben Sie den 21-Tage-Prozeß durchgeführt?

Allein	– 45 %
Mit Freunden	– 40 %
Unter Aufsicht täglich/wöchentlich	– 47 %

Wieviel haben Sie beim 21-Tage-Prozeß abgenommen?

Weniger als 2 kg	– 35 %
Zwischen 2 und 5 kg	– 23 %
Zwischen 5 und 10 kg	– 27 %
Über 10 kg	– 22 %

Wie haben Sie sich auf den 21-Tage-Prozeß vorbereitet?

Alle Infos zum Thema Lichtnahrung besorgt	– 58 %
Ernährungsweise allmählich auf sehr leichte und einfache Kost umgestellt	– 66 %
Spezielles Körpertraining	– 37 %
Gründlicher Gesundheitscheck	– 18 %
Erhöhung der täglichen Meditationszeit	– 32 %
Zusätzliche spirituelle Übungen	– 66 %
Beherrschung des eigenen Geistes praktiziert	– 63 %
hatten gelernt, Verbindung zwischen	

Geist und Körper herzustellen	– 53 %
vorherige Kolonhydrotherapie	– 30 %
vorherige spezifische Entgiftungsprogramme	– 40 %
Überprüfung der Vorstellung, „essen müssen, um zu leben"	– 67 %

Vor dem Prozeß hatten sie wie folgt gelebt:

Vegetarische Ernährung	– 71 %
Veganische Ernährung	– 13 %
Ernährung von Früchten	– 18 %
Rohkost	– 25 %
Sonstige / Fleisch	– 12 %

Vor dem Prozeß hatte ich die Absicht

Nie wieder zu essen.	– 40 %
Nie wieder zu essen oder zu trinken	– 17 %
Nur noch aus Vergnügen zu essen	– 41 %
Mir selbst zu beweisen, daß ich kein Essen zum Leben brauche, nachdem ich die Kraft des göttlichen Einen in meinem Innern in anderen Bereichen meines Lebens verstanden hatte.	– 58 %

Vor dem Prozeß

War ich kerngesund	– 66 %
War mein physischer Körper fit und stark	– 68 %
War ich mit meinem Gewicht zufrieden	– 58 %
Sah ich mich als untergewichtig an	– 8 %
Betrachtete ich mich als übergewichtig	– 28 %
Erlebte ich eine klare innere Führung	– 60 %
War ich mir sehr bewußt, daß ich mir meine eigene Wirklichkeit erschaffe	– 83 %
Hatte ich gute familiäre Beziehungen	– 73 %
Hatte ich mit meiner Familie ein Gespräch über die Dynamik des 21-Tage-Prozesses	– 52 %,
…hiervon sagten: „Für meine Familie war es in Ordnung, daß ich mich für den 21-Tage-Prozeß entschied	– 51 %

Nach dem 21-Tage-Prozeß

Hat sich das Körpergewicht stabilisiert	– 71 %
Schlafe ich weniger	– 33 %
Erlebe ich mich vitaler	– 61 %
Habe ich das Gefühl, multidimensional zu operieren	– 58 %
Habe ich das Gefühl, nicht dazuzugehören bei geselligen Anlässen in Verbindung mit Essen	– 43 %

Fühle ich mich geistig klarer	– 78 %
Hat sich meine Wahrnehmung der Welt verändert	– 70 %
Werde ich allgemein besser mit dem Leben fertig	– 70 %
Fühle ich mich leichter, konzentrierter, wohler in meiner Haut	– 75 %
Bin ich motivierter, etwas für andere zu tun	– 71 %
Hat sich mein Kommunikationsvermögen…	
…mit anderen verbessert	– 52 %
…mit der göttlichen Kraft verbessert	– 52 %
Fällt es mir leichter, Veränderungen herbeizuführen	– 52 %
Fällt es mir leichter, zu erkennen, womit ich diene, und was mein Lebensauftrag ist	– 61 %
Fühle ich mich stärker und bin zuversichtlicher	– 67 %

Die innere Kommunikation mit dem Göttlichen

Hat sich verbessert	– 75 %
Kann ich besser aufrechthalten	– 72 %
War nur vorübergehend verbessert	– 18 %
Konnte nur unbefriedigend aufgebaut werden	– 23 %

Ich bin ausschließlich bei flüssiger Nahrung geblieben…

…und habe ab und zu Schmerzen vor Hunger	– 16 %
…und habe das Göttliche gebeten, mich mit zu ernähren	– 26 %
…und es funktionierte	– 18 %

Veränderungen des Gefühlszustands

Ich fühle mich emotional stabiler	– 68 %
Ich neige weniger zu Überreaktionen	– 68 %

Körperliche Veränderungen

Veränderungen seiner Formen	– 43 %
Veränderungen des Erscheinungsbilds	– 46 %

Ich habe wieder mit dem Essen angefangen, weil…

…ich den Geschmack vermißt habe und die Eintönigkeit micht langweilt	– 26 %
…ich mich sozial entfremdet hatte, und es leid war, anders zu sein	– 17 %
…meine Familie sich um meine Gesundheit sorgt	– 20 %
…meine Familie Angst um mich hatte	– 16 %
…ich nicht länger für die Familie kochen konnte, ohne selbst zu essen	– 6 %
…ich mein Gewicht nicht stabilisieren konnte	– 20 %
…ich bei Streß was zum Knabbern brauche	– 22 %

Ich habe Gelüste nach...

...Süßem – 67 %

...Herzhaftem – 50 %

Wenn ich esse...

...fühle ich mich als Versager(in) – 11 %

...habe ich Schuldgefühle – 10%

...habe ich das Gefühl, daß ich mit der Zeit diese Angewohnheit überwinden kann und kein Grund zur Sorge besteht – 70 %

...ist das etwas, was mich beschäftigt – 55 %

Obwohl ich nur von Flüssigkeiten lebe...

...ertappe ich mich dabei, an Essen zu denken – 5 %

Ich habe das Gefühl, daß mein Emotionalkörper noch süchtig nach dem Eßvergnügen ist – 70 %

und das beschäftigt mich – 55 %

Ich habe das Gefühl, daß der 21-Tage-Prozeß sich auf meine sexuelle Energie auswirkt

Sie ist stärker – 28 %

Sie ist nicht so stark wie davor – 20 %

Unverändert – 52 %

Gesundheit

Ich hoffte, während des Prozesses Heilung zu finden... – 50 %

...und die Krankheit hat sich gebessert – 23 %

Mein Gesundheitszustand hat sich generell verbessert – 66 %

Seit dem 21-Tage-Prozeß bin ich längere Zeit ohne Wasser und Essen geblieben – 28 %

Ich habe das Gefühl, daß der 21-Tage-Prozeß mir gut tat – 91 %

Lebensführung

85 % meditierten seit 1 Jahr bis 20 Jahren.

87 % hatten ein gutes Verständnis von Metaphysik.

55 % sagten: „Meine spirituellen Überzeugungen ermöglichen es mir, ein erfülltes und harmonisches Leben zu führen."

31 % gehören zu einer Meditationsgruppe.

47 % leben in einer starken spirituellen Gemeinschaft oder kommen oft mit dieser zusammen.

58 % stehen regelmäßig mit Gleichgesinnten in Verbindung.

47 % gehen regelmäßig in ihre Kirche/ihren Tempel/ihre Synagoge.

45 % sagten: „Ich bin eher ein(e) spirituelle(r) Krieger(in), der/die sich

dafür entscheidet, nicht in Gruppen zu sein."
50 % sagten, sie hätten sich schon immer für körperliche Unsterblichkeit interessiert.
61 % sagten: „Mein Lebens steht rund um die Uhr im Dienst positiver Fortschritte auf diesem Planeten."

Fazit: Die Deutschen waren am besten vorbereitet.
91 % hatten das Gefühl, daß der Prozeß „etwas gebracht" hat
71 % waren vor dem Prozeß Vegetarier(innen), davon 25 % Rohköstler.
71 % stabilisierten rasch ihr Gewicht.
66 % hielten sich für fit und stark, bevor sie mit dem Prozeß begannen.
85 % meditierten, und 25 % lebten bewußt enthaltsam.
87 % hatten ein gutes Verständnis von Metaphysik.
61 % sahen ihr Leben als Vollzeit-Dienen.

Nach dem Prozeß:
71 % fühlten sich noch immer emotional abhängig von Essen.
77 % fühlten sich geistig klarer.
74 % fühlten sich leicht, konzentrierter und unbeschwerter im Leben.
72 % fühlten sich emotional stärker (weniger Überreaktionen)
66 % empfanden eine Verbesserung ihres Gesundheitszustands.
75 % sagten, ihre Beziehung zum Göttlichen in ihnen hätte sich verbessert.

Demografische Angaben:
Die 80 Personen, die sich an dieser Untersuchung beteiligten, kamen aus: Australien, Neuseeland, Deutschland, der Schweiz, Frankreich, Österreich, Schweden, England, USA.
51 % weiblich; 49 % männlich.
Das Durchschnittsalter lag bei 47 Jahren, wobei die jüngste Person 18 und die älteste eine 93jährige aus Österreich war: Hildegard.
Natürlich könnte man noch viel mehr Schlüsse ziehen, wenn wir fortfahren mit unseren Untersuchungen zur Vorbereitung auf den Prozeß und die Zeit danach sowie zu den einzelnen Persönlichkeitstypen und zur individuellen Lebensführung der Lichtbotschafter und -botschafterinnen. Zweifellos werden irgendwann durch medizinische und wissenschaftliche Forschungsteams exaktere Tests am menschlichen Körper durchgeführt werden.
Wer gerne mehr Belege hierzu möchte, kann sich mit den Qigong-Studien zu Bigu befassen. Der 21-Tage-Prozeß ist zwar eine andere Methode und erfordert persönliche Disziplin und Training, aber der Grund, warum diese Menschen spontan in den Bigu-Zustand gelangen, ist wahrscheinlich das Ausmaß ihrer liebevollen Verehrung, ihrer Frömmigkeit und Geduld, ganz genauso wie bei den von Dr. Karl Graninger untersuchten Menschen in der Nachkriegszeit, die paradoxerweise ohne Essen auskamen.
Von daher: Ja, wir unterstützen weitere Untersuchungen in Zusammenarbeit

mit Menschen, die sich von Licht ernähren, um körperliche wie auch psychologische Veränderungen herauszufinden. Dennoch ist uns klar geworden, daß den Forschungseinrichtungen die Mittel dazu fehlen und schlagen vor, daß diese Untersuchungen gegebenenfalls auch auf einer weniger aufwendigen Ebene erfolgen können, und zwar zwischen den Teilnehmerinnen und Teilnehmern und ihren alternativen Therapeut(inn)en oder Ärzt(inn)en zu Hause.

Nach Abschluß dieser Untersuchungen, so schlagen wir vor, sollten die Informationen an die entsprechenden Weiterbildungskreise weitergegeben werden. Wir wissen, daß sich der Prana als Nahrungsquelle im Laufe der Zeit ebenso beweisen wird, wie die vegetarische Nahrung und Rohkost als akzeptable Ernährungsweise mittlerweile gesellschaftlich anerkannt werden. Bis dahin werden wir so, wie es uns unsere innere Stimme eingibt, mit unseren Untersuchungen fortfahren und der Welt dic Ergebnisse über unsere Website-Foren und das ELRAANIS-Magazin freigebig vermitteln.

Damit habe ich also einen Großteil dessen gesagt, was ich über die Untersuchungen und die Auswirkung von Prana auf uns persönlich sagen möchte. Betrachten wir uns nun als nächstes, welchen Einfluß die Lebensweise, für die sich die Lichtbotschafter und -botschafterinnen entscheiden, auf die Herausforderungen haben kann, denen wir aktuell im Bereich Weltgesundheit und Hunger auf der Welt begegnen.

In Abschnitt drei befassen wir uns nun mit Fakten und Zahlen sowie unserem Beitrag zur Umlenkung von Ressourcen.

Kapitel 3

3.1. *Ein Menschengeschlecht, ein Planet*

Quellen: Die Dienststellen der Vereinten Nationen Encyclopedia Britannica

3.2. *Die globale Lage*

„Die Geschichte der Erde ist immer ein Geschichte des Miteinanders zwischen lebenden Dingen und ihrer Umgebung gewesen. Zu einem erheblichen Teil sind die physische Form sowie die Gewohnheiten der Erdvegetation sowie der Tierwelt der Erde von ihrer Umwelt geformt worden. Betrachtet man die gesamte Zeitspanne der Erdzeit, so ist der gegenteilige Effekt, bei dem Lebensformen regelrecht ihr Umfeld modifizieren, relativ gering gewesen. Nur innerhalb des Augenblicks in der Zeit, für den das derzeitige Jahrhundert steht, hat eine Spezies – der Mensch – hinreichende Macht erhalten, das Wesen der Welt zu verändern."

Rachel Carson, The Silent Spring

Der dritte Teil unseres Buchs „Licht Botschafter" betrifft die weltweite Lage im Hinblick auf Gesundheit, Vegetariertum, Gentechnologie, Nachhaltigkeit von Rohstoffen sowie die wirksame Umlenkung von Ressourcen.
In diesem Teil finden sich Statistiken, die von John Robbins für das Buch *Nature's First Law – the Raw Food Diet*, von Arlin-Dini-Wolfe aufgestellt wurden. Diese Statistiken liefern ein wunderbares Argument für den weltweiten Umstieg auf vegetarische Ernährung als Schritt auf dem Weg dazu, so zu leben wie die Botschafter des Lichts.
Die Aufklärung über die Vorteile dieses Lebensstils, mag eine Zeit dauern, und doch ist er ein notwendiger Schritt für alle, die in Erwägung ziehen, eventuell das Pranaprogramm der Licht Botschafterinnen und Botschafter zu übernehmen und welche positiven Auswirkungen es schließlich auf alle unsere Gesellschaften haben wird.
Die Gesellschaften müssen sich weiterentwickeln, nicht nur zum Wohl von ein paar Menschen, sondern zu dem des Ganzen. Schreibmaschinen werden durch Computer überflüssig gemacht, die größeren Nutzen bringen; Pferd und Wagen wurden rasant von motorisierten Fahrzeugen abgelöst, und seit den Tagen, an denen Kuriere zu Pferde die Post zustellten, ist eine Menge passiert. Heutzutage haben wir E-Mail.
Was die Wahl der Nahrung angeht, sehe ich persönlich den Fleischkonsum vor dem Hintergrund unseres heutigen Wissen als etwas, das man mit der Postzustellung durch berittene Boten vergleichen könnte, während Lichtnahrung der E-Mail entspricht: kein Mittler nötig, nur bessere Technik.
Harvey Diamond zufolge sagten die Präsidenten der National Academy of Sciences, der National Academy of Engineering und des Institute of Medicine einhellig: „Wir glauben, daß die globalen Umweltveränderungen

durchaus das dringlichste internationale Thema für das nächste Jahrhundert sein könnten."

Harvey Diamond ist der Verfasser des Bestsellers *Fit for Life*, und wir zitieren einige Passagen aus seinem nächsten Buch, *Your Heart, Your Planet*, da sie hochrelevant sind für unsere nächste statistische Analyse.

Betrachten wir also Fakten, Zahlen und Feedback, die unsere weltweite Stellung als Spezies betreffen, doch beginnen wir zunächst mit dem Stand der aktuellen Forschung im Hinblick darauf, wie unsere Gesundheit und unser Planet durch den Fleischverzehr beeinflußt werden. Doch zuerst einige Zitate:

„Die Natur ist ein Sender unbegrenzter Reichweite, durch den Gott jede Stunde zu uns spricht, wenn wir nur auf Empfang gehen." – George Washington Carver, US-Chemiker und Lehrer.

„Ist der Mensch gewillt und voller Eifer, packen die Götter mit an." – Aeschylus, griechischer Dramatiker.

„Der Mensch denkt, Gott lenkt." – Alcuin, englischer Theologe.

„Predigen bewirkt eine Menge, doch weit wirksamer noch ist die Praxis. Ein gottgefälliges Leben ist das stärkste Argument, das man Skeptikern entgegenhalten kann." – Hosea Ballou, US-Geistlicher

3.3. *Harmonische Gesundheit – Fakten & Zahlen*

Statistiken von John Robbins aus Nature's First Law

„Tausende und Abertausende haben sich mit Krankheiten befaßt. Fast keiner hat Gesundheit studiert."

Adelle Davis, Ernährungsexpertin, USA

Die Ernährungswissenschaft in der Medizinerausbildung

Anzahl der Medizinischen Hochschulen in den USA: 125

Anzahl der Medizinischen Hochschulen in den USA mit Pflichtkurs in Ernährung: 30

Anzahl der Unterrichtsstunden in Ernährungskunde im Laufe einer vierjährigen Medizinerausbildung pro US-Arzt/Ärztin: 2,5 Stunden.

„Wenn dieses Land (Amerika) überleben soll, so sollte der Mythos von der bestgenährten Nation besser als das erkannt werden, was er ist: Propaganda, die dazu bestimmt ist, reich zu machen, nicht gesund." – *Adelle Davis.*

Herzinfarkte

Herzinfarkthäufigkeit in den USA: alle 25 Sekunden.

Häufigkeit von Herzinfarkten mit Todesfolge in den USA: alle 45 Sekunden.

Häufigste Todesursache in den USA: Herzinfarkt.

Risiko eines durchschnittlichen männlichen Amerikaners, an einem Herzinfarkt zu sterben: 50:100.

Risiko eines durchschnittlichen rein vegetarisch lebenden männlichen Amerikaners, an einem Herzinfarkt zu sterben: 4:100.

Risiko eines von Rohkost lebenden durchschnittlichen männlichen Ameri-

kaners, an einem Herzinfarkt zu sterben: 0. Reduzierung des Herzinfarktrisikos durch Einschränkung des Verzehrs an Fleisch, Milchprodukten und Eiern: 10 bzw. 9 %.
Anstieg der Cholesterinwerte durch Verzehr von 1 Ei pro Tag: 12 %.
Zunahme des Herzinfarktrisikos durch einen 12%igen Anstieg des Cholesterins im Blut: 24 %.

Die Fleisch-, Milch- und Eierproduzenten
Die Branche der Fleisch-, Milch- und Eierproduzenten behauptet, solange die Cholesterinwerte im Blut „normal" seien, gäbe es keinen Anlaß zur Sorge.
Risiko, an einer durch Arterienverkalkung (Arteriosklerose) hervorgerufenen Krankheit zu sterben, wenn die Cholesterinwerte im Blut „normal" sind: über 50 %.
Risiko, an einer durch Arterienverkalkung (Arteriosklerose) hervorgerufenen Krankheit zu sterben, wenn keine gesättigten Fettsäuren und kein Cholesterin konsumiert werden: 5 %.
Hauptlieferanten für gesättigte Fettsäuren und Cholesterin auf dem amerikanischen Speisezettel: Fleisch, Milchprodukte, Eier.
Weltpopulationen mit hohem Fleischkonsum, bei denen sich nicht entsprechend hohe Darmkrebsquoten finden: keine.
Weltpopulationen mit niedrigem Fleischkonsum, bei denen sich nicht entsprechend niedrige Darmkrebsquoten finden: keine.
Erhöhtes Brustkrebsrisiko für Frauen, die täglich Fleisch essen im Vergleich zu Frauen, die weniger als einmal in der Woche Fleisch essen: viermal höher.
Erhöhtes Brustkrebsrisiko für Frauen, die täglich Eier essen im Vergleich zu Frauen, die weniger als einmal in der Woche Eier essen: dreimal höher.
Erhöhtes Brustkrebsrisiko für Frauen, die dreimal oder mehr in der Woche Butter und Käse essen im Vergleich zu Frauen, die diese Erzeugnisse weniger als einmal in der Woche essen: dreimal höher.
Erhöhtes Risiko, an tödlichem Eierstockkrebs zu erkranken bei Frauen, die dreimal oder mehr pro Woche Eier essen im Vergleich zu Frauen, die weniger als einmal in der Woche Eier verzehren: dreimal höher. (Körperteil der Henne, der die Eier erzeugt: Eierstöcke)
Erhöhtes Risiko, an tödlichem Prostatakrebs zu erkranken bei Männern, die täglich Fleisch, Käse, Milch und Eier zu sich nehmen im Vergleich zu Männern, die diese Nahrungsmittel kaum oder gar nicht essen: 3,6mal höher.
Milch ist die perfekteste Nahrung der Natur für ein junges Kalb, das vier Mägen hat, innerhalb von 47 Tagen sein Körpergewicht verdoppelt und innerhalb von einem Jahr 136 Kilo auf die Waage bringen wird.
Um Milch verdauen zu können, wird ein Enzym namens Laktase benötigt. 20 % der kaukasischen Kinder, und 80 % der schwarzen Kinder haben keine Laktase in ihrem Verdauungstrakt. (Die Menschheit ist sogar so weit gegangen, eine Pille zu erfinden, die die Verdauung von Milchprodukten unterstützt. Das ist genauso verrückt, als würde man vor dem Konsum von

Motorenöl eine Pille einnehmen, die die Verdauung von Motorenöl erleichtert. Wenn unser Körper nicht von Natur aus dazu gemacht ist, eine bestimmte Substanz zu verdauen, dann sollte man sie vielleicht nicht zu sich nehmen.)

Zu den Erkrankungen, denen durch vegetarische Ernährung häufig vorgebeugt werden kann bzw. die sich hierdurch generell bessern, gehören: Herzerkrankungen, Schlaganfall, Osteoporose, Nierensteine, Brustkrebs, Darmkrebs, Prostatakrebs, Bauchspeicheldrüsenkrebs, Eierstockkrebs, Gebärmutterkrebs, Gebärmutterhalskrebs, Magenkrebs, Diabetes, Hypoglykämie, Nierenerkrankungen, peptisches Ulcus, Verstopfung, Hämorrhoiden, Hiatushernie, Divertikulose, Fettleibigkeit, Gallensteine, Bluthochdruck, Asthma, Reizkolon, Salmonellose, Trichinose etc.

„Wir leben in einer verrückten Zeit, in der Menschen, die sich für eine Ernährung entscheiden, die gesund und mitfühlend ist, oft als Eigenbrötler gesehen werden, während Menschen als normal gelten, deren Eßgewohnheiten die Entstehung von Krankheiten fördern und auf immensem Leid gründen.“ – *John Robbins*

Pestizide bei Nutztierbeständen

„Viele Menschen, die meine Gesundheitsseminare besuchen, bombardieren mich unweigerlich mit ängstlichen Fragen, was man machen solle bei all den Pestiziden auf Obst und Gemüse. Niemand – keine einzige Person – hat je die Frage nach Pestiziden in Fleisch, Huhn, Fisch, Eiern oder Milchprodukten aufgeworfen. Bemerkenswert!

Tieprodukte sind neunmal höher mit Pestiziden belastet, und niemand scheint sich dessen bewußt zu sein. An der Frage nach Pestiziden in Produkten kleben zu bleiben und dabei weiter tierische Erzeugnisse zu konsumieren, ist ganz so, als würde man sich darum sorgen, in einer Pfütze nasse Füße zu bekommen, wo eine monströse Flutwelle im Begriff ist, einen auszulöschen.“

– *Harvey Diamond*

Chlorkohlenwasserstoffpestizidrückstände in US-Lebensmitteln:

Aus Fleisch stammend: 55 %; aus Milchprodukten stammend: 23 %; aus Gemüse stammend: 6 %; aus Obst stammend: 4 %; aus Getreide stammend: 1 %. Prozentsatz der Muttermilch in den USA, die signifikante Mengen an DDT enthält: 99 %.

Prozentsatz an vegetarisch lebenden Müttern, deren Muttermilch signifikante Mengen an DDT enthält: 8 %

Relative Pestizidbelastung der Muttermilch fleischessender Mütter im Vergleich zur Pestizidbelastung der Muttermilch vegetarisch lebender Mütter: 35mal so hoch.

Prozentsatz zeugungsunfähiger Collegestudenten 1950: 5 %

Prozentsatz zeugungsunfähiger Collegestudenten 1978: 25 %.

Spermienzahl eines durchschnittlichen Amerikaners im Vergleich zur Spermienzahl vor 35 Jahren: 30 % weniger.

Hauptgrund für Zeugungsunfähigkeit und reduzierte Spermienzahl bei Männern in den USA: Chlorkohlenwasserstoffpestizide (etwa Dioxin, DDT etc.).
Prozentsatz an Chlorkohlenwasserstoffpestizidrückständen in amerikanischen Lebensmitteln, die auf Fleisch, Milchprodukte, Fisch und Eier zurückgehen: 94 %
28,4 Gramm Dioxin würden ausreichen, um 10 Millionen Menschen zu töten.
Weniger als eines von 250.000 geschlachteten Tieren wird auf Rückstände giftiger Chemikalien untersucht.
Stempelfarbe, die von der US-amerikanischen Gesundheitsbehörde viele Jahre lang benutzt wurde, um Fleisch als „1. Wahl" oder „Premiumqualität" zu kennzeichnen: *Violet Dye No. 1*.
Derzeitiger Status von *Violet Dye No. 1* als erwiesenermaßen krebserregend verboten.

„Es ist unser alarmierendes Pech, daß eine derart primitive Wissenschaft sich mit den schrecklichsten modernen Waffen bewaffnet hat und dadurch, daß sie diese gegen die Insekten richtete, auch gegen die Erde richtete."

Rachel Carson

Antibiotika in Nutztierbeständen
Prozentsatz von Breitbandantibiotika, die in den USA routinemäßig an Nutztiere verfüttert werden: 55 %.
Prozentsatz an penicillinresistenten Staphylokokkenerregern 1960: 13 %.
Prozentsatz an penicillinresistenten Staphylokokkenerregern 1988: 91 %.
Grund: Heranzucht antibiotikaresistenter Bakterien in der industriellen Nutztierhaltung durch routinemäßige Verfütterung von Antibiotika.
Wirksamkeit aller „Wundermittel" Antibiotika: rapide abnehmend.
Grund: Heranzucht antibiotikaresistenter Bakterien in der industriellen Nutztierhaltung durch routinemäßige Verfütterung von Antibiotika.
Reaktion der gesamten Europäischen Gemeinschaft auf die routinemäßige Verfütterung von Antibiotika an Nutztierbestände: Verbot.
Reaktion der gesamten Europäischen Gemeinschaft auf die routinemäßige Verfütterung von Antibiotika an Nutztierbestände: bedingungslose Unterstützung.

Wen die Frage beschäftigt, ob sich bei vegetarischer Ernährung ein hohes Maß an Gesundheit und Fitneß aufrechterhalten läßt, hier einige interessante Informationen zur Statistik:

Vegetarische Hochleistungssportler:
Einziger Mann, der mehr als zweimal im *Ironman Triathlon*[10] siegte: Dave Scott (sechsfacher Sieger). Halter des Weltrekords im eintägigen Dreikampf (7,7 km Schwimmen), 298 km Radfahren, 84,5 km Laufen: Sixto Lenares.
Athlet, der in der Geschichte der Leichtathletik bei den Olympischen Spie-

len herausragend dominierte: Edwin Moses (acht Jahre lang unbesiegt, 400 Meter Hürden)

Von Rohkost lebende Hochleistungssportler:

George Allen (hielt den Weltrekord im Gehen, legte die Strecke von Land's End in Cornwall bis nach John O'Groats am nördlichsten Zipfel Schottlands zurück; lebt größtenteils von rohem Gemüse).

Barbara Moore (brach George Allens Rekord).

Fausto Coppi und Luis Ocana (weltberühmte Radfahrer, die unter einer Rohkostdiät des französischen Kräuterexperten Maurice Messegue trainiert wurden).

Dick Gregory (lief 1974 1450 Kilometer, ernährte sich ausschließlich von Fruchtsäften; der ehemalige amerikanische Komiker ist nun Ernährungsexperte in Sachen Rohkost, der oft im Boxsport tätig ist – er hat mit Boxern wie etwa dem Schwergewichtschampion Ridick Bowe gearbeitet.)

Joe („*The Atom*") Greenstein (amerikanischer Muskelmann, der in den dreißiger Jahren große Popularität besaß.)

„Im Sport werden die Rohköstler neue und nie dagewesene Rekorde aufstellen. Durch 100%ige Ernährung von Rohkost werden jahrelange Athletenträume wahr."

aus: *Nature's First Law.*

Man erinnere sich daran, daß, obwohl ein Großteil der Fakten, die wir hier gerade dargestellt haben, sich auf vegetarische Ernährung im Vergleich zu einer Ernährungsweise beziehen, die auf tierischen Produkten basiert, die Unterschiede zwischen beidem zwar erheblich sind, aber noch viel drastischer sind, wenn man Rohkosternährung und vegetarische oder veganische Ernährung und eine Ernährung von Prana vergleicht.

Die obigen Statistiken zeichnen also ein hochinteressantes Bild, und dennoch können wir mit einigen grundlegenden Veränderungen unserer Lebensweise buchstäblich frei von allen Krankheiten sein, insbesondere, wenn wir die vorausgeschickten Empfehlungen befolgen.

Manchmal fragen mich Leute, ob sie sich körperlich viel bewegen und hart trainieren sowie schwer arbeiten könnten und dennoch rein von Prana leben, da sie immer geglaubt hätten, sie bräuchten eine eiweiß- und kohlenhydratreiche Ernährung, um dabei gesund zu bleiben. Natürlich können sie das – ich höre oft Berichte von Menschen, die fitter und stärker und gesünder werden, nachdem sie vollkommen auf Lichtnahrung umgestiegen sind. Auch hier bietet das *Luscious Lifestyles* Programm zusätzliche Unterstützung.

Als ich das Buch *Lichtnahrung* schrieb, wußte ich, daß jeder und jede von Prana leben konnte, wenn diese Person das wünschte. Was ich nicht wußte, war, daß das Vermögen, über einen längeren Zeitraum frei zu sein von der Notwendigkeit zu essen, vollkommen von der Lebensweise abhängt, für die wir uns entscheiden. Im Laufe der Zeit wurde mir klar, daß diejenigen, für die das etwas ganz Natürliches ist, regelmäßig meditieren, Meisterung ihres eige-

nen Geistes praktizieren, seit vielen Jahren einen sehr verfeinerten und schlichten Speisezettel haben sowie einen starken Glauben an höhere Mächte, großes Vertrauen in sie haben und sie persönlich erfahren haben.
Wie schon oft angemerkt, erfordert die Fähigkeit, frei von der Notwendigkeit des Essens zu sein, in der Tat Training, und für viele besteht der erste Schritt darin, auf eine vegetarische Ernährung umzusteigen. Befassen wir uns also hiermit etwas eingehender.

3.4. *Vegetariertum*

„Die Geistesgröße einer Nation und die Fortschrittlichkeit ihrer Moral läßt sich daran ermessen, wie sie ihre Tiere behandelt."

– *Mahatma Gandhi*

Zu den interessantesten Dingen, die ich persönlich im Laufe der mehr als zwei Jahrzehnte herausfand, in denen ich vor Aufnahme der pranischen Ernährung vegetarisch lebte, waren die massiven Wissenslücken vieler Mediziner in ganzheitlicher Medizin und alternativen Ernährungsformen. Die meisten schienen von der Vorstellung belastet, das Individuum bräuchte Protein, um zu überleben (richtig), und daß dieses nur aus Fleischprodukten stammen könne (falsch). Bei meinen frühen Nachforschungen fand ich heraus, daß Nüsse und Hülsenfrüchte Eiweißlieferanten sind, die eine Alternative zum Steak darstellen.
Im Laufe der letzten Jahre hat unsere Beschäftigung mit pranischer Ernährung offenbar viel Kritik angezogen. Und das nicht nur aus den Reihen der Mediziner. Praktizierende Ärzte müssen in ihrer regulären Ausbildung eine Menge lernen, dabei werden sie aber nicht gleichzeitig Ernährungsexperten. Aus den existierenden Statistiken muß man schließen, daß es vielleicht weniger klug ist, seinen Hausarzt in Ernährungsfragen um Rat zu bitten, als über alternative Therapeutinnen und Therapeuten, die einen ganzheitlicheren Ansatz im Hinblick auf Gesundheit und Wohlergehen praktizieren, in Eigenregie mehr herauszufinden.
Damit soll die Bedeutung unserer Schulmediziner nicht unterschätzt werden, denn sie sind in dieser Welt bei ihrem Übergang in eine krankheitsfreie Gesellschaft sehr gefragt. Dennoch bin ich sicher, daß *alle* im Gesundheitswesen Tätigen es sehr gerne sehen würden, wenn der einzelne Mensch mehr Verantwortung für seine Gesundheit übernähme.
Wie gründlich jemand auch den menschlichen Körper studiert haben mag, die Belege, die bekannte Fakten in Frage stellen, sprechen für sich. Wenn wir es auch vielleicht noch nicht ganz verstehen, die pranische Ernährung wird am Ende als alternative Nahrungsquelle für das neue Jahrtausend gesehen werden.
Unterdessen gehört die Umstellung auf vegetarische Ernährung mit zum Wirksamsten, was wir alle heute tun können. Die moralischen Gründe, die gesundheitlichen Vorteile und die positiven langfristigen Auswirkungen auf

die Ressourcen des Planeten lassen sich nicht leugnen. Ja, es heißt immer wieder: „Aber was ist mit den Arbeitslosen, die wir haben werden, wenn die Industriezweige, die das Abschlachten von Lebewesen unterstützen, dicht machen?“ Wie Harvey Diamond sagt: „Die Erzeugung, Fütterung und Aufzucht, das Schlachten und der Transport von 16 Millionen Tieren pro Tag, um diese zum Verzehr zu vermarkten, ist keine Kleinigkeit. Die Ressourcen, die zur Durchführung einer solchen Aufgabe benötigt werden, sind astronomisch, und die Auswirkungen auf die Umwelt verheerend.“
Von daher regen wir diejenigen, die in Wirtschaftszweigen arbeiten, die das Abschlachten von Lebewesen unterstützen, an, sich eine andere Arbeit zu suchen. Diesen anderen Arbeitsplatz zu finden, ist nicht schwer, wenn man an einen höheren Zweck und höhere Mächte glaubt.
Bitte um Hilfe dabei, eine neue Stelle zu finden, und verwende dabei folgende Programmierung:
„Ich bitte nun das göttliche Eine in mir, mir den perfekten Job zu bringen, mir den eigentlichen Sinn meines Lebens zu offenbaren und alle Menschen und Ressourcen zu mir zu bringen, die ich brauche, um das nun zu erfüllen.“
Unternimm dann die Schritte, die notwendig sind, um dir auf der physischen Ebene einen neuen Job zu sichern. Die Entscheidung beginnt bei dir, und das Universum wird alle unterstützen, die das Abschlachten von Leben auf der Erde nicht länger unterstützen möchten.
Betrachten wir uns das Vegetariertum nun etwas eingehender, und zwar anhand von Jeffs nachfolgenden Rechercheergebnissen:
„Das erste, was wir uns im Hinblick auf das Vegetariertum vor Augen halten sollten, ist der Menschenschlag, der bereits vor uns diesen Weg gegangen ist und sich vegetarisch ernährt hat. Die nachfolgende Liste ist sehr unvollständig, zeigt jedoch, welche Qualität die Geister haben, die dieser Ernährungsauffassung bereits gefolgt sind: Pythagoras, Sokrates, Plato, Leonardo da Vinci, John Milton, Sir Isaac Newton, Voltaire, Benjamin Franklin, Percy Bysshe Shelley, Mahatma Ghandi, Albert Schweitzer und Albert Einstein.
Bewirkt vegetarische Ernährung eine Verbesserung des Gesundheitszustands? Seit den sechziger Jahren haben Wissenschaftler schon den Verdacht, daß eine auf Fleisch basierende Ernährungsweise in Zusammenhang mit Herzerkrankungen steht. Schon 1961 hieß es in der Zeitschrift der amerikanischen Ärztevereinigung: „90 % der Herzerkrankungen lassen sich durch eine vegetarische Ernährungsweise verhindern.“ Seit damals haben mehrere professionelle Studien wissenschaftlich erwiesen, daß der Fleischkonsum in den entwickelten westlichen Ländern die größte Todesursache ist.
Grund dafür ist einfach die übermäßige Aufnahme von Fett und Cholesterin, die mit dem Fleischverzehr einhergeht, im Gegensatz zu den niedrigen Cholesterinwerten, die sich in vegetabilen Proteinen finden. Was den Krebs angelangt, so haben von 25 Nationen, die in größerem Umfang Fleisch verzehren, 10 eine erhöhte Krebsquote, und von den 35 Nationen, in denen wenig oder gar kein Fleisch gegessen wird, hatte keine eine hohe Quote.

Biologen und Ernährungsexperten begründen dies damit, daß der Verdauungstrakt des Menschen schlichtweg ungeeignet ist, um Fleisch zu verdauen. Fleischfressende Tiere haben einen kurzen Verdauungstrakt, dreimal so lang wie ihr Körper, um das sich rapide zersetzende und Giftstoffe freisetzende Fleisch rasch aus dem Körper auszuscheiden. Da pflanzliche Nahrung sich langsamer zersetzt, haben Pflanzenfresser einen Darm, der mindestens sechsmal so lang ist wie ihr Körper, und genau das ist beim Menschen der Fall. Das zweite Problem sind die Chemikalien, die bei der Aufzucht der Tiere in deren Fleisch hineingelangen. Dieser Prozeß beginnt zu Lebzeiten des Tieres und geht nach seinem Tod noch weiter, und obwohl diese Stoffe auf der Verpackung nicht aufgeführt sind, findet man sie dennoch definitiv im Fleisch vor.

Die American Dietetic Association (amerikanischer Ernährungsverband) sagt, ein Großteil der Menschheit habe sich während eines Großteils der Menschheitsgeschichte vegetarisch oder annähernd vegetarisch ernährt. In weiten Teilen der Welt ist das noch immer der Fall, und selbst in den Industrieländern begann der extensive Fleischverzehr erst vor hundert Jahren mit der Erfindung des Kühlschranks.

Tatsache ist, daß der menschliche Körper weder für fleischliche Nahrung ausgelegt ist, noch gut mit ihr fertig wird. Die empfohlene Tagesdosis von 150 Gramm Eiweiß, die vor zwanzig Jahren als ideal galt, ist mittlerweile auf 30 Gramm heruntergeschraubt worden. Alles darüberhinausgehende Eiweiß bei einer Ernährung auf Fleischgrundlage ist nicht nur Verschwendung, sondern zudem außerordentlich schädlich.

Die lange aufrechterhaltene Ansicht, daß die acht Aminosäuren, die der Körper nicht eigenständig produzieren kann, nur durch eine ausgewogene Ernährung mit Fleisch und Milchprodukten zugeführt werden könnten, gilt mittlerweile als nachweislich falsch, und de facto ist eine ausgewogene vegetarische Kost in dieser Hinsicht weitgehend ideal.

Der Unterschied zwischen Fleischfresser und Pflanzenfresser ist recht deutlich, und zu den offensichtlichsten Unterschieden zwischen Mensch und fleischfressenden Tieren gehört, daß die Magensäure der Fleischfresser zehnmal stärker ist als die des Menschen, damit das Fleisch verdaut werden kann, und natürlich ist, wie zuvor schon erwähnt, der Verdauungstrakt des Menschen im Verhältnis zu seiner Körpergröße doppelt so lang wie der fleischfressender Tiere.

Ein weiterer zentraler Punkt ist die Tatsache, daß die Ungerechtigkeit, daß gleichzeitig Menschen verhungern, leicht zu beheben ist, indem die westlichen Industrienationen ganz simpel auf ihren derzeit gewohnten Fleischkonsum verzichten. Für gut 7 Kilo Getreide, das als Viehfutter verfüttert wird, erhält man nur ein knappes Pfund Fleisch, so die Zahlen des United States Department of Agriculture (Oberste Landwirtschaftsbehörde). Außerdem wird von dieser Seite berichtet, daß 90 % des in Amerika produzierten Getreides als Viehfutter verwendet würden – für Kühe, Schweine, Schafe und Hühner, die im Kochtopf landen.

Ein anschauliches Bild hierfür ist, daß statt einer Person, die sich hinsetzt, um ein 250-Gramm-Steak zu verspeisen, fünfzig Menschen eine volle Schale Getreidebrei bekommen könnten. Tatsache ist, daß der durchschnittliche europäische oder amerikanische Fleischesser viermal die Nahrungsmittelressourcen von jemandem aus einem Entwicklungsland aufbraucht. Schätzungen zufolge würde, wenn die Fleischproduktion um nur 10 % heruntergeschraubt werden könnte, genug Getreide frei, um 60 Millionen Menschen zu ernähren.
Auch der Wasserverbrauch ist exzessiv, von daher, daß man für ein Pfund Weizen nur 220 Liter Wasser benötigt, für die Erzeugung von einem Pfund Fleisch jedoch rund 9.500 Liter.
Die Ethik, die bei der Aufzucht von Schlachtvieh und bei der Vorbereitung des Fleisches an den Tag gelegt wird, wäre für die meisten denkenden Menschen inakzeptabel, und wenn man von ihnen verlangen würde, ihre eigenen Tiere zu töten, würden sie es sich vermutlich zweimal überlegen, ob sie bei ihrer Ernährungsweise blieben.
Mahatma Gandhi sagte: „Für mein Gefühl erfordert es der spirituelle Fortschritt in einem bestimmten Stadium, daß wir aufhören, unsere Mitgeschöpfe um der Befriedigung unserer körperlichen Bedürfnisse willen zu töten."
Fleischkonsum ist ein wesentlicher Bestandteil der unrichtigen Verteilung von Resourcen und des unrichtigen Flächenverbrauchs – von daher, daß mit einem Umstieg der derzeitigen Fleischkonsumenten auf vegetarische Ernährung der Überschuß, der automatisch mit dieser Veränderung ihrer Lebensweise einherginge, eine Lösung für die aktuellen Probleme wäre, die in verminderten Mengen Ackerland und einer wachsenden Weltbevölkerung bestehen."

Fakten: Mensch und Vieh – Statistisches
Menschliche Population der Vereinigten Staaten: 300 Millionen.
Anzahl von Menschen, die sich von dem Getreide und den Sojabohnen ernähren könnten, die von US-amerikanischem Vieh gefressen werden: 1,4 Milliarden.
Prozentsatz an in den USA angebautem Mais, der an das Vieh verfüttert wird: 85 %. Prozentsatz, der von Menschen verspeist wird: 15 %.
Prozentsatz des in den USA angebauten Hafers, der als Viehfutter verwendet wird: 95 %.
Prozentsatz an Eiweiß, das durch die Zirkulation des Getreides durch das Vieh verschwendet wird: 90 %.
Prozentsatz an Kohlenhydraten, die durch die Zirkulation des Getreides durch das Vieh verschwendet werden: 99 %
Prozentsatz an Ballaststoffen, die durch die Zirkulation des Getreides durch das Vieh verschwendet werden: 100 %
Häufigkeit, mit der ein Kind verhungert: alle 2 Sekunden.

Menge Kartoffeln, die auf gut 4 Quadratmetern Boden angebaut werden können: ca. 9.000 kg
Menge Rindfleisch, die auf gut 4 Quadratmetern Boden produziert werden kann: 75 Kilo.
Prozentsatz der landwirtschaftlichen Nutzflächen in den USA, die für die Rinderzucht verwendet werden: 56 %.
Menge an Getreide und Sojabohnen, die zur Produktion von einem Kilogramm Mastrindfleisch benötigt wird: 7,3 Kilogramm.
Menge an Proteinen, die an Hühner verfüttert werden, um ein Kilo Proteine in Form von Hühnerfleisch zu erzeugen: 2,3 Kilo.
Menge an Proteinen, die an Mastschweine verfüttert werden, um ein Kilo Proteine in Form von Schweinefleisch zu erhalten: 3,4 Kilogramm.
Zahl der Kinder, die pro Tag verhungern: 40.000
Anzahl reiner Vegetarier, die sich mit der Menge Land ernähren lassen, die zur Ernährung einer Person benötigt wird, die sich stark von Fleischprodukten ernährt: 20 (diese Zahl könnte sich eher in Richtung 150 verschieben, würde man hier von reinen Rohköstlern sprechen).
Zahl der Menschen, die dieses Jahr verhungern werden: 60 Millionen.
Zahl der Menschen, die sich angemessen ernähren ließen, würden die Amerikaner ihren Fleischkonsum um 10 % mindern: 60 Millionen.
Harvey Diamond zufolge würden durch eine vegetarische Lebensweise „jedes Jahr zwölf Millionen Tonnen Getreide für andere Zwecke frei". „Es gibt da die Menschen, die sagen, selbst wenn diese Lebensmittel frei würden und zur Verfügung stünden, müßten sie dennoch irgendwie zu den Hungernden hingelangen. Das stimmt. Aber zumindest hätten sie eine Chance, an sie heranzukommen. Wird dieses ganze Getreide an das Vieh verfüttert, haben sie keine."
Die Licht Botschafterinnen und Botschafter, die sich entscheiden, von Prana zu leben, empfehlen also allen, die viel gesünder sein wollen und sogar von der Notwendigkeit befreit, Essen zu sich zu nehmen, daß sie zuerst:
Vegetarier werden.
Dann zu veganischer Ernährung übergehen und den Verzehr jeglicher Tierprodukte einstellen.
Dann auf Rohkost umsteigen, und dann auf Obst.
Schließlich Flüssigkeiten und dann Prana.
Je allmählicher dieser ernährungsbezogene Übergang erfolgt, desto einfacher wird es sein, die Sucht des Emotionalkörpers nach dem Vergnügen loszulassen, das mit dem Genuß einer großen Bandbreite an Nahrungsmitteln einhergeht.
Und wenn die Lichtbotschafter in den nächsten paar Jahrzehnten nichts weiter schaffen, als das unnötige Abschlachten von Tieren auszuschalten, so ist das ein guter Erfolg. Denn, wie in den vorangegangenen Kapiteln besprochen, die Fähigkeit, von Licht zu leben, wird sich mit der allmählichen Verfeinerung unseres Denkens, unseres Fühlens und der Wahl der Brennstoffquelle für unseren Körper einstellen.

Ein Freund von mir, ein Yogalehrer in Belgien, erzählte mir, wieviele Widerstände manche seiner neuen Schülerinnen und Schüler hatten, wenn es darum ging, Vegetarier zu werden. Bis er davon zu sprechen begann, daß man so verfeinert wurde, daß man gar nicht mehr zu essen bräuchte. Worauf sie entgegneten: „Nichts essen – das soll ja wohl ein Witz sein!" Und er antwortete: „Na ja, vielleicht könnt ihr stattdessen auf vegetarische Ernährung umsteigen?" Darauf wiederum antworteten alle: „Super! Kein Problem!" Es ist alles relativ.
Mittlerweile wird auch an der gentechnischen Manipulation von Nahrungsmitteln geforscht – manche sagen, mit dem Ziel, die Kosten der Nahrungsmittelproduktion zu senken, während andere von „Frankenstein-Fraß" sprechen und diese Nahrungsmittel nicht anrühren. Hier einige Fakten und Mythen.

3.5. *Die menschliche Evolution – Gentechnologie und Klonen*

Wir fügen hier die nachfolgenden Daten ein, da Gentechnologie für viele, die sich positiven Fortschritten des Planeten verschrieben haben, ein Anlaß zur Sorge geworden ist. In diesem Kapitel betrachten wir zwei Themen – zum einen die Gentechnologie im Hinblick auf die Nahrungsmittelproduktion, und zweitens Gentechnologie in Verbindung mit Klonen, da die beiden Themen wirklich Hand in Hand gehen.

3.5.1. *Gentechnologie: Mythen und Fakten*

von Stewart Carolan

Mythos Nr. 1: Gentechnologie ist eine natürliche Weiterentwicklung herkömmlicher Zuchtverfahren.
„Fakt ist: Gentechnologie beinhaltet die Entnahme von DNA-Stücken aus der einen Spezies und die Einpflanzung dieser DNA-Stücke in die DNA einer anderen Spezies zur Nachahmung bestimmter erwünschter Merkmale, etwa vom Fisch auf die Tomate oder vom Menschen auf das Schwein. Wo in der Natur finden wir DNA eines Fisches, eines Skorpions, einer Spinne, eines Virus oder Bakteriums, eines Tiers oder sogar MENSCHLICHE DNA, die sich in die DNA einer Gemüsesorte einbindet? All das sind Beispiele für die Art von gentechnologischen Transplantationen, die bereits erfolgt sind."
Mythos Nr. 2: Der Verzehr gentechnologisch veränderter Nahrungsmittel ist ungefährlich.
„Fakt ist: 1989 kamen in den USA 37 Personen ums Leben und 1.500 zogen sich bleibende Schäden zu, nachdem sie eine gentechnisch erzeugte Nahrungsergänzung zu sich genommen hatten. Eine Sojabohne, die mit einem Gen einer brasilianischen Nuß erzeugt worden war, wurde vom Markt genommen, nachdem man feststellte, daß sie allergische Reaktionen auslöste. Die derzeitigen Sicherheitsbestimmungen sind hoffnungslos unzulänglich, und langfristige Tests zu den Auswirkungen des Verzehrs gentechnologisch veränderter Nahrungsmittel wurden bislang nicht durchgeführt. Was

man weiß, ist, daß diese Auswirkungen unvorhersehbar sind und potentiell TÖDLICH. Die meisten verarbeiteten Lebensmittel enthalten eine gentechnologisch veränderte Zutat oder sogar gleich mehrere. Da diese Zutaten nicht angegeben werden müssen, ist die einzig sichere Möglichkeit, ihren Verzehr zu umgehen, Lebensmittel aus biologischem Anbau zu essen."

Mythos Nr. 3: Gentechnologie ist eine exakte Wissenschaft

„Fakt ist: Derzeit versteht man in der Wissenschaft nur die Funktion von etwa 3 % der DNA. Noch weniger weiß man über die Beziehungen, die darüber entscheide wie sich Gene ausdrücken. Jegliche Veränderung an der DNA, wo auch immer, bewirkt Veränderungen, die die Wissenschaft nicht vorhersehen kann. Die von manchen Seiten in den Raum gestellte Behauptung, sie könnten dies, ist überheblich und unwahr."

Mythos Nr. 4: Die gentechnologische Beeinflussung von Feldfrüchten erfolgt im Dienste der Umwelt.

„Fakt ist: Die regierungseigenen Überwachungsinstanzen (English Nature, English Heritage etc.) sowie sämtliche großen Umweltorganisationen und eine zunehmende Vielzahl von Wissenschaftlern fordern ein sofortiges Verbot von gentechnologisch manipulierten Feldfrüchten, bis die Forschung erheblich weiter gediehen ist, da sich die Hinweise mehren, daß diese verheerende Folgen für Tierwelt und Umwelt haben können."

Mythos Nr. 5: Die gentechnologische Veränderung von Feldfrüchten erfolgt, um den Einsatz von Herbiziden und Pestiziden zu reduzieren.

„Fakt ist: Die einzelnen Unternehmen erzeugen gentechnologisch Feldfrüchte, die gegen Chemikalien aus ihrer eigenen Herstellung resistent sind. Das bedeutet, ein Feld kann mit Herbiziden behandelt werden, und dann geht alles ein, außer der resistent gemachten Feldfrucht. Die Saaten und Chemikalien werden im Doppelpack verkauft, was den Gewinn der Hersteller drastisch steigert. Die *British Agrochemical Association* (der britische Verband Agrikulturchemikalien) sagt voraus, daß der weltweite Herbizidabsatz durch die Gentechnologie noch zunehmen wird. So zum Beispiel erwartet man, daß der Markt für Glufosinate, eines der eingesetzten Herbizide, pro Jahr um $ 200 Millionen wachsen wird."

Mythos Nr. 6: Landwirte profitieren von der Gentechnologie.

„Fakt ist: Die inhärente Instabilität gentechnisch erzeugter Feldfrüchte hat bereits zu weitverbreiteten Ernteausfällen geführt. Monsanto mußte kürzlich Entschädigungen in Höhe von Millionen Dollar für seine gentechnologisch veränderte Baumwolle zahlen. Auch mit der Tomate des Typs „*Flavor Savor*", gentechnologisch von der Firma Calgene so modifiziert, daß sie länger lagerbar sein sollte, gab es unerwartete Probleme. Die Resistenz gegen Herbizide hat sich außerdem bereits von gentechnologisch erzeugten Feldfrüchten auf Unkraut übertragen."

Mythos Nr. 7: Über Gentechnologie wird man die Dritte Welt ernähren.

„Fakt ist: Die Intensivbewirtschaftung läßt sich nicht auf Länder übertragen, wo die Menschen von einer Vielfalt örtlich vorkommender Feldfrüchte abhängig sind. Die restriktiven und kostspieligen Verträge, die Landwirte zu

unterzeichnen haben, wenn sie sich für den Einsatz gentechnisch erzeugter Feldfrüchte entscheiden, wird noch mehr arme Bauern von ihrem Boden vertreiben. Zu suggerieren, daß die Dritte Welt von den Resultaten der Gentechnologie profitieren würde, bedeutet eine Manipulation der Öffentlichkeit und wird dazu benutzt, die Wahrheit zu vertuschen, daß diese Technologie entwickelt wird, um die Taschen multinationaler Konzerne zu füllen.
Dank für diese Informationen an das Genetic Engineering Network in Großbritannien.
Kommentare/Feedback/Kontakt: sthpc@hotmail.com
Mit Liebe, Licht und Lachen, Stewart Carolan.
Gemäß einer Folge von *Sixty Minutes* genau zu diesem Thema, die gestern abend von einem australischen Sender ausgestrahlt wurde, gibt man bei Monsanto offenbar Milliarden für Pflanzengenetik aus, da man die Kraft von Mutter Natur vor den eigenen Karren zu spannen wünscht und eine wachsende Weltbevölkerung ernähren will. Untersuchungen haben auch ergeben, daß Genmanipulation auf pharmazeutischem Gebiet zum Ausschalten bestimmter Krebsformen beitragen könnte. Auch das ist höchst interessant, da so viele Krebsarten zunächst einmal mit der Ernährungs- und Lebensweise zusammenzuhängen scheinen.
Gegner würden hier einwenden, daß die Umlenkung von Ressourcen zwecks Ausrichtung auf eine vegetarische Ernährung weltweit viel gesünder sein wird und nicht nur der Bevölkerungsexplosion Rechnung trägt, sondern auch den vorab skizierten drängenden Umweltproblemen.
Gegner der Gentechnologie sagen auch, das Beängstigende sei, daß die Öffentlichkeit nicht über das Ausmaß vorgenommener Genveränderungen aufgeklärt wurde, so zum Beispiel ist ungefähr die Hälfte aller Sojaprodukte gentechnisch verändert, und dabei dient Soja, wie vielen ja deutlich sein dürfte, oft als Ersatz für fleischliches Protein, den Vegetarier zu sich nehmen, die biologisch-organisch Angebautem bestimmt den Vorzug vor gentechnisch veränderter Nahrung geben würden.
Sorge macht Gegnern der Gentechnologie auch, wie die Genforschung praktisch angewandt wird und von wem. Da nicht alle Mächtigen in ihrem Handeln Integrität an den Tag legen, als göttliche Wesen, die in ihrem Dienst an der Menschheit einwandfrei arbeiten, ist das auch tatsächlich ein Anlaß zur Sorge. Von Interesse ist hier auch die Verbindung zwischen Monsanto und dem Gremium, das die ursprünglichen Richtlinien der Federal Drugs Administration aufstellte.
Auch hier gilt wieder: Wir können für uns entscheiden, bewußt darauf zu achten, was in den Nahrungsmitteln ist, die wir zu uns nehmen, oder aber ausschließlich Rohkost zu essen oder sogar eine Ernährung ohne Essen anzustreben, womit viele dieser Probleme ausgeschaltet wären.

3.6. *Evolution und Klonen*

Informationen aus der Encyclopedia Britannica, zusammengestellt von Jeff

„Der Begründer der modernen Evolutionstheorie war Charles Darwin. 1859 veröffentlichte er *Über die Entstehung der Arten durch natürliche Zuchtwahl* und begründete so die Evolutionstheorie und, was noch wichtiger war, die Rolle der natürlichen Auslese bei der Bestimmung von deren Gang. 1871 erschien von ihm *Die Abstammung des Menschen*, worin auf die Theorie der natürlichen Auslese auf die menschliche Evolution ausgedeht wird. Darwin gilt als außergewöhnlicher Kopf und läutete in der Kulturgeschichte der Menschheit nach der kopernikanischen Wende, die im 16. Jahrhundert begonnen hatte, eine völlig neue Ära ein.

Die Bedeutung dieser Entdeckungen lag darin, daß sie zu einer Vorstellung des Universums als ein System von in Bewegung befindlicher Materie führte, die von den Naturgesetzen regiert wird.

In Kurzform sieht Darwins Theorie, die in *Über die Entstehung der Arten durch natürliche Zuchtwahl* zusammengefaßt wird, wie folgt aus: „Da viel mehr Individuen produziert werden, als auch nur im entferntesten überleben können, muß es auf jeden Fall einen Daseinskampf geben, entweder zwischen Individuen der gleichen Spezies oder zwischen solchen unterschiedlicher Spezies, oder auch mit den physikalischen Lebensbedingungen. Jene Individuen, die einen Vorteil gegenüber anderen haben, und sei er auch noch so klein, haben die besten Überlebenschancen und die besten Chancen, sich fortzupflanzen. Andererseits wird auch jede Abweichung, die den Fortbestand der Erblinie dieses Individuums schadet, rigide vernichtet. Dieser Erhalt natürlicher Variationen und das Aussondern schädlicher Variationen – das ist die natürliche Auslese."

Das zentrale Argument von Darwins Evolutionstheorie geht von der Existenz von Variationen im Erbgut aus. Zuchterfahrungen mit Tieren und Pflanzen zeigen, daß sich Variationen entwickeln lassen, die für den Menschen nützlich sind.

Die natürliche Auslese definiert sich nach einem Maß, das man als „darwinsche Fitneß" oder „relative Fitneß" bezeichnet. Fitness meint hier die relative Wahrscheinlichkeit, daß ein Erbmerkmal sich weiter fortpflanzt, das heißt, der Grad der Fitneß ist das Maß der reproduktiven Effizienz eines Merkmals.

Schon zu Darwins Lebzeiten begannen religiös motivierte Angriffe gegen ihn, in der Hauptsache von Seiten fundamentalistischer Christen. 1950 erschien eine päpstliche Enzyklika mit dem Titel *Humani generis*, in der die Evolutionstheorie als die tatsächliche Entwicklung der Menschheit gesehen und gesagt wird, sie verwiese nur noch offensichtlicher auf die Existenz Gottes. Der Punkt, den der Papst hervorhebt, ist, daß es ein Fehler wäre, die Bibel für ein Grundlagenwerk der Astronomie, Geologie und Biologie zu halten. Das Argument richtete sich eindeutig gegen die christlichen Fundamentalisten, die in der Genesis eine wörtlich zu nehmende Beschreibung der Erschaffung der Welt durch Gott sehen.

Wenngleich die bibeltreuen Fundamentalisten eine kleine Minderheit unter den Christen ausmachen, erlangten sie in den Vereinigten Staaten gelegentlich politischen Einfluß. In vier amerikanischen Bundesstaaten ist es deshalb untersagt, im Unterricht an öffentlichen Schulen die Evolutionslehre zu behandeln.

Das aktuellste, folgenreichste Ereignis im Evolutionsprozeß war die Entwicklung des Klonens unter Einsatz der Gentechnologie. In diesen Sinne läßt sich ein Klon als individueller Organismus definieren, der aus einer einzigen Körperzelle seines Elternteils gezüchtet wurde und diesem genetisch gleicht.

Im Gartenbau ist das Klonen schon seit uralten Zeiten gängige Praxis. Viele Variationen von Pflanzen werden geklont, indem man durch Abschneiden von Blättern, Stielen und Wurzeln Ableger erhält und diese wiederum einpflanzt. Eine immense Palette von Obst- und Nußbäumen besteht aus Klonen.

Die Körperzellen ausgewachsener Tiere und Menschen lassen sich im Labor klonen. Ausgewachsene Zellen aus unterschiedlichen Geweben, etwa Muskelzellen, werden dem Spendertier entnommen und erhalten. Unter Nährstoffzugabe gelingt es diesen Zellen nicht nur zu überleben, sondern sie teilen sich sogar weiter und lassen so Zellkolonien identischer Abkömmlinge entstehen.

Um 1950 war die Wissenschaft in der Lage, Frösche zu klonen und dabei identische Individuen zu züchten, die nur die genetischen Merkmale eines einzigen Elternteils aufwiesen. Die Technik, die beim Klonen der Frösche angewandt wurde, besteht darin, die Frosch-DNA, die im Kern einer Körperzelle enthalten ist, in eine Eizelle einzupflanzen, deren eigenes genetisches Material vorab entfernt wurde. Einige Zellen beginnen dann zu wachsen und sich zu teilen wie ein regulär befruchtetes Ei, um ein Embryo zu bilden.

Das erfolgreiche Klonen von Mäusen gelang erstmals in den achtziger Jahren. Der Embryo wird künstlich in den Uterus einer Maus eingepflanzt, die ihn dann austrägt.

Aus den Zellen eines erwachsenen Lebewesens statt eines Embryos ein neues Tier zu klonen, ist erheblich schwieriger. Es werden, um eine Kopie des Organismus zu erstellen, fast alle Zellen eines Tiers benötigt, die genetische Informationen enthalten, aber da sich Zellen zu den diversen Organen des sich entwickelnden Tiers ausbilden, bringen sie nur jene genetischen Informationen zum Ausdruck, die zur Produktion ihres eigenen Zelltyps benötigt werden.

Den ersten Erfolg beim Klonen eines ausgewachsenen Säugetiers erzielt ein britisches Forscherteam 1996 in Schottland. Das Team konnte unter Verwendung der DNA eines ausgewachsenen Schafes ein Lamm erzeugen.

Die physikalischen Anwendungen des Klonens sind wirtschaftlich vielversprechend, philosophisch jedoch beunruhigend. Das Klonen von Menschen ist mit ethischen und moralischen Gefahren behaftet. Wenn durch Klonen die unendliche Vervielfältigung bestimmter genetischer Merkmale gewährleistet werden kann, so geht es um das Urteil, welche genetischen Merkmale derart reproduziert werden sollen, und wer die Entscheidung fällt."

Ich denke, meine interessanteste Entdeckung auf dem Gebiet der Metaphysik ist die, daß wir als Menschen Klone unseres Gottes sind und als solche Erstaunliches vermögen – wenn wir Liebe und Weisheit einsetzen – um alles zu erschaffen, wonach unser Herz sich sehnt. Die einzige Auflage, die für uns nun besteht, ist die, daß wir auf eine Weise Dinge erschaffen, die dem Wohl der gesamten menschlichen Rasse dienen, und nicht nur dem von einigen wenigen. Eine Welt zu erschaffen, die frei von Hunger und Krankheit ist, scheint ein lohnendes Abenteuer und eine lohnende Einsatzmöglichkeit unserer kreativen Fähigkeiten zu sein.

Religiöse Vereinigung über die Ausrichtung auf eine gemeinsame Vision scheint für jeden mitfühlenden und intelligenten Menschen ein logischer Schritt – insbesondere in dieser Zeit. Separatismus über die Ausrichtung auf unsere ideologischen Differenzen schürt Krieg, Angst und Chaos. Mit vereinten Kräften Punkte wie Armut, Hunger und Hungersnöte sowie die Umverteilung von Ressourcen anzugehen, ist weit gewinnbringender für uns alle als die Unterstützung von Glaubensvorstellungen und Überzeugungen, die Chaos erzeugen.

Es ist nun zwingend notwendig, daß Menschen, Ressourcen und finanzielle Mittel so zusammenkommen, daß weitverbreitete Probleme angegangen werden können, und das kann nur erfolgen, wenn wir uns dafür entscheiden, unsere Differenzen beiseite zu lassen und uns auf Dinge zu konzentrieren, die uns alle berühren, ungeachtet unserer Rasse oder Religion.

3.7. *Armut und Hunger*

3.7.1. *Hungernöte & Unterernährung*

„*Gott gebe mir die Gelassenheit, die Dinge anzunehmen, die ich nicht ändern kann*, den Mut, die Dinge zu ändern, die ich ändern kann, und die Weisheit, den Unterschied zwischen beidem zu kennen."

Reinhold Niebuhr – religiöser und sozialer Denker aus den USA

Armut, Hunger, Unterernährung und Hungersnöte infolge von Kriegen sind sehr reale Themen, die bei unserem Eintritt in das neue Jahrtausend das Überleben vieler bedrohen. Daneben gibt es Symptome, die darauf hinweisen, daß unsere Gesellschaft an etwas krankt. Habgier, fehlendes Mitgefühl, Egoismus, Apathie und Haß – sie alle entscheiden untergründig darüber, wie Ressourcen auf unserem Planeten verteilt werden und wie es um unsere soziale Harmonie bestellt ist.

Von den derzeit 6 Milliarden Menschen auf diesem Planeten leben schätzungsweise 1,3 Milliarden in Armut. Armut ist etwas, von dem Einzelpersonen und Familien auf der ganzen Welt betroffen sind, wenn auch die meisten der Ärmsten in den Entwicklungsländern leben, wo sie ein Drittel der Bevölkerung stellen.

Etwa die Hälfte der massiv verarmten Menschen lebt im Süden Asiens. Weitere 25 % finden wir in Südostasien. Extreme Armut konzentriert sich auf Afrika, insbesondere auf die Länder südlich der Sahara. In Afrika leben etwa 16 % der Allerärmsten dieser Welt. Doch arm ist die Hälfte aller Afrikaner. Im großen und ganzen kann man mit Fug und Recht sagen, daß Armut ein ländliches Phänomen darstellt, denn rund 80 % der Armen unserer Welt leben auf dem Land. Die Armen auf dem Land sind entweder ohne Grundbesitz oder haben bäuerliche Betriebe, die zu klein sind, um ein Auskommen zu erzielen.

Die Verteilung der Armen verschiebt sich jedoch rasant. Von den Arbeitsmöglichkeiten in der Stadt und den Annehmlichkeiten des städtischen Lebens angezogen, zieht es eine wachsende Zahl von Mittellosen in die Metropolen und größeren Städte. Die meisten Landflüchtigen sind Männer, die Frauen bleiben zurück, um sich um die Familie zu kümmern. Rund 300 Millionen Stadtbewohner in den Entwicklungsländern leben derzeit in Armut, haben also kein ausreichendes Einkommen, um sich die grundlegendsten Bedürfnisse in Sachen Nahrung und Unterkunft zu erfüllen – natürlich wiederum mit negativen Folgen für das städtische Lebensumfeld.

Schätzungsweise 600 Millionen Menschen in ländlichen Regionen von Entwicklungsländern weisen einen schlechten Gesundheitszustand auf und leben unter Bedingungen, die eine Gefahr für Leib und Leben darstellen. In manchen Städen lebt mehr als die Hälfte der Bevölkerung in Slums und Barackensiedlungen. Laut einem Bericht in der New York Times leben über 20% der Bevölkerung des Großraums New York unterhalb der Armutsgrenze. Mehr als eine Viertelmillion der New Yorker Bevölkerung hat die letzten fünf Jahre in Obdachlosenasylen verbracht. London hat etwas 400.000 offiziell registrierte Obdachlose, und in den Großstädten der Entwicklungsländer ist die Situation noch schlimmer.

Armut ist natürlich generell ein Faktor, der Hunger bedingt.

Hungersnöte sind das dramatischste Beispiel für Hunger, und wenn es auch in der Geschichte immer wieder Hungersnöte infolge von ungünstiger Witterung, ausbleibenden Regenfällen und dergleichen mehr gegeben hat, so ***waren die häufigsten Ursachen von Hungernöten stets Kriege***. Abgesehen davon, daß Kriege Ernten und Nahrungsmittel vernichten, stören sie auch die Verteilung von Lebensmitteln. Angesichts der Möglichkeiten moderner Distributionswege sind die noch immer auf der ganzen Welt vorherrschenden Hungersnöte eine himmelschreiende Ungerechtigkeit. Wir haben derzeit die Kapazitäten und Möglichkeiten, dafür zu sorgen, daß alle zu essen bekommen. Es erfordert nur eine politische Übernahme von Verantwortung, damit gewährleistet ist, daß es dazu kommt.

Die Armen zu speisen, ist politisch nie populär gewesen, schon gar nicht, wenn ausländische Arme Nahrung bekommen sollen, doch wo sich nun das

Bewußtsein auf dem Planeten zunehmend eint und sich nationale Grenzen aufzulösen scheinen, wie dies Europa derzeit vormacht, ist dies ein Punkt, der in Angriff genommen werden will. Der Zweite Generalbezirksleiter der UN-Organisation für Nahrungsmittel und Landwirtschaft ließ vor nicht allzu langer Zeit verlauten: „Global betrachtet gibt es genügend Lebensmittel, um die Weltbevölkerung zu ernähren, doch sind diese nicht gleichmäßig verteilt, und vielen fehlen die Mittel, sie zu kaufen."

3.7.2. *Lichtnahrung als Lösung für Zeiten des Hungers*

Zusätzlich zu der notwendigen besseren weltweiten Lebensmittelverteilung und einer Erziehung zum Umdenken in Sachen Ernährung können diejenigen von uns, die sich in den Dienst dieser Welt gestellt haben, ernsthaft überlegen, welche Vorteile pranische Ernährung global betrachtet hätte. Nun, wo sich buchstäblich Tausende bewiesen haben, daß sie ihre Nahrung aus alternativen Quellen beziehen können, nämlich über Prana, können die mit dem Hunger zusammenhängenden Probleme um so schneller angegangen und positiv beeinflußt werden, je eher diese Informationen auf die Weltbühne gelangen, indem jeder und jede einzelne von uns vorlebt, was er bzw. sie predigt.

Ja, einige Mitglieder des Rats der Vereinten Nationen und von UNICEF wissen von unserer Arbeit, sehen sie jedoch im jetzigen Stadium vielleicht nicht als praktikable Lösung. Der Erfolg pranischer Ernährung bei der Bekämpfung des Hungers auf der Welt hängt von einer massiven Hinführung zum Umdenken ab, hin zu einer Eigenverantwortlichkeit und Verfeinerung unseres Selbst, die alle unsere Körper ehrt, vom physischen zum spirituellen.

Die Aufgestiegenen Meister sagen, daß wir über die Medien mittlerweile mehr als 500 Millionen Menschen erreicht hätten, und wenn unsere Aussage, uns von Prana ernähren zu können, auch oft nicht geglaubt würde, so würde dennoch, wie St. Germain mich so oft schon wissen ließ, „die Saat gesät" – der Gedanke, daß es Menschen gibt, die kein Essen mehr brauchen, ist nun im Gitternetz des Planeten verankert und Teil des menschlichen Bewußtseins.

Wie lange es noch dauert, bis es als Möglichkeit in den Alltag einsickert, nur aus Vergnügen zu essen, und nicht, weil man essen muß, liegt an jedem einzelnen Botschafter, an jeder einzelnen Botschafterin des Lichts. Je mehr von uns zulassen, daß die göttliche Kraft in uns für unsere Ernährung sorgt – wenn wir freudvoll die Eingebung haben, das zu tun – und je mehr von uns es gibt, die über diese Möglichkeit sprechen, desto eher wird der Gedanke, daß man kein Essen braucht, vom Wundersamen zum Alltäglichen werden. Ein Journalist sagte einmal zu mir, in jeder Minute würden Kinder im zarten Alter verhungern oder an den Folgen von Unterernährung sterben, und wenn wir unsere Überzeugungen und Einstellungen dazu änderten, was als Nahrungsquelle dienen kann, würde das diese Kinder nicht retten. Wenn wir jedoch die energetische Dynamik begreifen, so verstehen wir, daß diese Kinder mit den energetischen Feldern ihrer Eltern verbunden sind – insbesondere mit dem Energiefeld der Mutter –, bis sie anderthalb bis zwei Jahre alt sind. Danach beginnt ein Trennungsprozeß, der manchen Denkschulen zufolge zwischen 14 und 21 Jahren abgeschlossen ist, je nach Individuum. Man verändere die Lebensweise und Überzeugungen der Eltern und der Gemeinschaft, und auch das Kind wird sich ändern.

Diese Veränderung ist notwendig, denn Tatsache ist, daß die Unterernährung das ihre zu der Kindersterblichkeit von fast sieben Millionen im Jahr beiträgt – mehr als jede Infektionskrankheit, jeder Krieg und jede Naturkatastrophe, so der von UNICEF, dem Kinderhilfswerk der Vereinten Nationen, 1998 veröffentlichte Bericht über die aktuelle Lage der Kinder auf der Welt (*1998 State of the World's Children Report*).

Nicht weniger als die Hälfte aller Kinder unter fünf Jahren in Südasien, und ein Drittel der Kinder im Afrika südlich der Sahara sowie Millionen von Kindern in den Industrienationen sind unterernährt.

Drei Viertel der Kinder, die weltweit an Ursachen sterben, die mit Unterernährung zusammenhängen, sind das, was Ernährungsfachleute mit „leicht bis mittelschwer unterernährt" bezeichnen und weisen äußerlich keine Symptome auf.

Werden Erwachsene mit der Realität konfrontiert, daß es weltweit eine Menge einzelner Menschen gibt, die von Licht leben können, wird ihnen das die Angst nehmen, und ihre geistige Haltung wird sich ändern. Das wiederum führt zu einer Veränderung der Frequenz und Qualität der von ihnen ausgestrahlten Energie, und ihre Kinder werden entsprechend darauf reagieren. Alles ist mit allem verbunden. Das Geheimnis liegt darin, zu verstehen, welche Macht der Geist über unsere molekulare Struktur hat. Wer noch nicht die Kraft des Göttlichen in sich selbst gespürt hat, mag dieses Erleben, mit allem verbunden zu sein, nicht verstehen.

Wichtig ist auch, daß unsere Ausrichtung klar bleibt. Pranische Ernährung als Lösung ist nicht allein eine Brücke zur Freiheit, weil sie eine Möglichkeit darstellt, die majestätische Macht des Göttlichen in uns freizusetzen. Es geht nicht darum, ob wir essen oder nicht essen, sondern darum, ob wir essen *müssen*. Es geht darum, frei zu sein von der auf Irrtümern beruhenden Angst, die besagt: „Wenn du nichts ißt, wirst du sterben." Außerdem ist die Fähigkeit, sich von Prana zu ernähren, in Zeiten, in denen durch Krieg oder Erdveränderungen Hungersnöte herrschen, eine wunderbare Gabe. Wie Guru Maharaji einmal sagte: Je weniger unser eigenes Glück von äußeren Dingen abhängt, desto eher erkennen wir, daß das wirkliche Glück in unserem Innern anzutreffen ist.

Die Lebensweise der Licht Botschafterinnen und Botschafter wird, wenn sie von zunehmend mehr Menschen übernommen wird, dramatische Veränderungen bewirken. Wird diese Lebensweise im Westen angewandt, so kommt es ganz natürlich dazu, daß mehr Menschen sich darauf ausrichten, zu dienen, und daß sie aktiver werden, wenn es darum geht, mitfühlend die Probleme anderer in Angriff zu nehmen. So vieles gibt es, was sich freigebig weitervermitteln läßt, um das zu verändern, was sich in diesen Situationen abspielt. Zum Beispiel folgendes:

Wir wissen, daß Prana über unseren Atem in uns einströmt. Manche sagen sogar, wir würden 70 % unserer Nahrung ohnehin unabhängig vom Essen über den Atem beziehen. Prana ist ein unsichtbares Kräftefeld, das jedes Atom durchdringt, und wir können in unserem gesamten Körper willentlich mehr davon herstellen. Meditation läßt die Kundalini-Energie aufsteigen und steigert den Durchstrom des Prana durch unsere Zellen sowie seine Kraft. Wenn wir Übungen zum tiefen Atmen praktizieren und uns dabei vorstellen, daß wir mit jedem Atemzug Lunge und Zellen eine hochwirksame Dosis Vitamine und Spurenelemente zuführen, die im unsichtbaren Prana enthalten sind.

Da ja alle Menschen atmen und das Atmen nichts kostet, ist dies das erste Hilfswerkzeug, was man Menschen an die Hand geben kann, unabhängig davon, wo sie nun leben. Pranayama zu praktizieren, heißt bestimmte Atemübungen durchzuführen, durch die die Energiefelder sämtlicher Körper des Menschen genährt werden.

Als Teil des Programms zur Umverteilung von Ressourcen, auf das wir später eingehen, lassen sich Pranayama-Atemübungen und sogar Qigong in allen Gesellschaften ganz einfach vermitteln – alle können es lernen, jung und alt, und damit ihre Gesundheit und Vitalität verbessern. Mit Programmiertechniken und Techniken zur Schulung der Kraft des Geistes gekoppelt, sind radikale Wandlungen möglich, unabhängig von unseren äußeren Umständen. Verwende täglich die Atemtechnik, die in Teil 2 beschrieben wird und spüre, wieviel es ausmacht, sie zu praktizieren.

Auch über die verblüffenden Möglichkeiten der menschlichen Biofelder, einschließlich der Geist-Körper-Verbindung und der wirksamen Umprogrammierung unserer selbst, um frei zu werden von einschränkenden Überzeugungen, läßt sich aus dem Stand mehr vermitteln. Der menschliche Körper stirbt, wenn er keine Nahrung bekommt – nicht, wenn es ihm an Nahrung über Essen fehlt, wie wir es kennen. Prana über die Kraft des Göttlichen in uns ist wirklich eine leichte Nahrung für das neue Jahrtausend und eine praktikable alternative Nahrungsquelle für die Zukunft unserer sich weiterentwickelnden Spezies, und er ist hier und jetzt kostenlos erhältlich.

Menschen verhungern, da sie nichts über diese alternative Nahrungsquelle erfahren haben, und auch nichts über die Meisterung ihres eigenen Geistes und das Vermögen ihrer Gedankenkraft, eine andere Wirklichkeit zu erschaffen. Viele haben die wahre Stärke der göttlichen Kraft in ihrem Innern noch nicht entdeckt, und wissen noch nicht, daß Atemtechniken sie auf allen Ebenen nähren können. Ohne Nahrung von der physischen Ebene leben zu können, ist recht einfach, wenn wir verstehen, wie es funktioniert. Auch für die „Benachteiligten" ist das Atmen kostenlos, und man kann ihnen Atemtechniken vermitteln, durch die sie mehr Nahrung, bessere Gesundheit und ein langes Leben erhalten. Das Denken kostet nichts, also

lassen sich auch Programmierungen zur Meisterung des eigenen Geistes unverzüglich weitervermitteln. Es kann die Kraft des Gebets und Heilung durch Singen gelehrt werden sowie Grundlagen zum Verständnis der universellen Gesetze.
In esoterischen Kreisen entspricht es dem allgemeinen Verständnis, daß Menschen sich in jedem Leben die Kultur, in die sie hineingeboren werden, ihre Eltern, ihre Rasse und den Ort ihrer Inkarnation aussuchen. Ja, viele sind sich dessen bewußt, daß Menschen sich in ein Umfeld der Armut und des Leids begeben haben, um karmische Bindungen, Verflechtungen und angefangene Kapitel zum Abschluß zu bringen, die Unerledigtes aus anderen Leben darstellen.
Ungeachtet dessen ist sich M.A.P.S., die Bewegung einer erweckten, positiven Gesellschaft, sehr wohl bewußt, welche Apathie sich einstellen kann, wenn man den Blick auf das karmische Spiel richtet. Es ist leichter, die Sache abzutun und nicht zu handeln, indem man sich sagt: „Sie haben es sich ja so ausgesucht – wir haben nichts damit zu tun." Apathie trennt, Mitgefühl eint.
Kriege sind jedenfalls, um es noch einmal zu sagen, die verbreitetste Ursache menschlicher Hungersnöte. Zusätzlich dazu, daß Ernten und Vorräte vernichtet werden, unterbricht der Krieg auch durch Belagerungs- und Blockadetaktiken die Verteilung von Lebensmitteln.
Mit dem Vorschlag der Lichtbotschaft zur weltweiten Abrüstung wird das Problem Kriege ausgeschaltet, und viele von uns sind derzeit damit befaßt, in Erfüllung ihres göttlichen Vertrags auf pragmatische Weise dazu beizutragen, Veränderungen in Richtung auf ein ziviles Verhalten weltweit herbeizuführen. Bei pranischer Ernährung brauchen wir ja keine Feldfrüchte mehr, Probleme mit Hungersnöten aufgrund von Dürren wird es also nicht geben. Bei pranischer Ernährung brauchen wir auch keine Tiere zu schlachten oder uns auch nur „ausgewogen zu ernähren", und eine Unterernährung tritt ebenfalls nicht ein, da unserer Körper alles, was er braucht, über den Prana bezieht.
Ja, es gibt diverse Licht Botschafterinnen und Botschafter, die sich nun über den Globus zerstreuen und in Länder der Dritten Welt gehen, um dort zu lehren, daß es möglich ist, von Licht zu leben, indem sie denen, die so wenig haben, dies vorleben. Die Menschen in Ländern der Dritten Welt mögen zwar auf der materiellen Ebene nicht viel haben, alle Macht, die sie brauchen, tragen sie jedoch in sich selbst – die Macht des Göttlichen in ihrem Innern – um die Art, wie sie ihr Leben erfahren, vollkommen zu verändern. Für die Licht Botschafterinnen und Botschafter ist alles mit allem verbunden, und während Gandhi zwar sagte: „Es ist unklug, sich seiner eigenen Weisheit allzu sicher zu sein – gesund ist es, daran erinnert zu werden, daß die Stärksten schwach werden und die Weisesten sich irren könnten", werden diejenigen, die die Kraft des Göttlichen in ihrem Innern erfahren haben, immer die Wahrheit der Worte des griechischen Dramatikers Aeschylus nachvollziehen können, der sagte: „Gott liebt es, dem zu helfen,

der bemüht ist, sich selbst zu helfen", sowie die des Schweizer Theologen Karl Barth, der sinngemäß feststellte: „Das Gewissen ist der perfekte Interpret des Lebens."

3.8. Bevölkerungsexplosion, Bodenknappheit & Entwicklung

„Unwissenheit bedeutet nicht Unschuld – sie ist die Wurzel der Korruption."

Carrie Nation

Ein weiteres Anliegen ist für viele die Bodenknappheit sowie eine nachhaltige Entwicklung. Als Isaac Assimov von Bill Moyers bei einem Nachrichteninterview gefragt wurde, was für ihn die dringlichsten Probleme seien, die die Gesellschaft angehen müßte, antwortete er: „Bevölkerungsexplosion und Regenwald."

Derzeit wächst die Weltbevölkerung achtmal so schnell wie die verfügbaren Kulturflächen, und obwohl sich die Fruchtbarkeitsquote seit den fünfziger Jahren halbiert hat und nun eine Stabilität der Bevölkerungszahlen erwartet wird, ist dennoch das Wohlergehen von Hunderten Millionen von Menschen durch die absehbare Bodenknappheit bedroht. In den frühen sechziger Jahren hatten nur vier Länder nicht genügend Agrarland, um ihre Bevölkerung ohne Intensivbewirtschaftung ernähren zu können. Aber diese Länder waren wohlhabend genug, um das, was sie brauchten, zu importieren.

Bis 2025 werden Vorhersagen zufolge 29 Länder unter Bodenknappheit leiden. Dabei wurde als Anhaltspunkt international eine Fläche von weniger als einem Siebtel der Größe eines amerikanischen Footballfelds als pro Kopf erforderlicher Boden angesetzt. Unterhalb dieser Menge von landwirtschaftlich nutzbarer Fläche pro Kopf sind Intensivbewirtschaftung und generell kostspielige Anbaumethoden, zum Beispiel der Einsatz anorganischen Stickstoffdüngers, erforderlich.

Im nächsten Jahrhundert wird es notwendig sein, genügend Nahrungsmittel für weitere drei Milliarden Menschen zu erzeugen. Vorhersagen zufolge werden 2025 etwa acht Milliarden Menschen auf der Erde leben. China wird bis dahin voraussichtlich eine Bevölkerung von 1,5 Milliarden aufweisen und mehr als die Hälfte derer stellen, die 2025 von einer Knappheit an Agrarland betroffen sind. Das Problem der Bodenknappheit liegt darin, daß die Knappheit unweigerlich dort die größten Auswirkungen hat, wo Dünger und sonstige Hilfsmittel zur Steigerung landwirtschaftlicher Erträge für die Bauern unerschwinglich sind. So zum Beispiel ist einer von drei Afrikanern unterernährt, und obgleich die afrikanischen Landwirte ihre Jahresproduktion gesteigert haben, reicht diese Steigerung nicht aus, um mit dem derzeitigen Bevölkerungswachstum auf dem Kontinent mitzuhalten.

Ein weiteres Problem besteht darin, daß im Jahre 2025 zwölf der 29 Länder, für die man eine Knappheit an Boden vorhersagt, auch unter die Kategorie „Wasserknappheit" fallen werden – bei weniger als 1000 Kubikmetern erneuerbaren Frischwassers pro Kopf und Jahr für Landwirtschaft, Industrie und private Haushalte.

Die hieraus entstehende Lebensmittelknappheit läßt sich anhand der Verfügbarkeit von Getreidevorräten für den Notfall verfolgen – das internationale Maß für die Sicherheit der Nahrungsmittelversorgung. Die Bestwerte für vorhandene Vorratsmengen fanden sich 1986 – damals reichten die Getreidereserven, um die Weltbevölkerung knappe neun Wochen lang versorgen zu können. 1994 reichten die Vorräte für weniger als neun Wochen. Pro Kopf gerechnet, hat die Basisproduktion an Getreide seit 1984 abgenommen.

1990 wurden weltweit 1, 4 Milliarden Land kultiviert, also fünfmal mehr landwirtschaftliche Nutzflächen als 1700. Der Zuwachs an landwirtschaftlichen Nutzflächen liegt derzeit bei weniger als 2 % pro Jahr, mit abnehmender Tendez.

Jahr für Jahr werden 25 Milliarden Tonnen nährstoffreicher Mutterboden durch Wind und Regen davongeweht beziehungsweise -geschwemmt, ein Großteil davon gelangt in die Gewässer. Die verbleibende Erde bindet weniger gut das Wasser und wird schließlich durch Salzablagerung zu sehr verdichtet. Die Entstehung von Salzen und anderen Mineralien im Boden stellt für ein Sechstel des bewässerten Agrarlandes der Welt ein Problem dar. Auf dieser Fläche wird mehr als ein Drittel aller Feldfrüchte und die Hälfte aller Getreide produziert.

Moderne Bewirtschaftungsmethoden sind in den letzten Jahrzehnten für eine dramatische Steigerung der Nahrungsmittelproduktion verantwortlich gewesen. Sie erfordern jedoch Düngemittel aus Menschenhand sowie Pestizide, die ungünstige Auswirkungen auf die Umwelt haben. Außerdem nimmt der Ackerbau immense Wassermengen in Anspruch – etwa zwei Drittel des weltweit verwendeten Süßwassers werden für landwirtschaftliche Zwecke verwendet. Wir haben also das Problem, daß das derzeit noch zunehmende Bevölkerungswachstum in der Zukunft zwar stagnieren wird, künftig jedoch weniger landwirtschaftliche Nutzflächen zur Verfügung stehen werden und dementsprechend gemessen am derzeitigen Bevölkerungswachstum weniger Nahrung zu bekommen sein wird.

Die unmittelbare Antwort auf das Problem liegt einfach darin, daß die Länder des Nordens, die Industrienationen, weniger verbrauchen. Es ist in der Hauptsache der Verbrauch der entwickelten Länder auf der nördlichen Erdhalbkugel, der das Problem hervorruft, in dem Sinne, daß der dortige Pro-Kopf-Verbrauch ein immenses Vielfaches von dem bei Einwohnern von Entwicklungsländern ist.

Man braucht wenig Phantasie, um sehen zu können, welchen Nutzen eine relativ genügsame (gemessen an einer übermäßig konsumorientierten) Lebensweise insbesondere auf Seiten derer hat, die über ein nicht unbeträchtliches Einkommen und Kredit verfügen, wo es offensichtlich ist, daß die Entwicklungsländer nicht in der Lage sind, auf einer Bonitätsbasis in den Wettbewerb zu treten. Das Problem der Bodenknappheit und die Nachhaltigkeit von Entwicklung und Ressourcen ist also wirklich eine esoterische Diskussion. Tatsache ist, daß für alle reichlich da ist, hier und jetzt, und daß alles nur eine Frage des politischen Willens ist, der sich steuern läßt, wenn die Öffentlichkeit ihren Wahlmuskel spielen läßt, um ein ausgewogeneres und gerechteres Arrangement ins Spiel zu bringen.

„Betrachte Erfolg und Fehlschlag mit gleichem Blick."

Bhagavad Gita

Statistische Daten

Wie bereits an früherer Stelle besprochen, gilt mit die größte Sorge im Hinblick auf die Zukunft unseres Planeten der Überbevölkerung und der Frage, wie sich die wachsende Zahl von Menschen ernähren läßt, die weltweit als unterhalb der Armutsgrenze lebend gelten. Die nachfolgenden Bevölkerungsstatistiken sind jedoch recht ermutigend.

Bevölkerungsstatistik:

Ist-Stand: 6 Milliarden bei einem Wachstum von 1,3 % pro Jahr = jährlich ein Zuwachs von 78 Millionen.
Vorherzusehen: Bis 2050 wird es zwischen 7 und 11 Milliarden Menschen geben = Durchschnitt: 9 Milliarden.

Faktoren, die das Bevölkerungswachstum beeinflussen:

1. Fruchtbarkeit

50er Jahre: 5 Geburten/Frau
1999: 2,7 Geburten/Frau

Die Geburtenrate ist in allen Regionen der Erde gesunken. Beispiele:
a) in Afrika von 6,5 auf 5
b) in Asien von 5 auf 2,5
c) in Lateinamerika und der Karibik von 5 auf 2,5

2. Aids und die Bevölkerungsentwicklung

Tatsache: In Botswana sind 25 % der Erwachsenen HIV-positiv.
Zahlen: Aktuelle Lebenserwartung:
1990-95:60 Jahre
2000-05:40 Jahre
Bis 2025 22% wegen Aids weniger als heute.

3. Die Altersstruktur der Bevölkerung

Tatsache: Die Menschen leben länger.
Zahlen: 1998: 66 Millionen Menschen über 80 Jahre alt = 1 % der Bevölkerung.
2050: 370 Millionen werden älter als 80 Jahre alt sein.
1998: 135.000 mehr als 100 Jahre alt.
2050: 2,2 Millionen werden über 100 Jahre alt sein.

4. Geschlechtsverteilung in unserer Bevölkerung

Tatsache: Frauen leben länger als Männer.

Zahlen: 1988:
190 Frauen gegenüber 100 Männern, die über 80 sind.
287 Frauen gegenüber 100 Männern, die über 90 sind.
396 Frauen gegenüber 100 Männern, die über 100 sind.

5. Orte mit besonders langer Lebensdauer (basierend auf Gesamtzahlen)
1. China; 2. Amerika; 3. Indien; 4. Japan; 5. Deutschland; 6. Rußland.

6. Abwärtstrend im Bevölkerungswachstum
Wirtschaftliche Entwicklung – In einem bestimmten Entwicklungsstadium entfällt die Notwendigkeit, eine große Zahl von Kindern zu zeugen, damit diese ihre Eltern im Alter versorgen können, und während die Internationalisierung und Globalisierung der Wirtschaftssysteme weiter fortschreitet, scheint die Kleinfamilie universell als Standard um sich zu greifen. Die Entwicklung eines wirksamen oralen Verhütungsmittels für Frauen hat das weibliche Rollenbild verändert, wobei kleinere Familien andere Betätigungsfelder eröffnen, etwa eine berufliche Karriere. Der Abwärtstrend in der Bevölkerungsentwicklung bedeutet, daß die Nachhaltigkeit der Lebensführung erleichtert, und gleichzeitig werden die Lebensqualität und die Länge des Lebens zunehmen. Mit der Menschenrechtserklärung hat der moralische und verhaltensmäßige Standard der Individuen eine Schablone bekommen, an der sich diese messen können, und wir hoffen, alle werden am Ende gut dastehen.

Feedback zum Thema Überbevölkerung

Viele sorgen sich schon seit längerem über die Auswirkungen eines sich unentwegt steigernden Bevölkerungswachstums auf die Zukunft der Erde, und dennoch zeigt sich an den obigen Fakten und Zahlen von der Website der Vereinten Nationen, daß wir wirklich wenig Anlaß zur Sorge haben. Vorausgesetzt, wir lernen, die Ressourcen auf unserem Planeten wirkungsvoll umzuverteilen und übernehmen persönlich die Verantwortung für unsere Lebensweise, indem wir auf einer ganzheitlichen Ebene arbeiten, dürfte die Überbevölkerung kein Faktor sein, der uns größere Sorgen bereiten muß.

Gehen wir jetzt weiter und betrachten wir uns die Statistik im Hinblick auf die Nahrungsmittelproduktion sowie den Preis, den unsere Ressourcen und unsere Umwelt zu zahlen haben.

Boden

Historisch verbreitete Ursache für das Ende vieler großer Zivilisationen: Verlust des Mutterbodens
Prozentsatz des ursprünglich vorhandenen Mutterbodens in den USA: 75 %.
Menge an US-amerikanischem Ackerland, das jährlich durch Bodenerosion

verlorengeht: 16.187 km_ oder 1.600.000 ha (eine Fläche von der Größe des Bundesstaats Connecticut).
Prozentsatz an US-amerikanischem Ackerland, dessen Verlust unmittelbar mit der Viehzucht zusammenhängt: 85 %.
Harvey Diamond zufolge rettet eine vegetarische Lebensweise pro Jahr 700 Millionen Tonnen Mutterboden, und „4,8 Millionen Hektar Land erster Güte könnten einer klügeren Nutzung zugeführt werden."

Bäume

Waldfläche in den USA, die gerodet wurden, um Ackerland zu gewinnen, das für eine fleischzentrierte Ernährungweise benötigt wird: 1,05 Millionen Quadratkilomete.
Häufigkeit, mit der ein *acre* (4.047 Quadratkilometer) US-Baumbestand verschwindet: alle 8 Sekunden.
Baumbestand, der jährlich pro Individuum verschont werden kann, das zu einer rein vegetarischen Ernährung übergeht: 4.047 Quadratkilometer.

Regenwälder

Eine der treibenden Kräfte hinter der Vernichtung der tropischen Regenwälder: die amerikanischen Eßgewohnheiten in Sachen Fleisch.
Derzeitige Menge an aussterbenden Arten aufgrund der Vernichtung tropischer Regenwälder und verwandter Habitats: 1000 pro Jahr.
Die tropischen Regenwälder der Welt sind wahrscheinlich die kostbarste Ressource der Erde, bieten sie doch drei Vierteln allen Lebens auf dem Planeten Zuflucht. Dieser üppige Grüngürtel aus Wald, der ringförmig den Äquator umschließt, wird oft auch als die Lunge der Erde bezeichnet.

Wasser

Verbraucher von mehr als der Hälfte allen Wassers, das für welche Zwecke auch immer in den Vereinigten Staaten verbraucht wird: Viehzucht.
Menge Wasser, die zur Produktion einer Durchschnittskuh benötigt wird: ausreichend, daß ein Zerstörer darauf schwimmen könnte.
Wassermenge, die zur Herstellung von 0,45 kg Weizen benötigt wird: 95 Liter.
Kosten für gewöhnliches Hamburgerfleisch, würde das von der Fleischindustrie verwendete Wasser nicht vom US-amerikanischen Steuerzahler subventioniert: $ 77 pro Kilogramm).
Derzeitige Kosten für 0,45 kg Protein aus Weizen: $ 1,50.
Derzeitige Kosten für 0,45 kg Protein aus Beefsteak. $ 15,40.
Kosten für 0,45 kg Protein aus Beefsteak, wenn die amerikanischen Steuerzahler aufhören würden, den Wasserverbrauch der Fleischindustrie zu subventionieren: $ 89. (Harvey Diamond sagt, die Kosten betrügen $ 35 pro 0,45 kg und daß „sich allein in Kalifornien die Kosten für die Subventionierung der Fleischindustrie auf $ 24 Milliarden im Jahr" belaufen!)

Erdöl und Energie

Zeitdauer, für die die Erdölreserven der Welt ausreichen würden (beim derzeitigen Stand der Technik), wenn Fleisch regelmäßig auf dem Speisezettel aller Menschen stünde: 13 Jahre.

Zeitdauer, für die die Erdölreserven der Welt ausreichen würden (beim derzeitigen Stand der Technik), wenn alle Menschen sich vegetarisch ernährten: 260 Jahre. Hauptgrund für das Eingreifen der USA am Persischen Golf: Abhängigkeit von ausländischem Öl.

Täglicher Ölimport der USA: 1,081 Milliarden Liter. Prozentsatz der Energieausbeute (als aus Nahrungsmitteln gewonnene Energie pro verbrauchte fossile Brennstoffe) bei der energiesparendsten Viehzucht und Fleischerzeugung: 34.5 %.

Prozentsatz der Energieausbeute (als aus Nahrungsmitteln gewonnene Energie pro verbrauchte fossile Brennstoffe) beim am wenigsten energiesparenden Anbau pflanzlicher Nahrung: 328 %.

Menge an pro Menge an fossilen Brennstoffen produzierten Sojabohnen, die zur Produktion von 0,45 kg Mastrindfleisch benötigt werden: 18,1 kg).

Prozentualer Anteil an verbrauchten Rohstoffen, die derzeit in den USA für alle Zwecke verbraucht werden, um die aktuelle fleischfixierte Ernährung zu ermöglichen: 33 %.

Prozentualer Anteil an verbrauchten Rohstoffen, die derzeit in den USA für alle Zwecke verbraucht werden, um eine rein vegetarische Ernährung zu ermöglichen: 33 %.

Kanalisation

Anfallende Exkremente von seiten der gesamten US-Bevölkerung: 5.443 kg pro Sekunde.

Anfallende Exkremente von seiten des US-Viehbestands: 113.400 kg pro Sekunde.

Kanalisation in den Städten der USA: gängig.

Kanalisation in den Mastbetrieben der USA: keine.

Jährlich durch US-Viehbestand in Intensivhaltung entstehende Abfallmenge, die nicht recycelt wird: 907 Millionen Tonnen.

Relative Konzentration von Abwässern aus Mastbetrieben im Vergleich zu ungeklärten Haushaltsabwässern: zehn- bis ein paarhundertmal konzentrierter. Wo Abfallprodukte aus Mastbetrieben am Ende gewöhnlich landen: menschliche Wasserversorgung.

An den oben angegebenen statistischen Daten kann jeder erkennen, welche radikalen und positiven Auswirkungen Lichtnahrung langfristig auf unseren Planeten haben wird. Kein Bedarf für Kanalisationssysteme, kein Schlachten von Tieren mehr, kein Bedarf an komplexen Systemen zur Abfallbeseitigung, kein Bedarf an derart riesigen Ölreserven mehr, kein Bedarf an einer Rodung von Waldbeständen... die Liste läßt sich fortsetzen.

3.9. Unser Planet – unsere Nachkommen

„Wir haben diese Erde nicht von unseren Eltern geerbt, wir borgen sie von unseren Kindern."

Verfasser(in) unbekannt

In einer Ansprache über Menschenrechte und Frieden sagte der Dalai Lama neulich: „Wenn es uns ernst ist mit unserem Ja zu den fundamentalen Gleichheitsprinzipien, die, so glaube ich, das Herz der Menschenrechte bilden, läßt sich die wirtschaftliche Ungleichheit von heute nicht mehr ignorieren. Es ist nicht genug, lediglich festzustellen, daß alle menschlichen Wesen ein gleiches Maß an Würde genießen müssen. Dieser Gedanke will in Handlungen umgesetzt werden. Wir tragen eine Verantwortung, Wege zu finden, um eine gleichmäßigere Verteilung der Ressourcen der Welt zu erreichen.

Wir sind Zeugen einer enormen Bewegung der breiten Öffentlichkeit zugunsten eines Vorantreibens der Menschenrechte und demokratischen Freiheit auf der Welt. Diese Bewegung muß eine sogar noch mächtigere moralische Kraft werden, so daß selbst die repressivsten Regierungen und Armeen sie nicht unterdrücken können.

Es ist natürlich und gerecht, für Nationen, Menschen und Individuen Achtung vor ihren Rechten und Freiheiten zu verlangen und darum zu ringen, Repression, Rassismus, wirtschaftliche Ausbeutung, militärische Besetzung und diverse Formen von Kolonialismus und Fremdherrschaft zu beenden. Die Regierungen sollten derartige Forderungen aktiv unterstützen, statt diesbezüglich nur Lippenbekenntnisse abzugeben.

Nun, wo wir uns dem Ende des 20. Jahrhunderts nähern, stellen wir fest, daß die Menschen ein einzige Gemeinschaft wird. Wir rücken näher zusammen durch die gravierenden Probleme Überbevölkerung, schwindende natürliche Ressourcen und eine Umweltkrise, die die elementare Grundlage unseres Daseins auf diesem Planeten bedroht. Menschenrechte, Umweltschutz, größere soziale und ökonomische Gleichheit und Frieden, sie alle sind nun miteinander verflochten. Um den Herausforderungen unserer Zeit zu begegnen, werden die Menschen stärker ein universelles Verantwortungsgefühl entwickeln müssen.

Wir müssen alle lernen, nicht nur für uns selbst zu arbeiten, unsere eigene Familie oder Nation, sondern zum Wohl der gesamten Menschheit. Universelle Verantworung ist der Schlüssel zum Überleben der Menschheit und der beste Garant für Menschenrechte und Weltfrieden."

Viele von uns konzentrieren sich nun auf die Schaffung positiver persönlicher und planetarer Fortschritte nicht nur für uns selbst, sondern auch für unsere Nachkommen. Der Gedanke, daß wir als gesunde Menschen, die einander achten und ehren, harmonisch und in Einigkeit zusammenleben können, ist nicht nur ein Hirngespinst. Doch um gesunde, glückliche und produktive Erwachsene in der Gesellschaft zu haben, brauchen wir gesunde, glückliche und produktive Kinder.

Dies läßt sich auf drei Wegen erreichen: ihre Erziehung zu Hause, ihre Ausbildung in der Schule und ihre Erziehung durch das Leben. Bevor wir auf den Aspekt der Bildung und Erziehung eingehen, wollen wir uns ansehen, wo wir heute stehen.

3.9.1 *Fakten, Positiva & weitere Gesichtspunkte*

Als Verwalter der Welt von morgen ist es für uns an der Zeit, eine in dieser Form aufrecht erhaltbare Zukunft zu erschaffen, indem wir heute klug handeln.

Fakten

Gemäß der neuen, aktualisierten Ausgabe von *The Gaia Atlas of Planet Management* ist dies ein Jahrzehnt der Rekorde gewesen – der Erfolge wie auch der Katastrophen. Erlebt haben wir dabei folgendes:
Die höchsten globalen Temperaturen, die im Rahmen der Messungen zur weltweiten Aufheizung der Atmosphäre je gemessen wurden.
Die Ozonwerte in der oberen Erdatmosphäre sanken auf Rekordtiefs.
Hungersnöte und Dürren haben viele Regionen in den Entwicklungsländern heimgesucht.
Unsere unverantwortliche Vernichtung von Arten und Lebensräumen hat Rekordhöhe erreicht – von der Dezimierung der tropischen Regenwälder bis zum Töten der Afrikanischen Elefanten um ihres Elfenbeins willen.
Die schlechteste Nachricht ist die, daß der doppelte Druck menschlicher Bevölkerungszahlen und des übermäßigen Verbrauchs der Erdressourcen noch immer zunimmt. Aktuellen Vorhersagen zufolge wird die Zahl der Menschen auf dem Planeten bis 2050 nicht auf 8 Milliarden, sondern auf 11 Milliarden steigen.
Die Kluft zwischen den Reich und Arm, zwischen dem ressourcenintensiven Norden und dem einkommensschwachen Süden weitet sich noch immer.
Bodenschäden, Umweltverschmutzung und die Vernichtung von Arten und Lebensräumen erweisen sich unter diesem erbarmungslosen Druck als hartnäckig. Und doch unternehmen viele Nationen nun viel, um Waldbestände und Land zu erhalten, die menschliche Gesundheit sowie den Zugang zu Mitteln der Geburtenkontrolle zu verbessern und Rohstoffe zu sparen beziehungsweise zu recyclen.
Unsere ökonomischen Schwierigkeiten haben zu einer weltweiten Rezession, zu Armut, Verschuldung und Hunger geführt, und dies alles berührt mehr Menschen als je zuvor.
Doch genau diese Probleme sind der zündende Funke für neue wirtschaftliche, bildungsmäßige, umweltbezogene und politititische Ansätze.

Positiva

Die Umweltbewegung ist weltweit gewachsen, wobei Einzelpersonen wie auch Regierungen den Gedanken der nachhaltigen Entwicklung anerkennen. Viele erleben die Vision von Gaia als einem lebendigen Planeten, und

in ihnen erwacht ein neues Maß an Achtung und Liebe für unser irdisches Zuhause.
Es ist zu einem enormen Anstieg der Aktivitäten und Sorge bei einzelnen Bürgerinnen und Bürgern gekommen – als Verbraucher, als Wähler, als Kampagnenführer, als Verwalter der Erde.
Neue politische Parteien entstehen, deren Augenmerk auf Einheit und Nachhaltigkeit ruht.
Wir machen riesige Fortschritte im Hinblick darauf, Energie effizienter einzusetzen, und die Familie der Nationen hat sich zusammengeschlossen, um mit einer Geste nie dagewesener globaler Kooperation FCKWs zu verbieten.
Beispiellose Bemühungen zur Linderung von Not begleitete ein zunehmendes Bewußtsein für die tieferliegenden Ursachen von Hunger auf der Welt.
In vielen Ländern treten nun Menschen auf, die als Pioniere den (für die westliche Kultur) radikalen Gedanken verbreiten, von Licht leben zu können und dabei von Prana genährt zu werden, was sich weltweit als praktikable Lösung für den Hunger auf der Welt weiterverbreitet.
Globale Bemühungen, sauberes Trinkwasser für alle zur Verfügung zu stellen, hat Hunderten von Millionen Menschen in den Entwicklungsländern geholfen.
Wir haben ein bahnbrechendes Abkommen geschlossen, die unberührte Wildnis der Antarktis vor der Ausbeutung zu bewahren und internationale Verträge ausgehandelt, daß wir den Erhalt der Artenvielfalt in Angriff nehmen wollen.
Die beste Neuigkeit war das Ende des Kalten Krieges, plötzlich und inspirierend, sowie der Anstieg der weltweiten Auseinandersetzung mit Demokratie, Internationalismus und Frieden.
Die weltweiten Militärausgaben haben eine Rekordhöhe von $ 1.000 Milliarden im Jahr erreicht, doch der Höhepunkt ist überschritten, und wir leben nun in einer Welt, die weniger Angst vor einem Atomkrieg hat sowie eine Rekordzahl von Ländern, die in den Genuß freiheitlicher Demokratie kommen. Diese Einigkeit zeigte sich angesichts der französischen Atomwaffentests im Pazifik, in den aktuelleren friedlichen Demonstrationen in China, der Hilfe für den Kosovo – all diese Veränderungen haben gezeigt, daß eine verblüffende Revolution in der menschlichen Wahrnehmung möglich ist und sich derzeit entwickelt!
Von daher scheint es, daß wir einen großen Bedarf an einer unausgesetzten Erziehung zum Umdenken auf diesem Planeten haben – dahingehend, daß Ressourcen gerechter verteilt werden. Chaos auf unserem Planeten rührt nicht von einem Mangel an Waren oder Dienstleistungen oder auch nur der ungleichen Verteilung derselben. Chaos unter Menschen rührt daher, daß das gemeinsame Ziel fehlt, die Vielfalt aller Kulturen und Gesellschaften zu einen, die heute anzutreffen sind.
Das Chaos, das wir auf der planetaren Ebene beobachten, hat schlichtweg die folgenden Ursachen: Fehlende Ehrung und mangelnde Toleranz der Rassen und Kulturen untereinander; Fehlende Klarheit auf der persönlichen

und globalen Ebene; Fehlende Vision, daß wir alle ein Volk sind, das ein und denselben Planeten miteinander teilt; Fehlender Sinn und fehlende Antriebskraft in unserem persönlichen Dasein; Fehlendes Gewahrsein, warum wir heute hier sind und was wir als Spezies erreichen können; Fehlendes Wissen um die höhere Natur unseres Seins sowie um das universelle Gesetz, das über die Schöpfungskräfte regiert.

Man kann solange keine bleibende globale Veränderung zum Guten schaffen, wie man nicht leidenschaftslos und logisch das Individuum als Ganzes sieht. Menschen, die in sich heil und ganz sind, sind die Vorläufer in sich verändernden globalen Machtgefügen. Wie der englische Schriftsteller Aldous Huxley einmal sagte: „Erfahrung ist nichts, was einem Menschen widerfährt. Sie ist das, was ein Mensch mit dem anstellt, was ihm widerfährt."

Die nachfolgenden Informationen drehen sich um das, was wir als mächtigste Kraft sehen, die der Menschheit unserer Tage zur Verfügung steht: den Faktor Mensch. In diesem Technologiezeitalter kann eine ERZIEHUNG ZUM UMDENKEN hochwirksam und gleichzeitig das effektivste Instrument sein, das uns zur Verfügung steht, wenn es darum geht, die globale Transformation in die Wege zu leiten und zu unterstützen, vor allem, wenn diese mit einem Umdirigieren unserer Ressourcen einhergeht.

Wir erkennen, daß die Ausschaltung globaler Herausforderungen in Sachen Gesundheit und Hunger nicht über Nacht geschehen wird, sondern dann, wenn das *Luscious Lifestyles* Programm und das Programm zur Abstimmung unserer Frequenz auf die göttliche Kraft in unserem Innern uns inspirieren, auf allen Ebenen fit zu werden.

Die Licht Botschafterinnen und Botschafter möchten außerdem Menschen anregen, ihr persönliches Paradies zu erschaffen – wozu ein ausgezeichneter Gesundheitszustand gehört – das in das globale Paradies einfließen wird. Ja, es ist ein immenses Umdenken, zu dem wir die Menschheit derzeit einladen. Doch es wird etwas bewirken. Nur muß jeder und jede einzelne von uns bei sich persönlich anfangen.

Für viele der Botschafterinnen und Botschafter ist es nicht notwendig, daß die Menschen hier in Armut leben, verhungern, kein annehmbares Dach über dem Kopf und keine gute ganzheitliche Bildung erfahren. Alle Gesellschaften können frei von Krankheiten sein, und alle Völker können physische, emotionale, mentale und spirituelle Gesundheit erfahren.

Um das zu erreichen, regen wir an, die Fülle an Informationen zu nutzen, die von Medizinern und auch von alternativen Heilkundigen, ganzheitlich arbeitenden Seminarleiterinnen und -leitern sowie spirituellen Meisterinnen und Meistern auf der Erde zur Verfügung gestellt werden. Dies sind Menschen, die gewillt sind, dem oder der Einzelnen dabei zu helfen, vollkommenes Wohlergehen im Hinblick auf viele Aspekte des eigenen Lebens zu erfahren.

Die Botschafterinnen und Botschafter von M.A.P.S. sind nicht darauf aus, das Rad von neuem zu erfinden. Was wir anstreben ist, Menschen den

Impuls zu geben, die Verantwortung für ihr eigenes Leben zu übernehmen. Der einzelne Mensch, der sein eigenes Leben und das Leben aller auf dem Planeten zu fördern sucht, wird bei seinen täglichen Entscheidungen in Sachen Lebensweise gesunden Menschenverstand anwenden und diszipliniert sein müssen, doch der Lohn, den das bringt, übersteigt alle Worte.
Jeder und jede von uns vermag durch seine Entscheidung im Alltag Ressourcen auf diesem Planeten umzulenken, indem wir uns mit einer gemeinsamen Vision und klaren Tagesordnung vereinigen.
Wir erkennen zwar bei vielen Systemen auf der Erde die Notwendigkeit, diese zu verfeinern, in diesem Abschnitt möchten wir jedoch auf folgendes eingehen:

a) Faktor Mensch
b) Bildungsfrage im neuen Jahrtausend
c) Regelmäßige Spenden und Hilfsorganisationen
d) Aufhebung des Rauschgiftverbots
e) Weltweites Abrüsten
f) Schuldenerlaß gegenüber der Dritten Welt
g) Mittelbeschaffung für soziale Zwecke

a) Faktor Mensch

Bevor wir effektiv über die Umverteilung von Ressourcen sprechen können, müssen wir einschätzen, welche Arten von Ressourcen uns überhaupt zur Verfügung stehen – menschlicher und nicht menschlicher Art. Am kostbarsten sind unsere menschlichen Ressourcen. Ohne gute Gefährten und gute Kameradschaft kann das Leben, so wie wir es kennen, recht sinnlos sein. Mit inbegriffen ist hier unsere Beziehung zu uns selbst und die Frage, ob wir uns selbst genug ehren, um zu erfahren, wer wir wirklich sind – jenseits von Geist, Körper und Emotionen.
Von dem Moment an, wo wir Licht Botschafterinnen und Botschafter auf die Weltbühne traten, haben wir von der Macht des göttlichen Einen in uns gesprochen. Dieses Göttliche ist allmächtig, allwissend und lebt in allem, auch in uns selbst. Wenn wir uns darauf ausrichten, ereignet sich Magie in unserem Leben – unsere Ängste lösen sich auf, unser Leben bekommt Sinn, und Gesundheit und Glück stellen sich ein, wenn wir auf seine innere Führung hören. Unsere Welt spiegelt unsere Überzeugungen im Hinblick darauf, wer wir sind, und viele haben sich nun erhoben, um diese Überzeugungen auf die Probe zu stellen.
Ja, die Licht Botschafterinnen und Botschafter regen Menschen an, die Kraft des Göttlichen in sich selbst zuerfahren und über das begrenzte Denken hinauszugelangen. Man weiß gemeinhin, daß der Faktor Mensch als Ressource mehr erreicht, wenn sich Individuen zusammenschließen. So sagte der US-Autor Edward Abbey: „In sozialen Gefügen ist das Ganze immer weniger als die Summe seiner Teile. Es wird nie einen Staat geben, der so gut ist wie sein Volk, oder eine Kirche, die ihrer Gemeinde würdig ist, oder eine Universität, die sich an ihrem Lehrkörper und ihren Studenten messen könnte."

Wir wissen, daß durch offene Kommunikation und intelligente Diskussion Ressourcen wirksam umverteilt und Systeme so verfeinert werden können, daß alle in Einheit auf der Erde wachsen und gedeihen. Doch bevor wir weltweite Einheit erzeugen und erfahren können, benötigen wir ein persönliches Einsein in uns selbst, was bedeutet, daß Problematisches im Hinblick auf Gesundheit, Finanzen, Lebensweise, Liebesleben, Freunde, Familie, Hobbies, Leidenschaft und Sinn im Leben zufriedenstellend gelöst sein muß.
Das kann nur wirksam geschehen, wenn wir verstehen, daß wir mehr sind als nur unser Geist, unser Körper und unsere Emotionen. Dementsprechend liegt nach der Auffassung der Licht Botschafterinnen und Botschafter der Schlüssel zu einer positiven Menschheitsevolution in einer ganzheitlichen Bildung.

b) Bildung im neuen Jahrtausend

„Unser Schulunterricht ignoriert auf tausenderlei Weisen die Regeln für eine gesunde Entwicklung."

Elizabeth Blackwell – US-Ärztin und -Schriftstellerin

„Wenn Sie meinen, Bildung sei teuer, sollten Sie es erst einmal mit Unwissenheit probieren."

Derek Bok

Viele Licht Botschafterinnen und Botschafter haben die Energie einer kosmischen Kraft erlebt, deren Weisheit nicht zu leugnen ist. Sie hat uns einige grundlegende intelligente Alternativen an die Hand gegeben und uns dabei daran erinnert, daß wir nicht alle Antworten parat haben müssen – wir müssen nur unseren Teil kennen. Wenn das unsere Tun und dabei alles Leben ehren und achten, werden sich große Veränderungen einstellen, und das Bildungswesen wird die Blaupause liefern, damit diese Veränderung sich ohne Chaos fortsetzen kann.
Um zu definieren, was wir mit „Bildung" meinen, nachfolgend ein Auszug aus *Education in the New Age* von den tibetischen Meistern und Alice A. Bailey:
„Bildung verfolgt in der Hauptsache drei Ziele, aus dem Blickwinkel der menschlichen Entwicklung betrachtet:
ERSTENS muß sie von vielen begriffen werden, sie muß aus einem Menschen einen intelligenten Bürger machen, eine kluge Mutter oder einen klugen Vater und eine Persönlichkeit, die sich zu zügeln weiß; sie muß es ihm ermöglichen, seine Rolle zu spielen, was die Arbeit auf dieser Welt angeht, und ihn darauf vorbereiten, friedlich und hilfsbereit und harmonisch mit seinen Nachbarn zusammenzuleben.
ZWEITENS muß sie den Menschen dazu befähigen, die Kluft zwischen den einzelnen Aspekten seiner eigenen Geistesnatur zu überbrücken, und hierin liegt der Schwerpunkt der Anleitungen, die ich nun vorschlage:
In der esoterischen Philosophie sagt man uns, wie hinreichend bekannt ist, daß es auf der mentalen Ebene drei Aspekte des Geistes oder des Geistge-

schöpfs gibt, das wir Mensch nennen. Folgende drei Aspekte machen den wichtigsten Teil seiner Natur aus:
Sein niederer, konkreter Geist, das Vernunftprinzip. Mit diesem Aspekt des Menschen arbeitet unser Bildungswesen nach eigener Aussage. Jener Sohn des Geistes, den wir Ego oder die Seele nennen. Dieser ist das Intelligenzprinzip und trägt in der esoterischen Literatur viele Namen, etwa „Sonnenengel", „die Agnishvattas", „das Christusprinzip" etc. Damit befaßte sich in der Vergangenheit nach eigener Aussage die Religion. Der höhere, abstrakte Geist, der Hüter der Ideen, das, was dem niederen Geist Erkenntnis vermittelt, sobald der niedere Geist in Verbindung mit der Seele ist. Mit dieser Welt von Ideen befaßt sich nach eigener Aussage die Philosophie.
Wir könnten diese drei Aspekte auch wie folgt nennen:

Den empfänglichen Geist, den Geist, mit dem sich die Psychologen befassen.

Den individualisierten Geist, seines Zeichens Sohn des Geistes.

Den erhellenden Geist oder höheren Geist.

DRITTENS muß die Kluft zwischem dem niederen Geist und der Seele überwunden werden, und eigenartigerweise hat die Menschheit das schon immer erkannt und deshalb davon gesprochen, daß es um die „Schaffung von Einheit" ginge oder um *at-one-ment* (Buße)[11] oder das „Erreichen einer harmonischen Ausrichtung". All das sind Bemühungen, diese intuitiv erkannte Wahrheit zu benennen."
Wenn Menschen sich verpflichtet haben, eigenverantwortlich zu handeln und eine Kommunikation mit dem „Erhellenden Geist" oder göttlichen Einen in sich selbst hergestellt haben, beginnen sie sehr spezifische Informationen über den wahren Sinn ihres Lebens zu erhalten. Viele Botschafterinnen und Botschafter sind nun aktiv in ganzheitliche globale Programme involviert, bei denen es um eine Anleitung zum Umdenken geht.
Die amerikanische Journalistin Susan L. Taylor sagte: „Der Dreh- und Angelpunkt von allem ist die Bildung. Ohne sie läßt es sich nicht für eine angemessene Gesundheitsförderung oder medizinische Versorgung eintreten oder für die Schaffung von Wohnraum oder für eine Bürgerrechtserklärung, die die eigenen Rechte sichert."
Die Bildung im neuen Jahrtausend muß ganzheitlicher Natur sein, sie muß auf alle Punkte eingehen, die uns als spirituelle Wesen betreffen, die hier sind, um ihre Erfahrungen als Mensch zu sammeln. Wir alle wissen, daß gesunde und glückliche Erwachsene tendenziell auch gesunde und glückliche Kinder heranziehen.
Um dies zu erreichen, hier ein paar Tips von den M.A.P.S.-Botschafterinnen und Botschaftern:
Die Kinder sollten über die persönlichen wie auch die langfristigen umweltbezogenen und globalen Vorteile einer vegetarischen Ernährung aufgeklärt werden.
Alle Kinder sollten zu regelmäßiger, wenn möglich täglicher, Bewegung angeregt werden, bei der es nicht darum geht, besser als andere zu sein, son-

dern die sie nur aus Spaß an der Sache praktizieren: Tanzen, Hatha Yoga, Schwimmen, Stretching, Leichtathletik etc.
Allen Kinder sollten Techniken der kreativen Visualisierung beigebracht werden, damit sie lernen, bei Bedarf die Selbstheilung ihres Körpers einzuleiten.
Alle Kinder sollten regelmäßig ihre Dosis Liebe und Zärtlichkeit bekommen, und man sollte ihnen den Wert von Eigenliebe vermitteln.
Alle Kinder sollten lernen, welche Macht die Verbindung Geist/Körper hat, wenn es um die Entstehung von Krankheiten geht.
Alle Kinder sollten angeregt werden, tagtäglich einige Zeit in Stille zu verbringen, um mit Gott zu sprechen (oder wie auch immer sie oder ihre Eltern die Macht hinter der Schöpfung sehen).
Alle Kinder sollten Anregungen erhalten, ihre Kreativität zum Ausdruck zu bringen – auf eine Weise, die ihr Herz zum Singen bringt.
Alle Kinder sollten angeregt werden, andere Vergnügungen im Leben ausfindig zu machen als Fernsehen. Die Fernsehzeit sollte auf Programme beschränkt werden, die einen positiven Einfluß auf einen sich entwickelnden Geist haben.
Alle Kinder sollten angeregt werden, ihr ganzes Sein als Tempel zu sehen, der dazu da ist, daß unentwegt das Göttliche durch ihn ausstrahlt.
Alle ELTERN sollten freiwillig eine Elternschule besuchen, bevor sie als qualifiziert für die Elternschaft gelten. Schließlich nehmen wir ja auch alle Fahrstunden, bevor man uns den Führerschein gibt, und wir besuchen auch Bildungseinrichtungen, um uns für unseren Beruf ausbilden zu lassen. Viele M.A.P.S.-Botschafterinnen und -Botschafter betrachten die Elternschaft als eines der wichtigsten beruflichen Betätigungsfelder auf dem Planeten. Wir empfehlen, daß „Elterntrainings" sowie die obigen Attribute und ganzheitliche Unterweisung auf Dauer in allen schulischen Lehrplänen festgeschrieben werden.
Ganzheitliche Bildung muß zu Hause beginnen, in der Schule weitergeführt werden und als Lebensweise von der Gesellschaft gefördert werden. Je eher wir Verantwortung übernehmen für die Tatsache, daß wir alle Teil eines Ganzes sind und das Ganze beeinflussen sowie von ihm beeinflußt werden, desto früher können wir bei der Schaffung konstruktiver Systeme mitwirken, die auf die Herausforderungen in Sachen Gesundheit und Hunger auf der Welt eingehen. Dies ist heute der innerste Kern der Quantenphysik, von daher, daß das Ganze sich allein dadurch, daß wir es betrachten, verändern kann. Das entspricht auch sehr dem Tao. M.A.P.S. ist keine Bewegung, bei der es um Anarchie geht, es geht vielmehr darum, so an unseren bereits existierenden Systemen zu arbeiten, daß diese für alle funktionieren. Das läßt sich erreichen, indem wir an die Herausforderungen unserer Tage zusätzlich aus metaphysischer Warte herangehen. Angst vor Veränderungen entspringt einem Bildungsmangel.
Gleich nach der Abrüstung ist die ganzheitliche Bildung für unseren Fortschritt als Spezies überlebenswichtig. Wissenschaft und Religion sind ledig-

lich zwei verschiedene Speichen an ein und demselben Rad – ebenso wie Schulmedizin und alternative Heilkunde – und sie müssen nicht in Widerstreit zueinander stehen, da beide ihre Gültigkeit und ihre Rolle haben. Es heißt, in Schulen, zu Hause und in den Gemeinden etwas zu lehren über die Macht:

a) universeller Gesetze – worin sie bestehen, wie sie wirken und wie wir alle davon profitieren, von ihnen Gebrauch zu machen.

b) der Feinabstimmung von uns selbst als Energiesystemen und wie wir durch etwas, wie das *Luscious Lifestyles* Programm ein sinnvolles, gesundes und glückliches Leben führen können

Da gesellschaftliche Gefüge aus Individuen bestehen, bilden starke, fitte, glückliche Menschen eine starke und glückliche Gesellschaft ab. Mit ein Ziel unseres „Welthunger- und Weltgesundheitsprojekts" ist am Ende die Beseitigung der Notwendigkeit – von der Akutversorgung abgesehen – Krankenhäuser und sonstige Einrichtungen aus dem Gesundheitsbereich zu haben, da wir schließlich zu einer Gesellschaft von Individuen gelangen werden, die frei von Krankheiten sind und sich gegebenenfalls von selbst heilen können.

Die Licht Botschafterinnen und Botschafter treten zu einer Zeit auf den Plan, wo es die bestehenden Systeme auf unserem Planeten ehrlich einzuschätzen und dann zu überarbeiten gilt, während neue Programme übernommen werden, die der sich wandelnden Welt Rechnung tragen. Wir stellen oft unsere Zeit und/oder unser Geld zur Verfügung und dienen, einfach weil wir es können.

c) Regelmäßige Spenden & Hilfsorganisationen

„Gute Taten sind unsichtbare Scharniere an den Toren des Himmels."

Victor Hugo – französischer Dichter und Romanschriftsteller

Der Umstieg auf eine vegetarische Ernährung, insbesondere in den Industrieländern, wird sofort Ressourcen freigeben. Eine weitere Möglichkeit, bei der Umverteilung mitzuwirken, sind feste Spenden. Es gibt viele Weise, sozusagen unseren „Zehnten" abzugeben. Wir können unsere Zeit und Energie einbringen, um gute Projekte zu unterstützen und zu sehen, wie unsere Träume sich kollektiv erfüllen. Wir können einer unterstützenswerten Sache einen Teil unseres Einkommen zur Verfügung stellen, in dem Wissen, daß wir dann, wenn wir die Tür öffnen, um zu geben, auch gleiches anziehen und empfangen.

Regierungen, Gemeinschaften und Individuen können alle miteinander über die Förderung einer vegetarischen Ernährungsweise zur Gesundheitserhaltung beitragen, und daneben kann auch der Gedanke vermittelt werden, daß dies auch für die Nachhaltigkeit der Ressourcen sowie unsere Umgebung sehr nützlich ist. Wir brauchen nicht allzu clever zu sein, um uns vorzustellen, welche Auswirkung es in Sachen Umwelt auf unseren Planeten haben wird, wenn wir schließlich nur von Prana leben.

Und ja, es stimmt, wenn auch die Leute lachen, wenn ich das sage, wir können das Geld, das wir sparen durch unsere leichtere Ernährung und dadurch,

daß wir keine medizinische Versorgung brauchen, wohltätigen Einrichtungen geben und soziale Zwecke unterstützen. Das Spenden ist auf vielen Ebenen eine wunderbare Geste, und viele empfehlen, daß diese Spenden im Westen 10 % unseres Einkommens ausmachen sollten.
Von dem Geld, das wir alle sparen können, indem wir weniger essen und keine Krankheitskosten haben, können wir:
Über das *World Vision* Programm ein oder zwei Kinder unterstützen; An den *Save the Children Fund* spenden; Den Obdachlosen in unserer Nachbarschaft etwas abgeben; Eine andere karitative Einrichtung unterstützen, zu der es uns stark hinzieht; Einem bedürftigen Freund oder einer Freundin beziehungsweise einem Familienmitglied etwas geben.
Das Wichtige ist, hier zu geben, ohne eine Belohnung dafür zu erwarten.
Wenn wir Australier 1998 11 Milliarden Dollar für Glücksspiele ausgeben konnten, können wir es uns sicher auch leisten, ein klein wenig zu spenden.
Wir können also den existierenden Hilfsorganisationen, die sich derzeit mit dem Problem des Hungers auf der Welt befassen, Zeit, Geld und Waren spenden. Unter Bezugnahme auf Informationen des American News Service über Hungerprogramme in den USA stellt Paul Bush aus New York fest: „Karitative Armenspeisungen in ganz Amerika stehen nun vor zunehmend harten Zeiten bei ihrem Bemühen, genügend Lebensmittel aufzutreiben, um die rund 26 Millionen Armen zu speisen, die von Lebensmittelbanken abhängig sind."
Scheinbar ist dies in den letzten vier Jahren schwieriger geworden, da die Lebensmittelbanken den großen Ladenketten (von denen sie gewöhnlich übriggebliebene Waren erhielten) gezeigt haben, daß sie effizienter arbeiten sollten. Ihr neues präzisiertes Bestellverfahren, ihre fortlaufende Bestandserfassung und ihre Schadenverhütungsprogramme haben bedeutet, daß sie, die ursprünglich für die Hungerbekämpfungsprogramme große Spender waren, nun weniger Waren spenden.
Obwohl noch in der ganzen Welt Hunger anzutreffen ist, haben die Möglichkeiten der Länder, Nahrungsmittel zu importieren sowie die Bemühungen internationaler Hilfsorganisationen doch die Auswirkungen des Hungers in der modernen Zeit gemildert. Europäische Staaten, die USA und andere Industrienationen wußten im 20. Jahrhundert von keinerlei Hungersnöten zu berichten. Andere Länder, wie etwa die Sowjetunion, vermieden höhe Sterblichkeitsraten durch ihr Vermögen, Nahrungsmittel einzuführen und schnell und effizient zu verteilen. Hunger bleibt jedoch ein Problem in Teilen Lateinamerikas, Zentralafrika und Südostasien.
Auch die Verteilung von Ressourcen über existierende Hilfsorganisationen benötigt Unterstützung und weitere Verbesserung. Es gibt eine Vielzahl von Geschichten über Waren, die aufgrund bürokratischen Pfuschs, korrupter Systeme und simpler Ineffizienz nie ihr Ziel erreichten. Die Hilfsorganisationen sind sich dieses Problems vollauf bewußt und tun, was sie können, um Abhilfe zu schaffen. Spenden ist eine wundervolle Möglichkeit, diese Organisationen zu unterstützen bei ihrem Dienst an den Menschen der Dritten

Welt. In der Zwischenzeit werden wir mit unseren Untersuchungen fortfahren und unsere Erkenntnisse als zusätzliche Lösung für diese Herausforderungen weitergeben.
Die beste Möglichkeit, wie wir alle als einzelne Menschen helfen können, besteht darin, fit zu werden, indem wir weniger essen und leichtere Kost zu uns nehmen, unseren Körper trainieren, medizieren, im Leben einen Daseinszweck und Leidenschaft finden lernen und unser eigenes emotionales Gepäck aufräumen, indem wir unsere Lebenshaltung ändern.
Haben Menschen erst einmal den nie versiegenden Brunnen wahren Glücks gefunden, der unabhängig ist von Wohlstand und kulturellen Einflüssen, so werden sie ganz natürlich uneigennütziger und mehr auf Dienen ausgerichtet, und sie können sich ans Werk machen, die Ressourcen auf unserem Planeten so umzuverteilen, daß die Grundbedürfnisse aller befriedigt werden.
Sai Baba sagt, daß Menschen einfach deshalb dienen, weil sie dienen können. Wir im Westen sind in einer Position, die es uns erlaubt, für Menschen zu sorgen, die weniger haben als wir selbst. Und dennoch entspricht es nicht dem Denken des Gros unserer Gesellschaft, andere Reichtümern und Ressourcen teilhaben zu lassen – ja, die Gesellschaft unterstützt sogar das Gegenteil.
Die Licht Botschafterinnen und Botschafter empfehlen Menschen, die eigene Lebensführung zu ändern, so daß sich nicht mehr riesige Summen für Essen, Alkohol oder die Dinge ausgeben müssen, hinter denen sie herjagen, um ein Maß an Glück zu erreichen, daß sie auch aus Meditation und weiteren spirituellen Übungen beziehen können – wir empfehlen, daß dieses Geld für wohltätige Zwecke gespendet wird, damit wir nicht nur von diesem Planeten nehmen, sondern auch geben können. Je offener wir für den Prozeß des regelmäßigen Spendens und Gebens werden, desto mehr, so diktiert es das universelle Gesetz, werden wir erhalten.
Wir möchten nun gerne Informationen über Organisationen angeben, mit denen ihr Kontakt aufnehmen könnt, um auf eine Reduzierung des Hungers auf diese Welt hinzuwirken. Die Daten steht auf der Website „http://www.thehungersite.com/hungerressources.html".

Die Hunger-Website
Wie die Lebensmittelbanken entstand die Hunger-Website, um bei der Verteilung von Nahrungsmitteln auf der ganzen Welt behilflich zu sein. Vielleicht fragst du jetzt:
„Aber wie werden gespendete Lebensmittel, die über die Hunger-Website eingehen, verteilt?"
Dort heißt es: „Die gespendeten Nahrungsmittel werden über großer internationale Hilfsorganisationen verteilt. Die Hunger-Website ist nicht politisch, religiös oder anderweitig gebunden, und wir wählen diese Organisationen danach aus, wie effizient sie Nahrung an diejenigen verteilen, die sie am dringendsten benötigen..."
Die Hunger-Website hat eine sehr einfache Weise der Lebensmittelverteilung initiiert. Dort werden auch die vielen Organisationen aufgelistet, mit

denen wir Kontakt aufnehmen können, um sie zu unterstützen.
Auf ihr steht weiter:
Jeden Tag sterben etwa 24.000 Menschen an Hunger oder Ursachen, die mit Hunger zusammenhängen. Das ist weniger als vor zehn Jahren, wo es 35.000 Menschen waren, und noch weniger als vor zwanzig Jahren (41.000). Drei Viertel der Toten sind Kinder unter fünf Jahren. Heute sterben 10 % der Kinder in Entwicklungsländern vor Vollendung des fünften Lebensjahrs. Vor fünfzig Jahren waren es noch 28 %.
Hungersnöte und Kriege verursachen nur 10 % der Fälle, in denen Menschen verhungern, wenn dies auch die Ursachen sind, von denen man am häufigsten hört. Die Mehrzahl verhungert aufgrund chronischer Unterernährung. Die Familien haben schlichtweg nicht die Möglichkeit, ausreichend zu essen zu bekommen. Dies wiederum ist etwas, das durch extreme Armut ausgelöst wird.
Abgesehen davon, daß chronische Unterernährung zum Tod führen kann, kann sie auch eingeschränktes Sehvermögen, Apathie, Wachstumsstörungen und drastisch erhöhte Anfälligkeit für Krankheiten verursachen. Massiv unterernährte Menschen sind selbst auf der elementaren Ebene unfähig, normal zu funktionieren.
Schätzungen zufolge leiden zirka 800 Millionen Menschen weltweit an Hunger und Unterernährung, etwa hundertmal so viel wie jedes Jahr hieran sterben.
Oft brauchen in extremer Armut lebende Menschen nur ein paar simple Ressourcen, um genug Nahrungsmittel anbauen zu können, damit sie sich von diesen autark ernähren können. Hierzu gehören Saatgut, entsprechendes Werkzeug und Zugang zu einer Wasserquelle. Auch kleine Verbesserungen im Hinblick auf Anbaumethoden und Lagermöglichkeiten von Lebensmitteln sind hilfreich.
Viele Hungerexperten glauben, daß letztlich Bildung die beste Möglichkeit zur Reduzierung des Hungers ist. Gebildete Menschen können am ehesten aus jenem Kreislauf der Armut ausbrechen, der Hunger erzeugt.“
Dank also an die Hunger-Website; wir empfehlen allen, sich mit der Arbeit der Organisationen vertraut zu machen, die im Anhang dieses Buches aufgeführt sind; unterstützt sie, wo ihr nur könnt, und befaßt euch dann damit, euch selbst wirklich Freiheit zu schaffen, indem ihr in Erfahrung bringt, wie die göttliche Kraft in euch euch mit Nahrung versorgen kann.
Eine andere Weise, effektiv Gelder für soziale Hilfsprogramme und unser Weltgesundheits- und Welthungerprojekt aufzutreiben, ist die Aufhebung des Rauschgiftverbots.

d) Aufhebung des Rauschgiftverbots

Es folgt ein Auszug aus dem dritten Band der Camelot-Trilogie, der den Titel trägt: *Our Progeny – die X-re-Generation* (Unsere Nachkommen – die X-Re-Generation). Dort befasssen wir uns mit Suizid unter Jugendlichen, Drogenkonsum und -verbot, Leidenschaft und Sinn im Leben, vegetarischer

Ernähung, den Veden und vielem mehr. Was wir über die Auswirkungen des Rauschgiftverbots herausgefunden haben, wird dort in dem Kapitel beschrieben, das sich mit Süchten befaßt und „*The Mistress of Nirvana – Drug Lords and War Lords*" (Dame Nirvana – Drogenherren und Kriegsherren) überschrieben ist:
„Die Prohibition brachte Drogenherren und Kriegsherren hervor, da das Suchen nach Ekstase und Erleuchtung ja weiterging. Für diejenigen, die ein Milliarden-Dollar-Geschäft ins Rollen brachten, bei dem viele hart um seinen Fortbestand kämpfen mußten, war dieses zu lohnend, um in Betracht zu ziehen, welchen Schaden es anrichtete. In Wirklichkeit erreichte die Statistik zum Tod durch bewußtseinserweiternde Drogen kaum krisenhafte Ausmaße, und doch war für Menschen, die die Jugendlichen auf der Straße leben, jeder Todesfall unnötig.
Den Vereinten Nationen zufolge lag die jährliche Drogenproduktion, als die Erde das alte Jahrtausend beendete, rund 5.000 Tonnen Opium, die weiterverarbeitet rund 500 Tonnen Heroin ergaben. Über die Kokainproduktion kamen weitere rund 500 Tonnen hinzu, mit deren Hilfe auf der Suche befindliche Geister veränderte Wirklichkeiten herbeizuführen suchten.
Diejenigen, von deren Seite der Ruf nach Abschaffung des Rauschgiftverbots laut wurde, argumentierten, daß früher die Prohibition lediglich den Beutel der Alkohollieferanten gefüllt hatte. Nicht anders verhielt es sich nun mit den Drogen auf der Straße. Die Herren der Drogenszene waren Kriegsherren, die wild entschlossen waren, ihre Milliarden-Dollar-Industrie zu schützen und die gewissenlos ignorierten, daß sie Familien zerstörten.
In unterentwickelten Ländern schnüffelten vierzig Prozent der Straßenkinder Klebstoff – mit katastrophalen Folgen. Dennoch schienen diese Zahlen unbedeutend angesichts der Tatsache, daß Millionen mehr Menschen Jahr für Jahr an den Folgen von Tabak- und Alkoholkonsum starben. Mit wachsendem Einkommen wuchsen auch die Summen, die für Freizeitdrogen und Pharmazeutika ausgegeben wurden.
Von den fünf Millionen Süchtigen weltweit, die an der Nadel hingen, starben jährlich 200.000. Nimmt man die HIV- und Aidstoten hinzu, bei denen sich ihre Krankheit in Zusammenhang mit Drogenmißbrauch entwickelte, waren Süchte eine kostspielige Angelegenheit. Eine Erziehung zum Umdenken war hier zwingend notwendig, doch solange das Verbot weiterexistierte, wuchsen die Mittel, die zur Bekämpfung von Kriminalität benötigt wurden, ins Bodenlose. Die Drogenkartelle erlebten die Zeit des Verbots nur wie einen Tag im Disneyland.
Die Abkömmlinge von Ein Herz-Ein Geist in Europa gaben jährlich 120 Milliarden Dollar aus. In den Augen der Reformer war das Verbot wirkungslos, und das Problem verschärfte sich zusehens. Die Gewinne aus illegalen Drogenverkäufen blieben unbesteuert, während die Süchtigen darum rangen, andere Wirklichkeiten und Leidenschaften zu suchen, die ihren Geist erweitern würden, ohne ihren Körper zu zerstören.

Als E *(eine der Hauptfiguren in der Trilogie – Jas)* sich anschickte, die Allianz zu starten, wurde ihr klar, daß sie bei ihrem baldigen Besuch in ein Europa kommen würde, in dem Krieg herrschte. Drogenherren oder Kriegsherren – der Unterschied schien so geringfügig, die Existenz von beidem verbreitete eben einfach Tod.
Als sie eine Fernsehsendung mit David Suzuki, *The Nature of Things (Die Natur der Dinge)* verfolgte, sah sie, wie wirksam Reformen durchgeführt wurden. Die Zahl der Aidstoten unter den Fixern erreichte in Amsterdam nur die Hälfte der Zahl in New York. In Amerika regierte das Rauschgiftverbot, und die Statistiken zeigten überdeutlich, wie unnütz dieser Weg geworden, wenn man den Vergleich mit Nationen zog, in denen Drogenmißbrauch als Krankheit behandelt wurde, und nicht als Verbrechen. In New York City waren achtzig Prozent der Fixer HIV-Positiv, im Vergleich zu weniger als einem Prozent in Holland, wo Programme mit Wegwerfspritzen unterstützt wurden.
Das Beweismaterial war offensichtlich, und viele, die sich diese Erkenntnisse zu eigen machten, fanden die Gesetze archaisch und die Strafen drakonisch. Die USA hatten den höchsten Drogenkonsum pro Kopf, während andere Nationen, wie etwa Großbritannien, Programme zur Schadenseindämmung ins Leben riefen, durch die Menschen, die süchtig waren nach der Herrin des Nirvana, dabei unterstützt wurden, ihr Leben in den Griff zu bekommen. Statt zu arbeiten, um sich Stoff zu beschaffen, arbeiteten sie für ihren Lebensunterhalt.
In einem verzweifelten Versuch, einen zivilen Lebensstil und Frieden zu finden, kehrten Staaten Krieg wie auch Rauschgiftverbot den Rücken zu. In der Welt des Übergangs brachten neue chemische Lösungen Drogen mit weniger Nebenwirkungen hervor, die gleichzeitig in der Lage waren, das Erleben eines Opium-Highs zu blockieren. Solange bis sie eine neue Leidenschaft gefunden hatten, war dies für Menschen, die sich bereits in den Klauen ihrer Sucht befanden, ein vielversprechender Ansatz.

e) Weltweites Abrüsten

Das Thema weltweite Abrüstung ist hochgradig komplex und hat viele Aspekte, die angegangen werden wollen. Wie beim Rauschgiftverbot gibt es hier in der Argumentation viele Grauschattierungen, die uns davon abhalten, Entscheidungen zu fällen und Position zu beziehen. Dem Ganzen zugrunde liegt jedoch die Tatsache, daß wir einzig und allein aus Angst Geld für die „nationale Sicherheit" ausgeben, das ist der einzige Grund; und drohende Kriege und sogar auch das Rauschgiftverbot sorgen dafür, daß die Waffenhändler weiter Geschäfte im Wert von Milliarden Dollar tätigen können. Viele intelligente Menschen fragen mittlerweile: „Wer profitiert finanziell am meisten von der Waffenproduktion?" und „Warum darf sie weitergehen?" Sich einen Feind zu schaffen, ist ein wunderbare Möglichkeit, die Existenz einer Industrie weiter fortzusetzen, die viele aus finanziellen Gründen am Leben erhalten möchten. Angst vor Ausländern, Angst vor Despoten,

Angst vor Drogenherren und Kriegsherren.
Indem wir für uns entscheiden, keine Feinde zu haben und indem wir zulassen, daß das Göttliche in uns unsere Ängste auflöst, können wir persönlich abrüsten in unserem Miteinander. Eine flüchtige Ahnung vom Göttlichen reicht aus, um viele Ängste aufzulösen. Angst kommt daher, sich nicht mehr in Verbindung mit dem Göttlichen zu fühlen, sie rührt daher, daß wir nicht wissen, wer wir in Wirklichkeit sind. Angst rührt daher, uns voneinander getrennt zu fühlen und von fehlendem Vertrauen in die Existenz wahrer Heiligkeit.
Viele der Licht Botschafterinnen und Botschafter glauben nun, daß weltweite Abrüstung zentral wichtig ist für unser blühendes Fortschreiten in ein neues Jahrtausend. Und warum? Offenbar, weil es nicht nötig ist, daß wir unser Leben in Angst verbringen, und es ist eine Verschwendung kostbarer menschlicher und finanzieller Ressourcen, Krieg zu führen – man betrachte nur den Kosovo. Erst bombardieren und dann alles wieder aufbauen. Unsere Regierungen geben 868 Milliarden Dollar pro Jahr für Waffen aus, die in Sozialprogramme umgeleitet werden könnten. Wie John F. Kennedy einmal sagte: „Das größte Gebet ist nicht das um Sieg, sondern das um Frieden. So etwas wie einen gewinnbaren Krieg gibt es nicht."
Und doch stimmt es, daß unsere Regierungen sich mit dem Thema befassen, wieviel für Waffen ausgegeben wird und auch wie groß unser Sicherheitsbedarf konkret ist. Die nachfolgende Fundstelle von Jeff sagt uns hierüber mehr: „US-Präsident Harry Truman sagte, so wird er zumindest zitiert, bezüglich der nationalen Sicherheit: „Sprich leise und trage einen großen Stock bei dir." Darin liegt offenbar eine gewisse Weisheit von daher, daß Länder, die langfristig wirksam ihre Neutralität wahren konnten, wie etwa die Schweiz, dennoch eine ansehnliche Berufsarmee haben. Mit anderen Worten, man muß bereit sein, sich zu verteidigen, damit man in Ruhe gelassen wird.
Seit dem Ende des Kalten Krieges werden von den USA für 1999 Rüstungsausgaben in Höhe von 232 Milliarden Dollar veranschlagt – nur 7 % weniger als während der Zeit des Kalten Krieges zu durchschnittlichen Friedenszeiten. Die US-Regierung plant weitere Kürzungen, so daß es weiter zu Einschnitten kommt. Das Problem ist, daß die einzelnen Kongreßmitglieder der USA, die ihre Genehmigung hierzu erteilen müssen, bei allen Umstrukturierungen bestehender Kürzungsregelungen finanzielle Interessen zu verteidigen haben, etwas Militärstützpunkte und Fertigungsanlagen in ihrem Bezirk.
Der andere zentrale Diskussionspunkt sind die Kosten für die Anschaffung technisch raffinierterer Waffen, so zum Beispiel kosten die aktuelle F22-Kampfflieger 134 Millionen Dollar - die F16eer, die gerade ausgetauscht werden, kosten 17 Millionen Dollar. Die Beschaffungskosten für die Verteidigung belaufen sich trotz aller Reduzierungen noch immer auf nahezu 70 % aller staatlichen Beschaffungskosten.
Die freie Welt weiß zwar gewiß die Rolle des Weltpolizisten zu spielen, die die USA moralisch ausfüllt, aber nichtsdestoweniger machen die Kapital-

auslagen und wiederkehrenden Kosten des Militärs in den USA ein großes Stück Regierungsausgaben aus. Die dementsprechenden Auswirkungen bekommt man rund um den Globus in Ländern der Dritten Welt zu spüren, und zwar an der Höhe der Mittel, die dies verschlingt.
Die Frage lautet: Wieviel Verteidigung ist angebracht? Es wäre zum derzeitigen Zeitpunkt nicht abwegig, zu sagen, daß das derzeitige Verteidigungspotential der USA das vernünftige Maß übersteigt und selbstverständlich beträchtlich abgebaut werden könnte, ohne Einbuße an Sicherheit für die USA oder die Welt. Das zu erreichen, ist eine Frage des politischen Geschicks. Die Macht des Volkes, das an Mitglieder des Kongresses und Parlamentsmitglieder schreiben, emailen, faxen und sie anrufen kann, sollte jedoch nie unterschätzt werden. Man erinnere sich, daß die Politiker unglaublich schnell auf große Zahlen gekränkter Wähler reagiert."
Ja, „die Abrüstung setzt sich weltweit fort, wenn sich der Trend auch verlangsamt. Andererseits tritt ein negativer Nebeneffekt der Abrüstung zutage: überschüssige Waffen. Rund 165.000 konventionelle Hochleistungswaffen, 5.000 nukleare Trägersysteme und 18.000 nukleare Sprengköpfe sowie Tausende von Tonnen chemische Waffen sind infolge der Abrüstung überflüssig geworden. Viele Regierungen zeigten sich überrascht über die enormen an solchen „Abfallprodukten", und sie scheinen nicht in der Lage, mit den politischen sicherheitsrelevanten und praktischen Aspekten der Abrüstungssteuerung fertig zu werden." – *Conversion Study 1997: Global Disarmament and Disposal of Surplus Weapons*; BICC (*Bonn International Center for Conversion*).
Dem obigen Bericht zufolge findet sich ein gegenläufiger Trend: Abrüstung und Aufrüstung finden nun Seite an Seite statt, wobei 86 der 156 hier untersuchten Länder 1995 ihre militärischen Ausgaben reduzierten und gleichzeitig in 60 Ländern der militärische Sektor weiter ausgebaut wurde. In diesem Bericht werden außerdem Daten zu militärischen Ausgaben, Waffenlagern, Truppenangehörigen und Arbeitsplätzen in der Waffenproduktion zusammengeführt und er zeigt, daß letztes Jahr eine dreiprozentige Abrüstung stattfand und daß der militärische Sektor weltweit um durchschnittlich 21 Prozent reduziert wurde.
In einer weiteren Studie, Titel: *Disarmament and Development – A Global Perspektive* (Abrüstung und Entwicklung – eine globale Perspektive), die unter der Ägide des Center for International Development an der University of Maryland, College Park, sowie in der World Academy of Development and Cooperation, Washington, D.C., erstellt wurde, heißt es: „Das eskalierende Wettrüsten und der zunehmende Druck in Sachen Entwicklung der Dritten Welt haben einen wachsenden Wettlauf um knappe Ressourcen entstehen lassen. Das Zögern, eine auf Dauer praktikable Beziehung zwischen Entwicklung und Abrüstung wahrzunehmen, gründet auf der enttäuschenden Geschichte der Abrüstungsbemühungen und den unzufriedenstellenden Ergebnissen bei der Begründung einer neuen internationalen Wirtschaftsordnung."

Es wäre zwar naiv zu sagen, daß es zur weltweiten Abrüstung aufgrund der obigen Fakten sofort kommen kann, aber es ist ein Programm, das vorangetrieben werden und international auf allen Ebene unterstützt werden muß. Uns selbst abzurüsten und unsere Angst abzubauen, ist ein Programm, das forciert und auf allen Ebenen international unterstützt werden soll. Doch bevor wir das nicht selbst tun, können wir nicht unsere Nationen entwaffnen. Uns selbst abzurüsten und die Angst abzulegen, ist die größte Herausforderung, vor die sich die Menschheit heute gestellt sieht, und die einzige Kraft, die stark genug ist, uns von unseren tiefsitzendsten Ängsten zu befreien, ist die Macht des göttlichen Einen in uns.

f) Schuldenerlaß gegenüber der Dritten Welt

Zu den Dingen, die viele Licht Botschafterinnen und Botschafter nun unterstützen, gehört ein kompletter Schuldenerlaß gegenüber der Dritten Welt. Es wird der erste globale Akt des Mitgefühls von seiten der Völker dieses Planeten sein.

Den Licht Botschafterinnen und Botschafter ist deutlich geworden, daß aufgrund eben dieses Aktes, des Schuldenerlasses, die universellen Mächte mit eingreifen werden und diese Aktion auf allen Ebenen unterstützen werden – aufgrund des Geistes, in den sie erfolgt. Der „reiche Westen" wird diese Rückzahlungen verschmerzen können.

In einem Artikel mit dem Titel „Release from Unpayable Debt" (Befreiung von nicht rückzahlbaren Schulden) schätzt die UNICEF, daß jede Woche 500.000 Kinder infolge der Schuldenkrise in der Dritten Welt sterben. Von seiten Jubilee 2000 heißt es, der Schuldenerlaß sei der beste weiterführende Weg. „Machen wir reinen Tisch und lassen wir die ärmeren Länder noch einmal von vorn anfangen." Das ist eine radikale Ansicht, wenn sie auch einige einflußreiche Fürsprecher hat, darunter auch Erzbischof Desmond Tutu aus Südafrika.

„Wir waren schockiert, als wir herausfanden, daß diese Länder für jedes Pfund Sterling Entwicklungshilfe, das sie erhalten, drei Pfund als Zinsen zahlen. Wie sollen sie da je aus ihrer Finanzkrise herauskommen?" fragt ein Mitglied der St. Michael's Church, Paul Gruzalski.

Eine Antwort ist die Organisation Jubilee 2000, die eine Kampagne gestartet hat, durch die als denkwürdiges Ereignis das Jahrtausendjahr von einem Schuldenerlaß für arme Nationen gekennzeichnet sein soll. Am 16. Mai 2000 werden Politiker aus den sieben wirtschaftlich mächtigsten Nationen in Birmingham zusammenkommen, um über diese Schuldenkrise zu diskutieren. Jubilee 2000 hofft, daß 100.000 Menschen begleitend zu diesen Besprechungen zu einer Demonstration kommen werden, die der Kampagne zusätzlich Druck verleiht.

In einem Artikel von Sonntag, dem 27. September 1998 auf der Website http://www.igs.net/~tonyc/3rddebt.html heißt es: „Expertenschätzungen zufolge haben die Länder der Dritten Welt an die Industrienationen bereits doppelt so viel wie die ursprünglichen $ 1,5 Billionen zurückgezahlt, die sie

geliehen haben, und sie sagen, daß viele der Schuldnerländer de facto bankrott sind.
Da die ersten Kredite in den sechziger und siebziger Jahren aufgenommen wurden, ist die Wirtschaft in vielen Dritte-Welt-Ländern durch ein dramatisches Absinken der Preise, die für ihre Waren bezahlt wurden, sowie durch einen starken Anstieg der Ölpreise ruiniert worden. Die Kampagne, die Schulden von etwa 45 Ländern zu erlassen, findet nun weltweit statt, und an ihr beteiligen sich nicht nur Kirchen und Hilfsorganisationen wie etwa Oxfam." Diese Kampagne wird von Kanadas Kirchen unterstützt, und der anglikanische Bischof von Ottawa, John Baycroft, sagte, durch einen Erlaß der Schulden könne man das Leben von Millionen Kindern in Ländern der Dritten Welt retten.
Großbritannien scheint zu den innovativsten Ländern zu gehören, wenn es um den Umgang mit Problemen wie etwa Rauschgiftverbot und Vorschläge zum Schuldenerlaß für die Dritte Welt geht. Weltweite Kampagnen, die auf den Verzicht auf Kreditrückzahlungen aus der Dritten Welt hinwirken wollten, waren zwar zum jetzigen Zeitpunkt noch nicht erfolgreich, doch am 3. März 1999 enthüllte aus London der britische Finanzminister, Gordon Brown, Vorschläge zur Reduzierung der Schulden der Dritten Welt um $ 50 Milliarden bis zum Jahr 2000 über eine Reform der Weltbank und ein Schuldenentlastungsprogramm des Internationalen Währungsfonds.
In dieser Meldung heißt es: „Brown sagte auch, der IMF solle im Zuge der Offensive, die verkrüppelnde Schuldenlast der ärmsten Länder eigene Goldreserven im Wert von einer Milliarde Dollar verkaufen."
„Dies wird eine Mobilisierung der Weltgemeinschaft, der internationalen Organisationen, der Regierungen in Industrienationen wie auch Entwicklungsländern, der karitativen Organisationen sowie von Einzelnen erfordern", sagte Brown bei der Offenlegung seines Entwurfs zur Schuldenerleichterung.
Zu den Plänen gehören Aufrufe an Industrienationen, ihre Hilfsprogramme auf $ 60 Milliarden aufzustocken. Dieses Geld sollte zum Großteil für Gesundheits- und Bildungsinitiativen ausgegeben werden, so Brown.
„Das Vereinigte Königreich wird mit dem Ziel in das neue Jahrtausend gehen, die Schuldenentlastung, die internationale Entwicklungshilfe sowie den Spendenfluß durch karitative Organisationen zu verstärken", sagte Brown, nachdem er religiösen Führungspersönlichkeiten in Großbritannien seine Pläne offenbart hatte.
Der Finanzminister sagte, im Rahmen der Offensive, eine rasante Zunahme der Hilfszahlungen von karitativen Organisationen an die Entwicklungsländer zu erreichen, würde er diesen Organisationen Steuervorteile anbieten. Er äußerte sich hoffnungsvoll, daß die Hilfen von karitativer Seite bis Ende 2000 eine Milliarde Dollar erreicht haben würden. Der Erlaß von Schulden der Dritten Welt erfordert einen einhelligen Akt des Mitgefühls.

„Mitgefühl kann man grob als einen Zustand des Geistes definieren, der gewaltlos ist, keinem Schaden zufügt und nicht aggressiv ist. Es ist eine geistige Einstellung die auf dem Wunsch basiert, daß andere frei von ihrem Leid sein mögen, und mit ihm zusammen gehen persönlicher Einsatz, Verantwortungsgefühl und Achtung vor anderen einher.“ –

Dalai Lama

g) Mittelbeschaffung für soziale Zwecke

Selbst wenn der Dritten Welt schließlich sämtliche Schulden erlassen werden, so erkennen doch viele an, daß der menschliche Geist zu seinem gesunden und glücklichen Überleben mehr braucht als nur anständiges Essen und ein richtiges Dach über dem Kopf. Wie Finanzminister Brown sagte, müssen auch Gesundheits-, Bildungs- und Sozialprogramme in Angriff genommen werden.

In Ländern der Dritten Welt existiert entweder so gut wie kein soziales Netz, oder das Sozialwesen ist überarbeitet, überlastet oder von extremer Mittelknappheit betroffen. Wie unsere Statistik gezeigt hat, nimmt die Armut nicht nur in Ländern der Dritten Welt zu, und in vielen Ländern sind die öffentlichen Wohlfahrtsprogramme dringendst verbesserungsbedürftig.

Hat man die Dritte-Welt-Länder von ihrem Schulden befreit, so können sie sich wirksamer auf Bildungs- und Sozialprogramme konzentrieren. Viele können dem ethischen und sozialen Argument, das für diese Vorgehensweise spricht, nichts entgegensetzen, haben jedoch immer wieder dieselben Bedenken: daß die eingesparten Mittel nach dem Schuldenerlaß womöglich nicht in die lokalen sozialen Hilfsprogramme zurückfließen werden.

Es ist jedoch die einfachste Sache der Welt, die Befreiung von diesen Schulden an eine Bedingung zu knüpfen. Zinsen und Rückzahlungen lassen die Wirtschaft der Dritte-Welt-Länder verkrüppeln und sorgen dafür, daß sie aus ihrer Armut nie herauskommen. Man lese die Statistiken zu Armut, Hunger, Hungersnöten und Unterernährung, um zu sehen, daß wirklich eine Umleitung von Ressourcen in diese Bereiche notwendig ist.

Viele der Licht Botschafterinnen und Botschafter sind der Auffassung, daß der Schuldenerlaß gegenüber der Dritten Welt Hand in Hand mit den folgenden Zusagen gehen muß, soll er tatsächlich wirksam sein:

Weltweite Abrüstung, während die Menschen durch ein Sicheinschwingen auf das Göttliche in sich von Angst zur Liebe bewegen. In der Vergangenheit haben wir fast eine Billion Dollar im Jahr ausgegeben, weil wir uns dafür entschieden, in Angst zu leben – mir scheint das unlogisch und gleichzeitig ein schlechtes Management von Ressourcen.

Auflösung des Drogenverbots, wodurch den Drogenkartellen der Profit entzogen wird und der Gewinn in Form von Steuern beim Staat bleibt und für bessere Belange eingesetzt werden kann. Freizeitdrogen sind nicht wie Alkohol und Zigaretten. Sie töten zwar seltener, doch muß man sich den mit ihnen einhergehende Lebensstil und die Illegalität der Kanäle, über die

Angebot und Nachfrage erfolgen, eingehend ansehen und dem ganzen eine neue Richtung geben. ***Der Punkt ist nicht der Drogenkonsum, sondern der, ob das Geld in den Händen von Drogenherren bleibt oder in den Staatsäckel wandert***. Der Drogenkonsum geht weiter, ob den Moralisten in unseren Städten und Gemeinden das nun gefällt oder nicht. Eine ganzheitliche Erziehung im frühen Alter wird zur Vorbeugung beitragen, da Freizeitdrogen von einer breiten Palette von Menschen eingenommen werden, aus den unterschiedlichsten Gründen.
Sponsoring für ganzheitliche Bildungsangebote, darunter individuelle Programme zu Gesundheitsfragen, in denen Menschen vermittelt wird, wie sie frei von Krankheiten sein können. Dadurch werden, während wir fitter und gesünder werden, Milliarden Dollar frei, die wir jährlich für Arzneimittel, Kuren und Abnehmhilfen ausgeben. Medikamente kurieren Symptome, aber nicht deren Ursache. Vegetarische Ernährung, Meditation, Körpertraining, Atemtechniken und Meisterung des eigenen Geistes werden Krankheiten ausschalten. Werde krank und schlucke Pillen, oder werde gar nicht erst krank. Die Präventivmedizin muß gefördert werden.
Weltweite Durchsetzung einer vegetarischen Ernährungsweise, durch die der langfristige Ressourcenverbrauch sowie Krankheiten wie Herzerkrankungen und Krebs vermindert werden, was offensichtliche Auswirkungen hat, die auch auf die Finanzen übergreifen und außerdem ein stärkeres moralisches Rückgrat in der Gesellschaft schafft, indem wir das Abschlachten allen Lebens auf der Erde ausschalten.
Sichvereinen der Religionen und die Bereitschaft, einen Teil der eigenen Mittel spenden.

Fazit:
Da derzeit bereits Gruppen existieren, die mit den Regierungen zusammenarbeiten und die damit befaßt sind, obiges in die Wege zu leiten, halten wir es nicht für sinnvoll, hier in eine lange philosophische Diskussion über diese Ideen einzusteigen, die weltweit bereits viel Unterstützung finden. Durch Recherchen über das World Wide Web kann jeder und jede mehr als genug Institutionen finden, die auf diesen Gebieten in Forschung und praktischer Durchführung bereits weit gediehen sind.
Ja, es ist richtig, daß der Erlaß der Dritte-Welt-Schulden für die westlichen Länder eine kostspielige Angelegenheit werden wird. Wir müssen jedoch das, was diese Schulden derzeit an Menschenleben kosten, abwägen gegen die finanziellen Kosten, und dann dürften sich die Probleme – vorausgesetzt, die Punkte 1 bis 5 werden eingehalten – minimieren lassen.
Man stelle sich einmal vor, was wir für soziale Wohlfahrt, Arbeitslose, Hunger und Gesundheit tun könnten, wenn wir diese Ressourcen umdirigieren würden. Milliarden aus der weltweiten Abrüstung, Milliarden, die für Arzneimittel eingespart werden, da Menschen nicht mehr krank werden, Milliarden, die sich einsparen lassen, wenn man aufhört mit der Drogenbekämpfung über ein Drogenverbot. Allein schon durch diese drei Bereiche könnte

man genügend finanzielle Mittel umlenken, um die Schulden sämtlicher Dritte-Welt-Länder auszuradieren und sehr effektive Sozialprogramme auf die Beine zu stellen.

Wir empfehlen also, daß jedes Land ein Programm entwerfen sollte, wie die Ressourcen von Obigem umgeleitet werden könnten, und nach Erzielen einer Einigkeit hierüber die in diesem Buch erwähnten Programme einzuführen. Die umgeleiteten und eingesparten Mittel können dann in das eigene Sozialwesen dieser Länder fließen. Wir empfehlen ferner die praktische Verwirklichung einer ganzheitlichen Bildung über sämtliche Einrichtungen des Bildungswesens in allen Ländern. Das Augenmerk der Licht Botschafterinnen und Botschafter ruht unter anderem auf in die Praxis umgesetzten Entscheidungen für eine vernünftige Lebensweise, etwa in Form einer vorbeugend tätigen Medizin und der Behandlung der Ursachen von Krankheit in der Gesellschaft anstelle eines bloßen Kurierens von Symptomen. Die Zeit ist vorbei, in der wir unserer jeweiligen Regierung, unseren Eltern, unserer Kultur die Schuld geben konnten für die Einschränkungen, die wir persönlich in unserem Leben erfahren. Sie ermöglichen es uns, großartige Dinge kennenzulernen. Menschen können aus widrigen Umständen hervorgehen wie Phönix aus der Asche, und nur stärker und besser werden durch sie, und unsere Einstellung bestimmt die Qualität unseres Daseins hier – sie, und nichts anderes. Schuldzuweisungen sorgen scheinbar nur dafür, daß Menschen in einer Opfermentalität gefangen bleiben.

Millionen tun sich nun zusammen – Buddhisten, Christen und Juden, Moslems, Musiker, Magier und Meister aller Art. Sie alle sind Menschen, die sich für Umweltfragen engagieren oder für Themen wie Drogenkriege und Drogenverbot, oder für grundlegende Menschenrechte und Dinge wie gesundes Essen, ein angemessenes Dach über dem Kopf, sauberes Wasser, Verzicht auf Kinderarbeit und eine anständige ganzheitliche Bildung für alle. Es sind ganz gewöhnliche Leute, die das Gefühl haben: „Natürlich – warum sollten wir uns nicht alle zusammentun? Schließlich wollen wir ja alle Liebe, wir alle wollen Wohlstand, wir alle wollen Gesundheit, wir alle wollen Fülle und Freundschaft und dergleichen." Und sie wissen auch, daß die besten Lehrer die sind, die selbst vorleben, was sie zu lehren haben.

Für die wirksame praktische Durchführung dieser Programme werden wir Menschen brauchen, die engagiert im Geist des Dienens handeln, zivil und darauf bedacht, etwas zu tun, und die eine gemeinsame Vision eint, deren Grundlage Frieden und Wohlstand für alle ist.

3.10. *Der Tanz mit der Demokratie*

Die wechselseitige Abhängigkeitserklärung

„Gäbe es Engel, bräuchten wir keine Regierung. Würden Engel die Menschheit regieren, so bräuchten wir keine Regierungskontrolle, weder von außen noch von innen."

James Madison, 4. US-Präsident und Politikwissenschaftler Federalist Papers Nr. 47, 1788

Als jemand, der fast jeden Tag bewußt mit den Engelwesen arbeitet, habe ich an dem obigen Zitat wirklich meine Freude. Ohne Kontrakt mit – und Erfahrung der – höheren Macht, scheint die göttliche Natur, die dem Menschen innewohnt, zu schrumpfen und abzusterben, oder Themen unserer niederen Natur – Ego, Habgier, Mißtrauen, Angst, Unsicherheit und mehr – gewinnen die Oberhand über sie.
Diese fehlende Erfahrung unserer göttlichen oder Engelsnatur tritt auf der Erde auf so viele Weisen zutage. Zum Beispiel haben im Laufe dieses Jahrhundert Millionen von Menschen in Kriegen ihr Leben gelassen – Kriegen, die aus Habgier ausgetragen wurden, im Namen der Freiheit von Unterdrückern, aus religiösen Motiven oder zur „ethnischen Säuberung". Millionen haben unter ihnen gelitten und so viel verloren. Für viele Licht Botschafterinnen und Botschafter, ist der Krieg das eindrücklichste Beispiel dafür, wie die Menschenrechte verhöhnt werden.
„Demokratie" in dem Sinne, wie wir das Wort aktuell gebrauchen, hat drei grundlegende Bedeutungen. Erstens ist sie eine Regierungsform, bei der das Recht, politische Entscheidungen zu treffen, unmittelbar von der gesamten Bürgerschaft ausgeübt wird, wobei das Mehrheitsverfahren angewandt wird. Zweitens handelt es sich um eine Regierungsform, bei der die Staatsbürgerinnen und Bürger das gleiche Recht ausüben, nicht persönlich, sondern durch gewählte Vertreter, und drittens liegt eine Regierungsform vor, die eine repräsentative Demokratie darstellt und bei der Mehrheit entscheidet, um allen Bürgerinnen und Bürgern in einem gewissen Umfang den Genuß individueller Rechte zu garantieren.
Das Sozialwesen von Staaten hat sich im Laufe der Jahrtausende immer wieder geändert und spiegelte so das Bewußtsein einzelner Vordenkerinnen und Vordenker aus Bildung und Politik. Unterschätzen wir nicht die Macht der Visionen und Aktionen eines einzelnen Menschen, und auch nicht die Macht, die wir alle als Individuen haben, uns entsprechend einer gemeinsamen Vision zusammenzutun und für Lebensweisen einzutreten, die demonstrieren, daß wir ein und dieselbe Rasse mit Namen „Mensch" sind, angesiedelt auf ein und demselben Planeten namens Erde – glücklich und einig.
Wie sagte der Dalai Lama in seiner Ansprache zu Menschenrechten und Frieden? „Die weitverbreitete Sorge über die Verletzung der Menschenrechte ist sehr ermutigend. Nicht nur bietet sie Aussicht auf Erleichterungen für

viele Einzelne, die hierunter zu leiden haben, sondern sie zeigt auch den Fortschritt und die Entwicklung der Menschheit.
International sollte unsere reiche Vielfalt an Kulturen und Religionen helfen, fundamentale Menschenrechte in allen Umfeldern zu stärken. Das Fundament dieser Vielfalt bilden grundlegende Menschenrechtsprinzipien, die uns alle als Mitglieder ein und derselben Menschheitsfamilie verbinden.
Die bloße Bewahrung von Traditionen sollte jedoch nie die Verletzung von Menschenrechten rechtfertigen. Von daher mag die Diskriminierung von Angehörigen anderer Rassen, von Frauen und gesellschaftlich Schwächeren zwar mancherorts den Traditionen entsprechen, ist jedoch eine Verhaltensweise, die sich ändern sollte, wenn sie unvereinbar mit diesen universell anerkannten Menschenrechten ist. Das allgemein gültige Prinzip der Gleichheit aller Menschen muß den Vorrang haben.
Die Welt entwickelt eine zunehmende wechselseitige Abhängigkeit, und deshalb glaube ich fest an die Notwendigkeit, ein universelles Verantwortungsgefühl zu entwickeln. Wir müssen global denken, denn die Auswirkungen der Handlungen einer einzelnen Nation sind weit über ihre Grenzen hinaus zu spüren. Die Anerkennung allgemein verbindlicher Standards in Sachen Menschenrechte, wie in der Universellen Menschenrechtserklärung und in den Internationalen Menschenrechtsklauseln festgelegt, ist für die zunehmend schrumpfende Welt unserer Tage essentiell. Die Einhaltung grundlegender Menschenrechte sollte kein anzuvisierendes Ideal bleiben, sondern eine Grundlage, die von jeder menschlichen Gesellschaft gefordert wird."
Wo wir nun dem Ende dieses Jahrtausends entgegengehen, sehen wir, wie viel Macht sich in den Händen von so wenigen befindet. Die Handlungen mancher sind von Mitgefühl bestimmt und ehren alles Leben, bei anderen ist das nicht der Fall. Viele haben auf der Weltbühne schon herausragende Rollen gespielt, und man hat es ihnen zugute gehalten. Manche haben sich damit befaßt, wie sie etwas Positives bewirken können, und andere haben sich damit befaßt und tun es auch.
Wieder andere jedoch sind von ihren persönlichen Hintergedanken getrieben gewesen, die Trennung und Schmerz hervorgerufen haben. Viele haben unter ihnen gelitten, während andere daran gewachsen und nur noch stärker geworden sind. Manche haben Rebellionen angezettelt, die Anarchie oder Krieg nach sich zogen – solche Macht haben unsere Überzeugungen.
Bei unserem Eintritt in das neue Jahrtausend heißt es, als *ein* Volk, das auf *einem* Planeten lebt, Abkommen zu treffen, und solange diese Abkommen nicht erfolgen, wird weiterhin keine Einheit zwischen uns herzustellen sein.
Kurz zusammengefaßt, gehören zu den Abkommen, die die Lichtbotschafter und -botschafterin in Zusammenhang mit ihrem Dienst und ihrer Unterstützungsbereitschaft getroffen haben, die folgenden:

Das Aufhören der Abschlachterei allen Lebens
Weltweite Abrüstung
Ganzheitliche Bildungsprogramme in allen Lehreinrichtungen – diese

werden physische, emotionale, mentale und spirituelle Fitneß behandeln sowie Fähigkeiten für das eigene Leben, bei denen die Kraft des göttlichen Einen im Innern des Menschen sowie das Instrumentarium zur Feinabstimmung hierauf kombiniert werden.

Einstellung der Vernichtung von Regenwäldern, da aufgrund unserer neuen vegetarischen Lebensweise keine Notwendigkeit für einen Kahlschlag mehr besteht.

Religiöse Einheit entsprechend gemeinsamer Visionen im Sinne von „Ein Volk, ein Planet“.

Die Umleitung von Ressourcen.

Die obigen Punkte unterstützen die Erschaffung eines globalen Paradieses. Zur Erschaffung ihres persönlichen Paradieses gehen die Licht Botschafterinnen und Botschafter wie folgt vor:

Sie laden die Menschen dieser Erde ein, sofort auf vegetarische Ernährung umzusteigen.

Sie laden ein, ein eigenes *Luscious Lifestyles* Programm auf die Beine zu stellen, basierend auf unseren Empfehlungen.

Sie laden alle ein, die Verantwortung für ihre eigene Gesundheit und ihr eigenes Glück zu übernehmen.

Sie laden alle ein, den wahren Sinn und Zweck unseres Daseins auf der Erde zu entdecken, nämlich, daß wir lernen, hier zu gedeihen, und nicht nur zu überleben, und dabei geben und empfangen.

Wir empfehlen obiges als Ausgangspunkt für ein Abkommen, während wir gemeinsam in diese neue Zeit hinübergehen. Dadurch, daß wir uns innerlich verpflichten, die Kraft des göttlichen Einen in uns zu erfahren, werden sich in unserem Leben Veränderungen einstellen, die allen Magie und Harmonie bescheren werden. Wenn wir untereinander diese Verpflichtung eingehen, werden diese Veränderung beschleunigt.

Des weiteren laden die Licht Botschafterinnen und Botschafter die Menschheit ein:

1. Lassen wir die Vergangenheit los. Lassen wir Vergangenes vergangen sein, stehen wir nur gleichzeitig auch auf ihrem Boden, denn ohne die Vergangenheit wären wir heute nicht dort, wo wir sind. Laßt uns, wie Jesus sagte, alle die andere Wange hinhalten. Von daher rufen wir zum sofortigen Schuldenerlaß für die Außenstände der Dritten Welt bei allen Ländern auf. Laßt die Gedanken, Worte und Handlungen, die ursprünglich im Nahen Osten einen Keil zwischen die Araber und Juden trieben, und zwischen die Moslems und Hindus in Pakistan und Indien, die Katholiken und Protestanten in Nordirland, und die Albanier und Serben im Kosovo, nun Vergebung finden. Bittet das Göttliche in euch, daß das, was ihr im Zusammenhang mit diesen Konflikten zu lernen habt, zum Abschluß kommt, bittet auch darum, daß perfekte Lösungen gefunden werden und fällt die Entscheidung, von nun an in Frieden weiter eurer Weg zu gehen.

2. Die Licht Botschafterinnen und Botschafter bitten darum, daß:

a) alle Menschen ihre Kriegswaffen niederlegen und verzeihen;

b) alle Menschen ihr Heim und ihr Leben von Waffen befreien;
c) alle Länder bis zu dem Zeitpunkt, wo wir in das neue Jahrtausend eintreten, aufhören, Waffen zu konstruieren, herzustellen, mit ihnen Handel zu treiben oder sie zu verkaufen;
d) alle Menschen das Gebot einhalten, daß zivilisierte Menschen nicht töten und sofort ihren Geist so umprogrammieren, daß er Krieg und das Abschlachten von Leben nicht mehr als praktikable Lösung für künftige Veränderungen sieht. Dementsprechend empfehlen die Licht Botschafterinnen und Botschafter, daß unverzüglich global ein Umstieg auf vegetarische Ernährung erfolgt.

3. Die Licht Botschafterinnen und Botschafter rufen nun dazu auf, das theosophische Modell der Bruderschaft zu übernehmen. Dies ist unser Projekt „Ein Volk, ein Planet". Bei M.A.P.S. haben wir dieses umgeschrieben, so daß eine wechselseitige Abhängigkeitserklärung entstand (*siehe Ende des Kapitels*). Diese Modell ist dazu angelegt, uns unter einer und zu einer gemeinsamen Vision zu einen, die wir als positiven Entwurf für Veränderung benutzen können.
4. Die Licht Botschafterinnen und Botschafter rufen zur weltweiten Unterstützung des *Luscious Lifestyles* Programms auf, damit alle Glück und Gesundheit erfahren können und in Frieden und Wohlstand in das neue Jahrtausend eintreten können. Dieses Programm ist eine Blaupause, die flexibel genug ist, und es ist von Millionen erfolgreich ausprobiert worden. Es kann entsprechend der Bedürfnisse des Individuums verändert werden, unter der Bedingung, daß jedes geschaffene Programm alle Formen von Leben ehren MUSS:
5. Die Licht Botschafterinnen und Botschafter rufen zu einer engagierten Selbstverpflichtung zu einem persönlichen und planetaren Paradies für alle und durch alle auf. Durch Anleitungen zum Umdenken werden alle aufgefordert, alle Modelle in Ehren zu halten, von denen alle profitieren. An allen Modellen, die Schaden verursachen und Angst und Chaos fördern, muß von denjenigen, die sie praktizieren, noch gefeilt werden. Das *Luscious Lifestyles* Programm wird das Bewußtsein der Erschaffer dieser Modelle verändern und es ihnen ermöglichen, mehr im Einklang mit dem Fünf-P-Programm – positiver, persönlicher und planetarer Fortschritt und positives, persönliches und planetares Paradies.
Dies ist unsere Einladung an die Welt, während wir in dieses neue Jahrtausend eintreten. Sobald eine gemeinsame Vision und Abkommen stehen, die vom Herzen kommen und den Verlangen entspringen, zu dienen, könnten wir auf der Erde ein neues Kapitel beginnen und stolz darauf sein, wer wir geworden sind. Es ist an der Zeit, von unserer Vergangenheit zu lernen und weiterzugehen in dem Wissen, daß wir weit mehr sind als unser Geist, unsere Emotionen und unser Körper.
Die religiöse Führerin Mary Baker Edday sagte: „Gib die Vorstellung auf, daß der Geist, und sei es auch nur vorübergehend, zusammengedrückt innerhalb

des Schädels sitzt, und du wirst schnell als ganzer Mann oder ganze Frau erweisen. Du wirst dich selbst und deinen Schöpfer besser verstehen als zuvor."

Zu lernen, uns auf das Göttliche einzuschwingen und ihm zu vertrauen, bringt uns automatisch über unsere Resonanz mit einer Welt in Einklang, die viele Paradies zu nennen wagen würden. Das ist die Essenz des Phänomens Lichtnahrung – die Kraft des Göttlichen in uns und ihr Vermögen, uns zu neuen Realitäten des Daseins zu führen.

Die globale wechselseitige M.A.P.S.-Abhängigkeitserklärung

„Das größte Geschenk, das du deinen Kindern machen kannst, sind die Wurzeln der Verantwortung und die Flügel der Unabhängigkeit."

Denis Waitley

Gemäß der Richtlinien von M.A.P.S., der Bewegung einer erweckten, positiven Gesellschaft, und der Botschafterinnen und Botschafter von M.A.P.S. unterbreiten wir die folgende globale wechselseitige Abhängigkeitserklärung, eine novellierte Fassung der aktuellen amerikanischen Unabhängigkeitserklärung.

Wenn es im Laufe der Ereignisse in der Menschheitsgeschichte notwendig wird, daß einzelne Menschen die bestehenden sozialen, bildungsmäßigen, wirtschaftlichen, politischen und spirituellen Strukturen, die zu einem früheren Zeitpunkt auf der Erde gediehen sind, neu überdenken und überarbeiten, und daß sie unter den Mächtigen der Erde die separate und gleichberechtigte Stellung einnehmen, zu denen die Naturgesetze und der Gott der Natur sie ermächtigt, so erfordert eine gebührende Achtung vor den Meinungen der Menschheit, daß sie offen ihren Wunsch nach einem neuen Dasein und einen kooperativen Lebensstil für die Menschheit auf der Erde Ausdruck verleihen.

Wir, die Individuen von M.A.P.S, erklären nun wie folgt und halten diese Wahrheiten für selbstverständlich,

daß die gesamte Menschheit ihrer Essenz nach gleich geschaffen ist. Das alle über das gleiche Recht verfügen, ihr wahres menschliches Potential zu erkunden. Dieses Potential ist das Wissen um ihren Schöpfer und die Erfahrung ihres Schöpfers sowie ihrer selbst als spirituellen Wesen, die Erfahrungen als Mensch machen;

daß alles Leben auf der Erde vom Schöpfer mit bestimmten unveräußerlichen Rechten ausgestattet ist;

daß unabhängig von Rasse, Religion, Geschlecht, Alter oder Kultur alle Menschen ein ihnen nicht zu verweigerndes Recht auf Leben, Freiheit und die Verfolgung ihres Lebensglücks haben;

daß als solche ihre Rechte einen angemessenen Lebensstandard mit umfassen, darunter:

a) ein angemessenes Dach über dem Kopf, nahrhaftes Essen, ganzheitliche

Bildung, Redefreiheit, Freiheit von Unterdrückung, Freiheit der Wahl ihrer Form spiritueller Andacht;
b) das Recht, voll und ganz mit dem Universellen Gesetz vertraut zu sein.

Über Regierungsinstitutionen
M.A.P.S.-Botschafterinnen und Botschafter erkennen an,
daß zur Sicherung dieser grundlegenden humanitären Rechte Regierungs- und Bildungseinrichtungen unter den Menschen errichtet werden, die ihre billigen Befugnisse von der Zustimmung der Regierten herleiten. Von daher ermutigen wir alle Individuen, sich ihr Recht zu nehmen, aktiv ihre Stimme abzugeben, um die Individuen in jenen Bereichen der Regierung zu unterstützen, die am besten die Manifestation dieser Rechte unterstützen können;
daß es immer dann, wenn eine Regierungs- oder Bildungseinrichtung nachlässig wird oder unfähig, diese Ziele zu erreichen, das Volk berechtigt ist, diese zu ändern oder abzuschaffen und neue Institutionen zu schaffen, wobei deren Fundament auf Prinzipien ruht und ihre Befugnisse so organisiert sind, wie es ihnen ehesten seiner Sicherheit und seinem Glück zuträglich ist. Die Klugheit wird dabei in der Tat diktieren, daß lange bestehende Regierungen nicht aus kleinen und vorübergehenden Gründen ausgewechselt werden sollten.
Diesbezüglich erwarten wir, daß die Menschen, die Individuen dazu wählen, sie in Institutionen zu vertreten, die dem Dienst und der Fürsorge dienen,
a) aktiv sind in ihrem Dienen gegenüber ihrer unmittelbaren Gemeinde;
b) daß vor jeglicher ernsthafter Einbeziehung der Gemeinschaft jedes Individuum lernt, vom Universellen Gesetz Gebrauch zu machen sowie persönlich seine eigene Gesundheit und seinen eigenen Wohlstand erschafft und für sein eigenes Glück verantwortlich ist.

Zu sozialen Angelegenheiten
Die M.A.P.S.-Botschafterinnen und Botschafter stellen fest, daß alle Individuen ferner das Recht haben:
Zugang zu Informationen zum Universellen Gesetz zu erhalten, damit sie die höchste Kraft göttlicher Alchemie verstehen lernen können und so durch bewußte Anwendung dieser Gesetze in ihrem Alltag ihr wahres menschliches Potential erfahren können;
Ermutigt und inspiriert zu werden, ein individuelles Wirklichkeitsmodell zu erschaffen, das es ihrem Herzen ermöglicht, zu singen, und außerdem ALLES Leben auf eine Weise ehrt, die eine Kooperation der weltweiten Gemeinschaft erzeugt statt Spaltung;
Eine effiziente und effektive weltweite Gemeinschaft zu werden, frei von offener – oder verdeckter – Manipulation durch Medien, Regierungen und jegliche ungerechte, von rein wirtschaftlichen Überlegungen angetriebenen Kräfte;
Sich in ihrem Land und Lebensumfeld sicher genug zu fühlen, daß sie keine Waffen zu tragen brauchen – M.A.P.S. unterstützt die weltweite Abrüstung.

Reine Luft zu atmen und sauberes Wasser zu trinken, und von daher sind alle Patente und Hilfsmittel, die der Gesundheit des Einzelnen und der Umwelt förderlich sind, anzuerkennen und kostenlos zugänglich zu machen.
Die M.A.P.S.-Botschaft stellt außerdem fest, daß bleibender planetarer Frieden und planetare Harmonie, handlungsfähige Regierungen, weltweite Zusammenarbeit und nachhaltige Entwicklung sich automatisch für die gesamte Menschheit einstellen werden, wenn sie die Macht des Schöpfers versteht, der ihr innewohnt. Von daher befürworten wir die aktive Förderung und Bildung einer Selbsterkenntnis, die ein persönliches, erfahrungsmäßiges Wissen um dieses göttliche Eine im Innern ist, das manche Gott nennen.

– Ende der Erklärung –

3.11. *Dienen & ziviles Handeln – im Tanz die Umwelt fördern*

„Der Mensch muß unabhängig und tapfer sein, und seiner selbst sicher sowie der Wichtigkeit seiner Arbeit, denn ist er das nicht, so wird er nie die sengend heißen Schwall des Hohns überleben, der wahrscheinlich seine ersten Bemühungen erwartet."

- Robert E. Sherwood

Anderen zu dienen, hat etwas mit Mitgefühl zu tun. Es geht darum, eine helfende Hand auszustrecken, weil sie gebraucht wird und weil wir die Möglichkeit dazu haben. Beim Dienen geht es nicht um eine Belohnung, sondern darum, genau das zu tun, worum wir gebeten worden sind, und das einwandfrei.
Als er neulich befragt wurde, sagte der Dalai Lama, das Beste, was jemand mit seiner Zeit anfangen könne, sei zu dienen, und wenn jemand das nicht könne, so sei das Zweitbeste, niemandem Schaden zuzufügen.
Wenn jemand eingeladen wird, zu dienen, oder zu dienen wünscht, beginnt für ihn oder sie ein andere Ebene der persönlichen Veränderung. Das Göttliche in diesem Menschen beginnt in ihm die Qualitäten Mut, Weisheit, Engagement, Disziplin, bedingungslose Liebe, Stärke und visionäre Kraft weiterzuentwickeln. Diese Dinge werden benötigt, denn oft bedeutet es, wenn jemand zu dienen beginnt, daß diese Person dabei hilft, Veränderungen herbeizuführen. Manchmal bedeutet das sogar eine Herausforderung für den Status quo auf eine Weise, die für Widerstand sorgt.
Gandhi, Martin Luther King, der Dalai Lama, Mutter Theresa und zahllose andere sind Beispiele für Menschen, die es gewagt haben, durch ihr Dienen bei ihrer Erfüllung höherer Visionen den Status quo in Frage zu stellen.
Gandhi stellte die damalige Moral, Rassendenken, in Frage. Martin Luther King stellte den Status quo im Hinblick auf die Gleichheit der Menschen und die Rassentrennungsproblematik in Frage. Der Dalai Lama stellt den Status quo durch seine Forderung nach dem Recht auf Erhaltung seines Hei-

matlands und dessen Kultur in Frage und durch gewaltfreie Veränderung. Mutter Theresa stellte den Status quo durch ihre scheinbar endlosen Vorräte an Güte und Mitgefühl in Frage.

Die Liste läßt sich fortsetzen. Im Laufe der Jahrhunderte hat es immer wieder Splittergruppen gegeben, die den Status quo in Frage stellten, denn das hält das Spiel in Gang. Und nun, wo wir im Begriff stehen, in ein neues Jahrtausend einzutreten, haben sich Millionen erhoben, um die notwendige Veränderung zu unterstützen. Menschen, die gesehen haben, daß eine einzelne Person etwas bewirken kann, und Menschen, die ein starkes Verlangen haben, zu dienen.

Die Gründe, die Menschen bei ihrem Verlangen, zu dienen, leiten, sind facettenreich. Manche tun es, weil sie es können. Manche tun es, weil sie gerufen werden. Manche tun es, weil sie auf der Suche nach Antworten sind, die ihrem Leben Sinn und Zweck geben.

Viele Intellektuelle und Philosophen und visionäre Menschen werden dazu geboren, den Status quo in Frage zu stellen. Der deutsche Philosoph und Schriftsteller Nietzsche brachte die Leute zu Nachdenken. Man könnte sagen, er bot ihnen Informationen, die auf jahrelangen Erfahrungen mit dem Suchen nach Beweisen für die Existenz höherer Dinge beruhten. Als er sie fand, sprach er von ihnen in seinem Buch *Also sprach Zarathustra*, indem er die Metapher „auf der Insel der Seligen" gebrauchte. Ich nenne diese „Inseln der Seligen" „die Zone", und ich bezeichne das als seinen „Übermenschen" , was mit uns geschieht, wenn wir mit dem göttlichen Einen in uns verschmelzen.

Nietzsche spricht von der Fähigkeit des Menschen, für sich selbst eine bessere Welt zu erschaffen und über das, was wir, um mit M.A.P.S.. zu sprechen, als die Erschaffung des persönlichen Paradieses bezeichnen. Und wenn wir uns dem Gedanken hingeben, daß wir auf Inseln der Seligen existieren können, wie Nietzsche sagen würde, so beschließen viele, zu dienen, damit alle auch diese andere Welt genießen können.

Nietzsche spricht hier von der menschlichen Fähigkeit, eine bessere Welt für sich zu erschaffen und, um den Begriff zu gebrauchen, den M.A.P.S. hierfür verwendet, ein persönliches Paradies.

Selbst wenn im Drehbuch des Menschheitsschicksals gestanden hat, daß wir ein neues Jahrtausend des Krieges und Chaos, der Armut, Zerstörung und Angst ertragen müßten, würden die Botschafter und Botschafterinnen des Lichts dennoch allesamt weiterdienen.

Beim Dienen geht es nicht um die Erfüllung persönlicher Pläne. Es geht darum, diese beiseite zu lassen in dem Wissen, daß dann, wenn man dem göttlichen Schöpfer in seinem Willen auf Erden dient – ***dein Wille geschehe*** – alles Leben in Harmonie zueinander gelangen wird. Dankenswerterweise kommen wir nun zusammen, um durch unsere Dienste bei der Entfaltung eines Plans für das Paradies mitzuwirken.

Das ist es, wozu wir im kosmischen Film unseres Gottes gerade abkommandiert werden: durch unsere Dienste bei der Offenbarung des Paradieses mitzuwirken. So zu dienen, daß alle das Paradies erfahren können. Als Schüler und Meister und Kinder des Göttlichen dienen. Und ja, wenn es hart auf hart kommt, bleiben diejenigen, die etwas aushalten können, dennoch weiter am Ball. Schließlich ist es ein Spiel des freien Willens.

Der US-Geistliche und Romanschriftsteller Frederick Buechner sagte: „Achte auf dein eigenes Leben, deine eigene Gesundheit und Ganzheit. Ein blutendes Herz, das schließlich verblutet, ist niemandem eine Hilfe." Wenn wir jedoch die Verbindung zur Kraft des Göttlichen herstellen, haben wir unbegrenzte Mengen an Inspiration, Energie und Weisheit zur Verfügung, und ohne diese Verbindung kommt es bei vielen angesichts der Daueranforderungen, die mit einem Leben des Dienens einhergehen, zum Burnout.

Beim Prozeß der Arbeit an sich selbst und der zunehmenden Übernahme von Eigenverantwortung wird uns bewußt, welche Myriaden von Entscheidungen wir jeden Tag in unserem Leben treffen. Der erste Schritt in die Richtung, positiven und dauerhaften Fortschritt auf diesem Planeten zu erschaffen, kommt von innen, von der Anbindung an die Kraft des göttlichen Einen, und danach von unserer Fähigkeit, miteinander zu kommunizieren.

Wie sagen Denise Breton und Chris Largent, Autoren der Bücher *The Paradigm Conspiracy*, *Soul of Economies* und *Love, Soul and Freedom*: „Der Dialog ist der eigentliche Ursprung von Ordnung in menschlichen Gesellschaften... gemeinsam erkunden wir, wer wir sind, was sich gerade abspielt und von welchen Paradigmen unsere sozialen Systeme geprägt sein sollen. Ordnung ist nichts, was von außen auferlegt wird; sie erwächst daraus, daß wir einander an unseren inneren Entdeckungsreisen teilhaben lassen. Der Dialog gibt uns das Bewußtsein, das wir brauchen, damit das soziale System uns und unsere Evolution unterstützen kann.

Der Dialog sorgt dafür, daß wir in Bewegung kommen, über geschlossene Systeme und ihre Muster hinaus. Er eröffnet uns ein viel weiteres Feld und lädt uns zu offenem Nachforschen ein. Nichts ist verboten. Eine der Hauptaufgaben des Dialogs ist die, uns zu helfen, unbewußte Grenzen und „heilige Kühe" ausfindig zu machen, damit wir sie ans Licht bringen und bewußt über sie reflektieren können. Die automatische, vorprogrammierte Antwort – die starre Rolle – genau das stellt der Dialog in Frage. Der Dialog kratzt an festgelegten Rollen, damit wir sie umgestalten können."

So viele haben mittlerweile den menschlichen Körper als komplexes Energiesystem erfaren, das wie ein Musikinstrument gestimmt sein kann oder nicht. Bewußtes Stimmen durch Neuprogrammierungen und unsere Entscheidungen zur Lebensführung gehören zu den ersten Entscheidungen, die wir als Erwachsene fällen können und die uns in unserem Wunsch unterstützen, fit zu sein, damit wir freigebig dienen können. Es ist die Zeit gekommen, zu fragen, ob unsere Gedanken, Worte und Handlungen logisch und zivilisiert sind und ob sie positive Auswirkungen auf das Leben von uns allen hier haben. Es ist an der Zeit, alle Vorstellungen abzulegen, die uns als ein Volk auf einem Planeten trennen.

Das Leben ist so umfassend und so komplex – gibt es da wirklich so viele, die wissen, was vor sich geht? „Auf welcher Ebene?" mag ein Denker fragen. In industrialisierten Kulturen wissen viele, in welcher Richtung es für sie weitergeht, und sie haben persönliche wie auch globale Visionen und Ziele. Kommt der Tag ihres Todes, so haben sie diese Ziele vielleicht in unterschiedlichem Ausmaß zu ihrer Zufriedenheit erreicht. Manche verlassen diese Welt mit dem Gefühl „Hätte ich doch nur...", und lamentieren, indem sie sich Szenarien ausmalen, wie das wäre, „wenn ich noch einmal von vorn anfangen könnte". Manche übertreffen alle ihre Ziele und gehen ihrem Abgang dennoch mit Angst und Bangen entgegen, da ihnen nicht klar ist, was er bringen wird. Viele wenden, wie die Buddhisten, den Bardo an und lernen, mit Anstand und Würde von der Welt zu scheiden. Ich persönlich ziehe es vor, den körperlichen Tod als den Zeitpunkt zu sehen, wo das göttliche Eine in uns beschließt, sich aus den Wänden seines derzeitigen Gefährts hinauszubegeben und weiterzuwandern. Dennoch ist es angesagt, sich auf das Hier und Jetzt auszurichten.

Das Verständnis, daß die Grundlage allen Lebens Energie ist und daß die Qualität unseres Lebens davon abhängt, welche Frequenzbandbreite jeder und jede von uns als Energiesystem automatisch anzieht – ungewollt oder bewußt – kann sehr hilfreich sein. Manche nennen die höchste Frequenz, die wir anziehen und ausstrahlen können, Gott, manche das göttliche Eine, oder Allah, Jehovah, Vishnu, Krishna, das Christusbewußtsein, Buddha, die unendliche höchste Intelligenz und sonstige Etiketten, die der schöpferischen Kraft angeheftet werden und ihr eine personifizierte und bestimmbare Form geben.

Wer kein Interesse hat an Theologie und Religion, kann sich fragen, ob es irgendetwas in seinem Leben gibt – körperlich, emotional oder gar spirituell – das besser sein könnte. Und wenn die Antwort lautet: „Ja, gibt es!", ergründe es näher, experimentiere damit. Arbeite dabei klug und nutze dein Unterscheidungsvermögen. New Age, Ureinwohner, alten Weise und die Religionen haben jede Menge Antworten auf die Grundfragen des Lebens.

Und wenn wir uns gestimmt haben, „getunt" wie unseren Wagen, werden wir oft merken, wie wir altruistischer werden. Das drückt sich darin aus, daß uns der Sinn stärker nach Wohltätigkeit steht, nach der Erfüllung unseres Daseinszwecks, nach Dienen oder der an Nächstenliebe orientierten Einstellung: „Ich möchte gern, daß mein Leben hier etwas Positives bewirkt."

Wenn wir bitten, werden wir in der Tat empfangen, und weil sich die Antworten einstellen, werden wir frei dafür, Denker zu werden, Visionärin, Miterschafferin, Marionette, Andächtiger, der Formen des Göttlichen verehrt oder sogar jemand, der selbst von anderen verehrt wird. Verehrt, da eine Energie von solcher Kraft und Sinnhaftigkeit und Weisheit über das Potential verfügt, in einem Maße von uns auszuströmen, daß andere Menschen sich in die Kraft des Göttlichen verlieben, die von uns ausstrahlt. Über oberflächliche Schönheit oder eine auf der Überlebensebene angesiedelte Intelligenz hinausgehend, offenbart sich das höchste Selbst, das göttliche Eine in uns, für diejenigen, die Augen haben, es zu sehen und Herzen, es zu fühlen.

Spielt es für diejenigen von uns, die sich bereits bewußt sind, welchen offensichtlichen Nutzen Selbstverfeinerung und Eigenverantwortlichkeit haben und diesen erleben, wirklich eine Rolle, wie wir unseren Gott nennen? Gewiß können wir uns alle verpflichten, zivilisiert genug zu sein, um Ausschau nach den Gemeinsamkeiten zu halten, die uns verbinden, statt wie besessen nach Unterschieden zu suchen – eine Ausrichtung, die uns weiterhin trennen wird.

So fand Jeff bei seinen Recherchen für das M.A.P.S.-Manifest und unser Kapitel zur Wichtigkeit der religiösen Einigkeit heraus, daß alle Glaubensrichtungen sich aus früheren Formen entwickeln. Die derzeitigen Weltreligionen, aufgeführt in der Reihenfolge ihres Auftretens, sind Hinduismus, dann Buddhismus, danach Christentum und schließlich Islam. Ein eingehenderes theologisches Studium bestätigt mehr als fünfzig perfekte Entsprechungen zwischen buddhistischen und christlichen Glaubensvorstellungen, und interessanterweise nur vier grundlegende Unterschiede zu Punkten, die wirklich Konsequenzen haben.

Uns weiterhin auf unsere Unterschiede zu konzentrieren, ist eine Gepflogenheit, die uns einengt und so ist, als würden wir einen Zug nach nirgendwo besteigen – einen Zug, der immer im Kreis fährt und dessen Passagiere je nach ihrem vorab festgelegten Lernplan und dem Entwicklungsstadium ihrer Überzeugungen zu- und aussteigen.

Im Kreis führende Schienen wie diese gibt es viele im Leben. Die vielen „politisch korrekten" oder „nicht korrekten" Schienen, die Symptom für eine Gesellschaft im Wandel sind. Der Punkt ist, daß wir eingeladen werden, sorgfältig zu prüfen, welche Spur wir auf persönlicher Ebene wie auch auf der Ebene des globalen Dorfes verfolgen möchten.

Bei so vielem von dem, was gesagt und getan wird, kann man sagen, daß es entweder ein Eigentor ist – es gehört in Systeme, mit denen wir uns selbst das Wasser abgraben und in denen sich die Bewußtseinsebene ihres Schöpfers oder ihrer Schöpferin spiegelt – oder daß es Teil von Systemen ist, die uns förderlich sind und die in Synergie mit unseren Eltern, unserem Partner oder unserer Partnerin, unseren Kindern, unserer Stadt oder unserem Dorf, unserem Land und unserem Planeten Positives beisteuern.

Ich persönlich habe Jahrzehnte damit zugebracht, bewußt Informationen und Erfahrungen anzuziehen und zu erhalten, die die unausgesprochenen Lücken füllen würden, die unsere Eltern und Bildungssysteme oft mangels entsprechender Schulung nicht angemessen ausfüllen können. Nämlich Punkte, die mit einem Daseinszweck, Leidenschaft, Vergnügen und Macht zu tun haben. Angetrieben von dem Verlangen, das Mittelmaß zu überflügeln, war ich davon beseelt, hier und jetzt ins Dasein zu treten, um etwas Positives bewirken zu können. Ein Stück weit altruistisch, ja, aber auch eine hochgradig zivilisierte Berufung, wobei zivilisiert hier bedeutet, alles Leben mit Liebe und Achtung zu behandeln und zu ehren.

Nun, wo unsere Arbeit ein gewisses Maß an weltweiter Anerkennung gefunden hat, sind wir Medienkritik ausgesetzt, die oft unberechtigt ist. Als die *Brisbane*

Daily Mail hörte, daß wir das M.A.P.S.-Retreat in Noosa abhalten wollten, konnte sie es sich nicht verkneifen, einen Artikel unter der Schlagzeile „Essenslose Sekte sieht das Licht" zu veröffentlichen. Der Artikel war zwar recht informativ und eine gute Darstellung dessen, worum es uns geht, aber dennoch konnte die Zeitung offenbar nicht umhin, von der „umstrittenen Sekte, die von Atemluft lebt" zu sprechen, was reichlich komisch ist, wenn man an das Kaliber von Menschen denkt, die als Licht Botschafterinnen und Botschafter auftreten und an die Millionen auf der Welt, die Qi praktizieren.
Im Oxford Dictionary heißt es, eine Sekte hänge einem „religiösen Kult" an, „der sich insbesondere in Zeremonien, in andächtiger Hingabe an eine Person oder Sache oder in deren Verehrung äußert." Den Qi-Meisterinnen und -Meister geht es hauptsächlich um eine Lebensweise, die dem Planeten und ihrem eigenen Leben förderlich ist. Es ist kein religiöser Kult, wenn auch religiöse Meister um ihrer Weisheit willen oft in hohen Ehren stehen. Viele Menschen von Heute entscheiden sich dafür, dem Göttlichen in ihrem eigenen Innern zu folgen, statt einem äußeren Meister, und zu ihnen gehört auch die Mehrheit der Lichtbotschafterinnen und -botschafter.
Profitieren spirituelle Menschen von den Lehren derer, die ihnen vorausgegangen sind? Sie wären dumm, wenn sie es nicht täten. Wissenschaft und Medizin bauen ja schließlich auch immer auf den Theorien und Hypothesen vorheriger „großer Geister" auf diesen Gebieten auf.
Die Angst scheint also darauf gerichtet zu sein, daß Menschen womöglich von einem charismatischen Führer oder einer Führerin einer „Gehirnwäsche unterzogen" oder „in seinen/ihren Bann geraten, und das auf eine Weise, die für sie selbst, ihre Familie oder Gesellschaft verheerend ist, wie das Beispiel der Massaker in Jonestown und Waco deutlich machte. Manche sagen, die Menschen, die sich zu diesen „charismatischen Persönlichkeiten" hingezogen fühlten, glichen damit karmische Beziehungen aus anderen Zeiten aus und durchlebten eine Initiation, bei der es darum ginge, der Kraft des Göttlichen in sich selbst zu vertrauen und sein persönliches Unterscheidungsvermögen zu gebrauchen. Der Umgang mit Themen, die sich um Machtlosigkeit und die Folgen drehen, die es haben kann, unsere Macht an andere abzugeben, ist für alle spirituellen Wesen, die Erfahrungen als Mensch machen, eine wichtige Lektion in ihrem Leben.
Ja, es ist traurig, daß diese Selbstmorde und Massaker vorkommen, aber bedeutet das, daß wir alle Menschen als einfältig und leicht beeinflußbar behandeln sollten? Sollten die „Machthaber" daraufhin Angsttaktiken einsetzen und „zum Wohl der Bevölkerung" Informationen verbieten? Sollten die „Machthaber" dahingehend unterstützt werden, daß alle, die den Status quo in Frage stellen oder danach streben, bestehende Systeme zu verbessern, mit dem Etikett „Sekte" versehen werden, weil man nicht versteht, was sie zu sagen haben? Oder weil die Botschaft nur zu gut verstanden wird und man das Gefühl hat, daß damit am Fundament der eigenen Macht gerüttelt werden könnte?
Sollen wir denn davon ausgehen, daß es allen Menschen auf der Erde an

Unterscheidungsvermögen mangelt und deshalb alle „charismatischen“ Lehrer oder Führungsgestalten verbieten und/oder zur Unperson erklären, die es wagen, den Status quo in Frage zu stellen? Oder sollen wir dazu ermutigen, von Logik und elementarer Intelligenz Gebrauch zu machen und die Menschen daran erinnern, wie wichtig es ist, zu differenzieren, damit sie auf die tieferen Botschaften hören können, die viele nun auf der weltweiten Bühne zu Gehör bringen?

Vielleicht müssen wir uns auch ansehen, wer diese Gerüchte verbreitet und was diese Kreise dadurch gewinnen. Meiner Erfahrung nach rührt fast alle Angst von Unwissenheit, und eine ganzheitliche Bildung ist der Schlüssel zu langfristigem positivem Fortschritt auf unserem Planeten.

Das Dienen dreht sich auch darum, bestimmte Handlungen vorzunehmen, um sich an das Göttliche in sich selbst anzuschließen, unseren jeweiligen Part zu erfahren, uns in Erinnerung zu rufen, daß wir in Ausbildung sind, unsere Rollen zu spielen und bewußt auf eine Weise zu handeln, die Positives bewirkt. Ich nenne das durch unseren Tanz unsere Umwelt zu fördern.

Der Aufgestiegene Meister Hilarion sagte in dem Buch *A New Heaven, a New Earth*:

„Wir betonen, daß es nicht ein bestimmtes, einziges Erfolgsrezept geben kann und daß kein Mensch auf Erden erwarten darf, daß andere Wesen irgendeine Patentlösung vorweisen können, die dafür sorgt, daß seine Zivilisation sich nie wieder in Chaos auflöst. Die Errettung der Menschheit muß *von innen* kommen, und das bedeuet, daß es der Menschheit als Kollektiv überlassen ist, ihren künftigen Kurs zu bestimmen. Keiner, der sie anleitet, kein Engel, kein Rat von Außerirdischen möchte sich einmischen in das, was einer der grandiosesten Schöpfungsakte sein wird, die die Menschheit je vollzogen hat: die Erschaffung einer neuen Gesellschaft, basierend auf der Liebe Gottes, die sich im menschlichen Herzen manifestiert.“

3.12. Perlen der Weisheit & Programmierungen für unsere Nachkommen

„Die Menschen auf dieser Welt erliegen leicht Selbstsucht und mangelnden Mitgefühl; sie verstehen sich nicht darauf, zu lieben und einander zu achten. Sie debattieren und streiten zu ihrem eigenen Schaden und Leidwesen über nichtige Angelegenheiten, und das Leben wird ihnen so zu einer trübsinnigen Runde voller Unglück."

– Lehre Buddhas

Ich würde gerne denken, daß das obige Zitat im allgemeinen nicht zutrifft. Ich denke gern, daß wir eine intelligente und liebevolle Spezies sind, die mit Mitgefühl und Achtung handelt und alles Leben ehrt. Ja, wir müssen vielleicht noch etwas feiner gestimmt werden, und ja, wir müssen die Verantwortung für unsere eigenen Gesundheit und unser eigenes Glück übernehmen, doch man zeige uns die richtige Richtung, gebe uns ein paar gute Rezepte an die Hand, wie wir uns ändern können, und alles ist möglich! Kombinieren wir das *Luscious Lifestyles* Programm[12] mit Umprogrammierungen, haben wir beim Schritt in das neue Jahrtausend schon ein gutes Rüstzeug. Wie sagte der indische Schriftsteller A. Parthasarathy einmal: „Moderne, zivilisierte Menschen, sie sich selbst nicht weiterentwickeln, sind nichts als intelligente Wilde, die in spirituellen Slums leben."

Die Macht von Gedanken, Worten und Handlungen

Neurowissenschaftlichen Forschungen gelang es, einen „Modellierbarkeit" genannten Zustand nachzuweisen, mit dem die unserem Gehirn eigene Fähigkeit, sich zu verändern, gemeint ist. De facto spiegelt sich hierin das universelle Gesetz der Veränderung und Anpassung. Das menschliche Gehirn entwirft als Reaktion auf neuen Input und neue Reize unablässig neue Muster, neue Kombinationen von Nervenzellen und Neurotransmittern.

Jedes Individuum hat das Potential, die Landkarte der Nervenbahnen neu zu verdrahten und so zu rekonfigurieren, wie es günstiger ist, um das Leben entstehen zu lassen, nach dem es auf der Suche ist. Benutzt also die in diesem Buch immer wieder aufgeführten Programmierungen und denkt daran: Wer bittet, dem wird gegeben. So will es das universelle Gesetz.

Beim Programmieren werden Gedanken, Worte und Gebete eingesetzt, und es vermag neue Software für unsere Körper – die Hardware – zu kreieren, die in unserem Leben reibungsloser läuft. Hier einige interessante Gedanken, Zitate und Programme für alle. Sie sind dazu da, in unserem Leben eingesetzt zu werden, um uns bei der Erschaffung, Offenbarung und Erfahrung des persönlichen und globalen Paradieses zu unterstützen.

Wir haben uns dafür entschieden, bei der Liebe zu beginnen, denn:

„Liebe ist eine Leinwand, die die Natur uns liefert, und die unsere Phantasie mit Stickereien verziert." – *Voltaire*

„Liebe ist die Musik zur Freundschaft." – *E. Joseph Cossman*
„Die Liebe ist eine bessere Lehrmeisterin als die Pflicht." – *Albert Einstein*
Liebe ist eine Frucht, die zu jeder Jahreszeit zu haben und in Reichweite einer jeden Hand ist." – *Mutter Theresa*
„Liebe ist alles, was wir haben, der einzige Weg, wie wir einander helfen können." – *Euripides*

1. Köstliche Liebe

„Aus wahrer Liebe flüstert Makellosigkeit beim zarten Streicheln süßer Greifbarkeit mit behender Glieder Beweglichkeit, aus Zweifel und Chaos entsteht Beständigkeit."

J. C.

Liebe stellt sich für uns auf vielerlei Weisen ein – durch Familie, Freunde und auch Geliebte, und manchmal sogar durch Fremde. Liebe kommt zu denen, die sie willkommen heißen und die selbst Liebe schenken. Um Liebe zu schenken und zu empfangen, hilft es, uns selbst zu kennen und zu lieben.
Wenn wir uns selbst nicht als würdig empfinden, Liebe zu empfangen, können wir dann zulassen, daß andere uns wirklich lieben?
Lobe dich jeden morgen selbst – und die Menschen, die dir wichtig sind – und für die guten Eigenschaften, die euch allen gegeben sind.
Danke dem göttlichen Einen in dir für alles Gute, das in deinem Leben ist, richte deine Aufmerksamkeit auf das, was in deiner Welt funktioniert und entscheide dich dafür, aufrichtig dankbar zu sein.
Verbringe jeden Morgen und/oder Abend fünf Minuten damit, dein Herz und deinen Geist von Dingen erfüllt sein zu lassen, für die du Grund hast, dankbar zu sein – und sei es ein Freund oder eine Freundin oder ein warmes Bett. Je dankbarer wir sind für das, was wir im Leben haben, desto mehr wird das göttliche Eine uns geben, wofür wir dankbar sein können. So will es das universelle Gesetz.
Gehe die Selbstverpflichtung ein, wechselseitig stärkende und wechselseitig angenehme Beziehungen mit allen einzugehen, denen du auf der Erde begegnest. Verzeihe allen, bei denen du das Gefühl hast, sie haben dich schon einmal verletzt oder verraten oder wütend gemacht und die du jemals verletzt, verraten oder wütend gemacht hast. Verzeihe dir selbst.
Programmierung mit Hilfe der göttlichen Kraft in uns:
„Ich bitte das göttliche Eine in mir, alle Menschen zu mir zu bringen, mit denen ich eine Beziehung haben kann, von der beide profitieren."
„Ich bitte darum, daß alle Lernprozesse, die mit karmischen Verbindungen zusammenhängen, in Freude und Leichtigkeit und Gnade zu Ende kommen, damit ich frei sein kann dafür, in allen Bereichen meines Lebens Liebe zu schenken und zu empfangen und zu genießen."
„Ich nehme die Fülle an Liebe an, die mir gegeben ist, und danke dafür." Stelle dir mit geschlossenen Augen vor, wie du in der Mitte des Universums stehst. Deine Arme sind weit geöffnet, in einer Geste des Empfangens. Stelle dir

vor, wie alle Fülle an Liebe, Gesundheit und Wohlstand in dich einströmt. „Ich tue mich leicht, in meinem Leben Liebe zu schenken und zu empfangen."

2. Gute Gesundheit

„Der Gesundheit Feind ist die Ängstlichkeit; zu soliden Gewohnheiten gehört die Nüchernheit; eine Richtung zu haben, reich an Vielfältigkeit, eine Gesellschaft, fit, stark und voll Zielgerichtetheit."

J. C.

Gesundheit des gesamten Ichs - Körper, Geist, Seele und Herz, stellt sich bei all denen ein, die bereit sind, ein wenig Fürsorge für sich selbst zu praktizieren und sich selbst Nährendes zu tun, dazu ein wenig tägliche Disziplin im Hinblick auf Entscheidungen zu ihrer Lebensweise.Meditation erzeugt eine gesunde Seele, einen gesunden Geist und ein gesundes Herz. Körperliches Training und leichte Kost sorgen für ein gesundes Fahrzeug, in dem wir uns am Leben berauschen können.
Gute Gesundheit rührt von einer grundlegenden Entscheidung in Sachen Lebensführung.
Experimentiere – spüre den Unterschied!
Um gute Gesundheit zu erlangen, lache viel und tue das, was dein Herz zum Singen bringt!

Programmierung mit Hilfe der göttlichen Kraft in uns:

> „Ich erteile nun den Befehl, daß mein physischer, Emotional-, Mental- und spiritueller Körper perfekt auf den Pulsschlag des göttlichen Einen in mir ausgerichtet ist, damit ich in vollem Umfang seine Gegenwart genießen und zum Ausdruck bringen kann."

Gesundheit für andere und Gesundheit unseres Planeten – äußere Verschmutzung ist ein Hinweis auf innere Verschmutzung.

„Wenn man älter wird, sind zwei Dinge vielleicht wichtiger als alle anderen:Gesundheit und Wohlstand."

Helen Gurley Brown.

„... und Leidenschaft und ein Daseinszweck..."

Jasmuheen

3. Weiser Wohlstand

„Einfach zu leben, schafft Liquidität, doch des Glückes Gunst erspart Nervosität; der Küche Wärme sorgt für Humidität, ein Dunst zunächst nur, dann Solidität."

J. C.

Nimm bewußt die reiche Fülle an Möglichkeiten wahr – wenn wir Ausschau halten nach Fülle, stellt sie sich ein.
Öffne dich dafür, Fülle von Quellen „bekannter und unbekannter Art" zu empfangen.

Greife auf die Kosmische Bank der Fülle zurück – erwarte, daß das göttliche Eine in dir für all deine Bedürfnisse sorgt.
Wisse, daß in Wirklichkeit OH-OM (dein Gott) dein Arbeitgeber ist. Erwarte, von ihm auch bezahlt zu werden, wenn du dich dafür entscheidest, OH-OMs Willen auf Erden zu dienen.
Kreiere deine persönliche Kosmische Kreditkarte und stecke sie in dein Portemonnaie.
Stecke auch einen kleinen Kristall hinein, den du so programmiert hast, daß deine Geldbörse immer mit mehr Geld gefüllt ist, als du brauchst.
Tue außerdem alles, was auf der Erdebene anzuraten ist, um deine Rechnungen zu bezahlen – handle verantwortungsbewußt, aber erwarte auch, daß du Arbeit auftauchen lassen und verrichten kannst, die du liebst und die außerdem auf irgendeine Weise nutzbringend für Gaia sind.
Programmierung mit Hilfe der göttlichen Kraft in uns:

„Ich bitte nun darum, daß alle meine Lernprozesse zum Thema Fülle aus vergangenen, gegenwärtigen und zuukünftigen Leben zum Abschluß kommen können. Ich bitte das göttliche Eine in mir, Blockaden innerhalb meiner Energiefelder zu räumen, die mich davon abhalten, die ganze Fülle zu empfangen, die für mich bestimmt ist."

„Ich erteile nun den Befehl, daß alle Ressourcen, die ich brauche, um auf der Erde zu gedeihen und meinen Daseinszweck und meine Leidenschaft zu erfüllen, harmonisch ausgerichtet auf den göttlichen Willen, zu mir gebracht werden, sobald es nach göttlichem Ermessen an der Zeit dafür ist."

Dann werde gelassener, und jedesmal wenn du dir Sorgen über Geldangelegenheit machst, programmiere dich neu mit der Affirmation: „Ich nehme alle Fülle an, die mir gehört und danke für sie, und ich heiße sie willkommen, von bekannter und unbekannter Quelle."

Und zuletzt: Achte auf deine gedanklichen Muster zum Thema Fülle. Programmiere so um, daß einengende Gedanken durch grenzenlose ersetzt werden.

4. Leidenschaft und Lebenssinn

„Eine Gußform, die Leidenschaft prägt, die nicht häßlich, mit noblen Zielen, gar nicht gräßlich, mit Leistung, die auch nicht bläßlich, einem Charakter, der verläßlich."

J. C.

Viele, die dem Leben mit Leidenschaft gegenüberstehen, brauchen das Gefühl, daß ihr Dasein einen Sinn hat.
Programmierung mit Hilfe der göttlichen Kraft in uns:

Ich programmiere nun, daß der Daseinszweck, dem meine Leidenschaft gilt, mir klar und deutlich offenbart wird."

„Ich bin nun in Kontakt mit meinem Daseinszweck und meiner Leidenschaft in diesem Leben und habe alle Fülle, die ich brauche."

5. Bewußtes Erschaffen

Werde vom Barbar, für den galt kein Bann und der achtlos aß, zu einem, der auch ohne kann; einst ahnungslos, eigne dir Wissen an – das Fische-Ich ist jetzt Wassermann."

J. C.

Achte bewußt darauf, wie deine Gedanken deine Wirklichkeit erschaffen. Nimm es wahr, und dann lasse es ganz in dich einsinken.
Lerne, dich auf das Göttliche in dir einzuschwingen, dann schalte ab und entscheide dich dafür, in jedem Augenblick Freude zu finden.
Sei dir bewußt, womit du jeden einzelnen Moment eines jeden Tages füllst. Qualitätvolle Gedanken, qualitätvolle Gefühle und qualitätvolle Nahrung sorgt für ein qualitätvollers Leben.
Programmierung mit Hilfe der göttlichen Kraft in uns:

„Ich bitte das göttliche Eine in mir, mich in jedem Augenblick meines Tages zu leiten, so daß mein Leben dem Planeten förderlich ist und daß ich das Gefühl haben kann, mein Hiersein ist mir förderlich."

„Ich bitte das göttliche Eine in mir, alle Umstände um mich herum so zu arrangieren, daß ich für immer frei von Zweifeln sein kann."

„Ich bitte um Augen, die weit geöffnet bleiben für die kosmischen Rhythmen, und um ein weit offenes Herz, die Liebe des Göttlichen zu spüren. Ich bitte um Ohren, die immer die Engelsstimmen hören, einschließlich der Stimme des Göttlichen in mir. Ich bitte um die Ehre, in diesen höchst majestätischen Spiel zu dienen. Dieses Leben gebe ich so bereitwillig und freigebig. Von nun an tanze ich meinen Tanz, um förderlich zu sein!"

„So sei es! So sei es! So sei es!"

Sex – Pheromonfieber

„Im Bett gibt es keine Formalität, der Verführung Verbündete ist die Mentalität, deiner Persönlichkeit schönstes Porträt zeichnet der Urtrieb Sexualität."

J. C.

Leidenschaft beginnt im Kopf; praktiziere das Tantra des Tao.
Ein Gefühl für den eigenen Daseinszweck entsteht dann, wenn Herz und Geist im Einklang sind.
Potenz entspringt dem Tao – lerne, deine Energie zu steuern.
Schutz ist Teil des Lebens – „Wenn's du's nicht anhast, ist's nicht angesagt." – Denke: „Safe Sex"[13].
Erstelle eine Liste von Dingen, die dir an einem Liebespartner oder einer Liebespartnerin gefallen würden und bewahre sie die Liste in einer Schublade auf.
Ernenne einen Liebesengel – gib ihm die Liste und sage ihm, so solle die Person beschaffen sein – oder noch besser.
Sei dir bewußt, daß bei allen wichtigen Beziehungen karmische Verbindun-

gen bestehen.
Verstehe, daß deine Partner oft spiegeln, wer du bist.

Programmierung mit Hilfe der göttlichen Kraft in uns:
„Ich überlasse alle meine Beziehungen OH-OM – mit dem Ziel, daß sie das Niveau ihres perfekten Ausdrucks erreichen mögen, damit wir frei sein können, das höchste Potential auszuschöpfen, das in unserem Leben steckt."

Süchte und Pforten

„In-düst'ren Gefilden, die der Hoffnung Hohn, der Sucht leidvolle Garnison, oder aber eine Revolution, der Lichtpflanzen mystische Kontribution."

J. C.

Süchte rühren von unserer Wahrnehmungsweise und unseren vorgefaßten Meinungen im Leben. Vorsätze schaffen freie Bahn für Veränderungen, die sich erst dann einstellen werden, wenn wir es wirklich wollen. Indem wir süchtig werden nach dem Göttlichen in uns, wird im Hinblick auf alle anderen Süchte automatisch Abhilfe geschaffen und sie werden ins rechte Licht gerückt.
Programmierung mit Hilfe der göttlichen Kraft in uns:

„Ich bitte darum, meine Lernprozesse rund um meine Süchte abschließen zu können, damit ich frei sein kann, weiter fortzuschreiten und freudig meinen Daseinszweck auf dieser Seinsebene zu erfüllen."
„Ich bitte um klare und einfach zu verstehende Führung durch die göttliche Kraft in mir in allen Bereichen meines Lebens, auf daß ich jeden Tag meinem Daseinszweck entsprechend und voller Leidenschaft leben kann."

8. Planetare Positiva

„Keine Ausgrenzung, so will es der gute Ton, frei von bigotter Verblendung Fron; Verhaltensschablonen ohne irgendwelche Sanktion, des Planeten Bande sind keine Illusion."

J. C.

Die Zukunft ist so rosig wie wir sie zu sein wünschen! Punkte auf der sozialen, bildungsmäßigen, wirtschaftlichen, umweltbezogenen und politischen Tagesordnung beeinflussen alle.
Begreife die Macht des Volkes – gehe wählen. Schreibe Briefe an Menschen, die etwas bewirken können. Erinnere dich an die Kraft des Göttlichen in dir und daran, daß kein Mensch eine Insel ist. Alles, was wir tun oder nicht tun, hat einen Einfluß auf das energetische Feld. Wähle Politiker, die deine Ideale und Visionen im Hinblick auf eine geeinte Erde am ehesten vertreten.
Gib denen etwas ab, die weniger vom Glück begünstigt sind als du – was wir geben, kehrt zu uns zurück.
Programmierung mit Hilfe der göttlichen Kraft in uns:

„Ich bitte darum, daß mir das allernächste Stück meines Parts im Film von OH-OM (die göttliche Blaupause auf Erden) deutlich offenbart wird; ich bitte darum, daß alle Menschen, alle Ressourcen,die wir brauchen, um diese Rolle zu erfüllen, sich JETZT bei mir einfinden."

9. Harmonie und das Menschengeschlecht

„Manche sagen, Mystiker seien egoistisch, idealistisch zu sein, sei nicht realistisch, doch minimalistisch ist artistisch, ritualistisch ist illuministisch."

J. C.

Lebe in Synergie und erfahre Einheit.
Sei geistig frei von selbstauferlegten Einschränkungen und Grenzen.
Achte und ehre alles Leben.
Stelle dir eine Welt in Frieden und Harmonie vor, wo alle vernünftige Nahrung, ein Dach über dem Kopf und eine ganzheitlich Bildung erfahren, wo alle auf allen Ebenen Fit sind.
Denke daran: erst Phantasie, dann Wille, dann Wirklichkeit.
Binde die Engel ein – sie müssen der göttlichen Kraft in dir gehorchen.
Programmierung mit Hilfe der göttlichen Kraft in uns:

„Ich bitte darum, daß sich jeder einzelne Tag in vollkommenem Einklang mit dem göttlichen Willen entfaltet, so daß alles, was ich in jedem Augenblick mit anderen teile, dem höchsten Wohl aller dienen möge."
„Ich bitte darum, daß jede Faser meines Seins, jede Ebene meines Wesen, perfekt die Vollkommenheit der göttlichen Kraft in mir spiegeln möge."

„So sei es! So sei es! So sei es!"

Programmierungen können vom Göttlichen in dir oder deinem Gott (der Einen Quelle, die ich auch „EinHerz-EinGeist" nenne), höflich erbeten oder auch ihm befohlen werden. Niemand weiß das besser als die göttliche Kraft in dir – sprich mit ihr, programmiere sie, bitte um Führung, lerne, auf sie zu vertrauen und sie bei jedem Schritt auf deinem Weg zu genießen!

Zur Vereinigung der Religionen

Einfach unser innerliches Engagement und unser Verlangen, Hinweise auf heilige Dinge zu finden, wird in der Tat unsere Welt verändern, unabhängig davon, wie wir alle unseren Gott nennen. Hinweise auf heilige Dinge stellen sich automatisch ein, wenn wir die folgende Programmierung verwenden:
„Ich überlasse mich nun der Erfahrung einer Offenbarung des Paradieses auf persönlicher und globaler Ebene. Ich bitte das Universum, mir offensichtliche Hinweise auf heilige Dinge und Frömmigkeit und Gnade und Göttliches und zu geben, und das auf eine Weise, die mich für immer über alle Zweifel hinausgelangen läßt."
„Ich verzeihe nun bewußt allen, die mir oder meinen Vorfahren je ein Leid

zugefügt haben. Ich bitte um Verzeihung für alles, was ich je getan habe und was anderen Leid zugefügt hat."
„Ich trete nun mit der Liebe Gottes in meinem Herzen in das neue Jahrtausend ein und akzeptiere und ehre dabei alle, die das Leben ehren."
„So sei es. So sei es. So sei es."

Wenn die Kraft des Göttlichen im Innern von Menschen massenhaft erwacht, wie das derzeit der Fall ist, kommt es automatisch zu Veränderungen. Die Erde ist nicht der erste Planet, der das durchlebt. Einige werden die Schwelle zu einem neuen Jahrtausend mit einem Gefühl der Sicherheit in jeder Hinsicht überqueren, andere werden sich über sie schleppen und dabei in unterschiedlichem Ausmaß Schmerz erleben.
Der Umwelt möchten wir zum Geschenk machen, daß sie nicht mehr verschmutzt werden möge.
Den Tieren möchten wir unser Mitgefühl anbieten und Freiheit davon, geschlachtet zu werden.
Für uns selbst laden wir die Erfahrung der göttlichen Kraft im Innern ein.
Für die Hinweise auf heilige Dinge sagen wir Dank.
Die Engel heißen wir willkommen.
Und zueinander sagen wir dasselbe. Willkommen sei die Bewegung einer erweckten und positiven Gesellschaft.
Wir hoffen also, ihr habt eure Freude gehabt an den Recherchen in diesem Buch und dem, was ich über meine persönliche Entdeckungsreise erzählt habe – was bleibt noch zu sagen, außer daß unsere Liebe, unser Licht und unser Lachen mit der Menschheit sind, während wir alle uns für einen anmutigen Übergang in dieses neue Jahrtausend entscheiden.
Ja, ich werde weiter auf Tourneen gehen und zu Untersuchungen dieser Art und neuen Projekten Vorträge halten. Wir werden auch weltweit siebentägige Retreats für M.A.P.S.-Botschafterinnen und -Botschafter abhalten – nähere Angaben finden sich auf unserer Website.
Ich möchte allen danken, die unsere Arbeit auf diesem Gebiet in den letzten Jahren unterstützt haben – ich weiß, daß es für viele Licht Botschafterinnen und Botschafter eine faszinierende Entdeckungsreise gewesen ist, und für mich ist der Gedanke, daß wir heute Positives unternehmen können, um einen Planeten zu erschaffen, auf dem zu existieren wir stolz sind, ein solches Geschenk.

Namaste, Jasmuheen

3.13. *Untersuchungen zur Kraft von Prana und Qi-Emissionen*

Update 3. Oktober 1999. Aus dem Buch *Scientific Qigong Exploration* von Prof. Lu Zuyin sowie aus Erfahrung gewonnene unabhängige Erkenntnisse von Jasmuheen und den Botschafterinnen und Botschaftern des Lichts.

Solange die Wissenschaft weiterhin Geist und Materie als getrennt sieht, wird sie nicht in der Lage sein, voll und ganz die Komplexität des Quantenfelds zu sehen. Qi ist die Essenz dieses Feldes, und Qi-Emissionen trotzen normalen wissenschaftlichen Studien, die erfordern, daß der Beobachter Abstand zum Versuch hat. Aufgrund der Natur von Qi sind Beobachter und Beobachtetes ein- und dasselbe.

Über Qi-Emissionen nach außen sind schon eingehende Untersuchungen erfolgt, nicht genug jedoch gibt es über innere Qi-Ausstrahlungen, außer daß wir wissen, daß ein tugendhaftes Leben, Meditation, Gebet, Programmierung, Ernährung und körperliches Training unmittelbar das innere Qi und seine äußere Ausstrahlung, oder Qi Emissionen beeinflussen. Qi kann man auch Pranakraft oder die Kraft des Göttlichen in unserem Innern nennen.

Meinen Untersuchungen zufolge hängen Qi-Emissionen mit dem Gebiet der Höheren Bioenergetik und der Höheren Lichtwissenschaft zusammen, worauf ich gründlicher in meinem neuen Buch *The Wizard's Tool Box* eingehe.

Vorläufig ist es gut, nun zu wissen, daß genügend Studien vorgenommen wurden, um zu beweisen, daß magnetische Feldmessungen, die von inneren Organen kommen, sehr an Intensität zunehmen, wenn Qi durch die obige Lebensweise zunimmt.

Erforscht sind auch die Auswirkungen von Qi auf die Verbesserung und Regulierung der Funktion des Verdauungstrakts; wie Qi die Funktionsweise des endokrinen Systems verbessert; wie es unser Vermögen beeinflußt, Veränderungen im Muskel- und Skelettsystem hervorzurufen; wie es die Funktion der Atmungsorgane und des Kreislaufs verbessert; plus wie es die Funktion des Nervensystems verbessert und reguliert sowie die Macht, die Qi hat, wenn es darum geht, die Körpertemperatur zu regulieren und das Körpertemperaturzentrum zu steuern.

In der östlichen Philosophie wird Qi auch Prana genannt, und man weiß, daß die natürliche Pranaproduktion des Körpers durch den Anstieg der Kundalinienergie durch Meditation und eine yogische Lebensführung steigt. Da Qi oder Prana auf der Neutrinoebene abläuft, ist es sehr schwer nachzuweisen, da Qi das ist, was die 99 % Raum in jedem Atom füllt.

Qigong-Heilung ist also nichts rein Psychologisches. Sie hat unabhängig von der psychologischen Dimension objektive Auswirkungen. So zum Beispiel existieren Röntgenaufnahmen eines Knochenbruchs vor einer Qi-Übertragung, denen dann Röntgenaufnahmen eines Knochenbruchs nach dieser Übertragung folgten, die zeigen, wie der Bruch innerhalb von Stunden oder sogar Minuten komplett verheilte. Außerdem weiß man auch, daß Qi-Emissionen mit zunehmender Entfernung nichts an Intensität verlieren und durch Geist, Willen und Intention gelenkt werden kann, von daher ihre

Wirksamkeit bei Fernheilungen. Dadurch, daß er seinen inneren Blick in das Magnetfeld eines Patienten bewegt, kann ein Qi-Meister eine akkurate Diagnose stellen, ohne den Patienten wirklich zu sehen oder in der Gegenwart dieses Patienten zu sein.

Traditionelle Qi-Gong-Theorien besagen, daß alle Dinge im Universum aus dem Qi hervorkommen, daß alles Qi enthält und daß Qi das ganze Universum erfüllt. Das entspricht der christlichen Vorstellung von Gott als allgegenwärtig und allmächtig.

Die Qi-Emanation und Kraft eines Qigong-Meisters oder einer Qigong-Meisterin hängt eng mit seinem oder ihrem eigenen körperlichen, geistigen und emotionalen Zustand zum Zeitpunkt der Qi-Übertragung ab. In ähnlicher Weise hängt die Fähigkeit der Lichtbotschafterinnen und -botschafter, sich dauerhaft von Qi oder Prana zu ernähren, ebenso hiervon ab, weshalb nur diejenigen, die ein hohes Maß an physischer, emotionaler, mentaler und spiritueller Fitneß bewahren – nur sie können.

In dem Buch *Qigong Scientific Exploration*, S. 245, heißt es (Übersetzung): „Man mag fragen, wie ein Mensch denn wohl ohne Essen leben kann? Nun: Erstens enthalten die Magen- und Darmsäfte von Menschen, die Qigong praktizieren, viele Nährstoffe. Zweitens hat jeder Nährstoffe, die in seinem Körper gespeichert sind, doch wissen die meisten nicht, wie sie diese umwandeln und nutzen können. Drittens können zwanzig oder mehr Tage vergehen, ohne daß man etwas zu sich nimmt, und dennoch kann man Energie beziehen, indem man eigenständig umgewandelte hochgradig energiereiche Substanzen aufnimmt. Es ist keine Frage des Essens, sondern geht vielmehr darum, Nährstoffe auf anderem Weg aufzunehmen. Man kann die Nährstoffe nutzen, die der Körper gespeichert hat und sie den Magen- und Darmsäften übergeben, um qualitativ hochwertige Ernährung zu bekommen. Das verbessert außerdem das Verdauungssystem.

Qigong-Praktizierende nehmen nicht nur durch Mund und Nase Nährstoffe auf. Sie können viele weitere Möglichkeiten nutzen, um hochgradig energiehaltige Nährstoffe zu absorbieren. Wasser braucht zum Beispiel nicht nur durch den Mund aufgenommen zu werden. Das Licht braucht nicht nur durch unsere Augen einzutreten (wie bei einer Pflanze, die die Fotosynthese braucht, hat das Licht auch in unserem Körper eine Funktion). Jemand, der Qigong praktiziert, absorbiert energetisch hochwertige Substanzen aus dem Universum, die anderen nicht zugänglich sind. Auf diese Weise kann man weniger essen oder braucht sogar längere Zeit gar nichts zu essen und kann dennoch ein hohes Energielevel aufrechterhalten. Wenn die Aufnahme an energetisch hochwertigen Substanzen erhöht wird, kann man lange Zeit ohne Essen auskommen. Deshalb ist Qigong eine ideale Möglichkeit, um das Verdauungssystem des Körpers zu verbessern.

Traditionelles Qigong befaßt sich mit der Auswirkung des Bewußtseins auf ein Objekt und damit, wie Beobachter und Beobachtetes verbunden sind – etwas, was die traditionelle Wissenschaft bislang noch nicht akzeptiert hat. Von daher wirft das Qigong-Phänomen für die Wissenschaft eine Menge

Fragen auf, die sich durch die derzeitigen wissenschaftlichen Theorien nicht beantworten lassen. Meinem Verständnis nach, wenn ich von meinen Parallelerkundungen von Qigongstudien ausgehe, bleiben Wissenschaftlern viele Antworten auf die Mysterien des Lebens, die Evolution und die Schöpfung, solange verborgen, wie sie nicht das Göttliche in sich erfahren.
Den Wissenschaftlern zufolge, die Qigong-Emissionen gemessen haben sowie Studien zum Bigu-Zustand, leben viele Menschen in Bigu jahrelang von weniger als 300 Kalorien am Tag, ohne daß ihr physischer Körper Schaden nimmt. Im Oktober 1987 begab sich Ding Jing, zehn Jahre alt, in den Bigu-Zustand und verweilte für mehr als sechs Jahre darin, bei einer täglichen Kalorienaufnahme von 260-300. Gleiches haben wir bei den Botschaftern und Botschafterinnen des Lichts herausgefunden, und viele leben hochgradig gesund weiter, obwohl ihre Kalorienaufnahme auch weiterhin den aktuellen medizinischen und wissenschaftlichen Überzeugungen spottet und sie in Frage stellt. Ich persönlich bin durch Bigu gesünder geworden und habe mir selbst zweifelsfrei bewiesen, daß eine andere Kraft meinen Körper ernährt.
Dr. Yan Xin ist einer der geachtetsten und ein in breiten Kreisen anerkannter Qi-Meister in China, und unter seiner Mitwirkung wurden solche eingehenden Studien durchgeführt und weltweit zugänglich gemacht. Von vielen Menschen weiß man, daß sie in seiner Gegenwart spontan in den Bigu-Zustand gelangten, und es gibt zahlreiche Forschungsarbeiten hierzu in chinesischer Sprache. Es sind sogar über sechzig Bücher über seine Untersuchungen zur Kraft und zu den positiven Auswirkungen von Qi-Emissionen geschrieben worden. Prof. Lu Zuyins Buch ist das erste, das in englischer Sprache verlegt wird, und es erschien erst 1997, nach einer zehnjährigen Forschungs- und Versuchsphase. 1987 begann auch ich in meinen Tagebüchern meine bewußten Untersuchungen und Recherchen zu a) der Kraft innerlicher Qi-Ausstrahlung, b) der Frage, wie unsere Lebensführung die Höhe der Qi-Ausstrahlung ändern kann, c) der Steuerung unserer äußeren Wirklichkeitsfelder durch innerliche und äußerliche Kontrolle des abgegebenen Qi aufzuzeichnen.
Der Unterschied zwischen den Erfahrungen der Botschafter und Botschafterinnen des Lichts und denen der Menschen im Bigu-Zustand ist der, daß wir diese Erfahrung durch Meditation und unsere Entscheidung für eine bestimmte Lebensweise, die ein Fitwerden auf allen Ebenen fördert, bewußt angestrebt haben, was bei Bigu nicht der Fall ist.
Wie ich selbst ist Dr. Yan Xin (ich habe leider nicht das Vergnügen gehabt, ihn kennenzulernen) intuitiv dazu hingeführt worden, die Welt an diesen Informationen teilhaben zu lassen, da sie im Bereich der Herausforderungen in Sachen Weltgesundheit großen Nutzen mit sich bringen.
Beide erkennen wir an, daß noch großangelegte Untersuchungen zum Bigu-Phänomen angestellt werden wollen und vertrauen darauf, daß das ganz von selbst eintreten wird, wenn die Menschheit ihr Augenmerk zunehmend mehr auf die Kraft des Göttlichen in ihrem Innern lenkt. Wir legen interes-

sierten Parteien auf dem Gebiet der Wissenschaft und Medizin unsere Untersuchungsergebnisse vor und vertrauen darauf, daß schließlich entsprechende Studien stattfinden werden, und daß mehr Menschen von den positiven Seiten von Bigu erfahren werden.

Nach Fertigstellung von „Licht Botschafter" gab mir jemand das Handbuch *Scientific Qigong Exploration*, von daher diese Ergänzung als abschließender Kommentar.

Außerdem ist seit dem Ende meiner Recherchen noch jemand, eine Frau gestorben, als sie sich während des 21-Tage-Prozesses den Elementen aussetzte. Dazu kam eine leichte Dehydrierung. Manche würden sagen, sie sei gestorben, weil sie sich nicht streng an die Richtlinien in meinem ersten Buch zu diesem Thema, *Lichtnahrung*, gehalten hat, andere würden sagen, ihr Werk auf der Erde sei vollendet gewesen und ihr Vertrag sowie die Zeit, für die sie hier sein mußte, abgelaufen. Ungeachtet der Warums kann ich nicht genug betonen, daß wir auch weiterhin alle dazu auffordern möchten, die Verantwortung für jeden ihrer Gedanken, Worte und Handlungen zu übernehmen, im Umgang mit ihrem eigenen Leben wie auch mit dem von anderen.

Ja, es ist in meinem Lebensentwurf vorgesehen, diese Information der Welt zugänglich zu machen. Ja, es stimmt, daß ich frei bin von der Notwendigkeit, Essen zu mir zu nehmen (in dem uns bekannten Sinn) und daß die göttliche Kraft in mir mich nährt, genährt hat und nähren wird. Ja, es stimmt auch, daß es mich aufgrund meiner Erfahrung mit dem Göttlichen in mir auf ein Forschungsgebiet verschlagen hat, das weltweit viele wunderbare Vorteile für Themen in Verbindung mit Gesundheitsproblemen und Hunger haben könnte.

Ja, es stimmt, daß es, ob man das glauben wird oder nicht, Menschen gibt, die die Kraft des göttlichen Einen in sich hinreichend erfahren haben, um zu wissen, daß wir etwas, das wir wirklich erfahren haben, nicht leugnen können, selbst wenn viele andere vielleicht nicht daran glauben. Ich habe keinerlei Verlangen danach, die Welt von irgendetwas zu überzeugen, mir geht es nur darum, andere auf etwas hinzuweisen, daß für mein Empfinden höchst interessant ist. Und ich tue es, da es meiner von der göttlichen Kraft verfügten Aufgabe entspricht.

Nach diesem Todesfall von neulich habe ich die Herausforderung skeptischer Kreise auf der ganzen Welt angenommen, zu beweisen, daß ich frei davon bin, Essen zu mir zu nehmen, und ich habe vor, eine ausgewählte Gruppe von Lichtbotschafterinnen und -botschaftern zusammenzubringen, damit wir 33 Tage lang nichts essen und dabei unser normales Körpertraining und unsere reguläre Arbeit beibehalten.

Dabei möchte ich von den Skeptikern und Skeptikerinnen auf der ganzen Welt und jeder anderen Quelle, der daran gelegen ist, die Kraft des Göttlichen in unserem Innern auf die Probe zu stellen, mindestens $ 2.000.000 an Spenden zusammenbekommen, die dann eine Wohltätigkeitsorganisation für Kinder erhalten soll. Nähere Angaben finden sich auf der Website der C.I.A., unter: www.selfempowermentacademy.com.au.

Und hier noch eine letzte Anmerkung: Der Forschungsschwerpunkt von Dr. Yan Xin, den der frühere US-Präsident George Bush als zeitgenössischen Weisen bezeichnete, war lange Zeit die positiven Auswirkungen angewandten Qigongs in den Bereich Krebs und AIDS. Tausende von Menschen wurden durch den Besuch seiner Vorträge von zahlreichen schweren Krankheiten geheilt. Wie die Botschafter und Botschafterinnen des Lichts regt Dr. Yan Xin dazu an, die Alten zu achten und sich um Bedürftige zu kümmern, wobei er die Wichtigkeit einer tugendhaften Lebensweise und den Wert der Liebe zu anderen betont.

Mitgefühl, Liebe und selbstloses Dienen sind die zentralen Faktoren bei der Gründung eines Paradieses auf persönlicher und globaler Ebene, während wir den Schritt in ein neues Jahrtausend auf der Erde tun, und zentral ist auch die Achtung vor allem Leben, und das Lebens zu ehren.

Mit Liebe, Licht und Lachen – Jasmuheen.

Anhang

Fragebögen zur Lichtnahrung – wie man sie bekommt
Neue Richtlinien für den 21-Tage-Prozeß
Verbindungen zu anderen für die Licht Botschafterinnen und Botschafter
Curt Jonssen über Lichtnahrung in Schweden
Liste von Hilfsorganisationen für weltweite Hungerbekämpfungsprojekte
Andere Bücher über das Pranikertum
M.A.P.S.-Visionen und -Agenda
Jasmuheens persönlicher Hintergrund
Weltweites Forschungsprojekt Nr. 1 zur Lichtnahrung
Es gehört mit zu unserem Forschungsprojekt, daß wir Feedback von Menschen anstreben, die sich tatsächlich dem 21-Tage-Prozeß so wie in dem Buch *Lichtnahrung* beschrieben, unterzogen haben. Wer mitaufgenommen werden möchte, kann den Fragebogen, der zu diesem Zweck erstellt wurde, von der Website der Cosmic Internet Academy herunterladen, unter:

www.selfempowermentacademy.com.au.

Er steht dort in englischer und deutscher Sprache zur Verfügung.

Neue Richtlinien für den 21-Tage-Prozeß
von Jasmuheen und der M.A.P.S.-Botschaft – Juli 1998.
Zu lesen auf der Website des Forums zum Thema Lichtnahrung.

Verbindungen zu anderen Lichtbotschafterinnen und -botschaftern
Kontaktmöglichkeiten mit Einzelpersonen in England, auf dem europäischen Festland, in den USA und Australien, die den 21-Tage-Prozeß praktiziert haben und gerne bereit sind, mit anderen über ihre persönlichen Erfahrungen zu sprechen.

ENGLAND
1) Simon Palmer – E-Mail-Adresse: sipalmer@hotmail.com
2) Jeffrey Sharp – E-Mail-Adresse: Info@ancientwisdom.co.uk
3) Daniel Jacobi-Braunschweig (Kanarische Inseln) – E-Mail-Adresse: DanielJ@infocanarias.com
4) Jaxson Wu – E-Mail-Adresse: jaxsonwu@iname.com

USA
1) Moises H. Koube – E-Mail-Adresse: ag499@rgfn.epcc.edu
2) Jalien Shandler – E-Mail-Adresse: pichuma@earthlink.net
3) Josef Nemcik – E-Mail-Adresse: jnemcik@dnai.com
4) Steve Torrence – E-Mail-Adresse: steve.torrence@powercity.net

AUSTRALIEN
Elamh, Tel. +61 (2) 98 29 84 48. Elamh betreut auch in ihren eigenen Räumen Menschen, die sich dem Prozeß unterziehen.

ÖSTERREICH
ELENREA, Tel. + 43 (676) 4 06 30 48

SCHWEIZ
Gisela Fot , Tel/ Fax +41 (052) 345 0012

DEUTSCHLAND
Das deutsche Buch *Der Lichtnahrungsprozeß – Erfahrungsberichte* geht sehr detailliert auf die Erfahrungen ein, die eine ganze Reihe von Menschen gemacht haben, und führt auch Menschen auf, die gerne bereit sind, über ihre Erfahrungen zu sprechen.
Christopher Schneider – E-Mail-Adresse: Govind@gmx.de
Christopher Schneider betreut auch regelmäßig Gruppen, die den Prozeß selbst erfahren möchten. Info über Koha Verlag.

SCHWEDEN
Curt Jonsson – E-Mail-Adresse: curt@triaden.nu

ITALIEN
Netzwerkkoordinatoren:
Paola Cericola
Scuola Di Respiro, Via Carlo Alberto 39, 00185 Rom, Tel.: + 39 (6) 4 46 25 23, Fax: + 39 (774) 50 93 01
Michael Hardy, Instituto Europeo Pensiero Positivo – E-Mail-Adresse: positivo@yacc.it
Michael Hardy bietet Kurse zur Vorbereitung auf den Prozeß an.

KROATIEN
Damir Modric, Tel. +3 85 (1) 31 83 74 – E-Mail-Adresse: anamo@zg.tel.hr

Lichtnahrung in Schweden

von Curt Jonsson

Bis irgendwann 1998 hatte ich den Begriff *breatharian* (Praniker) noch nie gehört. Angeblich ernährten sich diese Leute von Luft – wie sich Vegetarier von Gemüse und Obst ernähren. Man sagte mir, in Australien gäbe es eine Frau, die schon seit fünf Jahren von Luft lebte.

Ich glaubte, daß das stimmte. Aber ich dachte mir, sie sei eine Ausnahmeerscheinung. Ich war davon überzeugt, daß bestimmte Yogis ohne Essen und Trinken leben können und daß man sie sogar für Wochen in einen Sarg legen und begraben kann, ohne daß sie sterben. Aber ich dachte nicht, daß ich etwas ähnliches lernen könnte – nicht innerhalb einer vernünftigen Zeit, und nicht ohne viel Training und Aufgabe meines normalen Lebens.

Dann las ich Jasmuheens Buch *Lichtnahrung*. Ich blätterte es durch, und es weckte zunehmend mein Interesse. Langsam wurde mir klar, worum es bei dem ganzen ging. Sie schilderte darin eine bestimmte Vorgehensweise und daß sie auch für mich praktikabel sei. Es ging eigentlich gar nicht um Nichtessen oder Nichttrinken. Vielmehr ging es darum, Zugang zu den unbegrenzten Ressourcen des Menschen zu finden. Und das ist etwas, das mich schon immer interessiert hatte.

Um ehrlich zu sein, war meine Partnerin, Ankara Nygårds, anfangs viel begeisterter von der Sache als ich. Sobald ich jedoch verdaut hatte, worum es dabei ging, war ich „hin und weg". Wir begannen zu besprechen, ob es nicht möglich wäre, diese Jasmuheen nach Schweden einzuladen.

Durch das Internet fanden wir heraus, daß sie zu diesem Zeitpunkt gerade eine Tournee durch Deutschland unternahm, also fanden wir uns zehn Tage später in München ein, um an einem Wochenendseminar teilzunehmen, zusammen mit mehr als 200 anderen.

Dieses Seminar war für mich persönlich der Wendepunkt. Seitdem ist nichts mehr so wie zuvor. Es stimmt, daß Jasmuheen als Person eine Menge damit zu tun hat. Sie ist so strahlend und lebendig und spricht über Energien, Engel, Umprogrammierungen unseres zellularen Gedächtnisses und anderes, so natürlich, und mit einer tüchtigen Portion schalkhaftem Humor.

Aber das war nicht alles. Dieses Phänomen hatte etwas, das für sich selbst sprach. Von Prana, der universellen Lebenskraft genährt zu werden. Es drehte sich darum, daß du alles, was du brauchst, vom Universum – oder Gott – bekommst. Es ging definitiv auch darum, sensibel zu sein für die Stimme des göttlichen Teils in dir selbst und so zu handeln, wie es dein Herz zum Singen brachte. Alles das war Musik in meinen Ohren. Ich weiß jetzt, daß der Prozeß, von Licht zu leben, für mich im Grunde an diesem Punkt begann.

Wie mit Jasmuheen vereinbart, übersetzte ich nach meiner Rückkehr *Lichtnahrung* ins Schwedische, und es ist inzwischen veröffentlicht worden. Und recht spontan änderte ich meine Ernährungsweise. Es dauerte nicht lange, und ich nahm nur noch Obst, Tee und Wasser zu mir. Mir wurde klar, daß ich den 21-Tage-Prozeß erfahren wollte. Ich war ganz fasziniert davon. Ich sehnte mich danach.

Und so unterzogen meine Partnerin und ich uns dann Januar bis Februar 1999 beide dieser Initiation. Es war tatsächlich eine außergewöhnliche Erfahrung, milde ausgedrückt. Ich bin Schriftsteller, und so habe ich nun ein Buch über meinen Weg zum Prozeß geschrieben, darüber, wie ich ihn erlebt habe sowie über mein Leben nach dem Prozeß. Das Buch hat die Form eines Romans angenommen, und ich hoffe, man wird es spannend, unterhaltsam und auch informativ finden. Es trägt den Titel *Light from the Other Side*.
Ich gehöre jetzt einer kleinen Gruppe in Schweden an, und wir haben die nicht ganz einfache Aufgabe angenommen, Informationen weiterzugeben, wie man von Prana und in Übereinstimmung mit dem „göttlichen Einen in seinem Innern" leben kann. Dazu gehört auch, aus unseren kreativen Fähigkeiten und anderen latenten Qualitäten das Beste zu machen. Zu diesem Zweck haben wir eine Menge interessanter Aktivitäten vor. Eine davon besteht darin, Jasmuheens Seminare in Schweden zu organisieren.
Diese kleine Gruppe nennt sich „Triaden" und besteht auf Ankara Nygårds, Elinda Lindberg und mir selbst. Mehr über uns auf unserer Website:

http://www.triaden.nu

Außerdem sind wir über E-Mail erreichbar: Info@traiden.nu oder qurre@hotmail.com, oder über Telefon: +46 (2 47) 2 32 86 oder mit der sogenannten „Schneckenpost":

Triaden
Västibygattu 38
S-7 93 60 Siljansnäs
Schweden

Humanitäre Organisationen, die Nahrungsmittel verteilen

Beim Aufsuchen vom www.thehungersite.com kann man direkt eine der nachfolgenden Sites anklicken, die allgemeine Informationen zum Hunger auf der Welt enthalten. Zusätzliche Informationen finden sich auf den Sites der weiter unten aufgelisteten Hungerbekämpfungs- und Hilfsorganisationen.

Food and Agriculture Organization of the United Nations (FAO); United Nations Development Programme; US Agency for International Development (USAID); World Bank; World Hunger Program at Brown University; Hunger and Relief Organizations.[14]

Nachstehend einige der größeren Organisationen, die sich mit der Linderung des Hungers und anderen Hilfeleistungen befassen. Es gibt zahlreiche weitere Organisationen auf der ganzen Welt, die ebenfalls unschätzbar wertvolle Arbeit leisten, wenn es darum geht, dem Hunger ein Ende zu setzen:

Africare; American Red Cross/Rotes Kreuz; AmeriCares Foundation; Bread for the World/Brot für die Welt; CARE; Catholic Relief Services; Congressional Hunger center; Educational Concerns for Hunger Organizations; Food First – The Institute for Food and Development Policy; Food for the Hungry; Freedom from Hunger; Heifer Project Internation; The Hunger Project; InterAction; International Rescue Committee; International Service Agencies; Lutheran World Relief; MAZON; Oxfam International; RESULTS; Save the Children Federation; Second Harvest; Share Our Strength; United Nations Children's Fund (UNICEF) Kinderhilfswerk der Vereinten Nationen; United Nations World Food Programm (WFP); World Emergency Relief; World Vision.

Bücher über die Ernährung von Prana

Zu finden unter http://web.cari.net/~nature/breatharian.html

Buch: *Diet, Health & Living on Air* von Morros Krok (97 S.)

U.a. Kapitel über Beurteilungsgesetze, eine Studie in natürlichem Leben; Gesundheit, Krankheit und Essen, Fallbeispiele, Geheimnisse rund um die Lichtnahrung.

Buch: *Man's Higher Consciousness* von Hilton Hotema (1962, Hardcover, 300 S.) – In diesem gefeierten Buch führt der große Rohköstler/Obstesser und Zeitgenosse von Dr. Herbert Shelton vor, warum der kosmische Signalempfänger im menschlichen Schädel nicht mehr so auf kosmische Strahlungsverhältnisse reagiert wie vor 20 000 Jahren. In 31 Lektionen geht der Autor auf Themen ein, die unter anderem folgendes umfassen: Pranikertum (*breatharianism*), kosmische Luftreiniger, physische Vollkommenheit, Rohkost, den Körperaufbau unterstützendes Material, das natürliche Zuhause des Menschen, körperliche Reinigung, physische Unsterblichkeit, die Mysterien des Lebens, Geheimnisse der alten Meister. Einer der großen Klassiker auf dem Gebiet Rohkost.

Kleines Buch: *Perfect Creation*, von Hilton Hotema (32 S.) – Bei allen Fortschritten, die in den letzten fünfzig Jahren in Technik und Kommunikationswesen erzielt wurden, bleiben die Mysterien des menschlichen Potentials noch immer unangezapft. Dieser kleine Band demonstriert, wie unglaublich der Geist eines jeden Individuums sein kann. Ein außerordentlich anregendes Werk, das garantiert verborgene Potentiale in uns zutage befördert.

M.A.P.S. *Vision und Engel*

M.A.P.S... Dieses „Etikett" bezeichnet lediglich eine Bewegung, die sich in der Gesellschaft bereits abzeichnet, und zwar ein Umdenken, das die Self Empowerment Academy (S.E.A.) als „Bewegung einer erweckten, positiven Gesellschaft" (*Movement of an Awakened Positive Society*, kurz: M.A.PS.") bezeichnet. *Maps*[15]: helfen uns, unseren Weg zu finden, helfen, uns beim Umzug von einem Ort an einen anderen, sind Orientierungshilfen, können den Fundort von Schätzen angeben. In diesem Licht betrachtet, ist „M.A.P.S." eine sehr passende Bezeichnung und für die S.E.A. ein Oberbegriff, unter dem positive persönliche, globale und univeselle Paradigmen als pragmatische Lösungen für viele der Herausforderungen präsentiert werden, mit denen wir – als einzelne und als Gesellschaft – bei unserem Übertritt in das neue Jahrtausend konfrontiert sind.

Als Teil unseres Bildungsprogrammes, bei dem es um eine Selbsterziehung zum Umdenken für Menschen geht, die sich für positive persönliche und planetare Fortschritte interessieren, stellt die S.E.A auch die informative Website namens ***Cosmic Internet Academy (C.I.A.)*** zur Verfügung: www.selfempowermentacademy.com.au.

Diese Website fungiert als Bibliothek, Schulungs- und Kontaktknüpfungszentrum, um wissensmäßige wie auch pragmatische Informationen weiterzugeben. Jasmuheen führt über die S.E.A. auch weltweite Wochenendseminare und „offene Diskussionsabende" durch, gewöhnlich im Mai/Juni und November/Dezember. Jasmuheens Reiseplan findet sich auch auf der S.E.A.-Website und im Rundbrief.

Kurz zusammengefaßt ruht das Hauptaugenmerk von M.A.P.S. darauf, ein dreifaches ***allgemeingültiges Modell*** anzubieten, das potentiell problemlos anpaßbar ist, ausgewogen und harmonisch, unabhängig von unserer Rasse, unserer Religion, unserem Alter oder Geschlecht.

Erstens regen wir dazu an, ein ***persönliches Paradigma*** zu entdecken und/oder zu erschaffen und in die Praxis umzusetzen, bei dem wir, als Individuen, ein Wirklichkeitsmodell aufstellen, durch das wir das optimale Potential unseres Lebens ausschöpfen können – physisch, emotional, mental und spirituell – und das ***auf eine Weise, die alle Formen von Leben ehrt***. Um dazu beizutragen, haben wir in den letzten Jahren den Grundstock für Vernetzungen zu einem massiven globalen Programm angelegt, das auf ein allgemeines Umdenken abzielt. Der einzelne Mensch, der sich M.A.P.S. zuordnet, engagiert sich entschieden dafür, das Leben auf der Erde zu fördern.

Zweitens empfehlen wir, daß jegliches globales Paradigma, das geschaffen wird, eine positive Wiederherstellung des Gleichgewichts auf sozialem, wirtschaftlichen, bildungsmäßigem, umweltbezogenen, religiösem und politischem Gebiet bewirkt. Das geschieht folgendermaßen:

Sozial – Durch die Gründung der M.A.P.S.-Botschaft. Angestrebt wird hierbei von uns die Erschaffung einer krankheitsfreien Gesellschaft – mit Lösungen für den Hunger auf der Welt, der Erkundung der eigenen Lebensaufgabe, Gesundheit, Wohlstand, Liebe und Glück in Hülle und Fülle, und dazu geht es um die Frage, wie wir Beziehungen begründen und aufrechterhalten können, die wechselseitiges Vergnügen mit sich bringen und in denen wir einander stärken. Viele Menschen, die sich M.A.P.S. zuordnen, unterstützen nun den Gedanken einer „wundervollen Verwandlung", bei der es darum geht, an einer positiven und wirkungsvollen Überarbeitung vieler der auf der Erde existierenden Systeme zu arbeiten. Dies muß auf eine Weise erfolgen, die alle ehrt und die wahre Synergie zwischen der Meisterschaft über uns selbst und einem kooperativen Teamwork unter Beweis stellt. Um mehr über einzelne Menschen herauszufinden, die M.A.P.S. unterstützen, siehe den Abschnitt der M.A.P.S.-Botschafter auf der C.I.A-Site.

Bildungsmäßig – Zu den zentralen Projekten der S.E.A. gehört es, das M.A.P.S.-Programm gegebenenfalls zu präsentieren und in das weltweite soziale System einzublenden. Dies wird über Programme wie etwa unsere Internet-Bibliothek, -Schulungen und -Gesprächsforen geschehen sowie durch Bücher, durch die wir zu unserer eigenen Kraft finden sowie durch veröffentlichte Artikel und einige Ergebnisse erfolgter Arbeit mit den Medien in aller Welt. Wir möchten außerdem die M.A.P.S.-Agenda so fördern, daß sie in aller Welt in Bildungseinrichtungen wie etwa Schulen und Universitäten integriert wird. Unsere Jugendlichen sind unsere Zukunft, und so ist die bewußte, vorausschauende Erneuerung existierender Lehrpläne ein zentraler Punkt. Das M.A.P.S. - Programm kann komplementär zu den existierenden Lehrplänen hinzukommen.

Wirtschaftlich – Alle Produkte und Dienstleistungen müssen über das neue Geschäftsparadigma, das darin besteht, unseren Kopf, unser Herz und unsere Hände einzusetzen, ***ethische Fülle*** unterstützen. Ethische Fülle dreht sich auch um die Nachhaltigkeit planetarer Ressourcen und um Umweltbewußtsein. Hier fördern wir ferner Optionen, die eine perfekte Gesundheit unterstützen, und zwar über Veränderungen der alltäglichen Lebensweise, durch die am Ende kein Bedarf an einem privat und staatlich finanzierten Gesundheitswesen und an Ausgaben für dieses mehr besteht. Hier betrachten wir auch Möglichkeiten, Ressourcen gerecht zu verteilen, Abrüstung, Reduzierung der Umweltverschmutzung und die Beendigung des Abschlachtens von Leben aller Art.

Politisch – Ohne eine bestimmte politische Partei zu gründen, streben die M.A.P.S.-Botschafterinnen und -botschafter danach, politische Programme zu unterstützen, die anerkennen, daß ein Bedarf an ganzheitlicher Weiterbildung, an auf ethische Weise erworbener Fülle weltweit und an Programmen zur Stabilisierung der Nachhaltigkeit unserer Ressourcen bei achtsamem Umgang mit der Umwelt etc. besteht. Regierungen werden ja aufgestellt, um Dienste für die Gemeinde zu erbringen. M.A.P.S. ermutigt zur utopischen Idee der Meisterschaft über sich selbst, zu effektiver Selbstbeherrschung und synergistischem Teamwork auf mikrokosmischer und makrokosmischer Ebene.

Drittens erkundet die M.A.P.S. eingehend ein ***universelles Paradigma***, in dessen Brennpunkt folgende Aspekte stehen:

Daß andere intelligente Formen von Leben im Universum existieren, die auf unterschiedlichen *Schwingungsfrequenzen bzw. Energiebandbreiten* angesiedelt sind. Dieses Modell betrachtet unseren Ort im Universum sowie andere Formen von Leben, die wir mittlerweile als Außerirdische, Lichtwesen hinter den Religionen der Welt, und mehr bezeichnen.

Daß der Schlüssel, der Zugang zu anderen Energiebandbreiten gewährt und es von daher auch ermöglicht, mit anderen Formen von Leben zu kommunizieren, durch eine Verfeinerung des Bewußtseins der betreffenden Person zustandekommt. Wie man Meisterschaft über sich selbst erlangt, wird detailliert im Schulungsteil unserer Website erklärt.

Daß wir dadurch, daß wir für Gleichgewicht sorgen und dafür, daß unsere physischen, emotionalen, mentalen und spirituellen Energiefelder feinabgestimmt werden, wir leicht Zugang gewinnen können zu und alles erreichen, was wir persönlich möchten – global und universel. Diese Feinabstimmen ermöglicht es uns, unsere natürlichen Fähigkeiten, hellsichtig zu sein, telepathisch kommunizieren zu können, einzusetzen.

M.A.P.S. ist eine Bewegung, die keine bestimmte Struktur aufweist, der Begriff ist ein Etikett, das einen Oberbegriff für alle erdenklichen Gruppen und Individuen abgibt, die religiös oder auch nichtreligiös orientiert sind, politisch oder unpolitisch, sozial aktiv oder Yogis in den Meditationshöhlen der Städte, Schülerinnen und Schüler wie auch deren Meister. Also jeder und jede, der /die auf seine eigene Weise positive persönliche und planetare Fortschritte unterstützt.

Hintergründe; Jasmuheen & die Self Empowerment Academy

Als Tochter norwegischer Einwanderer 1957 in Australien geboren, war aus Jasmuheen schon als Siebenjährige eine Künstlerin und Visionärin geworden. Die heutige Mutter von zwei erwachsenen Töchtern verbrachte mehr als ein Jahrzehnt beruflich in der Finanzwelt, bevor sie 1993 die Self Empowerment Academy gründete und im Laufe der darauffolgenden fünf Jahre zehn Bücher schrieb.

Begründerin der internationalen M.A.P.S.-Botschaft (*Movement of an Awakened Positive Society*). Am bekanntesten ist Jasmuheen weltweit wohl durch ihre Arbeit auf dem Gebiet der Lichtnahrung geworden. Seit 1993 ist Jasmuheen Teil eines Teams, das in Pionierarbeit einen bestimmten Prozeß konzipierte und erfolgreich durchführen konnte, bei dem es darum geht, zuzulas-

sen, daß der physische Körper „von Prana genährt“ wird. Seit Mitte 1993 bezieht sie ihre physische Nahrung nur noch in Form von flüssigem Licht.
Hält international Vorträge und Seminare ab, hat mittlerweile ihr viertes Buch veröffentlicht. *Lichtnahrung* berichtet sehr detailliert über vier Jahre ihrer persönlichen Erkundungen auf diesem Gebiet. Dieses Buch ist ins Deutsche, Niederländische, Italienische, Schwedische, Kroatische und Spanische übersetzt worden und wird bald auf Französisch und Ungarisch erscheinen.
Das zweite Buch in dieser Serie, mit dem Titel *Der Lichtnahrungsprozeß*, ebenfalls vom KOHA-Verlag herausgegeben, geht auf die Erfahrungen anderer Menschen mit dem 21-Tage-Prozeß ein, das einleitende und das Schlußkapitel stammen von Jasmuheen.
Jasmuheen ist als „kosmische Telepathin“ bekannt und Autorin des Bestsellers *In Resonance* (dt. Titel: *In Resonanz*) (auch auf Deutsch, Niederländisch und Italienisch erhältlich) sowie der *Inspirations*-Trilogie. Ihre neueste Trilogie von „ihr eingegebenen Lehren“ trägt den Titel *Streams of Consciousness*. Hiervon gibt es einen Band I und Band II, Band III ist eine Zusammenstellung ausgewählter gechannelter Botschaften aus den vorherigen fünf Büchern. Jasmuheen kennt die Lichtwesen, die sie als die „Aufgestiegenen Meister“ bezeichnet, seit 1993, nachdem sie viele Jahre lang telepathische Botschaften von Freunden und Verwandten empfangen hatten, die bereits verstorben waren. Ihr neues Buch, *Camelot – Das Spiel der göttlichen Alchemie*, wurde im März 1999 auf Englisch veröffentlicht und erschien im Mai 1999 in deutscher Sprache. Der zweite und dritte Band dieser Trilogie, *Wizard's Tool Box* und *Our Progeny – the X-re Generation*, wird dann herauskommen, wenn es nach göttlichen Ermessen an der Zeit dafür ist.
Jasmuheen ist außerdem Redakteurin und Lektorin des Rundbriefs *The ELRAANIS Voice*. (dt. Fassung. ELRAANIS-Magazin.) Dieser Rundbrief ist das Sprachrohr für M.A.P.S. und konzentriert sich hauptsächlich darauf, wie die Schöpfung zu reparieren ist, auf die Entdeckung und Implementierung sozial, wirtschaftlich, politisch und bildungsmäßig brillianter Lösungen – auf persönlicher und globaler Ebene. M.A.P.S. ist eine Stimme des sozialen Gewissens.
Die Artikel der internationalen Rednerin und Autorin, die als seriöses Channelmedium bekannt ist, erscheinen regelmäßig in vielen esoterischen Zeitschriften in aller Welt.
Jasmuheen praktiziert schon seit über 25 Jahren Meditation und befaßt sich mit Metaphysik (der theoretischen Philosophie des menschlichen Daseins und Wissens), östlicher Philosophie und New-Age-Gedanken. Sie verfügt über den Reikigrad I und II sowie über eine Ausbildung in Magnified Healing und ist eine erfahrene metaphysische Beraterin und ein erfahrenes Channelmedium. Sie geht regelmäßig auf Reisen, um mit den Aufgestiegenen Meistern an vielen Orten der Welt Workshops zu leiten.
Als M.A.P.S.-Botschafterin ist Jasmuheen auch die Begründerin der Self Empowerment Academy (S.E.A.), von der die Website „Cosmic Internet

Academy" (C.I.A.) kreiert wurde. Diese Website fungiert als kosmische Bibliothek und bietet viele „kosmische intelligente Alternativen" für die Herausforderungen der Welt unserer Tage, plus fünf Foren, bei denen Menschen aus aller Welt in Verbindung treten können.

www.selfempowermentacademy.com.au

Von den Aufgestiegenen Meistern dazu angeregt, arbeitet sie nun eng mit Maria, Kuthumi und St. Germain zusammen, um die Agenda von M.A.P.S weiter publik zu machen.

Hintergrund der Self Empowerment Academy (S.E.A.)

Ziel der nichtreligiösen Organisation ist es, zu informieren, zu inspirieren und Licht auf Neues zu werfen. In Form von Untersuchungen, Recherchen sowie einer Schaffung und Durchführung praxisnaher Programme stellt die S.E.A Informationen und Techniken zur Verfügung, um Individuen jeglichen Hintergrunds zu stärken und zu motivieren.

Auf der Grundlage von mehr als zwei Jahrzehnten Beschäftigung mit ihrem Gebiet, in deren Rahmen sie sich mit sämtlichen Weltreligionen, den Erkenntnisse alter Weiser, den Mythen und Lehren von Eingeborenenstämmen befaßte sowie sich ein Grundwissen über Quantenphysik und alternative Heilkunde aneignete, hat Jasmuheen sehr wirksame Selbsthilfeprogramme entwickelt, die es Menschen ermöglichen, ihr volles Potential zu verwirklichen und ein glückliches, gesundes, von Liebe und Fülle geprägtes Leben zu führen.

Zu den positiven Auswirkungen der S.E.A-Programme:

Gesteigerte gedankliche Klarheit und Kreativität
Größerer innerer Friede
Bewußtes Gewahrsein des eigenen Daseinszwecks durch ein Sichöffnen für die innere Stimme
Verbesserte Gesundheit und Vitalität
Verbesserte Beziehungen zu allen
Das Wissen, wie sich ein von Fülle und Sinn gekennzeichnetes Leben führen läßt
Zu lernen, ohne Selbstbeschneidung und kreativ zu leben
Seine Freude und Leidenschaft zu finden und ihr zu folgen
Die S.E.A. erreicht das durch hochwirksame uralte und moderne Entspannungstechniken
Meditation mit Hilfe von Atem, Klang, kreativer Visualisierung, wirkungsvollen Programmierungswerkzeuge, Meisterung des eigenen Geistes
Ein Ehren des Herzens und das Vermögen, es mit dem Verstand eins werden zu lassen
Das Verständnis der Höheren Lichtwissenschaft
Das Verständnis universell gültiger energetischer Gesetze

Seminarorganisation

Mit Drunvalo

Drunvalo kommt regelmäßig nach Deutschland und hält Vorträge, Wochenendseminare und Intensivseminare. Seine Herzlichkeit ist inspirierend und heilend.

Flower of Life

Die Me Ka Ba - Meditation ein intensives Seminar nach dem Unterricht von Drunvalol Melchizedek. Die Blume des Lebens ist die sichtbare geometrische Struktur die die Grundlage allen Seins veranschaulicht. Dieses Seminar von Drunvalo ist eine Einladung, die Schöpfung nicht nur im Gefühl, sondern auch im Verstand als Einheit zu erfahren.

Sie können bei uns die Adressen der Flower of Life Trainer erhalten, die zur Zeit Kurse abhalten.

Pranalehrer- und Rebirthinglehrerausbildung

mit Konrad Halbig, Karin Schnellbach und Ilona Focali.
Die Atmung vieler Menschen ist auf ein Minimum reduziert, gerade genug um zu überleben. Die Blockierung des natürlichen Atems verhindert, daß wir von unserer natürlichen Freude getrennt sind.
Die Arbeit mit der Magie der Elemente ist eine sanfte Mehtode der Selbstheilung und Öffnung zu unserer eigenen Göttlichkeit.

Informationen erhalten Sie bei:

KOHA Verlag, Almstr. 4, 84424 Burgrain.
Bitte legen Sie einen frankierten Rückumschlag bei.
Info unter: www.koha-verlag.de

Jasmuheen

Lichtnahrung

Taschenbuch, 190 Seiten
DM 34.00, ISBN 3-929512-26-2
5. Auflage

Dieses Buch zeigt uns einen revolutionären Ernährungs- und Lebensweg für das neue Jahrtausend.
Seit 1993 ernährt sich die Australierin Jasmuheen von Licht. Sie beschreibt ihre Erfahrungen aus diesem sehr tiefgreifenden und heilenden Prozeß. Schwerpunkt dieses Buches ist ein »21-Tage-Prozeß«. Wer ihn durchläuft, kann dadurch einen außergewöhnlichen Zustand des Seins erreichen, der bisher nur Heiligen vorbehalten war.
In Prophezeiungen und Weissagungen wird berichtet, daß wir vor der Zeit der großen Umwälzung Methoden finden werden, uns durch Licht zu ernähren.
Auch in englisch: »Living On Light«, ISBN 3-929512-35-1

Jasmuheen

In Resonanz

380 Seiten, gebunden, DM 46,00
ISBN 3-929512-28-9

Jasmuheen studierte 22 Jahre die metaphysischen Resonanzgesetze und vermittelt uns in einer einfachen Sprache ihre tiefgreifenden Einsichten. Schwerpunktthemen sind die Erhöhung der Schwingungsfrequenz, Channeln, Meditation und Fähigkeiten wie Hände auflegen, Hellsichtigkeit, Teleportation und vieles mehr.
Fundierte Informationen und viele praktische und bewährte Techniken setzen einen neuen Maßstab!
Auch in englisch: »In Resonance«, ISBN 3-929512-36-X

Uta Panhof

Gogo der Talisman

oder: Wünsche bereits verwirklicht sind

Taschenbuch, 180 Seiten
DM 27,00
ISBN 3-929512-60-2

Wenn ich behaupte, Gedanken erschaffen Realität, dann deshalb, weil das, was hinter dem Gedanken steht, mit Worten nicht zu beschreiben ist. Etwas, das hinter dem Gedanken wirkt, ist mehr als der Wunsch, oder sich danach zu sehnen, oder ein Gefühl. Es ist ein Zustand, eine Energie, die unbewusst in unvorstellbarer Geschwindigkeit geometrische Muster erstellt und verändert. Der Mensch ist mit einem Verstand versehen, und die Überbewertung des Verstandes verhindert u.a. den Einblick in diesen Zustand. In unseren brachliegenden DNS-Strängen ist dieses Wissen verankert. Erst wenn unsere schlummernden DNS-Stränge reaktiviert worden sind, ist es uns möglich, den genauen Vorgang, der zur Verwirklichung unseres Wunsches bzw. zur Materialisierung führt, aufzuspüren. Dann werden wir das Wünschenswerte mit der Gnade Gottes und seinen unermüdlichen Helfern, den Engeln, ohne den bitteren Beigeschmack, dem wir heute noch ausgesetzt sind, in unserer Realität erschaffen.

Jasmuheen

Camelot

Spiel der Göttlichen Alchemie

288 Seiten, gebunden, DM 38,00
ISBN 3-929512-48-3

In diesem Werk wird dem Leser durch moderne Magie und göttliche Alchemie das Paradies enthüllt. Die Aufgestiegenen Meister haben Jasmuheen zu ihrem ersten Roman angeleitet, eine Mischung aus Autobiographie und Visionen unserer zukünftigen Möglichkeiten. Es zeigt uns den Weg zu Camelot in uns und das Leben unseres höchsten Potentials.

Drunvalo Melchizedek

Die Blume des Lebens

ca. 260 Seiten, gebunden, DM 48,00
ISBN 3-929512-57-2

Drunvalo Melchizedek studierte in Berkeley Kalifornien zunächst Physik und dann Kunst. In den letzten 25 Jahren studierte er bei vielen unterschiedlichen Meistern Sufismus, Hinduismus, Buddhismus, Taoismus und die Philosophie und Religion der Indianer. In diesem ersten Band beschreibt er die Entwicklung der Menschheit von vergangenen Zivilisationen bis zur heutigen Zeit. »Die Blume des Lebens« (Flower of Life) ist das Schöpfungsmuster allen Lebens im Universum. Die Heilige Geometrie ist die Form zwischen unserem Sein und der göttlichen Ordnung in unserer Wirklichkeit. Wir folgen dieser Ordnung vom unsichtbaren Atom bis hin zu den unendlichen Sternen und finden uns in jedem Zwischenschritt wieder. Die Informationen in diesem Buch sind anhand vieler Zeichnungen und Bilder in einer Weise dargestellt, die den weiblichen Zugang des intuitiven Verstehens ermöglicht.

Jasmuheen Botschaft der Aufgestiegenen Meister

Taschenbuch, ca. 200 Seiten
DM 27.00, ISBN 3-929512-52-1

Seit sich Jasmuheen von Prana ernährt, arbeitet sie intensiv mit den Aufgestiegenen Meistern zusammen. Botschaften, die sie in ihren Meditationen erhält, werden in diesem Buch weitergegeben. Mutter Maria, Sananda, Arcturius, Kuthumi und St. Germain sprechen über den geistigen Pfad, spirituelle Psychologie und die Lehren der aufgestiegenen Meister. Es ist ein praktisches Handbuch, um den Aufstieg zu beschleunigen und enthält sehr viel direktes und klar strukturiertes Wissen aus der geistigen Welt.

Jasmuheen und andere

Der Lichtnahrungs-Prozeß

240 Seiten, gebunden, DM 34,00
ISBN 3-929512-32-7

Elf Personen beschreiben unabhängig voneinander ihre ganz persönliche Erfahrung, während sie den 21tägigen Transformationsprozeß zur Prananahrung durchlaufen. Diese Berichte sind so unterschiedlich, wie es die Menschen sind. Es wird deutlich, daß dieser Prozeß eine Einweihung ist, die jeder auf seine ganz persönliche Weise erfährt. Alle Berichte sind aus dem Herzen geschrieben und machen dem Leser Mut, die eigene innere Stimme deutlicher wahrzunehmen. Jasmuheen hat das Vorwort geschrieben und ein Kapitel zum Thema »Verantwortung«, welches nicht nur die Personen betrifft, die den Prozeß machen möchten, sondern auch die »Helfer«, die Personen dabei begleiten.
Der Transformationsprozeß zur Lichtnahrung ist ein riesiger Evolutionsschritt für den Einzelnen und für die gesamte Menschheit.

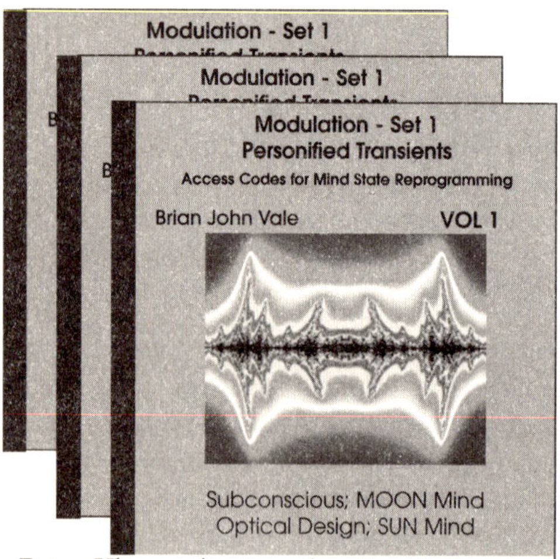

Reine Klangmeditation, ohne Sprache!

Brian John Vale

Modulation-Set

Ein besonderer Geheimtip aus Australien und Jasmuheen's Lieblingsmeditation. Mit Hilfe dieser Töne oder Frequenzen können wir uns mit den unterschiedlichen Qualitäten unseres Geistes und unserer Natur verbinden. Sie öffnen Türen, wo unser Verstand blockiert und führen zu allumfassender Erkenntnis weit jenseits unseres verstandesmäßigen Denkens.

Modulation-Set-1
»VerkörperteSchwingungen« Neuprogrammieren von Geist und Gedanken.
3 CDs, insgesamt 4,5 Stunden, DM 99,00 ISBN 3-929512-42-4
Modulation-Set-2
»Meisterschaft Vibration Sequenzen«
9 Kasetten, insgesamt 7 Stunden, DM 239,00 ISBN 3-929512-34-3

Jasmuheen: geleitete Meditationen

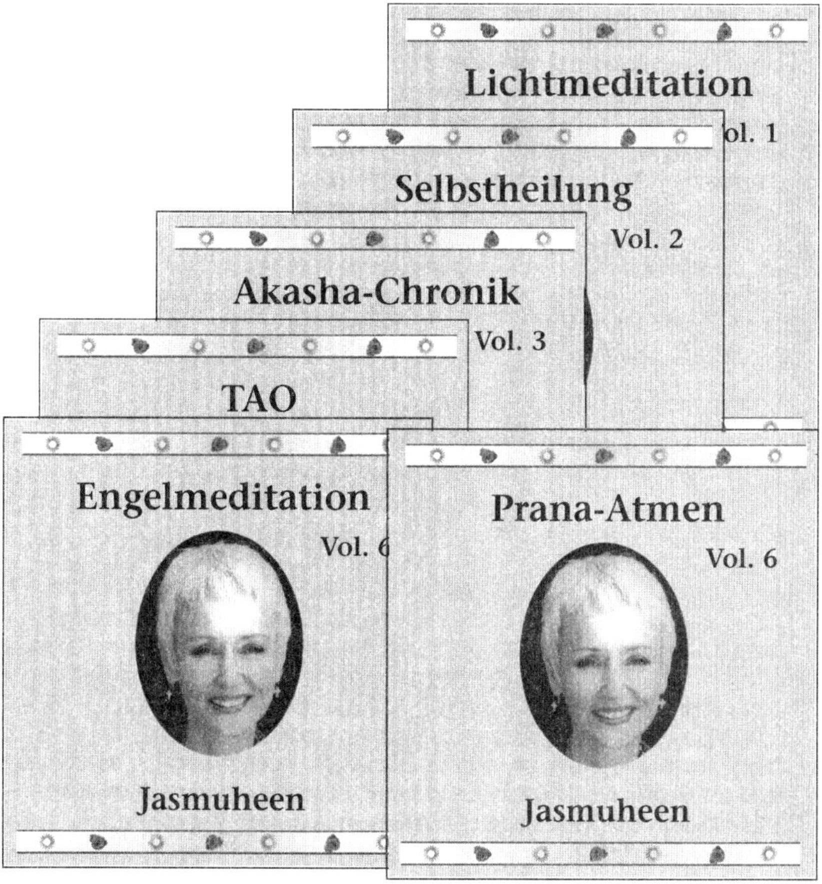

Vol.1 Lichtmeditation ISBN 3-929512-30-0
Musik: Winfried Schröpfer
Vol.2 Selbstheilung ISBN 3-929512-40-8
Klassische Musik, Tbilisi Symphonie Orchester
Vol.3 Akasha-Chronik ISBN 3-929512-41-6
Musik: Winfried Schröpfer und Yogadass
Vol.4 TAO ISBN 3-929512-43-2
Musik: Karl Grunik
Vol.5 Engelmeditation ISBN 3-929512-54-8
Musik: Franz Schmuck und Peter Wanninger
Vol.6 Prana-Atmen ISBN 3-929512-51-3
Musik: Karl Grunick

Alle CDs beinhalten zwei Mediationen. Die Orginalfassung, gesprochen von Jasmuheen und die deutsche Übersetzung. Jeweils DM 38,00

Videos

Dieses Video wurde aufgenommen, um alle wichtigen Fragen im Bezug auf den 21-Tages-Prozeß zu beantworten.
Simultan deutsche Übersetzung

ISBN 3-926563-84-2
60 min DM 49,00

Ein Videomitschnitt von Jasmuheen während ihrer Vortragsreise im Dezember 1997. Sie spricht über ihre tiefgreifenden Einsichten und darüber, wie sich ihr Leben verändert hat, seit sie sich von Prana ernährt.
Übersetzung: Beate Nimsky

ISBN 3-929512-39-4
ca. 120 min DM, 59,00

Mehr Liebeskraft
Mitschnitt des Seminars mit dem taoistischen Meister Mantak Chia am 9. April 1998 in Wien

Mehr Erfüllung in der Sexualität, im zwischenmenschlichen Austausch, mehr Gesundheit und gleichermaßen Anbindung an die spirituelle Energie sind die Themen, die Meister Mantak Chia hier anspricht und in Übungen demonstriert.
Übersetzung: Beate Nimskyl

ISBN 3-929512-44-0
120 min, DM 59,00

Felix M. Woschek / Konrad Halbig

Amba - A Love Chant

CD 60 min DM 38,00
ISBN 3-929512-10-6

Eine wunderbare Musik, die direkt das Herz berührt. Gesungen werden heilende Mantras aus Tibet und Indien, die die eigenen Kräfte von Körper, Geist und Seele positiv unterstützen und den Zuhörer mit seinem göttlichen Selbst verbinden.
Jasmuheen sagte: »Beim Schreiben höre ich sehr viel esoterische und Entspannungsmusik, weil ich diese Stimmung bei der Arbeit sehr genieße. Bei Amba jedoch werde ich immer so von der Musik absorbiert, daß ich die Arbeit vergesse und mich nur noch dem Zuhören hingebe. Ich kann die CD nur jedem empfehlen, der diese Art von Musik schätzt.«

Jasmuheen, Nhanda Devi, K. Halbig, A. Brunnmeier

Tantra - Secret Love

CD 60 min DM 38,00
ISBN 3-929512-27-0

Sinnliche Musik pur! Nhanda Devi singt Jasmuheens Mantra »One Heart, One Mind«, zu dem tantrischen Vajra Sattva und Jasmuheen leitet zu Tao-Yoga-Übungen an. Dann wird die Musik zunehmend tragend und weiträumig und läßt den Hörer weich floaten.

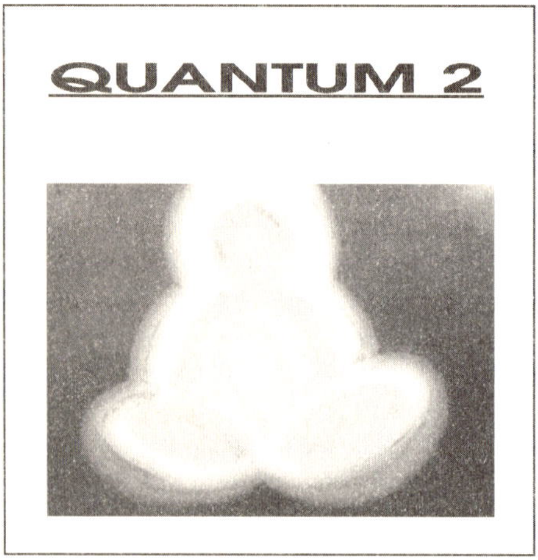

Konrad Halbig

und dasTbilisi Symphonie Orchester

Quantum 2

CD 60 min DM 38,00

ISBN 3-929512-31-9

Quantum 2 ist eine
aktive Atemmeditation
und reines Vergnügen.

Focali / Halbig / Jauch

Chakra-Breathing

CD 60 min DM 38,00

ISBN 3-929512-49-1

Eine sehr wirkungsvolle und
dynamische Sufi-Atemmeditation
zur Reinigung aller Chakren.

Jasmuheen

Angelic Harmony

CD 60 min DM 38,00

ISBN 3-929512-53-X

Engels-Chöre und das himmlische
Orchester laden ein zu einer
Traumreise in feinstoffliche
Welten. Musik zum Schweben.

Leonard Orr / Konrad Halbig

Das Rebirthingbuch

Die Kunst des Atmens...

ISBN 3-929512-08-4, Pb,
200 Seiten, DM 27,00

Das Standardwerk für Rebirthing und Atemtherapie. Leonard Orr, Begründer von Rebirthing und Konrad Halbig, Rebirthingtrainer, zeigen durch ihre Offenheit, wie sie sich selbst durch Rebirthing heilen konnten und geben Einblick in die Magie des Atems und der Elemente.

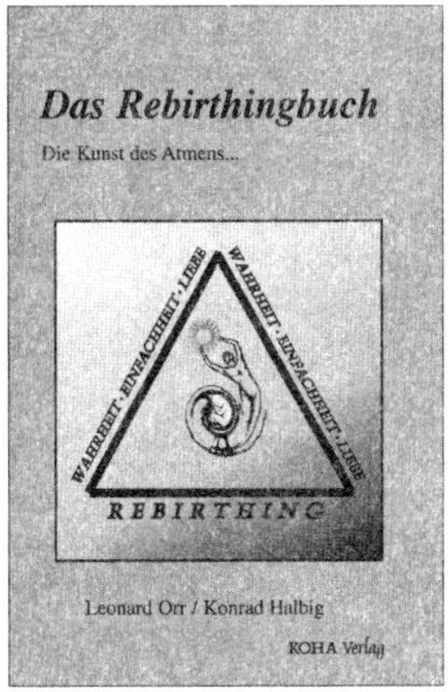

Orr / Halbig / Simon

Ende der Sehnsucht

Anleitung zum Leben im Paradies

ISBN 3-929512-07-6, Pb,
128 Seiten, DM 19,80

Ein wunderbares Buch über die Lebendigkeit im wahrsten Sinne des Wortes.

Hrsg: Halbig /Schnellbach

Babaji

In Wahrheit ist es einfach Liebe

ISBN 3-929512-11-4, Pb,
200 Seiten, DM 27,00

Babaji ist der große Avatar, der in der »Autobiographie eines Yogi« von Yogananda beschrieben wird. Zuletzt lebte er von 1970 bis 1984 in Indien, an einem Ort der »Kraftvollster Platz des Universums« genannt wird. Auf geheimnisvolle Weise tritt er auch heute mit Menschen in Kontakt. Acht Autoren beschreiben ihre ganz persönliche Begegnung mit Babaji, und jede dieser acht Geschichten ist spannend und einzigartig.

MATRIX3000
Bewegung – Resonanz – Wandlung
www.matrix3000.de
Erstausgabe 01/99
Computer-2000: der große Crash?
Lichtnahrung: Presse bläst zum Angriff
Der ferngesteuerte Mensch
Ramthas Welttournee
Mozart schneller als Licht?